GALERIE

BIOGRAPHIQUE

du département

DE LA HAUTE-SAÔNE,

Par L. SUCHAUX,

MEMBRE DES COMMISSIONS D'ARCHÉOLOGIE DE LA HAUTE-SAÔNE ET DU DOUBS;
MEMBRE DES SOCIÉTÉS D'AGRICULTURE, SCIENCES ET ARTS
DE VESOUL, DE BESANÇON ET DE POLIGNY.

VESOUL,

TYPOGRAPHIE DE A. SUCHAUX,

1864.

GALERIE

BIOGRAPHIQUE.

GALERIE

BIOGRAPHIQUE

du département

DE LA HAUTE-SAÔNE,

Par L. SUCHAUX,

MEMBRE DES COMMISSIONS D'ARCHÉOLOGIE DE LA HAUTE-SAÔNE ET DU DOUBS;
MEMBRE DES SOCIÉTÉS D'AGRICULTURE, SCIENCES ET ARTS
DE VESOUL, DE BESANÇON ET DE POLIGNY.

———————

VESOUL,

TYPOGRAPHIE DE A. SUCHAUX.

1864.

AVERTISSEMENT.

En entreprenant le travail que nous publions aujourd'hui, nous nous étions proposé d'y comprendre seulement des notices entièrement inédites. Bientôt la réflexion nous a conduit à faire entrer dans notre cadre, sinon textuellement, du moins en abrégé, un certain nombre d'articles déjà insérés dans divers recueils historiques. Ce plan une fois arrêté, nous avons dû compulser la *Biographie universelle*, la *Biographie moderne*, la *Biographie des Hommes vivants*, et d'autres ouvrages imprimés ou manuscrits, pour y trouver les hommes qui, nés sur le territoire du département de la Haute-Saône, ou y ayant passé la majeure partie de leur vie, se sont signalés par des écrits, par de hautes fonctions civiles ou religieuses, par des grades élevés dans l'armée, ou par d'autres services rendus au pays, au commerce, à l'industrie.

de proportion à l'un et trop peu à tel autre, nous répondrions qu'en pareille matière il faut laisser le biographe juge de ses propres impressions, surtout quand il s'agit d'hommes qu'il a connus et sur lesquels il a pu se former une opinion.

LISTE ALPHABÉTIQUE
DES NOTICES CONTENUES DANS CE VOLUME.

(On a marqué d'un astérisque les noms qui sont compris dans le *Supplément*, pp. 351 et suivantes.)

TABLE DES NOTICES

par catégories de dignités, de fonctions ou de professions.

Pernel, constituant de 1789. — Petitperrin, député sous la Restauration. — Piguet (conseil des Cinq-Cents). — Quirot, conventionnel. — Rousselot (L'abbé), constituant de 1789. — Roux de Raze, *idem.* — Siblot, conventionnel. — Toulongeon (Le marquis et le comte de), constituants de 1789. — Verguet, bernardin, constituant de 1789. — Vigneron, conventionnel. — Vuilley (conseil des Cinq-Cents).

MEMBRES DU CLERGÉ RÉGULIER OU SÉCULIER. — Agile (Saint), bén. — Alix, curé de Borey. — Alviset (Arsène), bén. — Alviset (Benoit), bén. — André *(P. Chrysologue)*, capucin. — Angelome, bénédictin. — Aymonet (Thomas), grammairien et théologien. — Baillet, carme déchaussé. — Balin, prêtre et médecin. — Barbey, curé d'Auxon. — Bardenet, curé de Mesnay. — Bauffremont (Roger de), évêque de Troyes. — Beau, curé de Plancher. — Belin, bénédictin. — Berthod, bénédictin. — Beugny, jésuite. — Billotet, missionnaire. — Boisson, curé de Saint-Marcel. — Bonnier, bénédictin. — Brenier, abbé de Faverney. — Cadot, prêtre. — Chappuis, jésuite. — Chappuisot, chanoine. — Chatel de Valeroy, bénédictin. — Cirey (Jean de), abbé de Balerne. — Colomb, bénédictin. — Colomban (Saint), fondateur de l'abbaye de Luxeuil. — Colombin (Saint), deuxième abbé de Lure. — Colombot, prêtre. — Colombot, lazariste. — Constance, bénédictin. — Constant, missionnaire. — Cornibert *(P. Grégoire)*, capucin. — Couderet, bénédictin. — Courtois, curé de Pontarlier. — Cretenet, prêtre joséphiste. — Daigney, curé de Provenchère. — Dard, bénédictin. — Daval, professeur de théologie. — Demandre, curé de Donneley. — Demandre, bénédictin. — Demandre, évêque constitutionnel. — Desle (Saint), fondateur de l'abbaye de Lure. — Duchesne, bénédictin. — Ducommun, pasteur protestant. — Dufour, jésuite. — Durand, prêtre. — Eustaise (Saint), bénédictin. — Ferron, bénédictin. — Flavigny, évêque constitutionnel. — Formet, pieux solitaire. — Fourier (Le B. Pierre), de la communauté des chanoines-réguliers. — Fraichot, bénédictin. — Francourt, prêtre. — Friand, abbé de Balerne. — Gastel, bénédictin. — Gentil, bernardin. — Girard, curé de Saint-Loup. — Girardin, curé de Mailleroncourt-Saint-Pancras. — Grammont (Antoine-Pierre I de), archevêque de Besançon. — Grammont (François-Joseph de), archevêque de Besançon. — Grammont (Antoine-Pierre II de), archevêque de Besançon. — Grappin, bénédictin. — Grisot (L'abbé), savant ecclésiastique. — Gros, bénédictin. — Grosjean, prieur de Morimond. — Grosjean, chanoine théologal de la cathédrale de Besançon. — Gui de Gy, cordelier. — Guillaume de Lure, bénédictin. — Guillot, bénédictin. — Huet (L'abbé), principal du collège de Besançon. — Hugon, jésuite. — Huvelin, moine cistercien. — Janson, prêtre. — Jouffroy (Le cardinal). — Julien de Rignosot, capucin. — Labbé (Fauste), bénédictin. — Labbé de Billy, professeur d'histoire. — Laire, religieux minime. — Lancelot, bénédictin. — Lapoutre, prêtre. — Longin, célèbre prédicateur. — Mairot (L'abbé), auteur de poésies sacrées. — Maréchal, religieux récollet. — Ménestrier (L'abbé), antiquaire et numismate. — Ménes-

trier, jésuite. — Ménestrier (L'abbé), curé de Courcoure. — Mercier, prieur de l'abbaye de Luxeuil. — Meusy (L'abbé), écrivain ascétique. — Michelet, bénédictin. — Miet, religieux récollet. — Miroudot du Bourg, aumônier du roi Stanislas. — Mongenet (Jean-Georges de), jésuite. — Mongin (Athanase de), bénédictin. — Monnier, bénédictin. — Naudenot (L'abbé), mathémati- cien. — Neufville (Jacques de), cordelier. — Oudeau, jésuite. — Parisot, théologien. — Payen, bénédictin. — Pelletier, docteur en théologie. — Penevoillet, abbé de la Grâce-Dieu. — Perrault, évêque de Tricomie. — Petitot, bénédictin. — Petit-Viennot, jésuite. — Pierre de Tarantaise (Saint). — Poirey, jésuite. — Prost (P. *Tiburce*), capucin. — Raoul (L'abbé), curé de Coulevon. — Richardot, religieux augustin. — Robert, supérieur du séminaire de Besançon. — Roussel, bénédictin. — Rousselet, jésuite. — Rousselet, religieux augustin. — Seguin, évêque constitutionnel. — Simard, controversiste. — Simard, inquisiteur. — Simonin, docteur en théologie. — Sixte de Vesoul, religieux franciscain. — Sommier, arche- vêque de Césarée. — Thierry, docteur en théologie. — Tisserand, religieux franciscain. — Tribouillet (L'abbé', professeur de belles-lettres. — Valbert (Saint), deuxième abbé de Luxeuil. — Vandenesse (Guillaume de), évêque de Coria. — Vauchot *(P. Prudent)*, capucin. — Vauchot, curé de Ruffey. — Villefrancon (Frère de), archevêque de Besançon. — Villiers (Placide de), bénédictin. — Voel, jésuite. — Voilard, chanoine, auteur ascétique.

MAGISTRATS, JURISCONSULTES. — Bassand, jurisconsulte. —

Baudot, maire de Percey-le-Grand. — Baulmont, maire de Vesoul. — Belin, conseiller au parlement de Dole. — Bigeot, lieutenant-général au bailliage de Pontarlier. — Boguet, inquisiteur. — Boileau, président du tribunal de Lure. — Boutechoux, président du parlement de Dole. — Bouverey, juge et professeur. — Chaudot, maire de Loulans. — Clerc, conseiller au parle- ment de Dole. — Clerc, procureur général près la cour d'appel de Besançon. — Cordemoy, docteur ès droits. — Darche, sous-préfet de Gray. — Des- granges, maire de Luxeuil. — Dumontet de Laterrade, premier président de la cour d'appel de Besançon. — Favière, conseiller au parlement de Dole. — Froment, conseiller au même parlement. — Garnier, philologue et magistrat. — Gauthiot, avocat-général au parlement de Dole. — Grand, conseiller à la cour d'appel de Besançon. — Grusset, conseiller-clerc au parlement de Dole. — Guy de Conflandey, avocat. — Hugon, président du tribunal de Vesoul. — Jacquinot, président au parlement de Dole. — Jobelot, premier président du même parlement. — Jouart, président au même parlement. — Labbé, docteur ès droits. — Delphin Lanoir, maire de Malbouhans. — Longet, maire de Motey-Besuche. — Lubert, juge de paix. — Lullier, président au parlement de Dole. — Mairot, président au même parlement. — Marmier, président du même parlement. — Martelet, maire de Lure. — Mercier, procureur-général des princes de Montbéliard. — Mesmay (Jean-Antoine- Marie de), conseiller au parlement de Besançon. — Miroudot de Saint- Ferjeux, subdélégué à Dole et à Vesoul. — Pétrey, conseiller au parlement de Dole. — Poncelin, avocat. — Poullenot, magistrat. — Salives (Famille de). — Seguin, professeur de droit à l'Université de Besançon. — Seguin, magistrat. — Sirot, maire de Rioz. — Sonnet (Famille). — Terrier (Famille). — Terrier de Cléron, président à la cour des comptes de Dole. — Thevenot de Saules, jurisconsulte. — Thomassin (Adrien), président du parlement de Dole. — Trémolières, magistrat et littérateur.

SAVANTS, INGÉNIEURS, ARTISTES, AGRONOMES. — Beauchamp, astronome. — Bertaul, recteur d'académie. — Billard, agronome. — Billardet, peintre. — Boulot (Th. Courlet de). — Cordienne, botaniste. — Cornu, peintre. — Dard de Bosco, habile mécanicien. — Devosges (François), fondateur du Musée de Dijon. — Devosges (Anatoile), peintre. — Devosges (Denis), sculpteur. — Devosges (Michel), sculpteur. — Ebaudy de Fresne, économiste et agronome. — Étallon, professeur de mathématiques et géologue. — Flamand, ingénieur. — Flamand, castramétateur. — Fonclause, numismate. — Gauthier, imprimeur. — Jannin, architecte. — Menestrier, antiquaire et numismate. — Mouchet, peintre. — Munier, ingénieur et agronome. — Noblot, manufacturier. — Prévost, sculpteur, peintre et graveur. — Prinet, numismate. — Renoir, géologue. — Romé de Lisle, physicien et minéralogiste. — Thiout, habile horloger. — Vion, auteur d'un ouvrage sur la musique.

HISTORIENS, PUBLICISTES, PROFESSEURS, LITTÉRATEURS. — Aymonet (Jacques-Antoine). — Bouchu, auteur de poésies sacrées. — Boudot, archiviste à Dijon. — Choffin, professeur. — Clère, publiciste et historien. — Cordatus, littérateur polygraphe. — Cordemoy, auteur de poésies sacrées. — Cournot, bibliographe. — Cugnet (de Montarlot), publiciste. — Daguenet. — Dard de Bosco, publiciste. — Demaiche, littérateur. — Descharrières, littérateur. — Desloye, publiciste et poëte. — Destravault, littérateur. — Detroyes, littérateur. — Dornier (J.-B.). — Douillon, littérateur. — Ferrier du Châtelet, littérateur. — Fonvent, professeur. — Froissard, professeur d'histoire. — Gollut, historien de la République séquanaise. — Goux de Ruaux, littérateur. — Gravier, historien. — Guin, archéologue. — Henry (de Pusy), publiciste. — Huvelin, littérateur. — Jacquemard, poëte et grammairien. — Jandel, auteur de poésies marotiques. — Labbé de Billy, professeur d'histoire. — Légier, littérateur. — Maniglier, auteur d'une grammaire. — Marc, écrivain polygraphe. — Maréchal de la Marche, littérateur. — Marquiset (Armand), écrivain polygraphe. — Mathieu, historiographe de France. — Maugras, professeur de philosophie. — Mercier (de Rougemont), auteur dramatique. — Michault, poëte du xve siècle. — Miroudot du Bourg, auteur d'un *Essai sur l'antiquité de la ville de Vesoul.* — Monin (Jean-Edouard Du), poëte et mathématicien. — Nobys, littérateur. — Oiselay (Jean d'), poëte français. — Paguel, littérateur. — Peignot, savant bibliographe. — Petit, professeur à l'École polytechnique. — Pillard (Héloïse). — Poissenot, littérateur. — Renaudot, historien. — Rotalier (Charles de), littérateur. — Verne (Tranchant comte de La), littérateur.

MÉDECINS, CHIRURGIENS, VÉTÉRINAIRES. — Athalin, professeur en médecine. — Aubry, médecin — Barbier, médecin. — Besard, médecin. — Billard, médecin. — Boy, chirurgien. — Charles, médecin. — Courvée (De la), médecin. — Damalix, vétérinaire. — Desault, célèbre chirurgien. — Duchanoy, docteur-régent de la Faculté de médecine de Paris. — Fabert (François de), médecin. — Fabert (Jean-Claude de), médecin. — Fabert (Jean-Joseph de), inspecteur des eaux de Luxeuil. — Faivre, médecin — Fiancé, docteur en médecine. — Fourot, médecin. — Guillenet, vétérinaire. — Guyenemans, médecin. — Hacquin, médecin de Jean-Sans-Peur. — Humblot, médecin. — Leclerc, médecin. — Le Joyand, médecin. — Lélut, médecin. — Magnien, médecin. — Marjolin, chirurgien distingué. — Mongenet (François de), médecin et mathématicien. — Morelle, médecin. — Nayme, médecin. — Panet, docteur en médecine. — Percy (Le baron), célèbre chirurgien. — Pratbernon, médecin. — Robert, médecin. — Rosselet, médecin-alchimiste. — Sallin (De), docteur-régent de la Faculté de médecine de Paris. — Viennot, pharmacien.

MILITAIRES. — Aimé, lieutenant-colonel de cavalerie. — Andelarre (Marquis d'), colonel de cavalerie. — Bardenet, colonel d'artillerie. — Barthelemy, général de brigade. — Baud, chef de bataillon d'artillerie. — Bauffremont (Nicolas de), grand-prévôt de France. — Bauffremont (Henri de), maréchal de camp. — Bauffremont (Claude-Paul de), marquis de Listenois. — Bauquier, capitaine d'infanterie. — Belot, officier à la cour des princes de Montbéliard. — Bizard (Le baron), chef de bataillon d'artillerie. — Bobillier, lieutenant-colonel d'artillerie. — Bonours (De), capitaine au service d'Espagne. — Rose Bouillon. — Bouvier (Le baron), colonel du génie. — Brahaut, colonel d'état-major. — Buchet, général de brigade. — Callier, général de brigade. — Carteaux, général de division. — Charnotet, général de brigade. — Clavel, général de brigade. — Crestin, colonel du génie. — Detroyes, colonel du génie. — Devault, maréchal de camp. — Equevilley (Le baron d'), maréchal de camp. — Fabert (De), lieutenant-colonel d'artillerie. — Ferey, général de brigade. — Ferrand, général de brigade. — Ferrier du Châtelet, lieutenant-général. — Girardot, général de brigade — Grenier (Le comte), général de division. — Gruyer (Le baron), général de brigade. — Guyot, général de brigade. — Henry (Le baron), colonel du génie. — Lampinet de Navenne, lieutenant-colonel de cavalerie. — Lucotte, général de division. — Lugnot, général de brigade. — Lyautey, ordonnateur en chef. — Maitre de Bay, officier général dans les troupes d'Espagne. — Martin de Saint-Martin, général de brigade. — Marulaz (Le baron), général de division. — Michaud, général de division. — Minal (Le baron), colonel d'infanterie. — Molans (Philibert de), fondateur de la confrérie de Saint-Georges. — Molay (Jacques de), dernier grand-maitre des Templiers. — Mongenet (Le baron de), général d'artillerie. — Noirot (Le baron), général de brigade. — Orsay (Le comte Grimod d'), général de division. — Pelecier, colonel d'infanterie. — Petit, colonel du génie. — Petit-

Guillaume, général de division. — Poncet, général de division. — Populus, colonel d'infanterie. — Queunot (Le baron), général de brigade. — Rabbe (Le colonel). — Ray (Otton sire de), duc d'Athènes et de Thèbes. — Rebillot, adjudant-général. — Rebillot, général de brigade. — Saint-Mauris (Le marquis de), maréchal de camp. — Scey (Jean de), officier général au service de l'Espagne. — Sibille, lieutenant-colonel d'artillerie. — Sibille, chef d'escadron d'artillerie. — Silvestre-Duperron, lieutenant-colonel du génie. — Thiou, placé à l'hôtel des Invalides pour trait d'énergique sang-froid. — Thomassin, colonel du génie. — Vauchot, général de brigade. — Vaudrey (Maison de). — Vœlfel, régisseur du domaine de Chambord.

Journées remarquables de la Révolution française.

(De 1789 à 1804.)

14 juillet 1789. — Première insurrection du peuple de Paris; prise de la Bastille.

5 et 6 octobre 1789. — Nouvelle insurrection à Paris; la populace des faubourgs se porte sur le château de Versailles. tue quelques gardes du corps, pénètre dans les appartements de la famille royale, force Louis XVI et la reine à venir habiter Paris.

20 juin 1792. — Attaque du château des Tuileries, habité par le roi, sur la tête duquel on met le bonnet rouge.

10 août 1792. — Nouvel attentat contre le château des Tuileries; massacre de la garde de Louis XVI; déchéance et emprisonnement de ce prince.

2, 3, 4 et 5 septembre 1792. — Massacre, dans les prisons de Paris, des détenus suspects d'être opposés à la Révolution.

21 janvier 1793. — Décapitation de Louis XVI.

31 mai 1793. — Triomphe de la Montagne ou du parti de Robespierre, aidé par la Commune de Paris, contre la Gironde ou le parti modéré de la Convention.

16 octobre 1793. — Décapitation de la reine Marie-Antoinette.

9 THERMIDOR AN II *(27 juillet 1794).* — Chute de Robespierre et de la Commune de Paris.

12 GERMINAL AN III *(1er avril 1795).* — Tentative de la populace de Paris, dirigée par les Jacobins, contre la majorité de la Convention.

1, 2 ET *3* PRAIRIAL AN III *(20, 21 et 22 mai 1795).* — Nouvelle tentative contre la Convention; assassinat du député Féraud.

26 VENDÉMIAIRE AN IV *(18 octobre 1795).* — Victoire remportée sur les sections insurgées de Paris par l'armée de la Convention, que commandaient Barras et le général Bonaparte.

18 FRUCTIDOR AN V *(4 septembre 1797).* — Coup d'état contre deux membres du Directoire, et contre ceux des membres du conseil des Anciens et du conseil des Cinq-Cents qu'on accusait d'être favorables au rétablissement de la royauté; chute du parti clichien.

13 PRAIRIAL AN VII *(18 juin 1799).* — Réaction contre la majorité du Directoire, au profit des Jacobins, ou du parti qu'on appelait la queue de Robespierre.

18 BRUMAIRE AN VIII *(9 novembre 1799).* — Le général Bonaparte renverse le Directoire et fait dissoudre les conseils; création du gouvernement consulaire.

3 NIVOSE AN IX *(24 décembre 1800).* — Attentat contre la vie du premier consul, exécuté rue Saint-Nicaise, au moyen d'un tonneau plein d'artifices.

20 FLORÉAL AN XII *(18 mai 1804).* — Le premier consul Bonaparte reçoit le titre d'empereur, en vertu d'un sénatus-consulte.

Table chronologique de nos diverses Assemblées nationales ou législatives depuis 1789.

Etats généraux, ouverts le 5 mai 1789, à Versailles.

Assemblée constituante, réunie à Paris le 9 novembre 1789, dans la salle du Manége.

Assemblée législative, installée dans la même salle, le 1er octobre 1791.

Convention nationale, ouverte au Manége le 21 septembre 1792.

Conseil des Anciens, conseil des Cinq-Cents, installés le 28 octobre 1794, le premier aux Tuileries, le second au Palais-Bourbon.

Corps législatif, réuni pour la première fois le 7 janvier 1800, au Palais-Bourbon.

Chambre des Représentants, installée le 2 juin 1815, dans le même palais, où n'ont pas cessé de siéger les Chambres suivantes, savoir :

Chambre des députés de 1815, ouverte le 9 octobre.

(Cette assemblée, plusieurs fois renouvelée par des élections générales sous les rois Louis XVIII, Charles X et Louis-Philippe, a conservé le nom de *Chambre des Députés* jusqu'à la révolution de 1848.)

Assemblée constituante, ouverte le 4 mai 1848.

Assemblée législative, ouverte le 28 mai 1849.

Corps législatif, dont la première session a commencé le 29 mars 1852.

> (Le Corps législatif actuel, renouvelé une première fois en 1857, vient de l'être encore en juin 1863.)

Constitutions données à la France depuis 1789.

Constitution de 1791, décrétée le 3 septembre 1791, acceptée par le roi le 13 du même mois.

Constitution de 1793, décrétée par la Convention le 24 juin 1793.

Constitution de 1795, créant un Directoire chargé du pouvoir exécutif, et deux conseils, celui des Anciens et celui des Cinq-Cents (décrétée le 17 avril 1795).

Constitution dite *de l'an VIII*, créant trois consuls, un sénat conservateur, un corps législatif et un tribunat (promulguée le 24 décembre 1799).

Sénatus-consulte organique de la Constitution (1802), qui institue le consulat à vie dans la personne du général Bonaparte.

Sénatus-consulte organique de l'Empire français (1804), qui confère à Napoléon le titre d'empereur, pour lui et sa descendance.

Charte constitutionnelle octroyée en 1814 par Louis XVIII.

Charte de 1814 amendée par les deux Chambres au mois d'août 1830, et promulguée le 24 du même mois.

Constitution de la République française, du 4 novembre 1848.

Constitution de l'Empire français, du 14 janvier 1852.

> (C'est la Constitution qui nous régit aujourd'hui, sauf les modifications qui y ont été introduites par plusieurs sénatus-consultes.)

GALERIE BIOGRAPHIQUE

DE LA HAUTE-SAÔNE.

.

AGILE ou AYLE (Saint). Ce pieux cénobite a sa place marquée
dans les notices franc-comtoises. Après avoir été l'un des plus
fervents disciples de S. Colomban, il contribua grandement à
faire cesser les persécutions qui entravèrent les premiers
développements de l'abbaye de Luxeuil. Fils d'Agnoald, riche
seigneur de la cour de Childebert II, roi d'Austrasie, Agile (1)
avait été confié, dès l'âge de sept ans, aux soins des religieux
du monastère naissant. Il s'était fait moine lui-même aussitôt
que son âge l'avait permis, lorsque la fameuse reine Brunehaut,
réfugiée dans les Etats de Thierry II, roi de Bourgogne, obtint
de ce prince que Colomban (*voy. ce nom plus bas*) fût enlevé

(1) Les légendes font naître le moine Agile dans le lieu appelé *Castrum
Honorisiacum*. L'auteur de celle qui se trouve dans la *Vie des Saints de
Franche-Comté*, Besançon, 1854, in-8°, p. 347, y a joint cette note : « On a
« discuté sur le nom *Castrum Honorisiacum*, patrie de S. Agile, où les uns
« ont cru voir *Villory*, d'autres *Port-sur-Saône*, quelques-uns *Noroy*. Il nous
« paraît difficile de trancher cette question. D'un autre côté, les Bollandistes
« doutent si le *Comitatus Portensis* dont parle l'auteur de la *Vie de S. Agile*
« ne serait point une contrée de la Champagne appelée *Pertensis*, *Partensis* et
« *Portensis Comitatus*. La raison de leur doute est que cette dernière pro-
« vince appartenait à Childebert, dont Agnoald était le commensal, tandis
« que le comté de Port, étant en Bourgogne, dépendait de Gontran.
« (Voy. BOLL., *ad Vit. S. Agili*, *sub 30 Aug.*, p. 575.) »

1

à la direction des établissements qu'il venait de fonder, et que ses disciples fussent dispersés ou confinés étroitement dans leurs cloîtres. Après le départ forcé de Colomban, Agile eut mission de se rendre auprès de Thierry, et non-seulement il réussit à faire rétracter les mesures prises contre le monastère de Luxeuil, mais il reçut du roi, et même de Brunehaut, des concessions de terres et des ornements d'église. Sa piété et son zèle le firent choisir, peu de temps après, pour aller prêcher l'Evangile au-delà des Vosges et jusqu'en Bavière. Elu abbé (2) de Rebais en Brie (3) à son retour, il

(2) Chaque couvent était gouverné par un *abbé* qui en était à la fois l'administrateur spirituel et l'administrateur temporel. L'abbé prenait quelquefois, par humilité, un nom moins vénérable, et s'appelait *major* chez les Camaldules; *prieur* chez les Chartreux, les Dominicains, les Carmes, les Servites, les Augustins, et dans quelques congrégations de chanoines réguliers; *ministre* ou *gardien* chez les Franciscains; *recteur* chez les Jésuites. Quelque nom qu'il portât, il n'en exerçait pas moins une autorité presque despotique. Il était ordinairement élu par les moines et consacré par l'évêque diocésain. Tous les fonctionnaires du couvent étaient à sa nomination; c'était lui qui choisissait le prieur (*prior*) là où il y avait un second portant ce titre; les doyens (*decani*), chargés de surveiller les moines dans leurs travaux et leurs exercices; le chantre (*chori, cantorum præfectus*), qui était le directeur du chœur et donnait le ton pour le chant des psaumes et des antiennes; le sacristain (*ædituus, sacrarii custos*), chargé du soin des vases et ornements sacrés; le cellérier (*cellarius, cellerarius*), intendant préposé au soin des provisions; le pitancier (*annonæ curator*), ou pourvoyeur de vivres; le chambrier (*provisor*), qui surveillait le vestiaire, les greniers, le labourage, etc.; le bibliothécaire (*armarius*), qui recevait et donnait les livres dont chaque moine pouvait faire usage; l'hôtelier (*hospitibus accipiendis præfectus*), auquel était dévolu le soin de recevoir les hôtes et les passagers; l'aumônier (*eleemosynarius*), le trésorier (*thesaurarius*), l'infirmier (*valetudinarius*), le portier (*janitor*), dont les noms indiquent assez les emplois. L'abbé avait le droit de forcer les moines à l'obéissance par les censures ecclésiastiques, la privation de la sainte cène, l'excommunication, la flagellation, la condamnation à vivre de pain et d'eau dans un cachot, et l'expulsion du couvent. Les monastères d'une même province étaient placés sous la direction supérieure d'un *provincial* choisi soit par les abbés, soit par le général de l'ordre auquel ils appartenaient. Les généraux mêmes devaient être élus par les députés de l'ordre entier, et leur élection était ensuite confirmée par le pape. La plupart des généraux résidaient à Rome.

(3) Il ne reste plus que les ruines de l'abbaye de Bénédictins fondée à Rebais en 634.

mourut en 650 dans cette ville, après y avoir passé quatorze ans dans l'exercice de toutes les vertus monastiques. Sa fête est fixée au 27 août dans le diocèse de Besançon.

AIMÉ (Pierre-François), né à Senoncourt, près d'Amance, le 10 août 1772, entra au service militaire en 1789, comme simple soldat. Il avait passé successivement par tous les grades lorsqu'il fut admis à la retraite en qualité de lieutenant-colonel, après avoir fait vingt-deux campagnes en vingt-six ans, dans les 9e et 4e régiments de chasseurs à cheval. Voici le résumé de ses honorables états de service : A la bataille de Fleurus (26 juillet 1794), avec dix hommes il fit mettre bas les armes à cent hommes d'infanterie. — Le 13 octobre 1795, à Weslar, il sauva la vie au colonel Thuillier. — Le 14 juillet suivant, à la tête de six hommes, il chargea sur deux cents hommes d'infanterie, et les força de se rendre. — Avec un détachement de cinquante hommes, il prit, dans un autre engagement, quatre cents hommes d'infanterie. — A Fussac, il s'empara d'un magasin de l'ennemi. — Commandant un détachement de quatre-vingts chasseurs à Saint-Michel, il traversa la colonne d'infanterie ennemie, tua le porte-étendard, s'empara du drapeau, d'une pièce de canon, et fit mettre bas les armes à tout un bataillon. — A Hanau (30 octobre 1813), à la tête de son régiment, il chargea et enfonça un bataillon carré et le fit prisonnier, en prenant le drapeau et deux canons. Cette dernière action d'éclat lui fit donner par l'Empereur, sur le champ de bataille, la croix d'officier de la Légion-d'Honneur. — A la bataille de Wurtzbourg (1796), à Lignano, à Raab (1809), à la Moskowa (1812), à Waterloo (1815), le brave colonel Aimé eut sept chevaux tués sous lui dans des charges brillantes, et reçut six blessures.

Retiré à Vesoul, où il avait épousé, en premières noces, Mlle Camus, fille du juge de ce nom, et, en secondes noces, Mlle Lange, le colonel Aimé mourut le 4 décembre 1840, à l'âge de soixante-huit ans.

ALIX (Nicolas), curé de Borey en 1785, a publié deux ouvrages intitulés : *Les Catholiques du Jura* et *les Philosophes du siècle*. Les curieux liront avec intérêt l'un et l'autre, le dernier surtout. (*Mém. de la Soc. d'agr., sciences et arts de la Haute-Saône*, t. II, p. 99.)

ALVISET (Arsène), né à Besançon au XVIIe siècle, entra chez les Bénédictins, et prononça ses vœux à l'abbaye de Faverney le 21 mai 1641. Après avoir gouverné, en qualité de prieur, plusieurs maisons de son ordre, il mourut, le 19 mars 1698, dans celle où, cinquante-sept ans auparavant, il avait embrassé la vie monastique. Il a composé, sur la règle de S. Benoît, un commentaire latin où il expose la nécessité d'en maintenir l'observance dans toute sa pureté (4).

ALVISET (Benoît), frère du précédent, avait aussi fait profession chez les Bénédictins de Faverney, dont il était devenu

---

(4) Les indications biographiques que nous donnons sur D. Alviset sont tirées d'un manuscrit de la Bibl. de Vesoul intitulé : *Bibliothèque générale et alphabétique des auteurs de tous les Ordres et Congrégations dans lesquels on pratique la Règle de S. Benoît*, 3 vol. in-folio.

Ce Nécrologe de l'ordre des Bénédictins s'arrête au 16 octobre 1749. Au frontispice du premier volume on lit : *Par le R. P. Dom Benoît Thiébault;* mais cette indication, ajoutée après coup, par une autre plume, ne nous paraît pas prouver que l'ouvrage soit entièrement de D. Thiébault. On trouve, dans les trois volumes dont il se compose, trois ou quatre écritures différentes, ce qui nous fait supposer qu'il a fallu, pour achever ce Nécrologe, la collaboration successive de plusieurs Bénédictins.

Le manuscrit, du reste, est plein d'intérêt au point de vue des études biographiques et bibliographiques. S'il donne peu de notices sur les Bénédictins qui appartenaient à notre province par leur naissance, c'est que ceux-ci étaient peu nombreux comparativement au personnel que leur ordre comptait dans des maisons fondées hors de France. Les Bénédictins n'avaient dans le royaume que cinq congrégations : Cîteaux, S. Maur, S. Vanne, Feuillant, Cluny, lesquelles ne se distinguaient guère que par une règle intérieure plus ou moins stricte, plus ou moins mitigée; tandis qu'ils possédaient au dehors des abbayes en Suisse, en Allemagne, en Angleterre, en Espagne, en Portugal, en Italie, etc., notamment les célèbres monastères du Mont-Cassin et de Vallombreuse. Dans le Nécrologe dont nous parlons sont enregistrés tous les religieux de l'ordre de S. Benoît, français et étrangers, sur lesquels l'auteur ou plutôt les auteurs du manuscrit ont pu se procurer des renseignements. Comme l'annonce le titre du recueil, les noms y sont rangés par ordre alphabétique, ce qui rend les recherches faciles pour ceux qui ont besoin de le consulter.

le sous-prieur. Obligé, par les guerres qui désolaient la Franche-Comté, de sortir de la province, il alla se réfugier à l'abbaye du Mont-Cassin (Italie), dans laquelle on lui confia l'important emploi de maître des novices. Il mourut dans ce monastère en 1673. D. Benoît Alviset a fait imprimer un vol. in-4° qui traite des priviléges des ordres religieux réguliers (5).

ANDELARRE (Antoine-François-Éléonore-Angélique de JAQÜOT-ROUHIER, marquis d'), colonel de cavalerie, chevalier de Saint-Louis et de Saint-Jean-de-Jérusalem, naquit à Charentenay le 21 août 1755 (6). Nommé sous-lieutenant au régiment de Noailles le 4 mai 1771, chef d'escadron le 15 mai 1788, le marquis d'Andelarre était appelé à une haute fortune militaire par la distinction de ses services (7) lorsqu'il lui fallut compter avec la Révolution, qui avait jeté sa femme et ses enfants sur la terre étrangère. Forcé de quitter le drapeau auquel il était resté attaché jusqu'à la fin de 1790, il alla faire partie de l'armée de Condé. C'est pendant son émigration qu'il reçut la croix de chevalier de Malte, que portaient déjà tous ses frères, dont l'un, Eynard de Jaqüot d'Andelarre, fut tué à la prise de Malte en 1796, comme avait été tué, trois siècles auparavant, à la prise de Rhodes en 1483, un de ses plus glorieux ancêtres, Julien de Jaqüot (8). Ce fut également à la même époque que Mme la marquise d'Andelarre reçut l'ordre de la Croix-Etoilée (9), qui lui fut accordé le 3 mai 1790. —

(5) Manuscrit cité plus haut.

(6) La terre de Charentenay fut donnée au marquis d'Andelarre par son grand-oncle M. de Rouhier, à charge d'ajouter son nom et ses armes à son nom et à ses armes. La famille de M. le marquis d'Andelarre en a conservé le nom et les armes écartelées, quoique la terre ait disparu à la Révolution.

(7) Notes de M. le comte de Galifet, colonel du régiment de Noailles en 1790.

(8) Vertot, *Histoire de Malte*; — Labbey de Billy, *Histoire de la Maison d'Aubusson*.

(9) En mémoire de la célèbre victoire que les troupes impériales remportèrent sur l'armée prussienne à Kolin (Bohême), le 18 juillet 1757, l'impératrice Marie-Thérèse créa l'ordre militaire qui porte son nom, et qui subsiste toujours en Allemagne, où il jouit de la plus haute considération. A la même occasion, Marie-Thérèse fonda l'ordre des dames de la *Croix-Etoilée*, dont les insignes ne

Si rude que fût le coup porté au marquis d'Andelarre par des événements qui le privaient à la fois de sa patrie, de sa fortune, de sa carrière militaire et de son siége aux Etats de Bourgogne, nul ne lui entendit exprimer une plainte contre la révolution qui le frappait. C'était, à ses yeux, un fait social dont il déplorait les excès et les crimes, et dont il aurait voulu que les conséquences fussent réglées sans broyer les hommes et les choses. « Je ne suis pas contraire à l'égalité, disait-il; je trouve bien « que tous les Français arrivent aux affaires du pays, car il y « a place pour tout le monde, même pour ceux qui y étaient « déjà. » Ces paroles étaient tenues par un officier de l'armée de Condé, sans regret comme sans ambition, qui avait passé le Rhin parce qu'il avait pensé que l'honneur l'y obligeait, qui

---

devaient être accordés qu'à un petit nombre de familles nobles, et pour lesquels obtenir il fallait faire preuve de seize quartiers. La décoration de l'ordre militaire de Marie-Thérèse « consiste en une croix à huit pointes, émaillée de blanc et bordée d'or, avec les armes d'Autriche au centre, entourées de la légende *Fortitudini*. Le revers porte les chiffres enlacés de la fondatrice et de l'empereur François, son époux (M T F), au milieu d'une couronne de laurier. Le ruban est formé d'une bande blanche entre deux bandes ponceau de même longueur. » (*Encyc. des Gens du monde*, t. XVII, 1re partie, p. 354.) « La marque de l'ordre de la Croix-Etoilée est une croix pattée, émaillée de blanc, bordée d'or, au centre un écusson de gueules, chargé d'une fasce d'argent, entouré de la légende *Fortitudo*, et au milieu un chiffre composé des lettres M T F, doublées, entourées d'un émail vert. » (*Encyc. Diderot*, t. X, p. 46, éd. de Lausanne, 1779.) — L'ordre de la Croix-Etoilée est peu connu en France. Nous avons sous les yeux le catalogue fort curieux des dames qui y furent admises le 3 mai 1790. L'ordre se composait alors de vingt-quatre dames, au nombre desquelles il n'y avait que deux Françaises, la comtesse Durfort née marquise de Béthune, et la marquise d'Andelarre. — Nous avons également sous les yeux le brevet donné à Mme d'Andelarre, en date de Florence le 3 mai 1790 On y lit : *Nos Maria Ludovica, Dei gratiâ regina Hungariæ et Bohemiæ,..... archidux Austriæ, dux Burgundiæ et Lotharingiæ,.... magna dux Hetruriæ,.... infans Hispaniarum, etc., etc. : Hisce devotæ nobis dilectæ Claudiæ Agathæ* JAQUOT *marchionissæ* D'ANDELARRE, *natæ marchionissæ* DE BERBIS, *clementissimè significamus quòd Nos, ad propagandam devotionem ergâ nobilissimum Deoque gratum Ordinem sub* STELLATÆ CRUCIS *titulo institutum, tanquam hujus* PRÆSES, *Crucem benedictam, Regulas, Litterasque has patentes eo fine eidem elargiri statuerimus, ut ad majorem sacratæ Crucis honorem Ordinis hujus Statuta, Regulasque Typis hunc in finem jam excusas integrè exactèque observare; Crucemque transmissam in sinistrâ pectoris parte constanter deferre sciat, illique exindè* CRUCIGERAM *seu* DOMINAM DE CRUCE STELLATA *sese vocare scriberequé concessum sit.......*

l'avait repassé pour retrouver sa patrie. A sa rentrée en France, le Gouvernement lui fit offrir un régiment de cavalerie. Il n'avait pas franchi la moitié de sa belle et longue carrière; il pouvait servir encore utilement son pays. Quelque touché qu'il fût de l'offre qui lui était faite par le premier consul, le marquis d'Andelarre la refusa, en présence de la santé déplorable de la femme angélique qui lui avait consacré sa vie (10). — Le marquis d'Andelarre employa ses loisirs à recomposer la terre d'Andelarre, que la Révolution avait jetée aux vents, et où il voulait vivre et mourir. Nommé en 1815 général inspecteur des gardes nationales de la Côte-d'Or, il montra dans ce poste des talents administratifs qu'on ne lui connaissait pas, et reçut, à la suppression de ces inspections, le grade de colonel de cavalerie en retraite. — Après la mort de sa femme, le marquis d'Andelarre revint définitivement en Franche-Comté, où il ne conserva de relations avec la vie publique que par les fonctions de maire d'Andelarre, qu'il résigna en 1831, en les faisant passer à son fils (11). Il trouva parmi nous ce qui ne lui avait fait défaut nulle part, l'estime et la considération; nous pouvons ajouter, l'affection publique. Le pays lui en donna la preuve à ses funérailles, qui eurent lieu à Vesoul, le 1er novembre 1846, au milieu d'un grand concours d'habitants de la ville et des communes environnantes. L'avant-veille avait vu le terme de cette longue vie toujours sereine, terme que le vénérable marquis d'Andelarre avait envisagé sans regret et sans crainte, comme si le poète l'eût eu en vue lorsqu'il disait de la mort de l'homme de bien :

> Approche-t-il du but, quitte-t-il ce séjour,
> Rien ne trouble sa fin : c'est le soir d'un beau jour.

(10) Mme la marquise d'Andelarre a composé un livre de piété qui est sur le prie-Dieu de toutes les filles, de toutes les femmes et de toutes les mères. Il est parvenu à sa 28e édition, et rien n'annonce à laquelle il s'arrêtera. La première édition parut en 1816, sous ce titre : *Heures choisies, ou Recueil de Prières pour tous les besoins de la vie,* avec des instructions et des pratiques pour toutes les Fêtes de l'année; Dijon, Lagier, vol. in-18 de viij — 676 pages.

(11) M. Jules d'Andelarre, actuellement député au Corps législatif.

ANDRÉ (Noël), plus connu sous le nom de *P. Chrysologue*, naquit à Gy le 8 décembre 1728, et entra, jeune encore, dans l'ordre des Capucins. Un goût dominant pour les études astronomiques et géodésiques s'étant manifesté de bonne heure chez lui, il alla suivre à Paris les leçons du célèbre Lemonnier, membre de l'Académie des sciences, et « il sut mettre à profit « les conseils d'un maître aussi habile. Frappé de l'imperfec- « tion des planisphères célestes dont il avait été obligé de se « servir, il en composa un uniquement pour son usage. Le- « monnier le détermina à le publier, et ce planisphère parut « en 1778, approuvé par l'Académie et sous son privilége. » (*Biog. univ.*, t. VIII, p. 497.) En 1779 et en 1780, le P. Chry- sologue publia deux autres planisphères de différentes gran- deurs et projetés sur divers horizons. Il publia aussi une *Mappe-monde projetée sur l'horizon de Paris*, et une *Carte de la Franche-Comté* : ces deux cartes furent considérées comme les meilleures entre celles qui avaient été dressées jusqu'alors. En 1806, le P. Chrysologue fit encore imprimer un ouvrage intitulé : *Théorie de la surface actuelle de la terre*, Paris, in-8°. Ce savant religieux mourut à Gy, sa ville natale, le 8 sep- tembre 1808. On trouve son *Eloge* par M. Weiss dans le 3ᵉ vo- lume des *Mémoires de la Société d'agriculture de la Haute-Saône*.

ANGAR (Amand-Constant-Marie-Fidèle), né à Paris le 25 juillet 1789, était devenu copropriétaire des forges de Loulans, canton de Montbozon, et dès lors il avait pris domicile dans le voisinage de ces usines, à Munans. Un jugement solide, des intentions toujours droites et généreuses, des connaissances variées, ne tardèrent pas à lui concilier l'estime et la sympathie de ses nouveaux concitoyens. Membre du conseil général en 1829, il ne cessa de donner des preuves de son dévouement à la chose publique; aussi fut-il un des représentants que les électeurs de la Haute-Saône envoyèrent en 1848 à l'Assemblée nationale constituante (12). Lorsque,

(12) Le département de la Haute-Saône avait à nommer neuf représentants. Les candidats élus furent MM. de Grammont, ex-député; Dufournel, ex-

l'année suivante, le pays fut à la veille de nommer ses délégués à l'Assemblée législative, M. Angar refusa, par des motifs tout honorables, la candidature que lui offrait de nouveau la confiance générale. Dès le mois de mars, il écrivit aux électeurs : « L'article 81 de la loi électorale porte : « Ne peuvent être « représentânts du peuple les individus chargés d'une fourni-. « ture pour le Gouvernement..... » Or j'exploite des usines « où se coulent des boulets et des bombes, où se fabriquent « des pièces pour les chemins de fer. J'ai des associés ; j'ai de « nombreux ouvriers, que mon premier devoir est d'aider à « vivre dans l'état déplorable de l'industrie. Je n'ai pas le droit « de faire retomber ni sur mes associés ni sur mes ouvriers « les fâcheux effets de l'interdiction qui pèserait sur moi : je « suis donc obligé de prévenir ceux de MM. les électeurs qui « auraient pu m'honorer encore de leur suffrage que je ne « me présente plus comme candidat aux prochaines élections. « Qu'eux et tous les autres veuillent bien recevoir ici les témoi- « gnages d'une reconnaissance sans fin pour l'honneur qui « m'a été fait une fois, et dont j'ai cherché à me rendre digne « par le travail, l'assiduité, et surtout par des votes que je livre « sans peur à l'examen sans passion de tout ami de l'ordre et « de la tranquillité..... J'avais trouvé à l'Assemblée (consti- « tuante) des travaux utiles,..... que je n'avais pas craint « d'aborder avec la ferme résolution et l'espérance d'y rendre « quelques services : j'y renonce, puisqu'il le faut..... » —

député ; Millotte, capitaine d'artillerie ; Guerrin, ex-député, avocat à Vesoul ; Minal, commandant en retraite ; Angar, maître de forges ; Noirot, avocat à Vesoul ; Lélut, membre de l'Institut, et Signard, médecin. Ces neuf candidats furent élus dans l'ordre suivant, sur 79,336 suffrages exprimés :

MM. de Grammont	68,620 voix.
Dufournel	63,409
Millotte	54,817
Guerrin	41,697
Minal	35,848
Angar	30,461
Noirot	29,590
Lélut	22,028
Signard	20,157

Dix-neuf mois après, une mort prématurée enlevait cet homme de bien à l'affection de sa famille et de ses nombreux amis. Il décéda, après quelques jours de maladie, à Verchamp, le 11 octobre 1850. Ses obsèques eurent lieu le 12, à l'église de Guiseuil, au milieu d'un immense cortége de populations (13).

ATHALIN (Claude-François), né à Cemboing le 10 mars 1701, professeur en médecine à l'Université de Besançon, membre de l'Académie de cette ville, où il mourut le 15 mai 1782, a publié : I. *Lettre à un médecin au sujet d'une observation rare et intéressante sur des accidents funestes survenus seulement au bout de cinquante-quatre jours ensuite d'un coup reçu à la tête, qui n'avait occasionné aucun accident primitif*, Besançon, 1746, in-8°; — II. des éléments d'anatomie, sous ce titre : *Institutiones anatomicæ per placita et responsa*, Vesuntione, 1756, in-8°. (*Biog. univ.*, t. II, p. 601.)

AUBRY (Jean-François), médecin, intendant des eaux minérales de Luxeuil, a publié un excellent ouvrage sous le titre *Oracles de Cos*, Paris, 1776, in-8°. Une seconde édition (Paris, 1781) est augmentée d'une *Introduction à la thérapeutique de Cos*, qui est fort estimée. Ce médecin est mort à Luxeuil en 1795. (V. *Biog. univ.*, t. III, p. 7.)

AYMONET (Jacques-Antoine), né à Vesoul, publia en 1657, sur la naissance du prince d'Espagne, trois odes intitulées : *Genethliaque.* — Thomas Aymonet, son frère, est cité par le P. Dunand comme grammairien et théologien. (*Mém. de la Soc. d'agr., sciences et arts de la Haute-Saône*, t. II, p. 101.)

BAILLET (14) (Emmanuel), religieux de l'ordre des Carmes déchaussés, évêque et consul de France à Babylone, naquit à Marnay en 1700, et mourut de la peste, vers 1773, à

(13) Nous devons les principaux éléments de cette notice à l'obligeance de M. Triboulez, notaire à Cenans.

(14) Et non BALLYET, comme on l'a imprimé par erreur dans la *Biographie universelle*.

Bagdad, qu'il avait habité pendant trente ans. Il est auteur d'une *Lettre au pape Benoît XIV sur l'état des missions catholiques dans le Levant*, imprimée à Rome en 1754, en latin et en français, et dont on fit plusieurs éditions, ce qui n'a pas empêché cette brochure de devenir rare. Il a laissé manuscrites des observations sur les contrées de l'Asie qu'il avait visitées, et recueilli dans ses voyages un médailler précieux, composé de 6,300 pièces de toutes grandeurs. Cette collection a appartenu plus tard à M. de Magnoncour. On en trouve le détail dans la *Description des Médailles du cabinet de M. de Magnoncour*, par Adrien de Longpérier, Paris, Didot, 1840, grand in-8° de 139 pages, fig. — Un des frères d'Emmanuel Baillet, le P. SYMPHORIEN, a été général de l'ordre des Carmes déchaussés.

BALIN (Jean), prêtre et médecin, né à Vesoul vers 1570. Il paraît qu'il était professeur au collège de Narbonne, à Paris, en 1601, puisqu'il y prononça cette même année, à l'ouverture des classes, un discours latin. En 1607, il fit imprimer à Paris, in-8°, un poème intitulé *De divæ Magdalenæ gestis, ubi et ejus navigatio in Provinciam et pœnitentiæ locus describuntur*. Il le traduisit ensuite en français sous le titre de *Poème héroïque de sainte Magdeleine*. Il accompagna Claude de Rye en Flandre, en qualité d'aumônier, et il fut témoin des événements de la guerre qui se termina par la paix de 1608. Il en écrivit l'histoire sous ce titre : *De Bello belgico, auspiciis Ambrosii Spinolæ*, Bruxelles, 1609, in-8°. On trouve à la suite un poème intitulé : *De Pace belgicâ, sive Janus bifrons belgicus*. On loue la correction et la pureté du style de cet ouvrage. Foppens (*Bibl. belgica*) dit que Balin a composé quelques autres ouvrages, mais peu intéressants. C'est ce bibliothécaire qui nous apprend que Balin mourut à Wesel, dans le duché de Clèves; mais il a négligé d'indiquer à quelle époque. (*Biog. univ.*, t. III, p. 285, article signé Weiss.)

BALIVET (Claude-François), conventionnel, né en 1754 à Gray, exerçait la profession d'avocat au bailliage de cette ville lorsqu'il fut élu membre de la première administration centrale du département de la Haute-Saône. En acceptant cette place, il sacrifia ses goûts et ses intérêts personnels à l'espérance d'être utile à ses concitoyens. Nommé député à la Convention nationale, il siégea constamment avec les membres les plus modérés de cette assemblée, et monta rarement à la tribune, désespérant peut-être de faire prévaloir ses opinions. Dans le procès de Louis XVI, sur la question de la peine, il s'exprima en ces termes : « Bien persuadé que nous ne devons prononcer qu'une mesure « de sûreté générale, je demande la détention provisoire et le « bannissement à la paix. » La session terminée, il entra au conseil des Anciens, et dut à l'estime de ses collègues d'en être nommé secrétaire (1797). En quittant les fonctions législatives, il accepta la place de commissaire du Directoire près de l'administration de son département, et la remplit jusqu'à l'établissement des préfectures. Balivet alors se retira dans son domaine de Fresne-Saint-Mamès, arrondissement de Gray. Il y mourut le 29 avril 1813, regretté de ses nombreux amis, et laissant la réputation d'un homme modeste et instruit. (*Biog. univ.*, t. LVII, p. 86.)

BALLOUHEY (Jean-Claude), né à Citey, canton de Gy, le 18 septembre 1764, appartenait à une honnête et modeste famille de cultivateurs; son père remédiait à la médiocrité de ses ressources par un petit commerce sur les bois, les vins, les céréales, et se faisait aider par ses nombreux enfants. Pensant que les affaires de la maison paternelle pouvaient se passer de son concours, J.-C. Ballouhey s'enrôla à l'âge de vingt ans dans les dragons de la Reine. Son capitaine, M. Devaux, ayant remarqué chez le jeune soldat franc-comtois les qualités d'un bon comptable, lui confia la caisse de la compagnie, et l'honora d'une considération qui eut plus tard des résultats importants. Après la Terreur, M. Devaux, alors ex-capitaine des dragons de la Reine, ayant fondé à Paris, de concert avec le comte de Marguerye et Alexandre de la Rochefoucauld, une maison de banque, se souvint de son ancien caissier, qui avait également abandonné l'état militaire au commencement de la Révolution ; il le fit venir, et lui donna la direction de l'établissement. Mais cette entreprise commerciale, d'abord prospère, ne tarda pas à être obligée d'en venir à une liquidation, et ce fut J.-C. Ballouhey qui fut chargé d'en établir la situation. Toutes les affaires qu'on lui avait confiées étant terminées à la satisfaction et à l'honneur de ses nobles patrons, Mme de la Rochefoucauld s'occupa de procurer à Ballouhey une position conforme à ses talents et à la modestie de ses goûts. On était en 1804 ; le premier consul devenait empereur. Quand il fallut former la Maison de l'impératrice, Mme de la Rochefoucauld, qui était sa première dame d'honneur, présenta Ballouhey comme l'homme par excellence pour les fonctions de trésorier. Joséphine, dont il avait le bonheur d'être connu, l'accepta avec empressement, et le nomma secrétaire de ses dépenses. Pendant tout le cours de sa gestion, il ne cessa pas un instant de mériter la confiance de l'auguste princesse. Elle ne parlait de lui que dans les termes les plus flatteurs ; aussi, quand elle fut obligée de descendre du trône, son premier mouvement eût-il été de le garder en qualité d'intendant général de sa Maison ; elle n'en fut empêchée que par des considérations toutes à l'avantage de Ballouhey. Mais elle voulut lui donner alors une preuve de sa haute satisfaction en sollicitant pour lui une des premières recettes générales des finances. Napoléon l'aurait accordée sur-le-champ s'il n'eût mieux aimé conserver pour la nouvelle impératrice un homme dont il appréciait si bien la fidélité, les talents et les services. Devenu intendant de Marie-Louise, Ballouhey s'acquit de plus en plus l'estime de l'impératrice et de Napoléon, et quand les malheurs de 1814 exilèrent l'empereur à l'île d'Elbe, en forçant l'impératrice à retourner en Autriche, les deux augustes victimes, sans s'être concertées, chargèrent Ballouhey de leurs affaires à Paris, tant était grande la confiance qu'elles avaient en lui. Après les Cent-Jours, cédant aux vives instances de Marie-Louise, notre compatriote la rejoignit à Vienne, puis la suivit à Parme quand elle s'y installa en juin 1816. A Vienne, Marie-Louise l'avait nommé intendant général de sa Maison ; elle lui conserva le même titre à Parme, en y joignant celui de ministre de ses finances. Ballouhey eut à créer dans ce nouvel Etat toute la comptabilité, toutes les règles de l'administration. En re-connaissance de ces nouveaux services, la duchesse de Parme le nomma chevalier de l'ordre constantinien de Saint-Georges. Une maladie cruelle, contractée dans les travaux excessifs du cabinet, l'obligea à quitter les fonctions où il faisait tant de bien. Il revint en France, et se fixa à Paris, où il mourut en 1846, à l'âge de quatre-vingt-deux ans. (Extrait de la Notice biographique publiée dans le *Journal de la Haute-Saône*, n⁰ˢ des 27 février et 3 mars 1849, sous la signature F. Perron.) — La biblio-thèque de Dole possède un portrait de J.-C. Ballouhey. C'est une gravure in-4⁰ sur laquelle on lit : J.-C. B. peint par lui-même en 1794, à l'âge de trente ans ; gravé par Bretonnier en 1806. Les bibliothèques de Besançon et de Gray ont reçu de Ballouhey des cadeaux précieux.

BARBIER (André), médecin, né à Vesoul, est auteur d'une *Dissertation sur les eaux minérales découvertes aux Répes près de Vesoul*, imprimée in-12, dans cette ville, en 1731. (Note com-muniquée par M. Weiss à la Société d'agr., sciences et arts de Vesoul. Voir les *Mémoires* de cette Société, 1808, 2ᵉ volume, p. 103.)

BARDENET (Jacques), né le 17 février 1754, à Vesoul, entra au service militaire le 23 avril 1770, dans le régiment d'artillerie de Besançon, devenu plus tard le 3ᵉ régiment à pied. Après vingt années passées sous le drapeau alors que l'avancement était donné plutôt à la faveur qu'au mérite, il n'était encore qu'adjudant sous-officier ; mais il devint rapidement, de 1790 à 1794, lieutenant, capitaine, chef de bataillon et colonel. Il se trouvait à la bataille de Jemmapes et au siége de Lille (1792) ; aux siéges d'Ypres, de Nieuport, du fort de l'Ecluse, de Bois-le-Duc, de Grave et de Nimègue (1794). C'est à la prise de Bois-le-Duc, où il rendit de grands services, que lui fut conféré le grade de colonel. Il commanda ensuite l'artillerie française en Hollande (1795 et 1796), à Gênes (1797), à Naples (1798). Il montra tant de valeur aux combats de la Trébia (17, 18 et 19 juin 1799), que le général en chef Macdonald le nomma

général de brigade sur le champ de bataille ; mais , par suite
d'intrigues de bureaux, cette promotion si honorable ne fut pas
confirmée par le Directoire. Placé par les suffrages de ses
concitoyens sur la liste des notables nationaux (15), le colonel
Bardenet devint membre du Corps législatif alors que le premier consul en désignait les membres d'après cette candidature (1802). Plus tard, il fit les campagnes de 1806 et de
1807 dans la Poméranie suédoise ; il prit part notamment aux
opérations qui amenèrent la reddition de Stralsund , et fut fait
officier de la Légion-d'Honneur. Après avoir combattu de
nouveau à Wagram (1809), il servit, en 1810 et 1811, à l'armée
d'Espagne, d'où il fut rappelé en Allemagne. Lorsque, après les
désastres de la campagne de Moscou, il fallut défendre les
conquêtes de la France en Prusse, il s'enferma dans Magdebourg, et concourut à la défense de cette place sous les ordres
du général Lemarrois, qui ne rendit la ville que sur un avis du
gouvernement de la Restauration, et ramena en France toute
la garnison (18,000 hommes), avec cinquante-deux pièces de

(15) Le sénatus-consulte organique de la Constitution de l'an VIII, pro-
mulgué le 4 août 1802, établissait un système électoral qui mérite d'être
mentionné. L'assemblée de canton , composée de tous les citoyens domiciliés
dans le canton et y jouissant des droits civiques, désignait un certain nombre
de candidats parmi lesquels devaient être choisis le juge de paix, ses sup-
pléants, les maires, les adjoints et les membres des conseils municipaux. Elle
nommait en outre, pour cinq cents habitants, un membre du collége d'arrondissement, et par mille habitants un membre du collége de département. —
Le collége électoral d'arrondissement, formé d'autant de membres qu'il y avait
de fois cinq cents habitants domiciliés dans sa circonscription, présentait une
liste de candidats pour le conseil d'arrondissement, pour le Tribunat et le Corps
législatif. Le collége de département, composé comme il vient d'être dit,
dressait à son tour une liste de candidats pour le conseil de département, pour le
Sénat, etc. On appelait *notables départementaux* les citoyens élus par les assemblées de canton, et *notables nationaux* ceux qu'inscrivaient sur leurs listes les
colléges d'arrondissement et de département. C'est sous ce régime électoral à
trois degrés, qui du reste subsista fort peu de temps, que le général d'artillerie
comte d'Aboville, présenté comme candidat au Sénat par le collége du département de la Haute-Saône, fut pourvu de la sénatorerie de Besançon, et que
furent nommés membres du Corps législatif, pour le même département, les
citoyens Vigneron, ex-membre de la Convention et du conseil des Cinq Cents,
Bardenet, chef de brigade d'artillerie, et Nourisson, ex-commissaire du gouvernement près le tribunal de Gray.

canon. Le nouveau gouvernement décora le colonel Bardenet de la croix de Saint-Louis, mais ne l'employa pas. Mis à la retraite par décision royale du 12 août 1814, il revint dans sa ville natale, et habita tantôt Montigny-les-Nones, où il avait une maison de campagne, tantôt Vesoul, s'adonnant à l'agriculture, et s'occupant de donner, sur les terres qu'il faisait exploiter, l'exemple des améliorations agricoles. C'est à ces soins tranquilles qu'il consacra les dernières années de sa vie. Il mourut à Vesoul le 3 septembre 1833. Homme aimable, généreux, bienfaisant, il était en même temps prompt et pétulant ; mais on lui passait volontiers ses vivacités, parce qu'il les rachetait amplement par la bonté naturelle de son cœur.

BARDENET (Jean-Etienne) naquit à Chassey-les-Montbozon le 26 février 1763. Sa famille était une des plus anciennes et des plus considérables du village ; son père cultivait ses terres et vivait dans une honorable indépendance Il montra dès l'enfance les plus heureuses dispositions. Le curé de Mesnay (Jura), qui était son oncle, se chargea de le surveiller et diriger dans ses premières études, et les lui fit faire au collége d'Arbois, où le jeune Bardenet eut pour camarade de classe l'illustre Pichegru. Ces deux hommes, dont les destinées furent si diverses, étaient alors rivaux de talents et de succès. « Pichegru, disait plus tard l'abbé Bardenet, était plus fort que moi en mathématiques, mais je le devançais à la course, et dans nos luttes *je le rossais.* » Au sortir du collége, J.-E. Bardenet se sentit une vocation religieuse nettement dessinée, et entra au séminaire du diocèse, où il reçut les premiers ordres en 1785, et la prêtrise le 24 mars 1787. Il y avait à peine un an qu'il était vicaire à Traves, lorsque son oncle résigna en sa faveur la cure de Mesnay. Mais bientôt vint la tempête révolutionnaire, puis arriva la fameuse constitution civile du clergé (16).

(16) On nomma ainsi une constitution imposée au clergé de France par un décret de l'Assemblée nationale rendu le 12 juillet 1790. Par ce décret, il devait y avoir un évêque par département; l'élection des évêques et des curés serait faite par le peuple à la pluralité des voix; tous les fonctionnaires ecclésiastiques devaient être salariés par l'Etat, et une dotation annuelle qui s'éle-

Plutôt que de prêter le serment alors exigé des prêtres, l'abbé Bardenet passa en Suisse. Rentré en France au commencement du Consulat, il revint dans sa paroisse de Mesnay, et y fit bâtir, en remplacement d'une vieille église devenue trop petite pour les habitants, une église à trois nefs, construite dans de grandes et élégantes proportions, ainsi qu'une cure et une maison d'école pour les enfants des deux sexes. Il fut à la fois l'architecte et l'entrepreneur des nouveaux édifices. Quant aux ressources assez considérables qu'il dut appliquer à ces travaux, il les trouva partie dans sa propre fortune, et partie dans la coopération volontaire de ses paroissiens. Cette entreprise terminée, l'abbé Bardenet se démit de la cure de Mesnay, afin de pouvoir consacrer tout son zèle à d'autres œuvres pies encore plus importantes. Il s'occupa d'abord de la construction, à Ecole, canton d'Audeux, du spacieux bâtiment qui est aujourd'hui la maison des ecclésiastiques voués au service des missions dans le diocèse de Besançon. « Ce que le zélé prêtre avait fait pour ses
« constructions de Mesnay, il le fit pour Ecole. Point d'archi-
« tecte, point d'entrepreneur; il n'avait pas le moyen d'enrichir
« l'un et de payer le talent de l'autre. Les plans de l'édifice
« furent les siens; il dirigea lui-même les travaux, surveilla les
« ouvriers, et leur donna, selon son habitude, l'exemple de
« l'activité et de la fatigue. Toujours le premier à l'ouvrage, il
« ne se retirait que le dernier, remuant les bois et portant les
« pierres quand il en était besoin, animant tout de sa présence,
« embrassant et surveillant tout de son coup d'œil. Chacun
« connaît ce magnifique établissement, vaste, majestueux,
« admirablement distribué, et parfaitement approprié à sa
« destination. » Le bâtiment d'Ecole, commencé en 1816, fut

---

vait à 77 millions remplaçait les revenus divers que le clergé avait possédés jusque-là. Louis XVI accepta ce décret le 26 décembre de la même année, et dès le lendemain cinquante-huit ecclésiastiques prêtaient serment à la nouvelle constitution au sein même de l'Assemblée nationale ; mais la plus grande partie du clergé refusa le serment. A dater de ce moment, il se fit une scission dans le clergé : on distingua les prêtres *constitutionnels* ou *assermentés*, et les prêtres *non assermentés*. Le concordat de 1801 mit un terme à ces divisions. (BOUILLET, *Dictionnaire d'Histoire,* 1851, p. 418.)

2

achevé en deux ans, et l'ancienne maison de mission de Beaupré put y être transférée en 1848. Peu d'années après, l'abbé Bardenet acheta de M. Voyer d'Argenson (17) la propriété presque royale de Saint-Remy, y compris le château, ses jardins, ses avenues, et ce parc de cent hectares qui est clos de murs et boisé sur une grande partie de sa surface. C'est le domaine qui appartient maintenant à la société des Frères de Marie : l'abbé Bardenet en a fait don à cette congrégation religieuse. Il contribua ensuite à la transformation de l'ancien couvent des Capucins d'Arbois en une maison d'éducation pour les petites filles, ainsi qu'à la reconstruction de l'église paroissiale de la ville. C'était vers 1830. A peu près à la même époque, il se rendit acquéreur de l'abbaye d'Acey, qu'il répara pour y fonder une communauté chargée de l'éducation des jeunes personnes, la communauté des Sœurs de Marie. C'est là qu'il passa les dernières années de sa vie, et qu'il mourut le 19 janvier 1844. « M. Bardenet n'était pas un savant, encore « moins se piquait-il de passer pour tel ; il possédait cependant « à fond la théologie, l'histoire de l'Eglise et l'Ecriture sainte. « Personne ne faisait mieux que lui une des instructions religieuses les plus difficiles, nous voulons parler du catéchisme ; « il savait se mettre à la portée de la plus épaisse ignorance, se « faisant enfant avec les enfants, leur expliquant avec une « admirable clarté les plus hautes vérités de la religion. Personne ne connaissait mieux que lui ce qu'on appelle les « *affaires* : sa longue pratique l'avait initié aux secrets des lois, « des usages, des entreprises les plus compliquées. Il a prouvé « qu'il savait être au besoin non moins bon entrepreneur « qu'habile architecte : Je suis, disait-il plaisamment, *un* « *homme de pierre et de bois*. Quelle n'était pas son habileté « dans les spéculations ! Tout ce qui passait par ses mains « semblait se convertir en or. Le bien immense qu'il a fait, « ses nombreuses fondations charitables, lui ont coûté des

---

(17) M. Voyer d'Argenson était devenu administrateur de la terre de Saint-Remy par son mariage avec la veuve du prince Claude Victor de Broglie, fille du maréchal de Rosen.

« sommes énormes....... : il a tiré toutes ces sommes de ses
« revenus, de son économie, de son habileté (18). » Son portrait a été lithographié in-folio, à Besançon, chez A. Girod. —
Il était frère de Claude-Joseph BARDENET, avocat, qui fut
conseiller de préfecture à Vesoul depuis le 30 avril 1800 jusqu'en 1814, et qui mourut en cette ville le 16 décembre
1816.

BARTHELEMY (Nicolas-Martin), né le 6 février 1765 à Gray,
où son père était maître-carrossier, entra dès l'âge de seize ans
dans le régiment de Colonel-général. Simple brigadier en 1791,
il servit dès lors aux armées du Nord, de l'Ouest, d'Italie, et
parcourut rapidement tous les grades jusqu'à celui de chef
d'escadron, qu'il obtint le 1er floréal an V dans le corps des
guides de Bonaparte, corps qui devint plus tard le noyau des
chasseurs à cheval de la garde impériale. Employé dans ce grade
au commencement de la campagne d'Egypte, il se fit remarquer
par sa bravoure dans plusieurs combats, et le général en chef
ne tarda pas à le nommer colonel du 15e régiment de dragons,
à la tête duquel il eut encore plus d'une occasion de se distinguer, notamment à l'affaire qui eut lieu le 21 mars 1801 (30 ventôse an IX) dans la presqu'île d'Aboukir. A la rupture du traité
de paix d'Amiens, le régiment du colonel Barthelemy fut appelé
au camp de Boulogne, et fit ensuite les campagnes d'Allemagne
et de Pologne. Le colonel eut un cheval tué sous lui à la bataille de Pultusk (24 décembre 1806), et y fut même si grièvement blessé qu'on le comprit au nombre des morts dans le
bulletin de la journée. C'est après cette bataille que le colonel
Barthelemy devint général de brigade, commandeur de la
Légion-d'Honneur et baron de l'Empire. Employé ensuite en
Espagne, il fut placé à la tête d'une brigade de la division
Milhaud, et séjourna trois années dans la Péninsule. Au commencement de 1812, il venait de prendre le commandement du

(18) Les passages guillemetés sont extraits textuellement de la *Notice sur la
Vie de M. l'abbé Bardenet* qu'un de ses amis (M. P......) publia, sans nom
d'auteur, en 1844, br. in-8° de 40 pages; Paris, J.-B. Gros, imprimeur de la
cour royale.

département du Gard lorsqu'il reçut l'ordre de partir pour la grande armée. Mais, à son arrivée à Berlin, une douloureuse maladie ne lui permit pas d'aller plus loin. Toutefois l'Empereur lui confia, le 22 juillet, la défense de Spandau, place qui ne capitula qu'après trois jours de bombardement, le 13 avril 1813. — Lors de la dislocation de l'armée de la Loire, le général Barthelemy fut chargé par le maréchal Macdonald du licenciement de plusieurs régiments de cavalerie. Rentré en 1815 dans ses foyers, il habita Gray-la-Ville, où il mourut le 23 août 1835, dans sa soixante-onzième année. Son esprit aimable et facile lui avait fait beaucoup d'amis dans l'armée comme dans le cercle de ses relations privées.

BASSAND (Antoine), né à Vesoul, a publié une *Lettre d'un magistrat de Franche-Comté à un seigneur de cette province, contenant un essai sur les preuves nécessaires pour établir un droit de généralité de la mainmorte dans une seigneurie, avec quelques questions sur ce sujet important*, Besançon, Cl.-J. Daclin, 1760. Cette lettre est jointe au *Traité sur la mainmorte* de Dunod, nouv. éd., Epinal, 1761. (*Mém. de la Soc. d'agr., sciences et arts de la Haute-Saône*, t. II, p. 103.)

BAUD (N.), né dans le bailliage d'Amont (Haute-Saône) le 4 décembre 1770, entra au service en 1789, dans le 5e régiment d'artillerie, fit toutes les campagnes aux armées du Rhin, de l'Ouest, d'Italie, d'Autriche et d'Allemagne, et parvint au grade de chef de bataillon en 1813. Il se trouvait employé à la Fère, au mois de mars 1815, lorsque le général Lefebvre-Desnouettes et les frères Lallemand tentèrent de s'en emparer, pour mettre au service de Napoléon, avec les garnisons du Nord, le matériel de la place. Cette tentative échoua au premier moment, devant la fermeté que montra le général d'Aboville, alors commandant de la Fère. Le chef de bataillon Baud est cité dans la *Biog. des Hommes vivants* (t. I, p. 230), comme ayant concouru, en cette circonstance, à maintenir la garnison dans l'obéissance à Louis XVIII. Le roi, par ordonnance du 17 mars, le nomma officier de la Légion-d'Honneur.

Là s'arrêtent les renseignements biographiques que nous avons pu recueillir.

BAUFFREMONT (La famille de), une des plus anciennes de la Franche-Comté, s'illustra, dès le XIIe siècle, par ses alliances avec les Maisons souveraines de France, de Lorraine et de Bourgogne; par son admission dans les ordres de la Toison-d'Or (19), du Saint-Esprit (20), de Saint-Michel (21), d'Alcantara (22), de Rhodes (23), de Malte et de Saint-Georges (24); par les dignités

(19) L'ordre de chevalerie dit de la Toison-d'Or fut institué à Bruges, en 1429, par le duc de Bourgogne Philippe-le-Bon, en l'honneur d'une de ses maîtresses. Il ne devait se composer que de vingt-un chevaliers; le duc en était le grand-maître. Lors de l'extinction de la Maison de Bourgogne, la grande-maîtrise passa à la Maison d'Autriche. Charles-Quint la transmit aux rois d'Espagne, ses descendants, et la paix d'Utrecht la laissa au roi Philippe V, tige de la nouvelle Maison régnante, qui portait, avant son avènement, le titre de duc de Bourgogne; néanmoins l'empereur ne voulut pas renoncer à son droit, et, depuis, l'ordre a été conféré concurremment par les rois d'Espagne et les empereurs. M. Guizot est du très-petit nombre des Français qui sont aujourd'hui décorés du collier de la Toison-d'Or.

(20) L'institution de l'ordre du Saint-Esprit date de l'an 1578. Henri III, roi de France, le créa en mémoire de ce qu'il était parvenu au trône le jour de la Pentecôte, jour où le saint Esprit descendit sur les Apôtres. Le nombre des chevaliers fut limité à cent, dont neuf ecclésiastiques. Pour être admis chevalier, il fallait être catholique et avoir déjà reçu l'ordre de Saint-Michel. Supprimé en 1789, l'ordre du Saint-Esprit fut rétabli à la Restauration. Il a été de nouveau supprimé en 1830.

(21) Ordre militaire institué par Louis XI, le 1er août 1469, en l'honneur de S. Michel, patron de la France. Le roi en était le chef et le grand-maître. Les chevaliers devaient être gentilshommes. Leur nombre, d'abord fixé à trente-six, fut élevé à cent sous Louis XIV. Cet ordre, destiné primitivement à la haute noblesse, finit par être accordé aux gens de lettres, de robe, de finance, et aux artistes célèbres. Il existait encore sous la Restauration; mais il fut aboli en 1830.

(22) Ordre religieux d'Espagne, institué en 1214 par Alphonse IX, roi de Castille, en mémoire de la prise d'Alcantara sur les Maures. Les membres de cet ordre sont soumis à la règle de S. Benoît.

(23) Les chevaliers de *Saint-Jean-de-Jérusalem*, appelés plus tard chevaliers de *Rhodes*, puis de *Malte*, formaient le plus célèbre des anciens ordres militaires. Les trois dénominations ci-dessus leur furent successivement données, depuis la première croisade jusqu'au commencement du XIXe siècle, suivant les lieux où l'ordre put conserver son principal établissement.

(24) La confrérie de Saint-Georges était une institution particulière à la

qu'elle occupa à la cour des rois de France et à celle des ducs de Bourgogne; enfin, par les prélats et les hommes de guerre distingués qu'elle donna à l'Eglise et aux armées. Ses seigneurs eurent, dans trois circonstances, l'avantage unique de présider la noblesse du royaume aux Etats-généraux. Aux mêmes époques on les vit remplir les premières charges du duché de Bourgogne, celles de maréchal et de sénéchal. Cette famille de haut baronnage obtint le diplôme de prince au XVIIIe siècle, puis fut élevée à la pairie avec le titre de duc au XIXe. Dunod, dans son *Histoire du comté de Bourgogne*, t. II, p. 495, en donne la généalogie jusqu'au XVIIIe siècle.

BAUFFREMONT (Nicolas DE), baron de Sennecey, fut fait grand-prévôt de France sous Charles IX, « tant à cause de sa « grande noblesse, dit de Thou, qu'à cause de sa science, « qualité rare alors parmi nos guerriers. » Les historiens lui reprochent d'avoir été un ligueur trop ardent lors des massacres de la Saint-Barthelemy (août 1572). « Sa mémoire, lisons-nous « dans la *Biog. univ.*, t. III, p. 554, est plus recommandable « comme savant, et ses contemporains en ont parlé, sous ce « rapport, avec un accord unanime. Il mourut au château de « Sennecey, le 20 février 1582, à soixante-deux ans. On a de « lui : I. une traduction du *Traité de la Providence* de Salvien, « Lyon, 1575, in-8°; — II. *Harangue pour la noblesse*, pro-

---

Franche-Comté; ses membres devaient être nés ou domiciliés dans cette province. Elle fut fondée en 1390 par Philibert de Molans, qui, ayant rapporté de la Palestine des reliques de S. Georges, les installa solennellement, en présence de nombre de gentilshommes, dans une chapelle qu'il possédait à Rougemont. Les gentilshommes assistants, devenus les premiers membres de l'ordre, s'engagèrent à se réunir chaque année dans la même chapelle pour y honorer les reliques de S. Georges. En même temps furent arrêtés les statuts de la noble confrérie : les gentilshommes prétendant à en faire partie devaient prouver seize quartiers de noblesse (huit trisaïeuls et trisaïeules paternels, et autant de trisaïeuls et trisaïeules maternels). Une fois reçus, ils prêtaient serment de professer en tout et partout la foi catholique, apostolique et romaine; d'être fidèles sujets du roi, de chercher en toute occasion sa gloire; de prêter appui et secours à leurs frères d'armes, et de se comporter en preux, loyaux et vaillants chevaliers. (Voy. *Aperçu sur l'Ordre des chevaliers de Saint-Georges du comté de Bourgogne*, publié par le marquis C.-E.-P. de Saint-Mauris.)

« noncée en 1561 ; — III. *Proposition pour toute la noblesse de*
« *France*, faite en 1577 aux Etats de Blois, Paris, 1577, in-8°. »

BAUFFREMONT (Claude DE), fils de Nicolas, fut, comme son
père, député aux Etats de Blois, en 1588, et y prononça une
harangue à Henri III qui est imprimée dans le tome III des
Mémoires de la Ligue. On lui attribue encore plusieurs écrits
relatifs aux événements politiques de son temps. Il mourut au
château de Sennecey en 1596, à l'âge de cinquante ans.

BAUFFREMONT (Henri DE), fils du précédent, fut choisi
pour présider la noblesse aux Etats-généraux de 1614. Au nom
de la caste qu'il représentait, il demanda l'abolition de la véna-
lité des charges ; il parla de plus contre les décisions du concile de Trente, dont le clergé demandait la publication, tandis
que le tiers-état les combattait comme contraires aux libertés
de l'Eglise gallicane. On a conservé les harangues prononcées
par Henri de Bauffremont dans ces circonstances. (Voy. *Recueil
général des Etats tenus en France*, Paris, 1651, in-4°.) « Ce
« seigneur fut ambassadeur extraordinaire en Espagne en 1617
« et 1618 ; il fut fait chevalier du Saint-Esprit en 1619, et
« mourut à Lyon le 22 octobre 1622, d'une blessure qu'il avait
« reçue la même année au siége de Royan, où il servit en
« qualité de maréchal de camp. » (*Biog. univ.*, t. III, p. 555)

BAUFFREMONT (Claude-Charles-Roger DE), fils de Claude,
remplaça sur le siége épiscopal de Troyes, en 1562, Antoine
Caraccioli, qui, au grand scandale de l'Eglise, venait d'embrasser
la religion protestante. Il occupa ce siége vingt-un ans, et
mourut vers 1583 au château de Scey-sur-Saône, où il fut enterré dans la chapelle de sa famille (25), la guerre civile n'ayant
pas permis de le faire transporter au chef-lieu de son diocèse.

(25) La Maison de Bauffremont avait un caveau de famille au château de
Scey-sur-Saône dès le XVIᵉ siècle, ce qui indique qu'elle possédait là, depuis
longtemps déjà, son principal manoir. Ce qui n'était qu'une maison de plaisance fut remplacé, au XVIIIᵉ siècle, par une somptueuse habitation que
fit bâtir le prince Joseph de Bauffremont. Les *démolisseurs* incendièrent en
1792 la presque totalité de cette magnifique construction.

BAUFFREMONT (Claude-Paul DE), marquis de Listenois,
« sous prétexte de vexation et d'oppression de sa province,
« avait pris les armes et fait plusieurs assemblées de noblesse
« et de gens de guerre. La chambre de justice de Besançon
« décerna contre lui un arrêt de prise de corps, par suite du-
« quel il publia plusieurs manifestes pour prouver la droiture
« de ses intentions. Il fut obligé de se retirer en France, et ce
« fut l'occasion de la seconde conquête de la Franche-Comté. »
(*Biog. univ.*, t. III, p. 556.)

BAUFFREMONT (Alexandre-Emmanuel-Louis DE), fils de
Joseph, créé prince, naquit à Paris en 1770, et épousa, le
13 mai 1787, la fille du duc de La Vauguyon, alors ambassadeur de France en Espagne. Ayant émigré, il fit la campagne
de 1792, et celles de 1793 et 1794 dans les armées espa-
gnoles. De retour en Franche-Comté après le traité de Bâle
(1795), il ne prit aucune part officielle aux affaires du moment,
se livrant seulement aux loisirs de la vie privée, et recevant,
avec une hospitalité toute princière, les nombreux visiteurs
qui affluaient chaque jour au château de Scey-sur-Saône. Une
seule fois, en 1812, le prince de Bauffremont fit acte de vie
publique, en présidant le collége électoral de la Haute-Saône,
qui avait à élire ses députés au Corps législatif. Compris,
pendant les Cent-Jours, au nombre des pairs choisis par
Napoléon, il ne se rendit point à la Chambre; il n'y siégea
qu'après la seconde Restauration, Louis XVIII l'ayant appelé
de nouveau à la pairie, en lui conférant le titre de duc Il
avait continué d'avoir sa résidence habituelle à Scey-sur-Saône,
lorsque pour des motifs de santé il alla, en 1832, habiter
Paris. C'est là qu'il mourut du choléra le 8 décembre 1833.
Il était, par caractère, bon, généreux, bienfaisant, exempt
de toute morgue aristocratique; ses opinions politiques étaient
celles de l'homme qui aime une sage liberté, rien de plus,
rien de moins.

BAUFFREMONT (Alphonse duc DE), né en 1791, fils du
prince Alexandre, fut, sous l'Empire, colonel et aide-de-camp

du roi Murat. Il se distingua par un brillant courage dans la campagne de Russie, ainsi que dans les luttes héroïques de 1813. Sa belle conduite lui valut le grade d'officier de la Légion-d'Honneur sur le champ de bataille de Dresde. Après les événements de 1815, Alphonse de Bauffremont, fidèle à une cause qui était pour lui celle de la gloire nationale, rentra, quoique jeune encore, dans la vie privée, se refusant à prendre du service sous les régimes qui suivirent, et où sa naissance et son nom lui assuraient une place distinguée. Il accueillit avec joie le retour de la dynastie napoléonienne, et l'Empereur le nomma sénateur le 31 décembre 1852, puis commandeur de la Légion-d'Honneur le 29 décembre 1854. A sa mort, arrivée le 10 mars 1860, à Paris, les membres du Sénat regrettèrent tous en lui un collègue dont chacun appréciait le caractère chevaleresque et le cœur élevé.

BAULMONT (Nicolas-David), dont les parents étaient originaires de Charleville (Ardennes), naquit le 31 octobre 1773, à Vesoul, où son père, inspecteur général des transports et convois militaires, s'était fixé en quittant le service. N.-D. Baulmont venait d'achever ses études quand furent créées les administrations centrales de département. Entré comme employé à celle de la Haute-Saône, il ne tarda pas à être dirigé, par un ami de sa famille, vers l'administration militaire, dans laquelle il devint, en 1792 et dans les années suivantes, inspecteur des trains d'artillerie, puis inspecteur principal. Il servit, en ces qualités, aux armées des Alpes et d'Italie. Revenu, sur la fin de 1797, après le traité de Campo-Formio, dans sa ville natale, il s'y maria, ce qui lui fit quitter, quoiqu'il n'eût que vingt-quatre ans, son emploi à la suite des armées. L'année suivante (7 mai 1798), il fut nommé contrôleur des postes à la résidence de Vesoul, place qu'il occupa jusqu'à l'époque (1829) où il fut promu au grade d'inspecteur de la ligne de Besançon à Paris. A la suppression des inspections divisionnaires (1833), il prit sa retraite pour habiter de nouveau Vesoul, où il mourut le 22 novembre 1858, à l'âge de quatre-vingt-cinq ans. — En même temps qu'il exerçait son emploi de contrôleur des postes, N.-D. Baulmont,

dont la grande activité suffisait à tout, remplissait avec l'assiduité la plus ponctuelle différentes fonctions gratuites : il fut à
la fois membre des administrations de bienfaisance, des comités
d'instruction publique, président de la Société d'agriculture, conseiller municipal, adjoint du maire, et maire de 1826
à 1829, puis de 1837 à 1848. Dans des circonstances bien
diverses, il assista, comme délégué de la ville de Vesoul, au
couronnement de Napoléon Ier (1804), à la distribution des
aigles (mai 1815), au baptême du duc de Bordeaux (1820), au
sacre de Charles X (29 mai 1825); et, en 1848, il eut à proclamer dans les rues de Vesoul l'avènement·de la République.
— Dix ans après (le 24 novembre 1858), résumant sur la
tombe du vénérable défunt les principales phases de sa longue
carrière de quatre-vingt-cinq ans, et rendant hommage aux
rares qualités de l'administrateur et de l'homme privé, nous
nous exprimions en ces termes : « M. Baulmont n'avait pas
« encore vingt ans lorsqu'il partit pour les armées des Alpes
« et d'Italie. De 1791 à 1797, il y fut employé comme inspec-
« teur des trains d'artillerie; et si remarquables furent ses
« services, qu'il devint, au mois de mai 1795, inspecteur
« principal des transports militaires. A l'époque où cessèrent ses
« fonctions, il fut l'objet des plus flatteurs témoignages de la
« part des généraux en chef sous lesquels il s'était trouvé,
« entr'autres de l'illustre Kellermann. Attaché, peu de mois
« après, à l'administration des postes, alors que ce service en
« était encore à s'organiser, M. Baulmont fut un de ses fonc-
« tionnaires les plus habiles; il fit adopter un grand nombre
« d'améliorations que lui avaient indiquées ses études et l'expé-
« rience. Pour le récompenser d'un si utile concours, l'admi-
« nistration des postes lui conféra les fonctions élevées d'inspec-
« teur divisionnaire; elle le chargeait en même temps de
« surveiller sur plusieurs lignes importantes, notamment sur
« celle de Besançon à Paris, l'application du système qui
« transforma totalement le service des postes, en le rendant
« quotidien. Appelé en 1818 à l'administration municipale de
« Vesoul, M. Baulmont y deploya, pendant vingt-quatre ans,
« le plus assidu dévouement à la chose publique; son infati-

« gable sollicitude se portait également sur tous les intérêts
« confiés à ses soins : mairie, hospices, collége, caisse d'é-
« pargne, Bureau de bienfaisance. Toujours le premier aux
« réunions du conseil municipal ou des commissions adminis-
« tratives, il donnait ainsi l'exemple de cette exactitude ponc-
« tuelle qui, dans les fonctions publiques, permet d'expédier
« les affaires au fur et à mesure qu'elles se produisent. Jamais
« il ne laissa pour le lendemain ce qui pouvait se faire le jour
« même; chaque soir les affaires administratives étaient à jour
« comme le sont les affaires commerciales dans une maison
« bien réglée. A ce rare esprit d'ordre M. Baulmont joignait
« une bienveillance extrême, l'intégrité la plus pure, le désin-
« téressement le plus généreux. Les malheureux de la cité
« n'oublieront pas qu'il prenait une large part à toutes les
« œuvres charitables, et que sur toute souscription de bienfai-
« sance ils étaient sûrs de trouver en première ligne le nom
« du digne maire de Vesoul. » N.-D. Baulmont avait été
nommé chevalier de la Légion-d'Honneur le 28 octobre 1814.
— Il a publié : I. *Arrivée et Séjour de S. A. R.* MONSIEUR *à
Vesoul*, 1814, br. in-8° de 38 pages. C'est le récit succinct de
l'accueil que la ville fit au comte d'Artois lorsque le prince y
arriva en février 1814, au milieu des troupes alliées, puis au
mois d'octobre de la même année, alors que MONSIEUR parcou-
rait en frère du roi les provinces de l'Est. Le ton de la
brochure parut trop laudatif et fut critiqué; on peut lire à ce
sujet une autre brochure qui a pour titre : *Vesoul en 1814 et
1815*, mémoire historique publié par ordre de la mairie, in-8°
de 40 pages, où l'on trouve des détails curieux. La brochure
Arrivée et Séjour mentionne (p. 35, 36, 37, 38) le passage de
S. A. R. le duc de Berry à Vesoul, dans les premiers jours
d'octobre 1814. C'est la seule relation que nous ayions de cet
événement local. — II. *Nécrologie du baron Le Vert*, maire de
Vesoul, 1826, 3 p. in-8° (26). — III. *Relation du passage de
S. A. R.* Mme la DAUPHINE *à Vesoul*, en septembre 1828, br. de

(26) LE VERT (Claude-François-Cerbonnet), écuyer, avocat en parlement,
était au nombre des conseillers du Magistrat de Vesoul depuis 1782 lorsqu'il

36 p. in-8°. Cet opuscule présente maintenant plus d'intérêt historique que la br. *Arrivée et Séjour ;* car on chercherait vainement ailleurs la constatation des faits qui s'y trouvent consignés. — IV. (En collaboration avec L. Suchaux) *Annuaires de la Haute-Saône* pour l'année 1825 et l'année 1827, 2 vol. in-12. — N.-D. Baulmont a laissé écrits de sa main deux volumes de chansons prises dans les genres bachique, anacréontique, etc. Certaines pièces y sont écrites en caractères tachygraphiques. Il augmentait sa collection de tous les morceaux de poésie qui obtenaient de la vogue et à mesure qu'ils se produisaient. — N.-D. Baulmont a donné, avec M. de Raymond, qui fut longtemps directeur des postes à Besançon, la première édition qui ait paru des poésies jusque-là éparses de Vasselier (27). Em-

---

fut élu vicomte-maïeur, le 24 décembre 1785, pour l'année 1786 (a). Ecarté du conseil de la ville pendant les troubles de la Révolution, il y rentra en 1800, fut nommé adjoint du maire en 1806, et maire en 1813. L'année suivante, durant la présence des troupes alliées, il déploya beaucoup de sang-froid, de prudence et d'énergie pour alléger les charges qui pesaient sur les habitants. Au mois de mars 1815, ne croyant pas devoir conserver ses fonctions, il motiva ainsi sa démission : « C'est sous le règne de l'empereur Napoléon que « j'ai été nommé adjoint et maire de la ville de Vesoul. Je l'ai servi fidèlement « pendant tout le temps que j'ai exercé ces deux places. Son abdication m'a « délié de mon serment. Je l'ai prêté à Louis XVIII lors du passage des « princes de sa famille à Vesoul ; je leur ai donné publiquement des preuves « de mon attachement et de mon dévouement. Je pourrais, dans les cir « constances actuelles, être suspect : je donne donc ma démission de la place « de maire de Vesoul, où je resterai un des habitants les plus honnêtes et « les plus tranquilles, comme je l'ai été pendant soixante-quatre ans. Je prie « M. le préfet du département de la Haute-Saône de pourvoir à mon rempla « cement. — Fait à la mairie, le 20 mars 1815. » — En vertu d'une ordonnance royale du 7 juillet suivant, cet honorable magistrat reprit les fonctions de maire ; peu après il fut nommé chevalier de la Légion-d'Honneur et créé baron. Ses concitoyens espéraient le voir rester longtemps encore à la tête de la municipalité lorsque, le 21 janvier 1818, il fut frappé d'une apoplexie dont les suites ne lui permirent plus de donner ses soins à l'administration, et auxquelles il succomba, après une longue maladie, le 22 juillet 1826, à l'âge de soixante-seize ans:

(a) Le Magistrat se composait de dix conseillers, parmi lesquels le maire vicomte-maïeur était choisi chaque année.

(27) Vasselier (Joseph), né à Rocroy en 1735, était, en 1769, premier commis de la Direction des postes de Lyon. Cultivant les lettres, il s'adonna surtout

ployés de la même administration, Raymond et Vasselier s'étaient connus à Lyon, alors que celui-ci, ami de Voltaire, qu'il visitait chaque année à son château de Ferney, jouissait d'une certaine célébrité pour les épîtres, les chansons, les contes qui échappaient à sa plume ingénieuse et facile. Vasselier n'attachait aucune importance à ce qu'il écrivait ; il communiquait seulement à quelques amis les compositions qu'il faisait uniquement pour les amuser et les divertir. Après sa mort, Raymond s'occupa de les réunir, et s'associa pour cela N.-D. Baulmont, dont il connaissait la grande aptitude à ce genre de travail. De leurs recherches combinées résultèrent deux tomes qui furent publiés en 1800, le premier sous le titre de *Poésies de Vasselier*, in-8° de xij — 276 pages ; le second, sous celui de *Contes de Vasselier*, in-8° de 124 pages. Peu d'années après, d'autres poésies de Vasselier furent encore découvertes par les deux éditeurs, et N.-D. Baulmont en fit de sa main, pour sa bibliothèque particulière, un troisième tome de 94 pages. Ce troisième tome appartient aujourd'hui à l'auteur de cette notice, ainsi qu'un bel exemplaire des *Poésies* et *Contes* de Vasselier, 2 vol. soigneusement rel., dor. sur tr. Le tout lui a été donné par N.-D. Baulmont quelques mois avant sa mort.

BAUQUIER (Jean-Pierre), capitaine, chevalier de la Légion-d'Honneur, naquit à Colombier près Vesoul le 29 novembre 1751. Entré au service à l'âge de vingt-quatre ans, il fit, de 1780 à 1783, les guerres qui amenèrent l'émancipation de l'Amérique. A l'époque de notre première révolution, il prit une part glorieuse à toutes les campagnes qui eurent lieu sur le Rhin ou en Italie ; mais, en 1805, de nombreuses blessures le forcèrent à prendre sa retraite. Il se fixa dès lors à Besançon. Naturellement généreux, ce brave vétéran, quoiqu'il n'eût d'autres ressources que sa modique retraite, trouva moyen d'aider de sa bourse plusieurs de ses parents peu aisés, justifiant ainsi cette maxime du bon roi Stanislas : « Avec de l'ordre,

à la poésie légère, dans laquelle il se fit un certain nom. Il était membre des Académies de Dijon et de Lyon. Il mourut dans cette dernière ville en novembre 1798.

« la médiocrité peut faire ce que ne peut point l'abondance
« qui n'a pas de règle. » Il mourut à Besançon le 4 juin 1839.

BEAU (Jean), curé de Plancher, né à Lure en 16.., est
auteur des premiers *Almanachs de Besançon et de Lyon*. Il a
laissé un manuscrit sur l'astronomie. (*Mém. de la Soc. d'agr.,
sc. et arts de la Haute-Saône*, t. II, p. 103.)

BEAUCHAMP (Pierre-Joseph), né le 28 juin 1752, à Vesoul,
où son père, Charles-François-Xavier Beauchamp, était avocat
en parlement et conseiller de ville, entra dès l'âge de seize ans
dans l'ordre des Bernardins, lequel comptait en Franche-Comté
neuf couvents, notamment ceux de Bellevaux, de Bithaine, de
la Charité et de Clairefontaine. Nous ne savons pas dans laquelle de ces maisons le jeune J. Beauchamp fit profession.
S'étant rendu peu de temps après à Paris, il suivit, au Collége
de France, les leçons d'astronomie de J.-J. de Lalande, et
devint l'objet des soins particuliers du célèbre professeur, qui
avait remarqué en lui les plus heureuses dispositions. Lorsque
son oncle Jean-Baptiste Miroudot-du-Bourg (*voy. ce nom plus
loin*), nommé évêque et consul de France à Babylone, partit pour
l'Asie, Beauchamp le suivit en qualité de grand-vicaire (1781),
et, pendant un séjour de dix ans dans ces contrées, il fit d'importantes observations astronomiques qui furent insérées dans le
Journal des Savants. De retour en France au commencement
de la Révolution, il vécut au sein de sa famille jusqu'au moment
où le gouvernement le nomma consul à Mascate. Il partit pour
sa destination en l'an IV, séjourna quelque temps à Venise, se
rendit à Constantinople, et de là sur les bords de la mer Noire.
A cette époque avait lieu l'expédition d'Egypte. Bonaparte
manda Beauchamp au Caire. Arrivé en Egypte, celui-ci y demeura quelques mois et eut de fréquentes conférences avec le
général en chef. Il enrichit les Mémoires de l'Institut du Caire
de notices très-savantes sur Constantinople. A peine avait-il
quitté le port d'Alexandrie que son vaisseau fut pris par les
Anglais, et Beauchamp, livré aux Turcs comme espion, jeté
dans les fers, éprouva pendant trois ans les rigueurs de la plus

dure captivité. La liberté venait de lui être enfin rendue et Bonaparte l'avait nommé commissaire général des relations commerciales à Lisbonne, quand la mort le surprit à Nice le 19 novembre 1804, au moment de rentrer dans sa patrie et d'y recevoir la nouvelle et haute mission qui l'attendait. La plupart des mémoires de Beauchamp ont été insérés dans le *Journal des Savants* des années 1784, 1785, 1787 et 1790; dans les *Mémoires de l'Académie des sciences* de 1787, et dans le *Journal* du baron de Zach. On en trouvera le catalogue exact dans la *Bibliographie astronomique de Lalande*. On peut aussi consulter, dans le *Moniteur*, la notice que Lalande a consacrée à ce savant (28).

BEBIN (Odilon), né à Gy au commencement du XVIIᵉ siècle, entra chez les Bénédictins de la congrégation de Saint-Vanne, et fit profession à l'abbaye de Faverney, le 3 janvier 1635. Il y fut toujours considéré comme un modèle de régularité. Après avoir été choisi définiteur (29) et inspecteur de province jusqu'à cinq fois, il mourut le 14 octobre 1676, dans la maison où il s'était consacré à Dieu. Il a composé une *Histoire du monastère de Faverney*, qu'il avait gouverné en qualité de prieur (30).

(28) Le 21 mars 1852 mourut à Vesoul, dans sa quatre-vingt-dix-septième année, Jeanne-Octavie Beauchamp, une des sœurs de Joseph Beauchamp. Alitée par suite d'une chute, depuis 1834, elle avait conservé au milieu de cet état de souffrances toute l'égalité de son caractère et toute la lucidité de son esprit; sa résignation portait toujours l'empreinte d'une âme élevée. Quelqu'un lui ayant demandé, à ses derniers moments, si elle souffrait beaucoup : — Pensez-vous, dit-elle, qu'on aille en carrosse au paradis? — Mˡˡᵉ Beauchamp avait l'esprit très-cultivé; personne ne rappelait mieux qu'elle, par le tour heureux de sa conversation, par sa douce affabilité et son exquise politesse, les traditions de la bonne société d'autrefois. — Une autre sœur de J. Beauchamp, Mᵐᵉ Renauld, est morte également dans un âge très-avancé, à Vesoul, le 20 avril 1855. Elle avait près de quatre-vingt-quatorze ans.

(29) On appelait ainsi, dans quelques ordres religieux, celui qui était préposé pour assister le général ou le provincial dans l'administration des affaires de l'ordre.

(30) Cet ouvrage, dont il existe plusieurs copies, se trouve en original à la bibliothèque de Vesoul. C'est un manuscrit de 320 p. in-12.

BELIN (Claude), né à Gy vers 1510, mort en 1595, était conseiller au parlement de Dole (31). Il fit imprimer un écrit qui existe dans la bibliothèque publique de cette ville, sous ce titre : *Discours sur le procès criminel faict en la cour souveraine de parlement à Dole, de l'exécrable parricide commis en la personne de Claude Milley de Sainct-Madon, par Nicolas Petiot et par Didier Huot, à la sollicitation et poursuite de Blaize Milley, fils du dict Claude, auquel procès a été rendu par la dicte cour l'arrest cy après inséré, du 5e jour de may 1588, par messire Claude Belin, conseiller en la dicte cour ;* Dole, 1588, in-8°. (Catal. de la bibl. de Dole, vol. *Histoire,* n° 1564.) Suivant l'usage d'alors, on voit en tête de ce volume plusieurs pièces de poésie latine en l'honneur de Claude Belin. Le dispositif de l'arrêt du 5 mai 1588 est assez curieux pour qu'on le rapporte ici :

« Icelle cour condamne les dicts appelans, sçavoir : le dict Blaize Milley, a cejourd'huy, ayant un escristeau sur sa teste, contenant ces mots *Parricide exécrable,* estre fustigé et battu de verges, par l'exécuteur de la haulte justice, dois (dès) la conciergerie jusques sur le grand pont de la rivière du Doux, à l'endroit du lieu appelé le Croz Fernel ; et illec, par après avoir, par le dict exécuteur, le poing dextre coupé et séparé du bras, ce faict estre le dict Blaize mis dans un sac, avec une pierre, et jecté, précipité et noyé dans la dicte rivière et Croz Fernel. Et au regard des dicts Petiot et Huot, la dicte cour les condamne aussi a cejourd'huy, par le dict exécuteur, estre battus et fustigez de verges, dois la dicte conciergerie jusques sur le tartre (le tertre) de ce dict lieu, et illec auprès le gibet avoir chascun d'eux, par iceluy exécuteur, le poing dextre coupé, et subséqutivement estre pendus et estranglés au dict gibet,

---

(31) Le P. François-Joseph Romain, dans ses *Lettres sur la Franche-Comté* à Mlle d'Udressier, vol. in-12, 1779, dit de Claude Belin : « Le cardinal « de Granvelle se trompa dans le choix qu'il fit de Claude Belin-Chasney, « de Gy, avocat au bailliage d'Amont, pour le placer au conseil de Bruxelles, « où il ne put se soutenir faute de prudence. Son Em. lui reproche d'avoir « négligé ses avis, dans une lettre écrite de Rome, le 25 décembre 1567. On « le renvoya à Dole avec une charge de conseiller au parlement. »

tellement que mort s'en suive. Ordonnant au surplus que les dicts trois poings seront portés et attachés, par le dict exécuteur, à une potence qui sera dressée sur le haut chemin de Sa Majesté, tirant dois le dict Sainct-Madon au dict bois de Chasnoy, sur laquelle potence sera mis un escristeau contenant ces mots *les poings de Blaize Milley, Nicolas Petiot et Didier Huot, parricides et assassins exécrables.* » — Ensuite on lit : « Et le mesme jour, ainsi prononcé aux dicts défendeurs, en la dicte conciergerie, en présence de grand nombre de personnes ; lesquels Blaize Milley, Nicolas Petiot et Didier Huot, après avoir entendu la lecture du dict arrest, incontinent admonestez par les pères confesseurs de dire la vérité, ont recognu et de nouveau confessé le dict parricide avoir été faict par iceux Petiot et Huot, à la sollicitation du dict Blaize, tous trois déclarans qu'en ce ils vouloient descharger leurs consciences, et se repentoient grandement du dict faict, en demandant pardon à Dieu. Ce que tous trois ont encore répété le dict jour, chascun en son endroit, estant aux confins de la mort, et en cest estat ont rendu leurs ames à Dieu. »

BELIN (Charles), né à Vesoul le 10 mai 1570, est ainsi indiqué dans le registre des baptêmes de l'époque : *Filius nobilis et sapientissimi viri Caroli Belin, jurium doctoris.* Appartenant à une famille de robe déjà distinguée par ses bons services, il reçut des princes espagnols de la Maison d'Autriche, qui avaient dans leurs mains, au XVIᵉ siècle, le comté de Bourgogne, plusieurs missions importantes, entre autres l'ambassade en Suisse.

BELOT (N.), originaire d'Héricourt et fils d'un artisan, joua un certain rôle à la cour des princes de Montbéliard dans les premières années du XVIIIᵉ siècle. Voici ce qu'en dit l'auteur des *Ephémérides du comté de Montbéliard*, pp. 421-422 : « Belot était entré au service de la France, où il avait obtenu le grade de lieutenant dans un régiment suisse. Celui de capitaine lui avait été donné quelque temps après par le duc Charles-Alexandre de Wirtemberg. Muni des pleins pouvoirs de ce prince, Belot, le général de Montigny et le conseiller Sturler se présentent à l'hôtel-de-ville de Montbéliard (3 nov. 1733) pour annoncer la mort du duc Ebérard-Louis, et leur intention de prendre possession de la ville au nom de leur haut commettant ; ils exigent aussi les foi et hommage ordinaires de la part de la bourgeoisie. Mais les trois corps du Magistrat s'y refusent avant d'avoir obtenu la confirmation des franchises. De son côté, la Régence n'hésite point à jurer fidélité au nouveau souverain, et les plénipotentiaires confirment chaque membre du conseil dans son emploi. Cependant, quelques heures après, et sans indiquer les motifs d'une telle rigueur, ils suspendent de leurs fonctions le vice-président, les conseillers, ainsi que le procureur général, et leur défendent de sortir de la ville. Charles-Alexandre, à peine instruit de ces étranges résolutions, s'empressa de les révoquer, et Belot, qui en avait pris l'initiative, fut arrêté et détenu dans le château fort de Neuffen, en Wirtemberg. Il parvint à s'évader de ce fort, et passa en Espagne. Dans l'intervalle, un jugement rendu à Montbéliard le bannit de la ville et du comté. » Là s'arrête la notice de Duvernoy sur ce personnage, sans indiquer où ni quand il mourut.

BERTAUT (Eloi), né le 13 juillet 1782, à Vesoul, où son père était avocat, se distingua dès son enfance par l'éclat et la rapidité de ses progrès. A dix-huit ans il fut nommé professeur de mathématiques au lycée de Besançon. L'obligation d'imposer du respect à ses élèves, dont plusieurs étaient plus âgés que le maître, lui fit contracter de bonne heure des habitudes sérieuses et ces manières un peu raides qu'il conserva depuis dans le monde. Loin de se livrer aux amusements de la jeunesse, il consacrait ses loisirs à l'étude des philosophes et des publicistes. Il acquit ainsi des connaissances très-étendues en économie politique, et il entra bientôt en relation avec MM. Destutt de Tracy, de Gérando, Royer-Collard, J.-B. Say, etc., qui ne cessèrent depuis de l'honorer de leur bienveillance. A vingt-quatre ans il avait composé, *Sur le vrai considéré comme source du bien*, un ouvrage qui révélait dans le jeune penseur un écrivain nourri de la lecture des bons modèles. Devenu peu de temps après inspecteur de l'académie universitaire de Besançon, il se livra, pour concilier les devoirs de sa place avec ses études favorites, à un travail qui finit par altérer gravement sa santé. Pendant sa convalescence, qui fut assez longue, il composa pour se distraire quelques pièces de théâtre. En 1819, il fut nommé recteur de l'académie de Clermont. Le *discours* qu'il prononça l'année suivante, pour une distribution des prix, sortait tellement des étroites limites qui semblent assignées à ce genre de compositions, qu'il fit la plus grande sensation même à Paris, et qu'il fut réimprimé dans le feuilleton du *Journal des Débats*. Transféré en 1823 à l'académie de Cahors, il refusa d'aller occuper un poste qui l'éloignait de plus en plus de Paris, dont il désirait se tenir rapproché afin de mettre la dernière main à ses ouvrages. Le conseil royal de l'Université n'ayant pu vaincre sa résistance, il resta sans emploi jusqu'à la révolution de 1830, époque à laquelle il fut nommé recteur de l'académie de Besançon. Il montra beaucoup de zèle dans l'exercice de ses nouvelles fonctions, pourvut d'habiles professeurs les différents colléges de son ressort, et ne négligea rien pour achever promptement l'organisation de l'enseignement primaire. Il était déjà souffrant depuis plusieurs jours lorsqu'il se rendit dans le département du Jura pour en visiter les écoles. La fatigue du voyage augmenta son mal; et peu de temps après son retour à Besançon, il mourut le 25 juillet 1834, à l'âge de cinquante-deux ans, avec le regret de n'avoir pu terminer aucun des ouvrages qui, selon toute apparence, lui auraient assuré un rang très-distingué parmi les publicistes. Bertaut aimait la peinture et la musique; il avait une galerie de tableaux peu nombreuse, mais bien choisie. (Voir *Biog. univ.*, t. LVIII, p. 93.) — M. Bailly, inspecteur d'académie à Vesoul, possède un portrait très-ressemblant d'Eloi Bertaut, son parent. Cette toile, qui est de Borel, a 65 centimètres sur 55.

BERTHOD (Claude), né à Rupt le 21 février 1733, fut admis chez les Bénédictins de Faverney à l'âge de dix-huit ans, montra de bonne heure un goût bien prononcé pour les études historiques, et s'occupa spécialement de recherches ayant trait à l'histoire de son pays natal. Son coup d'essai fut une *Histoire du premier royaume de Bourgogne,* qu'il écrivit en 1758. — L'année suivante, sur la question (mise au concours par l'Académie de Besançon) *Quelles étaient les villes principales de la Franche-Comté dès le onzième siècle, et quelle en avait été la capitale,* dom Berthod obtint la couronne académique. Dans son travail, il donne pour villes principales Baume, Salins, Vesoul, Gray, et désigne Dole comme ayant été la capitale de la province depuis la fin du XIVe siècle jusqu'à l'échange de Besançon avec Frankenthal en 1654. — En 1760 et en 1761, deux nouveaux mémoires de dom Berthod lui valurent, l'un le premier accessit, l'autre le prix. Dans le premier, l'auteur avait traité cette question : *Quel fut le gouvernement de Besançon sous les empereurs d'Allemagne, et quelles étaient les raisons particulières de ses armoiries, de sa devise, etc.?* Le second avait pour sujet ce programme : *En quel temps les abbayes de Saint-Claude, de Luxeuil et de Lure jouirent-elles des droits régaliens, et jusqu'où s'étendaient ces droits?* — L'érudition qui faisait l'âme de tous les écrits de dom Berthod lui mérita pour la troisième fois, en 1764, le prix d'histoire pour sa *Dissertation sur les différentes positions de la ville de Besançon depuis Jules-César jusqu'à nous.* Dom Berthod écrivit encore : 1° la *Table raisonnée* des livres de la bibliothèque Saint-Vincent de Besançon (collection qui lui était confiée); 2° une table des testaments déposés à l'Officialité de Besançon, table « précédée d'un savant discours présentant comme le précis du volume, et dans lequel sont rappelés les noms des familles patriciennes de la cité, la forme de son gouvernement, les mœurs et les usages de la province (32) »; 3° l'éloge de François Richardot, religieux augustin qui devint évêque d'Arras; 4° plusieurs dissertations relatives la plupart à la Franche-Comté. Nommé membre de la société littéraire chargée d'inventorier les chartes dispersées dans les dépôts publics ou dans les archives des monastères, dom Berthod

---

(32) Voir l'Eloge de dom Berthod par dom Grappin, dans les *Mémoires de la Société d'agriculture, sciences et arts du département de la Haute-Saône,* t. II (1808), p. 17 et suiv.

concourut avec zèle à une œuvre qui entrait parfaitement dans le cercle de ses recherches favorites, « et reçut du Gouvernement, en 1774, la commission honorable d'aller puiser, dans les trésors que recélaient la Flandre et les Pays-Bas, de quoi enrichir celui de nos chartes..... Le compte qu'il rendit de sa mission prouva avec quelle distinction il l'avait remplie (33). » A cette époque dom Berthod, déjà membre de l'Académie de Besançon, fut agrégé à celle de Bruxelles. — Après la suppression de l'ordre des Jésuites dans les états autrichiens, dom Berthod fut associé aux hagiographes chargés de continuer le recueil des *Acta sanctorum* commencé par Bollandus (34), et prit part à la publication du 53ᵉ volume de cette importante collection. — Il mourut à Bruxelles le 19 mars 1788. — La plupart des nombreux ouvrages de dom Berthod sont restés manuscrits ; plusieurs sont conservés dans les registres ou les archives de l'Académie de Besançon. On se demande pourquoi cette compagnie n'a pas fait imprimer au moins ceux qu'elle avait elle-même couronnés.

BESARD (Remond), de Vesoul, médecin, a publié : *Discovrs de la Peste, ou sont montrez en bref les remedes tant préservatifs que curatifs, et la maniere d'airier les maisons infectées,* Dole, A. Binart, 1630, in-12 de 166 pages. Cette ouvrage, dédié *aux vicomte-maïeur, capitaine, échevins et conseil de la*

(33) *Ibid.*, p. 28.

(34) Bollandus (Jean), jésuite d'Anvers, né en 1596 à Tirlemont, mort en 1665, commença une légende où chaque saint devait avoir sa place selon le jour de l'année. Il fit paraître en 1643 les saints de janvier, en 1658 ceux de février, et mourut avant d'avoir terminé ceux de mars. Ce travail fut continué depuis par le jésuite Papebrook (mars, avril et mai), et par plusieurs autres Pères que l'on désigne collectivement sous le nom de *Bollandistes*. Cependant il n'a pas été achevé et ne va que jusqu'au 14 octobre. On avait cessé d'y travailler depuis 1794 ; mais il s'est formé en 1836, à Paris, une société qui se propose de l'achever. Les *Acta Sanctorum* publiés à Anvers jusqu'en 1794 forment 53 vol. in-folio. (Dict. BOUILLET.) — La collection des Bollandistes étant devenue très-rare et d'un prix fort élevé, on apprendra avec satisfaction que ce livre, qu'on doit trouver dans toutes les grandes bibliothèques, va se rééditer chez M. Victor Palmé, rue Saint-Sulpice, à Paris. Elle sera publiée par les soins de M. Carnandet, bibliothécaire à Chaumont.

ville de Vesoul, fut écrit à l'époque où la peste venait de se
déclarer dans plusieurs localités circonvoisines, notamment à
Amblans, Bouhans, Velotte ; c'est l'auteur qui désigne lui-même
ces villages. Son mémoire avait pour objet d'indiquer quelques
moyens de préserver Vesoul de l'invasion de la maladie régnante.
Malgré toutes les précautions prises, la peste s'établit à Vesoul,
ainsi que le constatent les notes manuscrites du temps. Remond
Besard avait alors, comme médecin, une grande réputation. A
l'occasion de son *Discours de la Peste,* il fut félicité en prose et
en vers latins par des admirateurs qui adressaient leur prose
ou leurs vers *studioso doctissimoque viro D. Remond Besard,
eruditissimo D. Remondo Besard, ad clarissimi medici D. Remondi
Besard Tractatum de Peste.* Voici le sonnet que composa dans ces
circonstances François Perrenelle, *postulant au siége de Vesoul* :

> La bonté du terroir produict en abondance
> Au simple laboureur des fruicts à son souhait,
> Prenant de son labeur vn gratieux effect,
> Et treuuant n'auoir mal employé sa semence.
>
> Vesoul en son enclos petit en apparence,
> Est grand en beaux esprits de parole et de faict,
> Tesmoings sont ses voisins et vn chascun le sçait,
> Que Vesoul seul en soy comprend toute science.
>
> Et toy docte Besard, par ta subtilité,
> Tu nous fais veoir au iour les secrets de nature,
> Lesquels ont affranchy par mainte belle cure
> Du mal contagieux *mainte* peuple infecté,
> Le retirant des lacs de la parque ennemye,
> Et rendant apres Dieu la santé et la vie.

BILLARD (Jean-Pierre), médecin, né à Vesoul le 11 mars
1726, mort dans sa ville natale le 29 janvier 1790, était
membre de la Société royale de médecine et de l'Académie
d'Arras. Il leur a fourni plusieurs dissertations intéressantes, et a
laissé quelques manuscrits, entre autres un *Traité complet des
fièvres.* — On a encore de lui : *Mémoire sur une fausse grossesse
singulière ;* — *Observations sur un dépôt au bas-ventre ;* ---
*Histoire, analyse et propriétés des eaux minérales froides des
Rèpes près Vesoul :* — *Antisepticorum medicaminum natura,
vires et selectus ;* — *De lactis usu in febribus.* Ces cinq opuscules

ont été réunis en un volume in-8° par les soins de BILLARD (Jean-Baptiste-Louis-Marie-Joseph), fils du précédent, qui les a fait imprimer à Vesoul en 1816. Celui-ci, décédé à Vesoul le 14 janvier 1836, a publié lui-même, en 1808, *Méthode préservative des épizooties*, suivie d'un *Essai sur la fièvre charbonneuse des porcs*, travail qui a été imprimé dans les *Mém. de la Soc. d'agr., sc. et arts de la Haute-Saône*, t. II, p. 181. — BILLARD (François-Gabriel), fils aîné de Jean-Pierre, mort à Genevreuille le 29 avril 1824, à l'âge de soixante ans, est auteur d'un *Cours théorique et pratique sur les prairies artificielles*, ouvrage qui a paru en 1809 et n'a pas peu contribué à l'introduction dans le département de la Haute-Saône de la culture de ces prairies. Correspondant de la Société départementale d'agriculture depuis son organisation, il lui a communiqué plusieurs mémoires sur divers objets d'économie rurale. (Voir *Biog. univ.*, t. LVIII, p. 268.)

BILLEREY (Anatoile), né le 17 décembre 1759 à Vesoul, où son père, Nicolas Billerey, exerçait l'office de conseiller et procureur du roi à la Maîtrise des eaux et forêts, était membre de l'administration centrale du département de la Haute-Saône lorsqu'il fut, en l'an VII, nommé député au conseil des Cinq-Cents. Il prit part aux travaux de cette assemblée jusqu'au 18 brumaire an VIII, journée mémorable dans laquelle le général Bonaparte renversa le Directoire, et fit évacuer par une compagnie de grenadiers la salle où délibéraient les Cinq-Cents. Plus tard, A. Billerey fit partie du conseil général de la Haute-Saône. Il mourut à Fresne-Saint-Mamès, où il s'était retiré depuis longtemps, le 18 juin 1850, à l'âge de quatre-vingt-onze ans.

BILLOTET (Edouard), né à Villefrancon (canton de Gy), en 1812, d'une famille honorable, fut successivement professeur au petit séminaire de Marnay, vicaire à Rioz, curé à Courchapon (Doubs), et entra dans la compagnie de Jésus, se destinant aux missions étrangères. Il partit pour la Syrie en 1845, époque où cette contrée était loin d'être tranquille ; il fallait un

homme capable de gouverner les missions dans les circonstances difficiles où l'on se trouvait. Le P. Billotet, à son
arrivée à Beyrouth, devint supérieur général de tous les établissements catholiques de Syrie, et déploya dans cette charge
un zèle et une activité qui le rendirent célèbre dans le
Levant. Pour compléter le réseau des missions et assurer le
recrutement du clergé indigène, il fonda un collége à Gazir, des
écoles à Saïda et à Malaka ; de plus il établit à Beyrouth une
imprimerie qui pût fournir gratuitement aux Arabes catholiques
les livres d'études élémentaires, de prières et d'instruction
religieuse. Son affabilité et sa science l'avaient rendu cher aux
voyageurs européens qui visitent chaque année les montagnes
du Liban. Son influence était grande dans la contrée ; les
schismatiques, les musulmans eux-mêmes l'avaient en grande
vénération. Toutefois, lorsque les Druses recommencèrent, en
1859, leurs attaques contre les Maronites, le P. Billotet fut en
butte aux plus mauvais traitements et fut un jour laissé pour
mort devant sa maison, qui venait d'être dévastée. La longue
maladie que lui occasionnèrent ces excès ne ralentit point son
ardeur, et il était au milieu des chrétiens quand vinrent les
massacres de juin 1860. « C'est lui qui soutenait le courage des
malheureux habitants de Zahlé au moment où les brigands se
ruèrent sur cette ville infortunée. Il n'oublia point, à cette
heure suprême, d'employer les moyens qui pouvaient sauver
ceux qui étaient confiés à ses soins. Il fit arborer le drapeau de
la France, protectrice née des chrétiens de Syrie. On sait
comment les Druses ont respecté ce drapeau. Quand ils pénétrèrent dans l'église, ils trouvèrent le généreux missionnaire au
milieu de ses frères, à qui il venait de donner une dernière
absolution..... Il eut la douleur de les voir massacrer sous ses
yeux, et lui-même fut mis en pièces sur les degrés de l'autel où
il était monté pour soustraire le Saint-Sacrement aux profana-
tions de ces barbares (35). » Ainsi finit, à quarante-huit ans, ce
missionnaire renommé pour sa science et sa sainteté (36).

(35) Extrait d'une correspondance particulière.
(36) Depuis son départ pour la Syrie (1845), le P. Billotet ne revint qu'une
seule fois en France, pour les besoins de sa mission. C'était en 1855. Lorsqu'il

BIZARD (Jean-Baptiste), né à Neurey-en-Val en 1769, entra au service le 1er septembre 1786, et fut incorporé au 5e régiment d'artillerie à pied. Il servit ensuite dans la 11e compagnie d'artillerie légère, puis dans le 3e régiment d'artillerie à cheval; devint fourrier le 1er mai 1792, maréchal-des-logis le 15 avril 1793, lieutenant le 7 février 1794, et fit, aux armées du Nord, de Sambre-et-Meuse et du Rhin, toutes les campagnes qui signalèrent cette mémorable période de nos annales militaires, depuis la bataille de Jemmapes (6 novembre 1792) jusqu'à celle de Hohenlinden (3 décembre 1800). Nommé capitaine au 7e d'artillerie à pied, J.-B. Bizard fut envoyé au camp de Boulogne, d'où son régiment ne tarda pas à passer en Allemagne pour faire partie de la Grande-Armée. Dès lors, il se trouva aux batailles d'Austerlitz, d'Iéna, d'Eylau, de Friedland, puis à celle d'Essling (22 mai 1809), où il eut le bras gauche emporté par un boulet autrichien. Le capitaine Bizard, fait chevalier de la Légion-d'Honneur le 14 avril 1807, après la bataille d'Eylau, fut promu au grade d'officier de l'ordre le 9 juillet 1809. En même temps il passait dans l'artillerie de la garde impériale avec le grade de chef de bataillon, et l'Empereur, pour récompenser doublement ses remarquables services militaires, lui conférait le titre de baron de l'Empire, en lui faisant une dotation de 4,000 fr. Le 27 janvier 1810, le commandant Bizard fut nommé sous-directeur à l'arsenal de Toulouse, et occupa ce poste jusqu'au 21 juin 1814, époque à laquelle il fut mis à la retraite. Remis en activité pendant les Cent-Jours, il commanda l'artillerie de la citadelle de Besançon jusqu'au 26 juillet 1815. Rentré à cette dernière époque et définitivement dans la vie privée, il rapporta au milieu de ses compatriotes les excellentes qualités de cœur qui lui avaient concilié, à l'armée, la sympathie de tous, l'affection de ses supérieurs, et en particulier l'amitié des généraux Sorbier et Lariboissière. Bon et chari-

___

repartit pour Beyrouth, il emmena avec lui M. l'abbé Rousseau, alors curé de Velleguindry, canton de Scey-sur-Saône. Le P. Rousseau a survécu aux massacres de 1860, et continue en Syrie l'œuvre de civilisation et de charité entreprise par le P. Billotet. Né en 1798 à Mont-les-Etrelles, il est âgé maintenant de soixante-trois ans.

table, le baron Bizard était à Neurey-en-Val le bienfaiteur des malheureux. Il est mort dans ce village le 7 mars 1856.

BOBILLIER (Claude-Ferdinand), né en 1763 au village des Gras, arrondissement de Pontarlier (Doubs), fit briller de bonne heure les dispositions supérieures qu'il tenait de la nature; trois prix d'honneur qu'il obtint sur les élèves réunis du séminaire, du collège et de l'Université de Besançon signalèrent ses premières études par un succès sans précédent dans les souvenirs contemporains. Entré dans les ordres et nommé professeur de philosophie au collège de Clermont en 1788, il vint, l'année suivante, remplir les mêmes fonctions à celui de Vesoul. Lorsque s'organisèrent, en 1796, sous le nom d'Ecoles centrales, de hauts établissements d'instruction publique, C.-F. Bobillier obtint au concours la chaire de mathématiques de l'Ecole du département de la Haute-Saône, et sut se distinguer encore par la rectitude d'idées et la clarté de méthode qu'il apporta dans ce nouvel enseignement. Cependant s'accomplissait en France la grande réforme commencée en 1789. Loin de rester indifférent aux progrès de cette immense rénovation sociale, le jeune professeur en embrassa la cause avec conviction, et on le vit travailler pour sa part au développement des principes posés par l'Assemblée constituante, mais en se maintenant constamment dans les voies d'une sage modération. Quand les passions politiques tournaient à l'anarchie, il sut plus d'une fois prêter le secours de sa parole à des victimes dévouées à la proscription et à la mort. Il voulait sincèrement la légitime émancipation du pays en même temps que de fortes garanties pour ses libertés. Tels étaient restés ses principes lorsque, pendant les Cent-Jours, il fut appelé par le vœu de ses concitoyens à la Représentation nationale; aussi appuya-t-il de ses votes la fraction de la Chambre qui demandait à Napoléon le maintien protecteur d'une charte constitutionnelle. — En renonçant à la carrière de l'enseignement, il était devenu propriétaire d'une imprimerie. Les soins que réclamait cet établissement ne lui enlevèrent pas la possibilité de s'associer à toutes les institutions de charité ou d'utilité publique qui s'établirent au milieu de nous. C'est ainsi qu'il fit successivement partie du conseil d'inspection du Dépôt central de mendicité, du Bureau de bienfaisance et du conseil municipal de la ville de Vesoul, de la commission de surveillance des prisons, et de la Société d'agriculture du département. Dans toutes ces fonctions purement philanthropiques ou gratuites, il se fit toujours remarquer par des vues judicieuses autant que bienfaisantes. Doué d'une intelligence élevée, d'un tact plein de finesse, et de cet esprit d'à-propos qui donne tant de prix et d'agrément à ces heureux dons de la nature, C.-F. Bobillier, entraîné toute sa vie vers les études sérieuses, avait, à l'aide de ces rares prédispositions et d'une mémoire toujours fidèle, accumulé les trésors d'une vaste érudition. L'histoire et la philosophie, qui avaient occupé particulièrement ses loisirs, étaient devenues le principal ornement de ses connaissances littéraires, et faisaient encore le charme de ses derniers instants. Il n'était pas moins recommandable par les qualités du cœur. Ses amis, et personne n'en compta plus que lui, savaient combien il était digne d'en avoir. A une véritable bonté d'âme se joignait chez lui une générosité toujours prévenante et désintéressée. Il fut surtout le bienfaiteur des pauvres pendant sa vie, comme il a voulu l'être encore par ses dispositions testamentaires (37).

(37) Indépendamment des marques de souvenir qu'il laissa à plusieurs de ses amis et à toutes les personnes qui avaient été employées dans sa maison durant les trente dernières années de sa vie, le testateur fit les dispositions suivantes :

1° Don de 4,000 fr. au profit de l'école dirigée à Vesoul par les Sœurs de S. Vincent-de-Paul;

2° Don d'une rente annuelle de 600 fr. au profit du Bureau de bienfaisance de la ville. Cette rente est employée comme il suit, suivant les intentions du testateur :

120 fr. sont consacrés chaque année à distribuer douze prix de 10 fr. chacun, répartis par tiers entre les élèves de l'école primaire annexée à l'Ecole normale, ceux des Frères de la Doctrine chrétienne et les élèves des Sœurs de la Charité.

100 fr. prélevés chaque année sur la rente forment, tous les trois ans, un prix de vertu de 300 fr., qui est accordé, d'après la désignation du Bureau de bienfaisance, à la personne de Vesoul (prise dans la classe peu aisée) qui s'est distinguée par une suite d'actions vertueuses, d'humanité, de bienfaisance, de piété filiale, ou par quelque autre acte remarquable de dévouement.

Pressentant depuis longtemps le terme de sa carrière, cet homme de bien n'en conservait pas moins, au milieu des souffrances d'une maladie prolongée, toute sa force de caractère. Il s'éteignit le 5 mars 1839, dans le calme et la sérénité, soutenu qu'il était par une résignation toute chrétienne et par l'image d'une vie entièrement consacrée à là pratique des vertus sociales et privées. — Il a publié : I. *Discours sur la distinction des vrais et des faux patriotes*, 8 p. in-8°. Il prononça ce discours le 21 août 1791, devant la société des Amis de la Constitution de Vesoul, dont il était le vice-président. On allait faire des élections pour l'Assemblée législative : l'orateur se proposa d'indiquer aux électeurs les garanties que devaient offrir les hommes dignes de leurs suffrages. Suivant lui, c'étaient ceux « qui voulaient l'ordre, parce que sans ordre on ne jouit pas de la liberté; » c'étaient aussi ceux « qui voulaient l'obéissance à la loi, mais à la loi seule, tout acte arbitraire devant trouver en eux d'implacables contradicteurs. » — II. *Traité élémentaire d'Arithmétique et de Calcul décimal*, 1802, in-8° de 76 pages. Cet ouvrage renferme, dans la première partie, les règles de l'arithmétique; dans la seconde, l'exposition du nouveau système des poids et mesures; dans la troisième, la théorie des fractions décimales, et leur application à ce système; il est terminé par des tableaux de comparaison des anciennes mesures avec les nouvelles. Il rendit de grands services à l'époque où il parut. — III. *Tables de comparaison entre les mesures anciennes et celles qui les remplacent dans le nouveau système métrique*, br. in-8° de 136 pages, Vesoul, 1801.

Les 380 fr. restants sont employés annuellement par le Bureau de bienfaisance à payer les frais d'apprentissage de jeunes garçons et de jeunes filles qui se sont rendus dignes de cette faveur.

Le testateur a légué en outre à la commune des Gras, lieu de sa naissance, une rente perpétuelle de 400 fr., applicable, savoir : 100 fr. à la Fabrique de la paroisse, 100 fr. à l'entretien des chemins vicinaux, et 200 fr. au Bureau de bienfaisance.

Enfin, en vertu d'une disposition particulière du testateur, une distribution de 1,200 fr. et une autre de 2,000 fr. furent faites aux pauvres de Vesoul dans l'année de son décès et dans les proportions qu'il avait pris soin de déterminer.

Ce travail fut l'œuvre commune de C.-F. Bobillier et de son collègue F.-M. Boisson, professeur d'histoire naturelle à l'École centrale. (Voy. ce nom.) — IV. *Lectures morales et amusantes*, Vesoul, 1800, in-12 de 216 pages. C'est un recueil de traits choisis dans les actes de générosité, de bienfaisance, de piété filiale, d'amitié, de fidélité à sa parole, d'amour conjugal, etc. Il est suivi d'idylles et de descriptions champêtres tirées de Gessner, de Berquin, etc. Cet ouvrage, tiré à grand nombre d'exemplaires, a eu deux éditions.

BOBILLIER (Louis-Emmanuel), frère du précédent, né aux Gras le 19 août 1773, s'engagea, dès l'âge de dix-huit ans, dans le 5ᵉ régiment d'artillerie, et fit, de 1790 à 1801, toutes les campagnes des armées du Rhin et d'Italie. Envoyé ensuite en Portugal et en Espagne, il y servit de 1807 à 1814, dans les grades de lieutenant, capitaine et chef de bataillon. Durant cette seconde partie de ses campagnes, il prit part notamment aux siéges meurtriers de Girone, de Tarragone, et mérita d'être honorablement mentionné dans le rapport du général Baraguey d'Hilliers sur le combat qui eut lieu sous Figuières le 3 mai 1811. (*Vict et Conq.*, t. XX, p. 310.) Passé au 2ᵉ régiment d'artillerie lors de la réorganisation de 1814, il fut attaché à l'état-major de l'arme, et employé successivement à Valenciennes, à Givet, à Paris. Devenu lieutenant-colonel le 13 janvier 1822, il commanda en second l'école d'Auxonne, puis celle de Besançon, jusqu'au 5 octobre 1833, époque où fut liquidée la retraite à laquelle lui donnaient droit ses quarante-deux ans de service. — L.-E. Bobillier, nommé chevalier de la Légion-d'Honneur pour sa belle conduite dans le combat sous Figuières, fut promu au grade d'officier de l'ordre le 23 mai 1825. Il avait été fait chevalier de Saint-Louis le 27 octobre 1814. — Il passa les seize dernières années de sa vie à Vesoul, où il remplit les fonctions d'adjoint du maire, et mourut le 3 décembre 1848. Dans la carrière militaire comme dans la vie privée, le colonel Bobillier fut constamment entouré de cette estime générale que se concilient toujours la droiture et l'élévation du caractère.

BOGUET (Henri), né dans le XVIe siècle à Pierrecourt près de Gray, est auteur des ouvrages suivants : I. *Discours des sorciers, tiré de quelques procès, avec une Instruction pour un juge en fait de sorcellerie*, Lyon, Pillehote, 1602, in-8°. Cet ouvrage, qui eut plusieurs éditions (Paris, 1603; Rouen, 1606; Lyon, 1607 et 1610), est devenu rare, « la famille de l'auteur en ayant supprimé les exemplaires avec le plus grand soin. » (*Biog. univ.*, t. IV, p. 675.) Henri Boguet le composa alors qu'il était grand-juge de la terre de Saint-Claude (Jura), et « y décéla un zèle farouche qui ne dut être que trop funeste aux malheureux accusés à son tribunal. » On porte à quinze cents, en effet, le nombre des sorciers que le grand-juge Boguet a fait brûler. (Voir *Histoire de la Sorcellerie au comté de Bourgogne*, par M. Déy, Vesoul, 1861, in-8° de 125 pages.) — II. *Les actions de la vie et de la mort de S. Claude*, Lyon, 1609, in-8°, et 1627 in-12. Cet écrit est devenu rarissime. J. Lect, sous le titre de *Claudiomastyx*, Genève, 1610, en a publié une violente critique. (Voir *Biog. univ.*, t. XXIII, p. 534. — III. *Relation du miracle de Faverney*. Parmi les manuscrits que possède la bibliothèque de Vesoul se trouve une copie qui comprend dans 118 p. in-4°, la *Vie* de S. Claude et le *Miracle* de Faverney. — IV. *In Consuetudines generales comitatûs Burgundiæ Observationes*, Lyon, Pillehote, 1604, in-4°; Besançon, Bogillot, 1725, in-4°. « C'est, dit M. Weiss (*Biog. univ.*, tome et page cités plus haut), le premier ouvrage qui ait paru sur la Coutume de Franche-Comté, et il est encore estimé des jurisconsultes. » — M. Weiss ajoute : « Boguet fut nommé, en 1618, conseiller au parlement de Dole ; mais son admission dans cette compagnie éprouva de grandes difficultés, et il fallut un ordre exprès du prince pour l'enregistrement de ses lettres de nomination. On croit que le chagrin qu'il en éprouva avança sa mort, arrivée le 25 février 1619. »

BOILEAU (Pierre-François-Honoré), avocat, maire de Lure, président du tribunal de cette ville, président du conseil général de la Haute-Saône, officier de la Légion-d'Honneur, naquit à Saint-Sauveur près Luxeuil, le 5 septembre 1789. Après avoir étudié le droit, il fixa sa résidence à Lure, pour y exercer la profession d'avocat. Il était adjoint au maire de la ville en 1815, lorsque les troupes autrichiennes envahirent de nouveau le pays. Leur marche ayant rencontré quelque résistance en avant de Lure, de grands malheurs menaçaient cette cité ; toutefois elle fut épargnée, grâce à l'énergique intervention de l'adjoint Boileau, qui fut pris en otage par l'ennemi, avec deux membres du conseil municipal, et conduit en Allemagne, où il eut à supporter de dures privations. — Le 30 juin 1821, l'avocat Boileau fut nommé maire de Lure ; mais il ne conserva ces fonctions que pendant une année. — Elu, en 1833, membre du conseil général, à partir de 1836 il présida sans interruption cette assemblée, dont il conduisait les délibérations avec une sage impartialité et l'esprit le plus judicieux : « Quelle manière « nette et lucide d'exposer les faits, de résumer les détails, de « diriger les discussions, de préciser les questions, et d'amener « à la conclusion la meilleure des débats longs et quelquefois « confus ! Quelle connaissance des lois, des réglements, des « précédents ! Quelle autorité dans sa parole, quelle sagacité « dans ses solutions, quel dévouement au bien, quelle raison « droite et sûre ! Et combien on sentait que notre président « avait le droit de parler avec empire, parce qu'il parlait du haut « d'une intégrité, d'une austérité magistrales que la conscience « de ses concitoyens avait unanimement proclamées (38) ! » — Honoré Boileau avait exercé la profession d'avocat avec tant de distinction, qu'en 1840 il fut porté de plein saut à la présidence du tribunal devant lequel il avait, pendant trente ans, tenu la tête du barreau. Il apporta dans la magistrature tout ce qui l'avait fait remarquer comme jurisconsulte : une parfaite entente des affaires, un jugement sûr, une science profonde du droit. — A la révolution de février 1848, si le gouvernement de l'époque se trompa plus d'une fois pour le choix des principaux fonctionnaires des départements, il eut du moins la main heureuse pour le nôtre, en nommant commissaire de la

---

(38) Paroles prononcées par M. Lubert, membre du conseil général, aux funérailles du président Boileau.

République à Vesoul le président Boileau, c'est-à-dire un des hommes qui s'étaient le plus concilié les sympathies de l'opinion libérale et modérée. Les commissaires de la République réunissaient alors, outre les pouvoirs d'un préfet, tous ceux que pourrait exiger le besoin des circonstances. Cette quasi-omnipotence, lorsqu'elle était confiée à des mains incapables ou inexpérimentées, donna lieu, par la manière malhabile dont on l'exerçait en plusieurs départements, à d'énergiques résistances de la part des populations, et même à des éconduites peu flatteuses pour les agents de la République comme pour le gouvernement qui les avait délégués. Dans la Haute-Saône, au contraire, chacun se félicita du choix qu'on avait fait du président Boileau ; le *Journal de la Haute-Saône* se rendit l'interprète du sentiment général en imprimant dans son numéro du 3 mars 1848 les lignes suivantes : « La « nomination de M. Boileau a été accueillie à Vesoul, comme « elle le sera dans le reste de la Haute-Saône, par un sentiment « d'unanime et vive satisfaction. Chacun applaudit à ce choix ; « chacun se félicite de voir placé à la tête de notre adminis- « tration départementale un magistrat dont le caractère et le « talent ont été constamment, malgré toutes divergences d'opi- « nion, l'objet de la considération universelle. Si la nomination « d'un préfet avait dû se faire au milieu de nous par la voie de « l'élection, nul doute que M. Boileau n'eût réuni la très-grande « majorité des suffrages. » Le jour de son installation, le commissaire de la République recommandait surtout l'ordre et le respect de la loi : « La République, disait-il, sera le règne « des lois et la garantie des droits de tous ; elle s'affermira par « la pratique des vertus civiques et de tous les sentiments « généreux qui honorent l'humanité ; elle deviendra pour « notre belle France une ère nouvelle de gloire et de prospé- « rité. Mais pour cela soyons unis ; que toutes les opinions se « confondent dans un seul et même sentiment, l'amour de la « patrie et de la vraie liberté : c'est là qu'est le gage de la léga- « lité, de la concorde, de la fraternité. » Quelques jours après, passant en revue la garde nationale de Vesoul, qui faisait entendre le cri de *vive la République !* l'honorable commissaire

répondit avec entraînement : « Oui, crions *vive la République !*
« mais sachons la faire aimer par notre sagesse, par notre
« dévouement désintéressé à ses institutions. » — La haute
magistrature du président Boileau dura deux mois et demi, au
bout desquels il fut remplacé par M. Carion, préfet (le gouvernement venait de relever le régime des préfectures). Lorsque
l'ex-commissaire alla reprendre son siége de président au tribunal de Lure (39), le *Journal de la Haute-Saône*, organe cette
fois encore de l'opinion publique, disait dans son numéro du
19 mai : « Chacun a pu se rendre compte des circonstances si
« délicates dans lesquelles M. Boileau a pris en main l'admi-
« nistration de notre département. Une révolution venait de
« renverser en quelques heures un trône que l'on avait pu
« croire solidement fondé. Une sorte d'attente inquiète, insé-
« parable d'un grand changement politique, agitait alors tous
« les esprits. Bien que la République eût obtenu rapidement
« l'adhésion générale, il n'y avait pas moins, pour un premier
« administrateur, une tâche difficile à remplir, celle de rassurer
« l'opinion, et de résister avec une égale énergie aux tendances
« timides ou rétrogrades comme aux entraînements exagérés.
« M. Boileau, avec son esprit élevé, ferme et conciliant, était
« l'homme qui convenait le mieux à une pareille situation.....
« Notre attente n'a pas été trompée..... Plein de dévouement
« à la République, M. Boileau s'est attaché surtout à la faire
« aimer, à calmer les craintes des uns, l'ardeur un peu vive
« des autres, et tous ses actes ont été marqués au cachet d'une
« sage modération, à laquelle se plaît à rendre hommage l'im-
« mense majorité du pays. » Les sentiments de reconnaissance
que le président Boileau laissait dans tous les cœurs se manifestèrent avec éclat lorsque, le 22 mai 1848, une dépu-
tation se rendit à Lure pour présenter à l'honorable ex-
commissaire une Adresse votée l'avant-veille par le conseil

(39) Il laissa à la disposition du gouvernement le montant intégral de
l'indemnité de 40 fr. par jour qu'il devait recevoir comme commissaire. Ce
trait de désintéressement ne surprit point de la part de l'excellent citoyen
qui avait refusé, deux mois auparavant, les fonctions de procureur général
près la cour d'appel de Besançon.

municipal de Vesoul et couverte des signatures de la grande
majorité des habitants. Plus de cent Vésuliens (fonctionnaires,
magistrats, propriélaires, négociants, officiers, sous-officiers et
soldats de la garde nationale) s'étaient spontanément joints aux
délégués du conseil municipal; l'ovation fut des plus impo-
santes. Le 5 juin suivant, le président Boileau fut l'objet d'une
manifestation plus flatteuse encore : les conseils électifs du
département et des arrondissements lui portèrent, au nom du
département tout entier, le tribut de la gratitude des populations
de la Haute-Saône. — Par application du décret du 1er mars
1852, H. Boileau dut quitter à l'âge de soixante-dix ans son siége
de président. Cette nécessité l'affligea. Une cruelle maladie dont
il souffrait depuis plusieurs années l'enleva dans les premiers
jours de juillet 1860; il mourut à Paris, où il s'était rendu
pour se soumettre à l'opération de la lithotritie. Ses restes,
ramenés à Lure, y furent inhumés au milieu d'un immense
convoi funèbre. Quatre discours furent prononcés, au nom
de l'administration supérieure, de la magistrature, du barreau et du conseil général, sur la tombe du très-regrettable
défunt.

BOISSON (Marie-François), né le 27 octobre 1767 à Vesoul,
où son père, Jean-Etienne Boisson, conseiller-médecin du roi,
exerçait son art avec distinction, se disposait à embrasser l'état
ecclésiastique quand la Révolution éclata. Obligé de prendre
une autre voie, il choisit la carrière de l'enseignement, et, lors
de l'organisation de l'Ecole centrale de la Haute-Saône, il obtint
au concours la chaire d'histoire naturelle. Par ses soins vigi-
lants furent créés un cabinet réunissant les différentes collections indispensables pour l'enseignement de la zoologie, de
l'entomologie, de la minéralogie, etc.; puis un jardin botanique
où l'on cultivait plus de deux mille espèces de plantes, et qui
alors passa pour un des plus riches établissements départementaux de ce genre. M.-F. Boisson fut un des rédacteurs du
Mémoire que les professeurs de l'Ecole centrale de Vesoul firent
paraître sous ce titre : *Examen analytique du rapport et du
projet de loi relatifs à l'instruction publique, contenant des vues*

philosophiques, morales et politiques sur l'éducation nationale.
C'est un travail où était examiné et critiqué le régime que le
ministre J.-A. Chaptal proposait de substituer à celui des écoles
centrales ; les auteurs du Mémoire s'attachaient à indiquer des
moyens plus simples, moins coûteux et plus avantageux d'améliorer l'instruction publique. Cet écrit, imprimé en l'an ix, à
Vesoul, en 84 pages in-8°, porte les signatures *Galmiche,*
Bobillier, Tribouillet, Laurent, Viennot, Froissard, Boisson fils,
Boudot, Cornu, professeurs, et *Peignot,* bibliothécaire. — A la
suppression des écoles centrales, M.-F. Boisson devint professeur de mathématiques à l'École secondaire (40) de Vesoul.
Plus tard il en fut nommé principal, et occupa ce dernier poste
du 27 septembre 1813 au 25 novembre 1815. Il était en même
temps secrétaire perpétuel de la Société d'agriculture. Il fut
ensuite secrétaire de la mairie de Vesoul et membre de toutes
les commissions de charité. Dans ces diverses fonctions il
montra toujours la même activité, la même netteté d'esprit, le
même amour du bien public, une très-rare facilité de travail :
en un mot, et pour nous servir d'une expression familière qui
rend bien notre pensée, il était partout la cheville ouvrière. —
M.-F. Boisson s'était marié le 11 septembre 1792. Resté veuf en
1828, et sentant revivre en lui, quoiqu'il eût plus de soixante
ans, sa première vocation, il fit son séminaire à Besançon et
s'engagea dans les ordres sacrés. On sait avec quelle piété il se
consacra au ministère sacerdotal. Curé de Saint-Marcel, canton
de Vitrey, il n'était pas seulement le père spirituel de ses paroissiens ; il était aussi le vigilant gardien de leurs intérêts
temporels, dont il s'occupait avec la sollicitude la plus bienfaisante et la plus éclairée. Plein de bienveillance envers tout
le monde, il avait encore en partage une exquise urbanité.
Ce vénérable prêtre mourut au presbytère de Saint-Marcel en
juin 1852, à l'âge de quatre-vingt-cinq ans. On peut résumer
sa carrière par cette expression bien connue : *Pertransiit benefa-*

---

(40) Au régime des écoles centrales succéda celui des écoles secondaires,
qui furent remplacées elles-mêmes, un peu plus tard, par les colléges communaux et les lycées.

ciendo. — M.-F. Boisson fit imprimer, alors qu'il était professeur de mathématiques : *Traité élémentaire d'Arithmétique, contenant l'exposition du système métrique, les règles particulières du calcul décimal et de la comparaison des mesures,* Vesoul, imp. de C.-F. Bobillier, 1808, in-8° de 204 pages. En 1801, l'auteur avait déjà dressé, avec la collaboration d'un autre professeur de l'Ecole centrale (voy. Bobillier, p. 44), les *Tables de comparaison* qui facilitèrent l'usage des nouvelles mesures dans le département, br. in-8° de 136 pages. Les *Mém. de la Soc. d'agr. de la Haute-Saône* contiennent en outre plusieurs analyses et rapports dus à la plume infatigable de M.-F. Boisson, notamment le compte-rendu qu'il présenta des travaux de cette association pendant les cinq premières années de son existence (du 14 avril 180. au 25 avril 1805), 34 p. in-8°. Sont aussi de lui les notices nécrologiques *Junot* (Guy-Claude), *Duponchel, Dumontet de la Terrade,* et *Girault* (Claude-Xavier), qui terminent le 1er vol. du *Recueil agronomique,* titre sous lequel la Société d'agriculture fait paraître ses publications depuis 1820.

BOLOT (Claude-Antoine), né à Gy le 14 août 1742, était d'une famille riche et considérée dans le pays. Ayant achevé ses études à l'Université de Besançon, il se fit recevoir avocat au parlement ; mais sa fortune lui permettant de vivre indépendant, il ne fréquenta point le barreau, et, après avoir passé dans le plaisir le temps de sa jeunesse, il s'établit à Vesoul en 1770. A l'époque de la Révolution, dont il embrassa les principes, il fut élu procureur de la commune, et, au mois de septembre 1792, député de la Haute-Saône à la Convention. Dans le procès de Louis XVI, il vota contre l'appel au peuple et pour la peine de mort. Cependant il se déclara pour le sursis. Après la session, il entra au conseil des Anciens, et fut ensuite nommé juge au tribunal de Vesoul. N'ayant point été maintenu dans ses fonctions à la réorganisation des tribunaux, il se retira dans le domaine qu'il possédait à la Chapelle-Saint-Quillain, arrondissement de Gray, où il mourut le 28 juin 1812, à soixante-dix ans. (*Biog. univ.,* t. LVIII, p. 527.)

BONOURS (Christophe DE), né à Vesoul, capitaine au service d'Espagne, s'était plus occupé de la tactique militaire que de l'art d'écrire. Il l'avoue dans la préface de son ouvrage intitulé : *Eugéniarétilogie*, ou *Discours de la vraie noblesse*, Liége, 1616, in-8°. On a du même auteur *Le Siége d'Ostende*, Bruxelles, 1628 et 1633, in-4°. (Voir *Biog. univ.*, t. V, page 143.)

BOUCHU (Jean-Simon), de Vesoul, fit imprimer en 1736 des *Odes sacrées, traduites ou imitées des Pseaumes*. Ce recueil est devenu très-rare. (Note de M. Weiss, *Mém. de la Soc. d'agr., sciences et arts de la Haute-Saône*, t. II, p. 109.)

BOUILLON (Rose). Devenue femme d'un nommé Julien Henry, soldat au 6° bataillon de la Haute-Saône, elle abandonna deux enfants en bas âge aux soins de sa mère, prit des habits d'homme, et se fit inscrire comme volontaire dans le bataillon où servait son mari. Elle se trouva à plusieurs affaires, et on la vit, à celle de Limbach, où Julien fut tué près d'elle, continuer de tirer encore des coups de fusil jusqu'à la fin de l'action. Elle demanda ensuite son congé, et alla rejoindre ses enfants. L'Assemblée nationale lui accorda 300 fr. de pension, et 150 fr. à chacun de ses enfants. (*Biog. mod.*, t. I, p. 169.)

BOURDAULT (Barbe-Adèle-Joséphine), fille d'Edme Bourdault, juge au tribunal de Vesoul, était devenue, par la mort de ses parents, héritière d'une fortune déjà considérable, et y avait ajouté une riche succession recueillie en Belgique du chef de sa mère. Par un testament olographe en date du 21 avril 1840, elle destina la majeure partie de ses biens à des œuvres de bienfaisance dont devaient profiter la ville de Vesoul et le département de la Haute-Saône. C'est à ce double titre que nous donnons une place dans nos notices à l'opulente testatrice. Elle légua notamment 200,000 fr. à l'Institut des frères de la Doctrine chrétienne pour leurs écoles de Vesoul, Jussey, Luxeuil, Baume-les-Dames ; 40,000 fr. au séminaire diocésain de Besançon, pour l'entretien de jeunes gens pauvres de Vesoul ou du département de la Haute-Saône ; 50,000 fr. à la maison des

Lazaristes de Paris (missions étrangères) ; 20,000 fr. aux dames
de Saint-Maur pour leur maison de Vesoul et en faveur des
jeunes filles pauvres qu'elles y voudraient recevoir ; 32,000 fr.
à la Charité de Vesoul, pour la fondation de quatre lits ;
15,000 fr. à la Fabrique de l'église de Vesoul ; 50,000 fr. au
Bureau de bienfaisance de la ville pour une salle d'asile. Elle
léguait en outre à la congrégation de Saint-Vincent-de-Paul
une somme de 300,000 fr., à charge par elle de former à Vesoul
un établissement analogue à celui qui existe à Besançon sous
le nom d'hospice de Bellevaux. En somme, les libéralités
d'Adèle Bourdault se portaient à plus d'un million. Elle mourut
à Vesoul le 6 décembre 1840, à l'âge de trente-un ans. Par
une ordonnance royale du 1er octobre 1843, les congrégations
ou établissements ci-dessus désignés furent autorisés à accepter
leurs legs respectifs. Mais il y eut à défalquer de l'actif de la
succession des charges qui réduisirent à 62 fr. 50 c. p. 0/0 le
montant des libéralités. Néanmoins le préfet de la Haute-Saône
et la congrégation de Saint-Vincent-de-Paul, conjointement
autorisés à recueillir le legs de 300,000 fr., s'occupèrent d'en
assurer l'exécution. Ce ne fut toutefois que le 1er janvier
1853 que l'Orphelinat-Bourdault put être ouvert : il avait fallu
choisir un emplacement entre plusieurs qui avaient été proposés ; il avait fallu de nombreuses correspondances entre
l'autorité administrative et l'autorité ecclésiastique pour qu'elles
arrivassent à s'entendre, non-seulement sur le lieu où le nouvel
établissement serait installé, mais encore sur le droit de surveillance, de direction, exclusif ou partagé, qu'elles auraient à
exercer. A l'ouverture de l'Orphelinat-Bourdault, on y comptait
seulement vingt enfants des deux sexes. Aujourd'hui (mars
1862), avec les revenus propres à l'établissement, la subvention
annuelle du département et les bourses-Napoléon (41), on y

_____

(41) Dans son testament écrit à Sainte-Hélène le 15 avril 1821, Napoléon
disait : « Je lègue mon domaine privé moitié aux officiers et soldats qui
« restent de l'armée française, qui ont combattu de 1792 à 1815 pour la
« gloire et l'indépendance de la nation; moitié aux villes et campagnes
« d'Alsace, de Lorraine, de Franche-Comté, de Bourgogne, de l'Ile-de-France,
« de Champagne, Forez, Dauphiné, qui auraient souffert par l'une ou l'autre

entretient 80 élèves, savoir : 50 jeunes garçons et 30 jeunes filles. Outre l'instruction religieuse et primaire qu'ils reçoivent, ainsi que des leçons de chant, les jeunes garçons apprennent la menuiserie, la cordonnerie, la boulangerie, l'horticulture. Les filles s'occupent de couture, de lingerie, de repassage, et sont exercées aux soins du ménage. C'est un établissement dont chacun loue la bonne tenue et les excellents résultats.

BOUTECHOUX (Claude), seigneur de Battrans, né à Gray dans le XVI⁰ siècle, était avocat-général au parlement de Franche-Comté lorsqu'il fut nommé membre du conseil privé de Flandre. Revenu au parlement de Dole en qualité de président, il prit possession de sa dignité le 6 janvier 1576, et dut à son mérite personnel autant qu'à la haute charge de judicature qu'il exerçait, l'honneur de présider deux fois les Etats de Franche-Comté, en 1579 et en 1585, sessions dans lesquelles furent rédigées diverses remontrances au roi, notamment en ce qui concernait la neutralité du comté de Bourgogne, les fortifications de ses places *chemisées*, l'Université, les seigneurs hauts justiciers, les bois, les poids et mesures, etc. Il mourut le 13 janvier 1592. On l'inhuma, selon les intentions de sa famille, dans le cloître des Cordeliers de Gray ; sur sa tombe fut élevé un mausolée de marbre avec épitaphe et armoiries. Son père, Jacques Boutechoux, avait été avocat-général au parlement provincial ; le fils de Claude, Aimé Boutechoux, y devint conseiller-clerc en 1602 (42).

« invasion (invasions de 1814 et 1815). » Le domaine privé de Napoléon ne reçut point du gouvernement d'alors la destination qui lui était assignée ; mais l'empereur Napoléon III eut à cœur de réparer cet oubli de la Restauration, et, par un décret du 5 août 1854, il attribua une indemnité de 1,300,000 fr. aux vingt-six départements composant les huit provinces indiquées par Napoléon I⁰ʳ. Répartition faite, il revenrit au département de la Haute-Saône 50,000 fr., qu'il fallait appliquer, selon les instructions ministérielles, à quelque institution durable de bienfaisance. Le conseil général du département pensa que c'était le cas d'user de cette nouvelle ressource pour faire entrer à l'Orphelinat-Bourdault un plus grand nombre d'élèves ; de là les bourses-Napoléon, qui servent maintenant à y entretenir 12 pensionnaires.

(42) Extrait d'un manuscrit de 136 pages in-folio, qui, sous le titre d'*Annales du Parlement de Dole,* contient la liste chronologico-biographique des

BOUVEREY (Nicolas), né le 12 janvier 1767 à Flagy près Vesoul, se fit recevoir avocat au parlement de Besançon en 1790, la veille même du jour où fut supprimée cette institution provinciale. En septembre 1791, il entra comme volontaire dans le 2ᵉ bataillon de la Haute-Saône, où il eut le grade de capitaine de grenadiers dès le 15 octobre 1793. Il fit les campagnes de

présidents et *chevaliers* du parlement à partir de 1422, et celle des *conseillers ecclésiastiques, conseillers laïques, procureurs-généraux* et *avocats-généraux* à partir de l'an 1500. Ces listes comprennent vingt-huit présidents, trente-six chevaliers, trente-six conseillers-clercs, cent cinquante-trois conseillers laïques, quatorze procureurs-généraux et quarante-huit avocats-généraux.

Parmi les présidents nous en remarquons six qui appartenaient par leur naissance au bailliage d'Amont (Haute-Saône), savoir :

Jean Jouart, d'Echevanne près Gray, nommé président en 1471 ;

Hugues Marmier, né à Gray, lieutenant-général d'Amont, président du parlement de 1517 à 1545 ;

Claude Boutechoux, né à Gray, seigneur de Battrans, président de 1576 à 1592 ;

Claude Jacquinot, né à Gray, sieur de Goux près Dole, président de janvier 1598 au 14 septembre suivant ;

Adrien Thomassin, né à Vesoul, lieutenant-général du bailliage d'Amont, président du 5 mars 1605 au 19 mars 1631 ;

Jean-Ferdinand Jobelot, né à Gray, président de décembre 1675 à la fin de l'an 1702.

Il y avait au parlement de la province deux conseillers-clercs et deux conseillers-chevaliers. Les premiers y représentaient le clergé ; les seconds devaient prendre soin des intérêts de la noblesse. Les uns et les autres avaient le pas sur les conseillers laïques. Nous voyons figurer dans le nombre des magistrats qui furent revêtus successivement des charges de conseiller-clerc :

François Grussel, né à Champlitte, prévôt de l'église collégiale de cette ville, conseiller-clerc en 1586 ;

Aimé Boutechoux, fils du président Boutechoux, conseiller-clerc du 6 février 1602 au 4 avril 1612 ;

Benigne Thomassin, fils du président Adrien Thomassin, conseiller-clerc depuis le 13 juillet 1640 jusqu'en juillet 1653 ;

Antoine-Pierre de Grammont-Melisey, conseiller-clerc en 1650, depuis archevêque de Besançon ;

François-Joseph de Grammont-Melisey, conseiller-clerc en 1676, depuis archevêque de Besançon.

Les offices de chevalier du parlement étaient presque toujours exercés par des magistrats appartenant aux premières familles nobles du pays, par des Vaudrey, des Grammont, des Bauffremont, des Cicon, des Rye, des Vienne, des La Baume, etc.

Le ministère public était rempli, au parlement de Dole, par un procureur-

1792 à 1798 sur le Rhin, dans l'Ouest, et ne rentra dans ses foyers qu'après la pacification de la Vendée (43). — A son

général et deux avocats-généraux. Dans le nombre des personnages qui occupèrent ces fonctions élevées, le manuscrit mentionne entre autres François Mairot, de Pesmes, seigneur de Mutigney; Jacques Boutechoux, père du président de ce nom; François Bégeot, de Faucogney (a); et Jacques de Mesmay, de Vesoul, qui était avocat du roi au siège de cette ville quand il fut fait avocat-général le 12 février 1664.

Le bailliage d'Amont fournit encore au parlement de la même époque un grand nombre de conseillers : Jacques Buchon, natif d'Apremont; Nicolas Perrenot, appelé depuis le chancelier de Granvelle; Jean Thomassin, de Vesoul, père ou aïeul du président Thomassin; Jean Laborey, Jean Tricornot, Antoine Hugon et Pierre Hugon, de Gray; Guyon Mairot, de Pesmes, père du procureur-général François Mairot; Antoine Garnier et Claude Belin dit Chasney, de Gy; Antoine Grussel et Jean Chaumont, de Champlitte; Henri Boguet, de Pierrecourt; Pierre Richardot, de Dampierre-sur-Salon; Antoine et Adrien de Salives, Claude Sonnet, Jean Froment, deux Claude Terrier, Jacques Terrier, Louis Pétrey, Jean Favière, de Vesoul; Claude Clerc, de Luxeuil; Claude-François Lullier, de Morey, etc.

Le manuscrit où nous avons puisé ces renseignements est sans nom d'auteur. Il fait partie de la bibliothèque de M. le docteur Sallot, médecin à Vesoul. On doit consulter aussi, dans le *Nobiliaire* de Dunod, Besançon, 1740, in-4°, le chapitre : *De l'administration de la justice au comté de Bourgogne*, de la page 582 à la page 680. Ce travail est un extrait de celui de Ferdinand Lampinet, né à Dole le 2 octobre 1685, mort à Besançon en 1710. Le manuscrit que nous citons plus haut n'est sans doute pas autre chose que l'ouvrage de Ferdinand Lampinet.

(a) C'était un magistrat de grande distinction; mais il mourut peu de temps après son entrée en fonctions.

(43) Etant à Angers, sur la fin de 1793, N. Bouverey adressa à Maximilien Robespierre une lettre qui figure dans l'inventaire des papiers trouvés chez le fameux terroriste au moment où il fut décrété d'accusation. (Voy. le n° LXIV du *Rapport Courtois*, page 228.) Cette énergique protestation contre les horreurs qui se commettaient dans la Vendée fut écrite alors que Robespierre était au faîte de sa toute-puissance révolutionnaire : elle n'en fait que plus d'honneur à la mémoire de celui qui eut le courage d'élever la voix au risque d'encourir la proscription qui, sur un simple signe du tyran, envoyait le meilleur citoyen à l'échafaud. Voici cette pièce, qui mérite d'être conservée :

Lettre de Bouverey à Robespierre.

« Le 3e jour de la 2e décade du 2e mois de l'an II de la République française.

« Témoin et acteur de la guerre cruelle qui règne entre les Français républicains et les royalistes, mon cœur se soulève de toutes les horreurs qui s'y

retour à Vesoul, il fut nommé juge au tribunal civil de la Haute-Saône, et occupa cette place jusqu'à la réorganisation judiciaire qui eut lieu sous le Consulat. — Le 30 mai 1800, il fut appelé au tribunal de Gray, mais il n'y siégea que quelques mois, ayant mieux aimé donner sa démission pour reprendre à Vesoul la profession d'avocat. — Lors de la création de l'Ecole centrale de la Haute-Saône (1803), il obtint au concours la chaire d'histoire, et devint, à la suppression des écoles centrales, professeur de mathématiques au collège de Vesoul. — En 1811, les fonctions de juge au tribunal de Vesoul lui furent conférées une seconde fois; mais après les Cent-Jours de 1815, alors que le gouvernement de la Restauration venait de soumettre les magistrats des tribunaux à une institution nouvelle, Nicolas Bouverey ne resta point compris dans la nouvelle

---

commettent. Le cri qu'il jette est celui de la nature; je le dépose dans ton sein, ô *vertueux* législateur! Oui, il faut que le fer réduise des rebelles qui s'élèvent avec audace contre les lois portées et avouées par un peuple entier; oui, il faut du sang pour détruire les satellites des tyrans qui s'efforcent de réunir sur notre tête les débris du joug que nous venons de briser; oui, il faut des *horreurs* pour contenir des fanatiques qui s'imaginent combattre pour le Ciel en combattant contre la nature et les lois. Mais que ce fer soit dirigé par ces mêmes lois, que ce sang ne coule qu'à propos, *que ces horreurs ne se commettent que le moins possible*..... Soldats de la liberté, nous défendons la bonne cause; cependant combien parmi nous sont indignes de la défendre! combien d'entre nous la défendent mal! Mais je déclame quand je dois t'exposer des faits, ô Robespierre!

« Aussitôt *que notre armée est entrée dans la Vendée, chaque soldat a dès lors mis à mort qui il lui a plu, a pillé qui il lui a plu, sous prétexte que celui qu'il tuait ou pillait était rebelle ou fauteur de rebelles, ou même pensait royalistement.* Aucune peine n'a été portée, *aucune précaution n'a été prise pour réprimer ou modérer l'ardeur du sang et du pillage.* Dès lors juge à quels excès a dû se porter la fureur du scélérat délivré du frein des lois! *juge combien d'innocents ont dû tomber victimes du brigandage!* Oui, il est vrai de le dire, la vie et les biens du meilleur citoyen se trouvèrent à la merci de vingt mille hommes, entre lesquels il ne pouvait manquer de se trouver un grand nombre de scélérats. Oui, chaque individu d'une armée entière put à son gré porter et exécuter des sentences de mort et de confiscation. — Cependant le soldat n'est fait pour mettre à mort que celui qui se défend au combat. Quiconque tue un autre sans défense n'est qu'un bourreau ou un assassin; quiconque s'arroge à son caprice des biens qu'un autre possède et que la loi ne lui distribue pas, n'est qu'un brigand. Dira-t-on qu'avec des rebelles il n'y a ni droit des gens ni lois à observer? Il y a au moins le droit de la nature à observer; et les lois qu'on

composition du tribunal. — Il fut pendant de longues années suppléant du juge de paix, membre du bureau d'administration du collége, vice-président de la commission administrative de l'Ecole normale et du comité supérieur de l'instruction primaire, membre de la commission d'examen des aspirants pour l'instruction primaire, membre de la Société d'agriculture, sciences et arts de Vesoul. Dans toutes les fonctions qu'il exerça, non-seulement dans les positions officielles qui lui étaient dévolues, mais encore dans les missions toutes gratuites qu'il recevait de l'Administration ou de la confiance de ses concitoyens, il se montra toujours loyal, toujours droit, toujours ponctuel, zélé, et aussi modeste qu'instruit. Cet homme de bien mourut à Vesoul le 4 mars 1854, à l'âge de quatre-vingt-sept ans.

doit observer, si ce n'est pas pour eux, c'est pour nous-mêmes. En effet, des meurtres et des pillages commis par le caprice de chaque individu peuvent confondre le citoyen et le rebelle, l'innocent et le coupable; en permettant à chacun de piller à son gré, le plus mauvais sujet est le mieux partagé, l'homme assidu à son devoir n'obtient rien; *les effets les plus précieux sont brûlés ou fracassés sans utilité pour le bien public, la discipline s'énerve, le soldat ne pense plus qu'à s'enrichir, la soif de l'or et l'amour de la vie succèdent au noble désintéressement du guerrier, et une armée de héros devient un amas de lâches et d'indisciplinés. J'en vois parmi nous qui ne cessent de crier au carnage, ils ne respirent que le sang, ils prennent plaisir à égorger un malheureux tombé sans défense entre leurs mains, et ils fuient au premier coup de feu.* J'en vois d'autres qui gémissent sur la nécessité où ils sont de verser le sang; leur main ne plongera jamais le fer dans le sein de l'homme désarmé; ils rendent justice aux vertus de leurs ennemis et plaignent leurs erreurs; au combat, ils se comportent en héros, ils avancent les premiers sur l'ennemi; ils tombent percés de coups, ou ils ne se retirent que les derniers, lorsque la foule a abandonné le combat. Oui, la cruauté ne fait que des lâches; la vertu seule fait les héros.

« *Que dans aucune guerre aucun soldat ne mette à mort un homme hors de combat; que dans aucune guerre aucun soldat ne s'arroge d'effets sans une distribution légale.* voilà comme devrait débuter le code militaire d'un peuple libre et de tous les peuples. Si tel homme a mérité la mort, si tel autre doit être privé de ses possessions, pourquoi abandonner un point aussi important au caprice de chacun, tandis que la loi peut le décider? O Français, donnons l'exemple! Que ces deux articles soient consacrés dans nos lois! Français, défendons la liberté, mais rendons-nous-en dignes par nos vertus!

« *Signé* BOUVEREY, *capitaine de la 8e compagnie du 2e bataillon de la Haute-Saône, de l'armée de l'Ouest, division de Mayence, actuellement à Angers.* »

Il était, au moment de son décès, un des doyens des magistrats et des avocats du ressort de la cour impériale de Besançon. — En 1807, N. Bouverey communiqua à la Soc. d'agr., sc. et arts de la Haute-Saône un savant mémoire sur la comète qui parut dans l'automne de la même année. L'auteur examine dans son travail, qui comprend 14 p. in-8°, les questions suivantes : Qu'ont pensé les anciens sur les comètes ? Que sait-on actuellement relativement aux comètes ? D'où viennent les queues de comète ? Qu'y a-t-il d'incertain à l'égard des comètes ? A quoi servent les comètes ? (Voy. *Mém. de la Soc. d'agr., sc. et arts de la Haute-Saône*, t. III, p. 179.) — Emile BOUVEREY, fils du précédent, mourut dans les premiers jours d'octobre 1841, à Besançon, où il était procureur du roi. Une courte et violente fièvre pernicieuse l'enleva dans la force de l'âge (quarante ans). C'était un magistrat de grande espérance ; ses lumières, son intégrité, la solidité de ses principes, une élocution abondante et facile le désignaient aux premières charges de la magistrature, où, si jeune encore, il avait pris déjà un rang distingué.

BOUVIER (Jean-Baptiste-Joseph), né le 29 août 1770 à Vesoul, où son père était négociant, se destinait au barreau quand les circonstances politiques vinrent le diriger vers une autre carrière. Embrassant l'état militaire, il choisit l'arme du génie, pour laquelle il s'était préparé par des études spéciales. Le 1er avril 1793, il entrait à l'école de Mézières (44) avec le grade

(44) A la paix de Ryswick (1697), le nombre des ingénieurs militaires s'élevait en France à 600 ; mais, en 1698, le désordre des finances en fit renvoyer 300, à la fois sans retraite et sans dédommagement. Cette mesure eut des conséquences funestes ; car la plupart de ces officiers furent réduits à demander à l'étranger une existence et une patrie, et on les vit revenir, dans la guerre de la Succession d'Espagne (1701—1715), attaquer ces mêmes places qu'ils avaient aidé à bâtir, tandis qu'ils n'avaient laissé à la France que des élèves inexpérimentés. C'est pour prévenir le retour d'une si fatale pénurie qu'en 1748 on établit à Mézières l'*Ecole du génie,* pépinière d'ingénieurs dont Châtillon et Duvignau fondèrent l'instruction sur un plan justement admiré et qui a servi de modèle à toutes les institutions du même genre, à l'étranger comme en France. Depuis son établissement, cette école fournit au corps du génie les officiers nécessaires pour tenir au complet le nombre de 300 qui avait été fixé par l'ordonnance du 7 février 1744.

de sous-lieutenant. Si rapide fut son avancement qu'il était nommé lieutenant le 1er août de la même année, et capitaine le 16 décembre suivant. Employé au siége du Quesnoy au mois d'août 1794, il fut blessé à la tête et à la main devant cette place, et eut un cheval tué sous lui. Il servit ensuite à l'armée d'Italie en l'an v, et à l'armée d'Helvétie en l'an vi. Envoyé de nouveau en Italie, il prit part aux opérations qui eurent pour résultat la reddition du fort de Bard (2 juin 1800) et la seconde capitulation de Peschiera (19 janvier 1801). Le capitaine Bouvier passa les années 1802, 1803 et 1804 à l'armée des Côtes, et y fut nommé chef de bataillon (21 janvier 1803). En 1805 et 1806, il fit partie de la Grande-Armée, d'où il fut envoyé en Espagne. Promu au grade de major le 22 juin 1809, puis à celui de colonel le 7 octobre 1810, il eut une nouvelle occasion de se

Pendant la paix, Louis XIV employait les troupes aux fortifications; l'infanterie exécutait les travaux de siége. Vauban avait senti combien il serait utile de former une troupe spéciale exercée aux opérations difficiles, telles que les sapes, les couronnements de brèches, les passages de fossés. Dès 1669 il avait proposé de créer un régiment de sapeurs, et, après le siége de Philippsbourg, en 1688, il réitéra cette demande avec instances. Des compagnies de sapeurs et de mineurs furent enfin formées, mais presque aussitôt absorbées par le service de l'artillerie, à la demande du duc du Maine, fils naturel de Louis XIV et grand-maître de cette arme. En 1720, nouvelle formation de sapeurs et de mineurs; nouvelle fusion dans les compagnies de Royal-Artillerie. Le 8 décembre 1755, les corps de l'artillerie et du génie sont réunis. Cette organisation ne tint pas contre l'épreuve de la guerre : le 5 mai 1758, le maréchal de Belle-Isle, alors ministre, éclairé par sa propre expérience, demanda et obtint du roi la séparation des deux corps. Mais ce ne fut qu'en 1793 que les sapeurs et les mineurs furent définitivement attachés au corps du génie.

Le 9 septembre de la même année, l'école de Mézières fut supprimée, et les matériaux de l'instruction furent transférés deux ans plus tard à Metz. Cette place, l'un des plus forts boulevards de la France, vit s'élever alors une école nouvelle, dirigée par de savants ingénieurs, sous l'inspiration des chefs-d'œuvre de la fortification moderne. L'Ecole polytechnique, fondée par la Convention nationale le 28 septembre 1794 (7 vendémiaire an III), devint le vestibule obligé de l'école de Metz, à laquelle fut réunie celle de l'artillerie, le 4 octobre 1802. Dès lors ces deux armes, dont les attributions ont trop de points de contact pour être tout à fait distinctes, et qui embrassent un cercle trop étendu pour être entièrement réunies, eurent au moins une source et une origine communes, où les jeunes officiers puisèrent une même instruction qu'ils reportèrent ensuite dans chacun des corps auxquels ils étaient destinés. Cet ordre de choses subsiste encore. (*Encycl. des Gens du monde*, t. XII, p. 286.)

distinguer à ce mémorable siége de Tarragone qui dura plus de deux mois, pendant lesquels assiégés et assiégeants tirèrent 162,000 coups de canon, et qui coûta aux Français, surtout au génie et à l'artillerie, des pertes évaluées à 4,293 hommes, dont 924 morts et 3,369 blessés tellement mutilés que « la moitié à peine pouvaient être rendus au service ou survivre à leurs blessures. » (*Mémoires du maréchal Suchet*, t. II, p. 110.) Le colonel Bouvier eut grandement part à l'habile direction des travaux du génie, « qui furent remarquables par la hardiesse de la conception comme par la vigueur de l'exécution. » (*Ibid.*, p. 108.) Ce fut encore lui qui dirigea, dans la nuit du 21 au 22 juin 1811, une des cinq colonnes d'attaque qui, en s'emparant de la ville basse, forcèrent la ville haute à se rendre également huit jours après. (*Vict. et Conq.*, t. XX, p. 324.) Pour le récompenser de ses brillants services au siége de Tarragone, Napoléon le créa baron de l'Empire et officier de la Légion-d'Honneur. Appelé à faire la campagne de Russie (1812), le baron Bouvier contribua à toutes les opérations de l'armée, y compris l'occupation de Smolensk. Mais les Russes, en quittant Moscou, l'avaient incendié, et bientôt le froid obligeait l'empereur Napoléon, privé d'un quartier d'hiver sur lequel il avait compté, de battre en retraite. Harcelée par des troupes innombrables, manquant de tout, l'armée française resta presque tout entière ensevelie dans les neiges, ou périt dans les eaux de la Bérésina : le génie de son chef et de ses généraux ne put sauver que des débris..... Ce fut dans cette fatale retraite que le baron Bouvier mourut ferme à son poste jusqu'à la fin ; faisant partie d'une colonne qui, le 18 novembre, près de Krasnoë, tenta de passer un ravin gardé par les Russes et de faire une trouée à travers un ennemi bien supérieur en nombre, il fut emporté par un boulet. « La mort du colonel Bouvier, dit le général Freytag dans ses *Mémoires* (t. II, p. 169), fut une grande perte pour l'armée. Cet estimable officier joignait aux talents militaires et à la grande instruction qu'exige l'arme dans laquelle il servait, une extrême activité et une bravoure à toute épreuve. » A sa mort, le colonel Bouvier n'avait que quarante-deux ans.

BOY (Simon), chirurgien, né à Champlitte, dont il était maire en 1785, mort en cette ville en 1789, est auteur d'un ouvrage intitulé : *Abrégé sur les maladies des femmes grosses et de celles qui sont accouchées*, Paris, 1788, in-12. — BOY (Adrien-Simon), son fils, chirurgien en chef de l'armée du Rhin, mort en 1795 à Alzey, près de Mayence, a publié plusieurs brochures sur son art. La plus estimée est celle qui a pour titre : *Du traitement des plaies d'armes à feu*. C'est le même auteur qui a écrit l'hymne *Veillons au salut de l'Empire*, composé en 1793 (45). (*Biog. univ.*, t. V, p. 417.)

BRENIER (Claude-Hydulphe), abbé de Faverney, né à Luxeuil, mort en 1688, était un homme très-savant. On a de lui quelques manuscrits relatifs à l'histoire de notre ancienne province. Il fut délégué du clergé aux Etats de Franche-Comté de 1654 et de 1657, et sut s'y concilier l'estime de tous les ordres. (*Mém. de la Soc. d'agr., sciences et arts de la Haute-Saône*, t. II, p. 109.)

BRESSAND (Pierre-Joseph) naquit le 22 décembre 1755 à Raze, bailliage de Vesoul. Après avoir achevé ses études à l'Université de Besançon, il se fit recevoir avocat; mais, possesseur d'une fortune considérable, il ne fréquenta point le barreau ; et, se bornant à surveiller l'exploitation de ses domaines, il introduisit dans leur culture des améliorations dont ses voisins profitèrent. Il se montra partisan des réformes promises en 1789 ; mais plus il les désirait sincèrement, plus il était opposé à toutes les mesures violentes qui ne pouvaient que retarder l'accomplissement de ses vœux. Nommé membre de la haute cour d'Orléans, il sut, dans les circonstances les plus critiques, allier à une sévère impartialité cette indulgence qui naît toujours d'une raison élevée. Plus tard, lorsque la Con-

(45) Cet hymne n'a pas été recueilli dans la *Couronne poétique* qui termine les *Victoires et Conquêtes*, et cependant son succès égala presque celui de la *Marseillaise*. On le trouve dans le *Recueil de quelques chansons patriotiques* composées par le cit. Boy (de Champlitte), Strasbourg, 1793, in-12.

vention, revenue à des principes d'ordre et de justice, remplaça le terrible tribunal révolutionnaire par une institution qui n'avait avec celle-là de commun que le nom, Bressand fut désigné pour en faire partie. Devenu, sous le Consulat, maire de sa commune natale, puis membre du conseil général du département, il saisit toutes les occasions de produire ses vues sur les mesures propres à favoriser le développement de l'agriculture. Elu, en 1820, membre de la Chambre des députés par le département de la Haute-Saône (46), il proposa, dans la session suivante (21 mai 1821), d'augmenter le traitement des curés, qui n'était que de 750 fr., de préférence à celui des vicaires, lesquels n'ont ni les mêmes charges, ni les mêmes obligations envers les pauvres. Cette proposition, qu'il eut à peine le temps de développer au milieu des conversations de la Chambre, fut écartée par l'ordre du jour. Depuis Bressand ne reparut point à la tribune, mais il continua de prendre dans les bureaux une part active à toutes les discussions dans lesquelles il croyait pouvoir apporter quelque lumière. Réélu député en 1822 (47), puis en 1824 (48), il assista, comme président du conseil général de son département, au sacre de Charles X, et fut, à cette occasion, fait officier de la Légion-

---

(46) D'après la loi électorale de 1820, la Chambre des députés se composait de membres nommés les uns par les colléges d'arrondissement, les autres par les colléges de département dits grands colléges. Les électeurs appelés à voter dans les grands colléges étaient les plus imposés parmi les électeurs d'arrondissement, dans la proportion du quart, en sorte que les plus imposés, après avoir concouru à nommer le député d'arrondissement, votaient encore pour la nomination du député de département. De là ce *double vote* qui fut tant reproché à la Restauration. — En 1820, M. Bressand était le candidat du gouvernement au grand collège de la Haute-Saône. Il obtint 68 suffrages. M. Nourrisson, candidat de l'Opposition libérale, eut 63 voix. Les forces étaient à peu près égales.

(47) M. le marquis de Grammont, candidat de l'Opposition, réunit 58 suffrages sur 133 votants. Le candidat conservateur n'obtenait encore qu'une majorité insignifiante. (Voir dans le *Journal de la Haute-Saône* du 18 février 1824 la liste des électeurs qui formaient alors le collège de département.)

(48) Sur 86 votants, M. Bressand réunit 81 suffrages. Cette fois, l'Opposition ne s'était pas rendue au scrutin.

d'Honneur. De retour à Paris pour la session de 1826, il y mourut le 23 juin. (*Biog. univ.*, t. LIX, p. 222.)

BRUSSET (Claude-Joseph-Lambert), né le 17 septembre 1774 à Gray, entra comme sous-lieutenant dans le régiment Dauphin (cavalerie) en 1791, et émigra l'année suivante avec la plupart des officiers de ce corps. Il fit toutes les campagnes de l'armée des princes, et reçut le 8 avril 1800 le brevet de capitaine. Rentré peu de temps après en France, il fut nommé, en 1812, membre du conseil de l'arrondissement de Gray. En 1815, à l'approche des armées ennemies, il fut prié par le conseil municipal d'accepter le titre de maire de Gray; et pendant sa courte administration, dont les circonstances augmentaient les difficultés, il rendit d'importants services à l'arrondissement, en usant de son crédit pour obtenir la réduction des charges occasionnées par la présence des troupes étrangères. Au mois d'avril de la même année, il fut nommé par les électeurs de la Haute-Saône membre de la Chambre des députés, où il appuya constamment de son vote les projets du Gouvernement. Il ne fut cependant point réélu à la suite de l'ordonnance du 5 septembre 1816. Mais le collége de son arrondissement lui donna deux fois, en 1824 et en 1827, de nouveaux témoignages de sa confiance en le choisissant pour député. Nommé sous-préfet à Gray en 1828, il remplit cette place avec zèle jusqu'à la révolution de 1830. Alors il se retira dans son domaine de Cult près de Marnay, et il y mourut le 6 août 1832. Il était chevalier de Saint-Louis, membre du conseil général de son département, et de la Société d'agriculture. (*Biog. univ.*, t. LIX, p. 396.)

BUCHET (Jacques-Bonaventure), né le 14 juillet 1746, à Gy, où son père était juge de l'archevêque de Besançon (49), embrassa l'état militaire en 1764, et choisit l'arme de l'artillerie.

(49) L'archevêque de Besançon était seigneur féodal de Gy et de toute la terre dite de Saint-Martin, laquelle comprenait les sept ou huit villages qui sont le plus rapprochés de la ville. A ce fief étaient attachés les droits de haute justice. La charge de juge de l'archevêque était donc beaucoup plus importante

Il était capitaine depuis 1778 lorsque vint la Révolution. Sous le nouveau régime, il fut nommé chef de bataillon le 1er novembre 1792, colonel le 13 novembre 1793, commandant de l'Ecole d'artillerie de Châlons le 9 décembre 1799, commandant de l'Ecole de Besançon le 5 février 1803, général de brigade le 22 septembre 1805. Employé peu de temps à l'intérieur, il servit presque sans interruption, de 1792 à 1805, aux armées du Nord, de la Moselle, du Rhin, du Danube et d'Italie. En décembre 1805, le prince Eugène le nomma commandant en chef de l'artillerie de tout le corps d'armée qui était placé sous ses ordres. Les bons services militaires du général Buchet lui avaient valu les différents grades par lesquels il avait rapidement passé ; ils lui valurent encore le poste élevé que lui confia le prince Eugène. Admis à la retraite en 1809, il vint se reposer dans sa ville natale, où le choix du gouvernement alla le trouver, en 1812, pour en faire un membre du conseil général de la Haute-Saône. L'honorable général présida plusieurs fois cette assemblée départementale. Il avait été nommé chevalier de Saint-Louis le 23 mars 1791, et officier de la Légion-d'Honneur le 15 juin 1804 ; au commencement de 1825, il fut anobli, pour lui et ses descendants, par une ordonnance de Charles X. Il mourut à Gy, le 14 avril 1831, à l'âge de quatre-vingt-cinq ans. Après avoir été officier distingué dans l'arme de l'artillerie, il conserva jusqu'à sa fin de hautes connaissances dans les mathématiques ; il avait aussi une instruction plus qu'ordinaire en physique, en chimie, même en littérature, et cependant il était d'une grande modestie, outre qu'il fut toujours très-affable et très-bienveillant pour tous ceux qui l'approchaient (50).

BUREAUX DE PUSY (Jean-Xavier), né à Port-sur-Saône en 1750, entra de bonne heure dans l'arme du génie, où il se fit

que les fonctions de judicature confiées aux simples baillis des seigneuries ordinaires. Longtemps elle fut exercée de père en fils par des membres de la famille Buchet, une des plus notables du pays autant à cause de son honorabilité héréditaire que par ses alliances avec des familles parlementaires.

(50) Le général Buchet avait six frères et une sœur. Deux de ses frères étaient comme lui, au commencement de notre première révolution, capitaines

remarquer. Chimiste, mathématicien, littérateur, il consacrait tous ses moments à l'étude. Député à l'Assemblée constituante, il eut trois fois l'honneur de la présider, et porta ses lumières et sa précision dans les comités comme dans les lois qui en émanèrent. La division de la France en départements fut en grande partie son œuvre. La guerre ayant été déclarée, il demanda à servir sa patrie comme militaire ; et cet homme modeste, qui aurait mérité et obtenu un grade supérieur, se contenta de celui de capitaine du génie, qu'il avait depuis plusieurs années. On connaît les événements révolutionnaires qui le déterminèrent à sortir de France avec son ami le général Lafayette et MM. Alex. Lameth et de Latour-Maubourg, dont il partagea la captivité pendant cinq ans, à Magdebourg et à Olmütz. Rendu à la liberté, il passa en Amérique. Là il projeta un système de défense pour les côtes, principalement pour l'armement de la rade de New-York : les plans, les devis de cet immense projet, il les fit seul et sans nul secours. De retour à Paris après le 18 brumaire, il fut nommé préfet de l'Allier, mais ce département eut bientôt à le regretter : Lyon l'attendait pour réparer ses pertes et ses malheurs. Cependant Gênes sollicitait la présence d'un administrateur habile : B. de Pusy fut désigné. Hélas ! Gênes devait avoir aussi ses regrets : il y mourut le 2 février 1806, âgé de cinquante-cinq ans. Son *Eloge historique* a été publié par J. Guerre, membre de la cour d'appel de Lyon, 1807, in-8° de 72 pages. — BUREAUX DE PUSY (Joachim-Irénée-François), né à Vesoul, le 4 octobre 1783, partit à dix-huit ans comme simple chasseur à cheval, et parvint de grade en grade à celui de colonel du 9ᵉ régiment de dragons. Deux coups de feu, plusieurs coups de sabre, quatorze campagnes dans l'espace de quatorze ans justifiaient son avance-

---

d'artillerie et chevaliers de Saint-Louis. Ils émigrèrent. Le plus jeune fut tué à la bataille de Quiberon (27 juin 1795). L'autre, revenu en France, mourut en 1829. Trois autres frères du général étaient dans le sacerdoce. Son sixième frère, avocat au parlement de Besançon, fut longtemps juge de paix à Gy, où il décéda vers 1854. — Le général n'a laissé qu'un fils. Celui-ci a épousé Mⁱˡᵉ Courlet de Vregille, et habite Gy, berceau de nombreuses générations de sa famille.

ment. Là ne se serait point arrêtée sa belle carrière militaire si les fatigues du service actif et l'épuisement que devait amener un zèle au-dessus de ses forces ne l'avaient pas obligé de prendre prématurément sa retraite. Il mourut à Bordeaux le 5 février 1841.

CADOT (P.-François), prêtre, né à Gray, a fait imprimer un *Discovrs funebre sur le trespas de Claude de Bauffremont, baron de Seneccy, gouverneur de Bourgougne et de Charolois*, Besançon, J. Couché, 1661, in-4° de 23 pages. (Note de M. Weiss, *Mém. de la Soc. d'agr., sc. et arts de la Haute-Saône*, t. II, p. 111. Voir aussi *Bibl. historique de la France* du P. Lelong, t. III, n° 31,862.)

CALLIER (Hubert), né à Luxeuil le 21 mars 1764, prit du service le 8 juin 1782, dans le 11ᵉ régiment d'infanterie de ligne, et passa par tous les grades inférieurs. Chef de bataillon à la bataille de Neuwied (1797), il contribua à la prise de sept drapeaux. Devenu général de brigade, il prit part aux derniers événements militaires qui précédèrent l'évacuation de l'Italie par les Français, et fit la campagne de France en 1814. (Voir *Vict. et Conq.*, t. XXIII, p. 345, et t. XXV, p. 76 des *Tables du Temple de la Gloire*.) Il commanda plus tard le département du Tarn. Ces renseignements biographiques sont les seuls que nous ayions sur le général Callier.

CARTEAUX (Jean-François), fils d'un dragon du régiment de Thianges, naquit en 1751 à Aillevans (Franche-Comté). Son père, qui avait eu la jambe emportée par un boulet, ayant été admis à l'hôtel des Invalides, il le suivit à Paris. Un certain goût pour la peinture lui fit faire en peu de temps de sensibles progrès sous la direction de l'habile peintre Doyen, qui l'avait adopté comme élève. Pour achever de s'instruire dans cet art, il parcourut plusieurs contrées de l'Europe. Lorsqu'il revint en France, après avoir fait quelques tableaux estimés, la Révolution éclatait. Il en embrassa les principes avec ardeur, figura comme lieutenant dans la cavalerie de la garde nationale de

Paris, et se distingua dans la journée du 10 août 1792. Il obtint dès lors, par un avancement très-rapide, les grades de colonel, de général de brigade et de général de division. Il fut employé à l'armée des Alpes, puis à l'armée d'Italie, dont il eut un moment le commandement en chef. Mais il quitta bientôt ce haut poste, et fut même arrêté et conduit à la Conciergerie dans le courant de janvier 1794, « pour avoir été battu. » (*Biog. mod.*, t. I, p. 366.) Il ne sortit de la Conciergerie qu'après le 9 thermidor (27 juillet 1794), pour prendre le commandement des côtes de Normandie, sous les ordres de Hoche. Au 13 vendémiaire (5 octobre 1795), il montra beaucoup de zèle pour contribuer à la défaite des sections de Paris. En juillet 1801, le gouvernement consulaire le nomma administrateur de la loterie, place qu'il quitta, au mois d'octobre 1804, pour celle d'administrateur de la principauté de Piombino. Un an après le général Carteaux revint en France (1805), et n'eut plus aucun emploi. Il mourut en avril 1813. La rudesse de son caractère, de son humeur, de ses manières, ne lui permit jamais de se maintenir longtemps dans une position. Bonaparte, qui avait servi sous lui au siége de Toulon, en faisait peu de cas, et il a dit que ce n'était pas un méchant homme, mais un officier très-médiocre. (V. *Biog. univ.*, t. LX, p. 239; *Biog. mod.*, t. I, p. 365.)

CHAPPUIS (Jean), né à Vesoul le 14 octobre 1612, d'une famille de robe, se fit religieux dans la compagnie de Jésus. Il est auteur de *Méditations pieuses pour tous les jours de l'année*, 1724, 3 vol. in-12. (Note communiquée par M. Weiss à la Soc. d'agr., sc. et arts de la Haute-Saône. V. les *Mém.* de cette Société, t. II, p. 111.) Il a aussi, selon M. Quérard, publié sous le voile de l'anonyme *Eloge funèbre de Louis Boucherat*, prononcé à Die par un Jésuite, Lyon, 1700, in-4°.

CHAPPUISOT (Claude), chanoine à Vesoul, sa ville natale, et doyen du chapitre de Calmoutier, a laissé manuscrits deux traités de théologie : I. *De notis prædestinationis;* II. *De cultu Virginis propagando*. Il prononça, en 1643, l'orai-

son funèbre d'Albert-le-Pieux, duc de Flandre. Il mourut à
Bruxelles. (Note communiquée par M. Weiss à la Soc. d'agr.,
sc. et arts de la Haute-Saône ; voy. t. II, p. 112, des *Mémoires*
de cette Société.) Le cat. de la bibl. de Dole attribue au
même auteur : *Laudatio funebris æternæ memoriæ serenis-
simæ principis Isabellæ Claræ Eugeniæ Hispaniarum infantis*,
Bruxelles, 1634, in-8°. — Paquot, dans ses Mémoires pour
servir à l'histoire littéraire des Pays-Bas, t. VI, p. 175, lui
attribue également l'*Oraison funèbre* du prince Albert, archi-
duc d'Autriche, duc et comte de Bourgogne, Bruxelles, 1621,
in-8°. Paquot ajoute : « Né en Franche-Comté avant la fin du
« XVIᵉ siècle, Claude Chappuisot s'établit dans les Pays-Bas et
« fit son séjour ordinaire à Bruxelles. Suivant les titres qu'il
« prenait en 1619, il était maître ès arts, docteur en théologie
« et ès droits, doyen de l'église collégiale de *Callemostier* (Cal-
« moutier), prédicateur ordinaire de la chapelle de Sainte-
« Marie-Magdeleine dans Bruxelles, de l'église N.-D. de Laken,
« et admis à confesser dans tout le diocèse de Malines. Outre
« cela, il était, en 1621, protonotaire apostolique, et confesseur
« de la paroisse Saint-Jacques ou de Coudenberg. Il était encore
« à Bruxelles en 1624. » Chappuisot appartenait à une famille
noble. Ses armoiries étaient parlantes : main armée d'une
hache ; dans la coupure le mot *Maria* ; le tout surmonté d'un
chapeau de cardinal avec les glands pendants.

CHARNOTET (Jean-Baptiste), fils d'Etienne Charnotet, notaire
à Autrey, naquit dans cette commune en 1761. Il faisait ses
premières études au collége de Gray et était en troisième quand,
pour une faute légère, le professeur chargé de cette classe le
condamna à recevoir le châtiment corporel alors en usage chez
les révérends pères jésuites. Indigné de l'outrage qu'on voulait
lui faire, l'élève prit ses livres sous son bras, puis revint chez
son père, qui, pour le punir, lui acheta une paire de bœufs et
le mit à la charrue. Alors M. de Lieucourt, seigneur du village de
ce nom (entre Gray et Valay), recrutait pour le régiment Bourbon-
dragons, en garnison à Besançon : le jeune Charnotet, âgé de
seize ans et demi, alla le trouver, et s'engagea pour huit ans.

Au bout de sept ans il était brigadier, et, à l'expiration de son engagement, on lui offrait les galons de maréchal-des-logis s'il voulait se réengager ; mais il n'en fit rien. Peu d'années après, la Révolution éclatait, et J.-B. Charnotet, qui avait conservé son goût pour l'état militaire et une assez grande expérience du service, organisa la garde nationale d'Autrey, fut élu capitaine au 4ᵉ bataillon des volontaires de la Haute-Saône, et nommé commandant de ce bataillon devant Mayence. Lors de la formation des régiments, il fut englobé dans la 89ᵉ demi-brigade, dont il devint colonel peu de temps après. Il fit, avec la division Grenier, toutes les campagnes sur le Rhin, sous les généraux Hoche, Houchard, Marceau, Moreau, et assista sous ce dernier chef à la fameuse bataille de Hohenlinden. Nommé colonel de la 27ᵉ demi-brigade légère, il prit part, en 1805, à la campagne d'Austerlitz, et fut très-honorablement cité dans le rapport que fit le prince de Ponte-Corvo après l'enlèvement du défilé de Golling et la prise du fort de Leng-Pass. (*Vict. et Conq.*, t. XV, p. 188, 189.) L'année suivante, il se trouvait à la bataille d'Iéna, et se distinguait encore d'une manière éclatante au siége de Lubeck, surtout à l'attaque de la porte de Trawemund (*Vict. et Conq.*, t. XVI, p. 376) ; mais son régiment avait cruellement souffert. Il ne parlait jamais de cette affaire sans éprouver un attendrissement visible au souvenir des six cents braves qu'il y avait perdus : tous ses officiers de carabiniers et de voltigeurs avaient été tués ou blessés. Quand le général Blucher, délogé de la place et poursuivi dans la campagne par les Français, fut forcé de se rendre avec tout ce qui lui restait de troupes et de matériel, ce fut le colonel Charnotet qui le reçut prisonnier aux avant-postes (51). Pendant la campagne de

(51) Le colonel Charnotet conserva la jument de bataille du feld-maréchal prussien. Ce cheval est mort à Autrey.

Voici un autre fait que mentionnent les *Victoires et Conquêtes*, t. XVI, p. 381 : « Le général Blucher, s'étant avancé seul pour faire la première « proposition aux tirailleurs du 27ᵉ léger, se trouva en présence d'un voltigeur « qui, ayant gagné du terrain à la faveur d'un fossé, était le plus rapproché « des tirailleurs ennemis. Le soldat français aborde hardiment le général « prussien, et lui demande ce qu'il veut. Blucher se nomme. — Eh bien ! dit « le voltigeur, si vous êtes réellement ce Blucher que nous pourchassons,

1807 en Pologne, le 27ᵉ léger se fit remarquer de nouveau dans plusieurs occasions, et son brave colonel fut, après la bataille de Friedland, nommé général de brigade. Le général Charnotet eut alors un congé qui lui permit de revenir à Autrey après six ans de campagnes non interrompues. Peu de temps après son retour dans sa famille, il recevait sa nomination au titre de baron de l'Empire, avec une dotation de 4,000 fr. de rente en Westphalie. — En 1809, il fut nommé commandant d'armes à Flessingue, resta dans cette place jusqu'en 1814, et ne rendit la ville qu'à la paix. — En 1815, au retour de l'île d'Elbe, le général Charnotet, qui était allé rejoindre Napoléon avant son entrée à Paris, fut nommé gouverneur d'Arras. Après le désastre de Waterloo, l'attitude hostile de la population le détermina à se retirer dans la citadelle, qu'il refusa de rendre, malgré plusieurs sommations, avant d'être bien certain qu'il la remettrait à un gouvernement français. Il avait ainsi conservé à la France un immense matériel; mais cette louable fidélité ne fut pas comprise alors, et le duc de Berry, souvent malencontreux dans ses rapports avec l'armée, lui adressa de dures paroles. — Prince, lui répondit avec fermeté le général, j'aurais manqué à mon devoir en agissant autrement, et loin d'avoir encouru votre blâme, je crois avoir mérité vos éloges. — Ce langage devait déplaire : le général Charnotet fut toutefois appelé au commandement du département du Nord; mais il ne conserva ce poste que jusqu'à la fin de 1816. Mis à la retraite à cette époque, il vit sa pension liquidée à 3,150 fr. : c'était, pour un militaire qui comptait quarante-un ans de service, huit années de grade d'officier-général, et de nombreuses campagnes, un chiffre qui parut malveillant. — Quand il fut rentré dans sa commune natale, le général Charnotet reprit la charrue et laboura ses terres jusqu'en 1837, époque où il abandonna ce

« donnez-moi votre parole d'honneur que vous vous présentez pour capituler
« de bonne foi; autrement, je ne vous laisse pas passer : car vous devez bien
« penser, *mon* général, que ce n'est pas le moment de s'amuser; il faut en finir
« et vous êtes près de la mer..... — Blucher, que ce raisonnement fit sourire,
« donna sa parole au voltigeur, qui le conduisit au colonel Charnotet. Celui-ci
« fit cesser à l'instant le feu de ses tirailleurs. »

soin à son fils (52), qui en cultive encore une partie. Sa mort, arrivée le 3 novembre 1843, fut un deuil pour toute la commune d'Autrey. Le vénérable défunt vit venir sa fin avec le courage de l'homme de bien, la résignation du chrétien, et les espérances du vrai croyant. Le fond du caractère du général était une bonté excessive ; il était sincèrement pieux, mais en même temps tolérant par excellence. — Voici l'épitaphe qui est gravée sur son tombeau : « Ici repose le volontaire de la « République Jⁿ-B^{te} CHARNOTET, baron de l'Empire, officier de « la Légion-d'Honneur, né et mort à Autrey cultivateur. » Au-dessus de ses armes, dans un médaillon, est une charrue sur une plaque de marbre noir. — Le général Charnotet avait épousé, en 1801, Marie-Françoise George, d'une très-bonne famille bourgeoise d'Alsace, épouse en tout digne de son mari. Elle mourut treize ans après lui, jour pour jour, dans un moment où, assise au coin de son feu, elle causait avec ses enfants et petits-enfants. Elle était âgée de quatre-vingt-dix ans.

CHATEL DE VALEROY (Amé), né à Vesoul vers la fin du XVIIe siècle, embrassa la vie religieuse chez les Bénédictins de Saint-Vanne, et fit profession, le 3 mars 1717, à l'abbaye de Luxeuil, où il fut longtemps chargé de l'enseignement des novices. Il a composé une paraphrase sur l'Ecriture sainte. (Mss. de D. Thiébault déjà cité p. 4.)

CHAUDOT (Alexis-Vivant), né à Paris le 9 mars 1787, était venu, en 1824, s'établir dans le département de la Haute-Saône, où il avait acquis le château, la terre et les forges de Lou-

---

(52) M. Léon-Charles-François Charnotet, fils du général, fut, en 1848, sous-commissaire de la République à Gray. Si, à cette époque critique, le département de la Haute-Saône fut rassuré en voyant arriver à la tête de son administration un homme consciencieux et modéré, l'honorable président Boileau, l'arrondissement de Gray ne s'estima pas moins heureux d'avoir pour sous-préfet M. Charnotet, de même que l'arrondissement de Lure se félicita hautement de voir confier les mêmes fonctions à M. Theurey. Rendu à la vie privée, l'ancien sous-préfet Charnotet s'est beaucoup occupé et s'occupe toujours non-seulement d'agriculture pratique, mais encore de toutes les questions économiques qui ont trait à la condition des cultivateurs.

lans. Appelé à représenter le canton de Montbozon au conseil général du département, il se montra toujours attentif à provoquer ou à soutenir les mesures qui lui paraissaient tendre à l'amélioration morale ou matérielle de son pays adoptif. Sa sollicitude pour la classe pauvre, sans se produire par des actes d'ostentation, lui faisait dépenser sur place, en travaux utiles, les grands revenus que donnait la terre de Loulans. Cette influence bienfaisante du château sur tout ce qui l'entourait ne s'arrêta point aux nécessités du présent : A.-V. Chaudot a fait les fonds d'une salle d'asile qui continue de pourvoir aux besoins de l'enfance et à son instruction. Il mourut le 12 janvier 1851, à Paris, où il était momentanément retourné pour affaires de famille.

CHAUVIER (Claude-François-Xavier), né en 1748 à Lure, y pratiquait la médecine lorsqu'il fut nommé député du département de la Haute-Saône à la Convention nationale. Il siégea parmi les membres modérés de cette mémorable assemblée. Dans le procès de Louis XVI, il vota pour la détention, le bannissement à la paix, et se prononça d'ailleurs contre l'appel au peuple et le sursis. Après la chute de Robespierre, il fut envoyé dans les départements de la Corrèze et de la Dordogne, avec des pouvoirs dont il ne se servit que pour faire disparaître les traces encore récentes de la Terreur. A la fin de la législature il entra au conseil des Cinq-Cents. En quittant les fonctions législatives, il fut nommé maire de sa ville natale, puis membre du conseil général de la Haute-Saône. Il mourut à Lure le 26 février 1814, laissant la réputation d'un honnête homme et d'un médecin instruit. (*Biog. univ.*, t. LX, p. 574.)

CHOFFIN (David-Etienne), né le 3 octobre 1703 à Héricourt, où son père était négociant, termina ses études à Stuttgard, et devint, en 1724, gouverneur des enfants de l'un des officiers des chasses du duc de Wirtemberg. Il passa ensuite à Halle (Saxe), en qualité de professeur de langues modernes au Pédagogium royal, et de lecteur en l'Université; il mourut dans l'exercice de ces deux emplois au mois de janvier 1773. Choffin a rendu de fort bons services à la jeunesse par la publication de divers ouvrages faits avec intelligence et beaucoup de goût, sur la grammaire, la philologie et l'histoire. Nous citerons particulièrement : *Abrégé de la vie de divers princes illustres et des grands capitaines*, 1748, 2 vol. in-8°; — *Amusements philologiques*, 1749, 3 vol. in-8°; — *Grammaire des Dames*, 1756, 2 vol. in-8°; — *Dictionnaire français-allemand et allemand-français*, 2 vol. in-8°, 1759. On a encore de lui quelques écrits ascétiques qui appartiennent à l'école de Herrnhut, dont il était un des plus fervents disciples (53). Il devait ses principes religieux au ministre Jean-Frédéric Nardin, l'ami de son père, qui avait pris soin de sa première éducation. (*Eph. du comté de Montbéliard* par Duvernoy, p. 379; — *Biog. univ.*, t. LXI, p. 33.)

CLAVEL (Pierre), né à Auris-en-Ratiers (Dauphiné), le 7 avril 1773, entra, au mois de septembre 1792, dans un des bataillons de volontaires de son département natal, et parvint rapidement au grade de capitaine, dans lequel il fit les campagnes de l'armée des Alpes et de l'armée d'Italie jusqu'en 1800, année où il fut fait chef de bataillon dans la 39e demi-brigade. Le commandant Clavel servait, en 1804, sur la célèbre flottille que Napoléon avait réunie à Boulogne et dans les ports voisins, alors qu'il songeait à exécuter son vaste projet d'invasion en Angleterre. Il fut ensuite employé à la Grande-Armée, et nommé major au 24e régiment de ligne le 18 mars 1807. Passé avec ce grade dans le 115e de ligne (octobre 1808), il fit dès lors partie de l'armée d'Espagne, et devint colonel du 115e le 2 mars 1811, colonel du 95e le 1er septembre suivant, puis général de brigade le 25 décembre 1813. Au mois de juin 1815, le général Clavel commanda, sous les ordres du général Lecourbe, une des divisions du corps d'observation du Jura. Ses nombreuses cicatrices attestaient la bravoure qu'il avait déployée dans toutes

(53) Herrnhut, village de la Haute-Lusace saxonne, est le principal établissement de la secte religieuse qui est connue sous le nom de communauté des Frères-Moraves.

les affaires auxquelles il avait pris part. Il avait été blessé notamment à la bataille d'Alexandrie (Piémont) le 16 avril 1799, au combat des Fossans (Piémont) le 5 octobre suivant, devant Valence (Espagne) le 28 juillet 1808, à l'affaire de Bornos (province de Séville) le 1ᵉʳ juin 1812, à la bataille de Vittoria le 21 juin 1813, et devant les Trois-Maisons (Haut-Rhin) le 26 juin 1815. Le général Clavel était venu, peu de temps après son admission à la retraite, habiter le village de Montagney, canton de Pesmes. C'est là qu'il décéda le 19 avril 1843, à l'âge de soixante-dix ans. Il était membre de la Légion-d'Honneur depuis le 16 mai 1804, officier du même ordre depuis le 14 mai 1807, et commandeur depuis le 5 janvier 1834. Il avait reçu la croix de Saint-Louis en 1814.

CLERC (Claude), de Luxeuil, un des conseillers que le bailliage d'Amont fournit au parlement de Dole dans le xvIIᵉ siècle, fut admis membre de cette cour le 9 mars 1618. Il mourut à Dole le 23 septembre 1630, laissant une postérité de quatre enfants, dont l'aîné, Antoine-Joseph, se fit Bénédictin, et fut le soixante-treizième abbé de Luxeuil, après avoir été professeur à l'Université de la province (54).

COLOMBAN (Saint), né dans le Leinster (Irlande), au milieu du vIᵉ siècle, apprit dès sa jeunesse les arts libéraux, la grammaire, la rhétorique, la géométrie. La nature l'avait doué de toutes les qualités de l'esprit et de tous les agréments de la figure. Craignant les vains plaisirs que le monde lui offrait, il se voua de bonne heure à la vie religieuse, et fit profession au monastère de Benchor, un des nombreux couvents catholiques que comptait alors son pays natal. Combien de temps passa-t-il dans le cloître de Benchor? On ne le sait pas préci-

---

(54) L'ancienne maison de la famille Clerc, à Luxeuil, fait angle sur la place de la Baille. Elle se distingue par sa tour crénelée et son architecture gothique du style dit flamboyant. En réparant, il y a une dizaine d'années, le balcon en pierre qui est sur la cour, on a trouvé, dans un ornement de console, la date de 1373, gravée en chiffres du temps. C'est la seule maison de Luxeuil où l'on ait découvert un millésime de cette époque.

sément ; les légendes donnent seulement comme certain que, croyant entendre une voix intérieure qui l'appelait à évangéliser, il passa, vers 585, en Bretagne, puis dans la Gaule. Gontran, roi de Bourgogne, l'attira dans ses Etats, et lui donna la faculté d'y bâtir des monastères. De là les maisons de retraite que le moine irlandais fonda successivement à Annegray (55), à Luxeuil et à Fontaine (56). Ces premiers établissements installés, Colomban sentit la nécessité de les soumettre à une règle qui maintînt la ferveur en prévenant le relâchement. Dans ce but il rédigea le réglement qui nous a été transmis sous le titre : *Regula cœnobitalis cum pœnitentiali*, et qui a été considéré comme un vrai code de la perfection monastique. Après la mort de Gontran et de Childebert, Colomban eut des démêlés avec le roi Thierry, qui avait succédé au dernier, et surtout avec la reine Brunehaut. Cette princesse, irritée de ce que Colomban reprochait à Thierry leurs honteux déréglements, le fit enlever et partir sur un vaisseau pour l'Irlande. Le vaisseau, forcé par les vents de rentrer dans le port, ramena Colomban, qui traversa la France, et alla bientôt se fixer sur les bords du lac de Zurich, où il s'occupa d'annoncer l'Evangile aux habitants du pays. Contraint d'abandonner encore sa solitude, en 612, il se réfugia en Italie, où il fonda l'abbaye de Bobio, dans laquelle il mourut le 21 novembre 614. Outre la *Règle* et le *Pénitentiel* ci-dessus mentionnés, on a de S. Colomban plusieurs lettres relatives à des questions ascétiques, et quelques opuscules recueillis par le P. Sirmond et Thomas Suria. La *Vie* du saint fondateur de l'abbaye de Luxeuil, écrite

---

(55) L'ermitage d'Annegray fut le berceau de l'abbaye de Luxeuil ; c'est là que Colomban s'établit d'abord, avec les religieux qui l'avaient suivi d'Irlande. Annegray passait dès cette époque pour avoir été un point anciennement fortifié : *Columbanus*, dit le premier biographe de S. Colomban (Jonas), *eremum petiit..... in quâ* CASTRUM *erat* OLIM *dirutum, quod antiquitùs* ANAGRATES *nuncupabant. Ad quod cùm vir sanctus per aspera vastæ solitudinis scopulosaque pervenisset loca, ibi cum suis resedit.* Il ne reste plus rien du monastère fondé à Annegray par Colomban.

(56) Les Bénédictins ont conservé à Fontaine, jusqu'à la suppression des corporations religieuses, un prieuré conventuel. Il ne subsiste de ce prieuré que la maison abbatiale et le logement que les gens de service occupaient.

pour la première fois par Jonas (57), a été racontée dans plusieurs autres notices composées par des religieux bénédictins; elle se trouve aussi dans le tome II de la *Vie des Saints de Franche-Comté* récemment publiée par les professeurs du collége Saint-François-Xavier de Besançon. L'auteur de cette dernière notice résume ainsi son travail : « S. Colomban est « une des gloires de l'Eglise et de la Franche-Comté..... Sa « règle fut suivie dans un grand nombre de monastères. Outre « ceux qu'il fonda par lui-même et par ses disciples, beaucoup « d'établissements se firent gloire de l'adopter, soit parallèle- « ment, soit conjointement avec celle de S. Benoît. Cependant « les deux règles tendirent insensiblement à s'allier; vers le « milieu du VIIᵉ siècle, selon Mabillon, ou un peu plus tard, « vers le temps de Charlemagne, selon d'autres, la fusion fut « complète, et le nom de S. Benoît resta seul en tête des régle- « ments des institutions monastiques. Mais la mémoire de « Colomban n'en resta pas moins chère à l'Eglise; elle est « inscrite avec honneur dans les fastes bénédictins, où il est « appelé *un des patriarches de la vie cénobitique*. Par un privi- « lége bien rare, il eut la gloire de s'entourer comme d'une « pléiade de saints; en sorte que Luxeuil offrit l'exemple, « peut-être unique dans le monde, d'une communauté comp- « tant dans son sein et à la fois vingt hommes dont la vertu a « mérité une place au calendrier ecclésiastique (58). Apôtre « zélé, prêtre accompli, supérieur chéri de tous ses subor- « donnés, fondateur d'ordre, orateur puissant, écrivain dis- « tingué, il n'a manqué à Colomban aucune des qualités qui « font les grands hommes, aucune des vertus qui font les « grands saints. » Les légendes n'indiquent pas l'époque où Colomban fut canonisé. Sa fête est célébrée le 27 novembre

---

(57) Moine qui fut un des premiers disciples de Colomban lorsque celui-ci eut fondé l'abbaye de Bobio, en Lombardie. Outre la *Vie* de S. Colomban, il a encore écrit des légendes sur les bienheureux Attale, Eustaise et Bertulphe.

(58) Colomban jeune, Desle, Lua, Gal, Ragnachaire, Achaire, Valery, Waldalène, Sigisbert, Eustaise, Cagnoald, Hermenfroy, Agile, Donat, Attale, Léobard, Babolein, Ursanne et Colombin, tous honorés après leur mort d'un culte public, vécurent ensemble à Luxeuil, sous S. Colomban.

dans le diocèse de Besançon. La paroisse de Sainte-Marie-en-Chanois, canton de Faucogney, est placée sous son patronage.

COLOMBIN (Saint), deuxième abbé de Lure. « Colombin « faisait partie de cette fervente communauté qui, sous la « conduite de saint Colomban, illustra dès le début l'abbaye de « Luxeuil. ... Lorsque S. Desle fonda l'abbaye de Lure, « Colombin s'y rendit avec empressement, et voulut figurer au « nombre de ses premiers religieux. Là il continua à se dis-« tinguer par une piété exemplaire, une pureté de mœurs « angélique, un esprit de mortification qui lui faisait em-« brasser avec délices les plus rudes observances de la règle. « Aussi, lorsque S. Desle, sentant le besoin de se préparer à « la mort, renonça au gouvernement de sa communauté, il « n'hésita pas à désigner Colombin comme son successeur, et « la communauté elle-même fut heureuse d'accepter le joug « du disciple après avoir goûté les douceurs de celui du « maître..... Desle sembla revivre dans Colombin. La réputa-« tion de Lure s'étendit de plus en plus. Un grand nombre « d'hommes distingués par leur naissance et par leurs richesses « quittèrent le siècle pour venir embrasser, sous sa direction, « une vie plus parfaite. On y vit bientôt, revêtues de tout leur « éclat, les deux fleurs qui avaient coutume d'orner, à cette « époque, la solitude des cloîtres : la piété et la science (59). » Colombin fut, on le voit, le digne continuateur de l'œuvre commencée par le moine Desle. (Voy. DESLE, plus bas) : c'est à ce titre que nous le mentionnons ici. On trouvera les détails de sa vie et de ses travaux évangéliques dans le Mémoire historique sur l'abbaye et la ville de Lure par M. l'abbé Besson, 1846, 1 vol. in-8° de viij—232 pages, ouvrage couronné par l'Académie de Besançon dans sa séance du 25 août 1845. Il est suivi d'une notice sur le prieuré de S. Antoine et les seigneuries de Lure et de Passavant.

COLOMBOT (Nicolas-Xavier), né à Vesoul en 1752, était en 1780 prêtre habitué de l'église de Saint-Gervais de Paris. Il a

(59) Vie des Saints de Franche-Comté, t. II, p. 159.

fait imprimer, en gardant l'anonyme, un *Poème sur l'amour*, et une *Epître en vers sur les arts et les sciences*. Le P. Dunand, dont on a beaucoup de recherches sur les littérateurs de la province, ajoute que l'abbé Colombot conservait en portefeuille plusieurs morceaux de poésie, entr'autres ses *Adieux à la ville de Vesoul*. (Note de M. Weiss, *Mém. de la Soc. d'agr.*, sc. et arts de la *Haute-Saône*, t. II, p. 112.)

CONSTANCE. Un moine de ce nom se fit une grande réputation en dirigeant, sur la fin du xe siècle et au commencement du siècle suivant, les écoles de l'abbaye de Luxeuil, où son habileté attira un grand nombre d'élèves. Dom Rivet (*Histoire littéraire de la France*) croit pouvoir lui faire honneur d'un traité des différents liquides, dans lequel l'auteur examinait « les propriétés et les effets de l'eau, du vin, de l'huile, de « la neige, de la rosée, de la pluie, de la gelée blanche, des « fontaines, des rivières, des étangs. » Ce traité, dit dom Thiébault, subsistait encore en 1477 ; mais il ne se trouve plus aujourd'hui. Constance passait pour être un philosophe trèsstudieux et très-éclairé. Il mourut vers l'an 1015.

CORDATUS ou CORDÉ (Vincent), littérateur né dans le xvie siècle à Vesoul, habita successivement Paris, Toulouse, et d'autres villes de France, donnant des leçons de grec, de latin, et employant ses loisirs à la culture des lettres. Il composa jusqu'à cinquante ouvrages, comme il le dit lui-même dans une lettre imprimée en tête de *Commentaires* qu'il a publiés sur Térence ; mais ces ouvrages, probablement restés manuscrits, sont perdus aujourd'hui. On trouve dans le tome LXI de la *Biog. univ.*, p. 379, la seule notice qui ait paru sur ce savant vésulien.

CORDEMOY (Claude), né à Vesoul vers 1580, d'une ancienne famille de robe, exerça dans sa ville natale les fonctions d'avocat du roi. Il cultivait la poésie française avec succès. C'est de lui que sont les quatrains imprimés dans l'ouvrage d'Otto Vænius intitulé : *Q. Horatii Flacci Emblemata, cum notis latinè, italicè, gallicè et flandricè*, Anvers, 1612, in-4°. Il a aussi composé quelques poésies sacrées dédiées à l'infante d'Espagne. (Note de M. Weiss, *Mém. de la Soc. d'agr., sc. et arts de la Haute-Saône*, t. II, p. 112.)

CORDEMOY (Odon), fils du précédent, né à Vesoul le 9 juin 1610, faisait des vers latins très-agréables; on en trouve quelques-uns de lui au-devant de l'*Europa lugens* d'Augustin Nicolas, de Besançon. Celui-ci a adressé à Odon Cordemoy deux odes imprimées dans son recueil de poésies lyriques (*Lyricorum libri tres*, Dijon, 1670, in-4°). Dans l'une de ces odes, Nicolas invite Cordemoy à quitter la place qu'il occupe à Naples pour venir dans sa patrie jouir de la paix qu'on ne trouve pas ordinairement dans les cours. Nous ignorons quelle était la place que remplissait Cordemoy, qui, au bas des vers dont nous avons parlé, ne prend que la qualité de docteur ès droits. (Note de M. Weiss, *ibid.*)

CORDIENNE (Alexis-Joseph), né à Jussey le 15 août 1796, mérita, par son ardeur pour l'étude et ses succès précoces, l'affection de Claude Le Coz, archevêque de Besançon, qui engagea les parents du jeune homme à l'envoyer à Paris. Celui-ci, porté vers l'étude de la botanique, suivit deux ans les cours du Jardin-des-Plantes, et, pour accroître ses connaissances, il alla herboriser en Suisse, sur les deux versants du Jura, sur les Alpes, puis sur les Pyrénées. Mais de telles études ne parurent pas, aux yeux de sa famille, assurer l'avenir de Cordienne : ses parents le décidèrent donc à changer de voie et à se faire étudiant en droit. « Il suivit, de 1817 à 1820, les cours « de la Faculté de Dijon ; et, s'étant fait recevoir avocat, il » s'établit à Dole, où, comme on le devine, il s'occupa moins « de droit que d'histoire naturelle. Nommé conservateur gra- « tuit d'un musée qu'il avait en grande partie formé de ses « propres dons, il fut un des fondateurs de la Société d'agri- « culture de Dole, qui le choisit pour son secrétaire, et à « laquelle il communiqua différents essais, entre autres un « curieux *Mémoire sur la culture du houblon*. Il finit par obtenir

« de ses parents la permission de renoncer au barreau et d'aller
« à Paris étudier la médecine. Admis à la Société linnéenne,
« où il comptait déjà plusieurs correspondants, il en devint un
« des membres les plus actifs et les plus laborieux. Au prin-
« temps de l'année 1826, quelques affaires l'avaient rappelé
« momentanément à Dole. Pressé de retourner à Paris au mois
« de juillet, et ne trouvant point de place dans l'intérieur de la
« diligence, il monta sur l'impériale ; mais, en entrant à Sens,
« la voiture versa, et le malheureux jeune homme, lancé contre
« un mur, fut tué à l'âge de trente ans. » (*Biog. univ.*, t. LXI,
p. 381.) Cordienne a laissé un herbier qui est au cabinet de
physique de Dole, et une *Notice phyto-topographique abrégée
de quelques lieux du Jura, de l'Helvétie et de la Savoie*, Dole,
1832, in-8°. Cette notice est dédiée à M. Dusillet, maire de
Dole. L'auteur y donne l'indication des plantes rares du Jura. Il
avait publié antérieurement : *Prospectus raisonné d'un cours
de botanique*, Dole, 1820, in-4° ; — *Tableau synoptique d'une
classification des plantes*, 1 feuille in-folio. — Un exemplaire,
déposé à la bibliothèque de Dole, du *Catalogue des plantes à
fleurs visibles qui croissent sur les montagnes du Jura*, par
Guyétant, Besançon, 1808, in-8°, porte des notes manuscrites
du jeune botaniste Cordienne.

CORNIBERT (Pierre-Joseph), en religion *Père Grégoire*,
naquit à Saint-Loup-sur-Sémouse, le 12 octobre 1760. Ses
études achevées, il fit profession dans l'ordre des Capucins.
Obligé, en 1790, d'abandonner la vie commune du couvent de
Gray, il se retira dans son lieu natal, où il refusa le serment
à la constitution civile du clergé, puis le serment de maintenir
la liberté et l'égalité. Dès ce moment il dut chercher à se
soustraire aux peines édictées contre les prêtres réfractaires.
Toutefois il ne s'éloigna point des lieux où il tenait à continuer
d'exercer le ministère ecclésiastique. Maintes fois sur le point
d'être arrêté, notamment à Breuches, à Velorcey, à Villers-les-
Luxeuil, à Mersuay, il avait su toujours échapper aux recherches
dont il était l'objet, lorsqu'il fut saisi à la Villedieu-en-
Fontenette par des gardes nationaux, qui le conduisirent à

Vesoul. Son procès, instruit sommairement d'après les lois révolutionnaires, embarrassa fort les juges qui avaient à pro→ noncer dans l'affaire : « Ils étaient partagés entre la crainte de « se rendre odieux aux honnêtes gens de la ville s'ils con- « damnaient l'accusé, et celle de se voir dénoncer à la Con- « vention et destitués de leur place s'ils le renvoyaient absous. « Que faire dans une pareille conjoncture? quel parti prendre? « Ils imaginèrent un expédient, et le firent proposer au pri- « sonnier par l'avocat qu'ils lui avaient donné pour défen- « seur (60). » Il s'agissait, de la part du P. Grégoire, de dire simplement qu'il avait fait le serment à la liberté et à l'éga- lité (61), moyennant quoi il aurait la vie sauve; mais l'accusé, après s'être prêté à cet expédient dans une première audience, revint le lendemain sur sa déclaration, et demanda pardon au public et à ses juges du scandale qu'il leur avait donné en affirmant ce qui était faux. Il déclara hautement qu'il n'avait point à se reprocher le serment, et il ajouta : « Je pardonne « d'avance l'effusion de mon sang; je ne veux de mal à per- « sonne, et j'embrasse de toute mon âme tous ceux qui auront « concouru à ma mort. Puisse ce sang que je vais répandre pour « la gloire de mon divin maître, expier tant de fautes, ramener « la paix et la religion en France, et procurer aux Français « leur bonheur dans le temps et pour l'éternité (62) ! » Peu d'instants après, le président du tribunal annonça au prétendu coupable que, « puisqu'il avait toujours eu tant de désir de « donner son sang pour la religion, il aurait cette satisfaction,

(60) *Notices historiques sur les prêtres du diocèse de Besançon condamnés à la mort ou à la déportation pendant la persécution de la fin du* XVIII° *siècle,* Besançon, Petit, 1821, 1 vol. in-12, p. 197.

(61) La formule du serment était celle-ci : « Serment d'être fidèle à la « Nation, et de maintenir de tout mon pouvoir la liberté, l'égalité, l'unité et « l'indivisibilité de la République française, et de mourir en la défendant. » Nous trouvons cette formule dans un cahier « pour servir à enregistrer les ci-devant prêtres » qui fut tenu à Vesoul du 26 prairial an II (14 juin 1794) au 14 brumaire de l'an IV (5 novembre 1795). Ce registre contient les déclarations de quatre-vingt-seize prêtres assermentés pour le seul district de Vesoul.

(62) *Notices historiques* citées plus haut.

« et que la loi prononçait peine de mort contre lui (63). »
L'arrêt fut exécuté le lendemain (15 janvier 1796), devant le
palais de justice de Vesoul. Dans ses derniers moments, le
condamné montra une grande tranquillité d'âme et la résignation la plus édifiante (64).

(63) *Notices historiques* citées plus haut.

(64) Cette exécution est la seule qui ait eu lieu dans le département de la
Haute-Saône durant la violente crise religieuse qu'amena la fin du xviiie siècle ;
mais, ailleurs, d'autres prêtres natifs de la Haute-Saône payèrent de leur vie
leur fidélité à des engagements qu'ils considéraient comme inviolables. Il y
eut alors grande scission entre les membres du clergé : les uns acceptèrent les
conditions nouvelles qui leur étaient faites, et se soumirent à la constitution
civile du clergé comme au serment de maintenir la liberté et l'égalité; les
autres se montrèrent récalcitrants. On appela ceux-ci prêtres *réfractaires*, et,
poursuivis comme tels, ils durent ou s'expatrier d'eux-mêmes, ou se laisser
déporter à l'île de Ré, ou à l'île d'Aix, ou à la Guyane. Les prêtres soumis
à la déportation qui étaient saisis sur le territoire de la République avaient encouru la peine capitale. C'est ainsi que périt à Vesoul le P. Grégoire; c'est
ainsi que furent immolés les ecclésiastiques nés dans la Haute-Saône dont les
noms suivent :

Pêcheur (N.), né à Cirey-les-Bellevaux. Il était curé de Florimont (Alsace).
En chemin pour se rendre en Suisse, il fut rencontré, entre Belfort et Porentruy,
par des volontaires du Haut-Rhin, et tué d'un coup de fusil tiré sur lui par
un officier du bataillon.

Cortot (Jean-Pierre), cordelier, né à Cintrey. Sujet à la déportation,
mais resté sur le territoire français, où il continuait d'exercer les fonctions
du culte catholique, il fut arrêté, conduit à Besançon, et condamné à mort.
L'arrêt fut exécuté le 20 décembre 1794.

Patenaille (Jean-François), né à Echenoz-la-Meline, curé d'Arlay (Jura).
Sujet à la déportation et arrêté dans les environs d'Ornans, il mourut sur
l'échafaud le 9 décembre 1797.

Galmiche (N.), curé de Dampierre-les-Montbozon, revenu dans sa paroisse
pour administrer les sacrements, y fut arrêté par la gendarmerie, à laquelle
on avait adjoint un piquet de dragons. « On se doutait de la maison où il
« pouvait être; on y entra. L'abbé Galmiche eut néanmoins le temps de
« gagner les combles, de monter sur le toit, et de se cacher derrière une
« souche de cheminée. Déjà la troupe, n'ayant rien découvert, se retirait,
« lorsque, malheureusement, un cavalier, en se retournant, vit un homme sur
« le toit. Il soupçonna que c'était le prêtre qu'on cherchait; il avertit ses ca-
« marades. Ils revinrent, ils menacèrent de tirer si l'on ne descendait pas;
« et ainsi ils se saisirent de ce bon pasteur. » (*Notices histor.* citées plus haut,
p. 234.) Transféré à Besançon, l'abbé Galmiche y fut guillotiné le 23 janvier
1798. Le jour même de l'exécution, il écrivit une lettre destinée à ses paroissiens de Dampierre. Rien n'est plus touchant que ces paroles *in extremis*.
La lettre est datée « Midi, dans les prisons de Besançon, 23 janvier 1798,

COUDERET (Jean-Alexandre), bénédictin, né à Vesoul le 20 mars 1712, mort à Besançon en 1789, a laissé un grand nombre de dissertations historiques sur la Franche-Comté et les principales villes de la province. Plusieurs ont été couronnées par l'Académie de Besançon. Voici les titres de celles qui peuvent être utilement consultées : I. *Dissertation sur le gouvernement politique de Besançon.* — II. *Dissertation dans laquelle on fixe le temps où les abbayes de Saint-Claude, de Luxeuil et de Lure jouirent des droits régaliens.* — III. *Comment se sont établis les*

jour de mort prononcée et exécutée. » Trois heures après, en effet, le condamné était livré à l'exécuteur et conduit à l'échafaud.

JACQUINOT (Jean), vicaire à Melincourt, fut arrêté à Echenoz, et conduit à Besançon, où il fut exécuté le 27 janvier 1798.

MARTELET (J.-B.), prêtre lazariste, s'était réfugié chez sa mère, à Jussey. Il y fut arrêté le 21 octobre 1797. Conduit à Besançon et condamné à mort, il fut guillotiné le 9 février 1798.

Parmi les prêtres déportés à l'île de Ré, à l'île d'Aix et à la Guyane, un certain nombre moururent en route ou pendant leur détention. Voici la liste des enfants de la Haute-Saône qui expirèrent à la Guyane :

BOURGEOIS (Jean-François), né à la Villeneuve, âgé de quarante-six ans, mort de la peste à Conanama, le 8 novembre 1798.

BEAULERET (Louis), âgé de quarante-huit ans, vicaire à Echenoz-la-Meline, mort du scorbut à Conanama, le 22 novembre 1798.

MONTAGNON (Grégoire-Joseph), âgé de quarante-sept ans, né à Dambenoît, curé de Villers-Pater, mort de la peste à Conanama, le 19 novembre 1798.

DAVIOT (Jean-Denis), bernardin, né à la Villeneuve, mort à Iracoubo, le 5 décembre 1798.

DAVIOT (François), capucin, âgé de cinquante-un ans, né à la Villeneuve, décédé à l'hospice de Sinamari, le 28 octobre 1800.

DAVIOT (Jean-Nicolas), cousin des précédents, bénédictin, né au Moutherot, paroisse d'Auxon, âgé de quarante-cinq ans. Revenu à la Martinique, après avoir essuyé bien des revers, il fut demandé à Sainte-Lucie pour desservir une paroisse. Il y mourut au bout de quelques années.

GUIN (Claude-François), prêtre lazariste, né à Vellefrie, mort le 3 janvier 1799, au canton de Sinamari.

VIEUXMAIRE (Jean-Baptiste), prêtre récollet, âgé de quarante-cinq ans, né à Villers-les-Luxeuil, mort à l'hospice de Sinamari, le 2 décembre 1798.

BUCHET, curé de Breurey-les-Faverney, mort dans la traversée de France à Cayenne.

Plusieurs autres prêtres revinrent en Franche-Comté, soit en s'évadant, soit librement, à la suite du traité d'Amiens. Du nombre de ceux-ci fut dom VAUTHEROT (Claude-Etienne), né à Epenoux, ancien prieur de l'abbaye Saint-Vincent de Besançon.

comtes héréditaires de Bourgogne; quelle fut d'abord leur auto-
rité, et de quelle nature était leur domaine? Cet ouvrage obtint
le premier prix de l'Académie, l'emportant sur la dissertation
que dom Berthod avait écrite sur le même sujet. (*V.* dom BER-
THOD, p. 36.) — IV. *Dissertation sur les différentes positions
de la ville de Besançon depuis Jules-César.* Cette fois, le prix fut
adjugé à dom Berthod. — V. *De l'origine, de la forme et du
pouvoir des Etats de Franche-Comté.* — VI. *Dissertation sur la
ville de Vesoul,* couronnée en 1768. — VII. *Dissertation sur
l'étendue de la province séquanaise, les changements qu'elle a
éprouvés sous la domination romaine, et le temps où elle a été
appelée* Maxima Sequanorum, — VIII. *Dissertation sur les
limites des différents royaumes de Bourgogne.* — IX. *Mémoire sur
la ville de Gray,* couronné en 1783. (Note de M. Weiss, *Mém.
de la Soc. d'agr., sc. et arts de la Haute-Saône,* t. II, p. 113.)

COURNOT (François-Joseph), fils de Claude-Agapite, notaire
royal à Gray, naquit en cette ville le 14 février 1759. Il embrassa l'état ecclésiastique malgré lui et seulement pour obéir
à son père : il sentait que cet état ne lui convenait pas. A l'âge
de vingt-cinq ans, il était nommé prêtre de l'église paroissiale
de Saint-Maurice de Besançon, par l'archevêque Raymond
de Durfort. La Révolution venue, il y fut sympathique, mais
n'en adopta que les principes sages et modérés. Ayant élu
domicile à Dole, où il comptait de nombreux et fidèles amis, il
fut successivement secrétaire en chef de la mairie, employé à
la sous-préfecture, sous-chef de la commission chargée de
liquider les réquisitions de l'occupation étrangère, et termina
par ce dernier emploi sa laborieuse carrière administrative. Il
mourut le 1er mai 1840, à Dole, où il avait su se concilier
l'estime de tous ceux qui le connaissaient C'était un homme
instruit, surtout en bibliographie, en diplomatique et en numismatique. Il se connaissait aussi en histoire naturelle, et
possédait des fossiles rares, qu'il savait nettoyer avec beaucoup
d'intelligence. A ses connaissances historiques et scientifiques
il joignait un beau talent de sculpteur; à l'aide d'un canif, qui
était son seul outil, il taillait l'ivoire, l'ébène, des noyaux,

avec lesquels il faisait divers petits objets d'un fini qu'admiraient les amateurs de sculptures microscopiques. Initié aux études paléographiques, il déchiffrait les titres les plus anciens, et en expliquait les termes obscurs. La bibliothèque de Dole possède, parmi ses nombreux manuscrits, une copie faite par cet habile calligraphe des *chartes* et des *annales* de cette ville *recueillies par ses vicomtes-maïeurs*. Ce travail remarquable lui valut, en 1818, les éloges du conseil municipal, une récompense pécuniaire, et le surnom de *Jary franc-comtois*. Il peut, en effet, souffrir la comparaison avec ceux exécutés par les Jary et les Rossignols, les plus célèbres calligraphes des XVIIᵉ et XVIIIᵉ siècles. On trouve à la même bibliothèque un autre ouvrage calligraphique de F.-J. Cournot : c'est le catalogue des livres de son ami Casimir de Persan, livres que la ville de Dole a achetés pour 10,000 fr., sous la mairie d'un homme distingué, le poète Dusillet. — F.-J. Cournot a traduit en vers latins le poème de Dulard intitulé : *La grandeur de Dieu dans les merveilles de la Nature.* Il a encore traduit en vers français le poème de l'abbé Cailler *Dola à Condœo obsessa anno 1636, carmen.* Cette dernière traduction, qui a paru en 1822, gr. in-8°, n'a été tirée, porte le cat. de la bibl. de Dole, qu'à 40 exemplaires, dont 10 sur papier de couleur. Pendant la Révolution, il perdit un travail important qu'il avait préparé et qu'il se proposait de faire imprimer, *sur tous les mots qui ne se trouvaient pas dans le Dictionnaire de l'Académie française.* — Cournot aimait passionnément les livres, et il en avait réuni une nombreuse collection, composée surtout d'éditions du XVᵉ siècle. Cette passion des livres lui fit faire la connaissance du savant bibliographe le P. Laire, qu'il fréquentait toutes les fois que celui-ci venait à Dole, et Cournot se défit plus d'une fois, en faveur du savant Minime, d'ouvrages précieux, qui sans doute sont allés augmenter la fameuse bibliothèque du cardinal de Brienne, dont le P. Laire fut le bibliothécaire. Nous reproduisons, d'après les *Mém. de la comm. d'arch. de la Haute-Saône*, t. II, 2ᵉ liv., p. 125, une chanson de table que F.-J. Cournot avait composée à l'occasion de sa cinquantaine; cette pièce mérite d'être conservée comme joli morceau de poésie

légère (65). La bibl. de Dole possède un portrait de F.-J. Cournot ;
c'est une miniature non signée.

(65)   Que l'on vante tant qu'on voudra
            Tous les plaisirs de la jeunesse !
            Chacun avec moi conviendra
            Que dans ce temps tout n'est qu'ivresse.
            J'aime bien mieux une saison
            Où, rassis et la tête saine,
            L'homme a pour guide la raison :
            C'est l'âge de la cinquantaine.

            A quinze ans l'on est étourdi,
            Puis à vingt le feu vous dévore ;
            A trente on n'est pas engourdi ;
            A quarante l'on brûle encore ;
            Mais c'est par hasard si l'on fait
            Par-ci par-là quelque fredaine ;
            Et l'on cesse d'être suspect
            Sitôt qu'on a la cinquantaine.

            Une fois qu'on a sans retour
            Passé la fougue du jeune âge,
            L'amitié remplace l'amour,
            Le calme succède à l'orage.
            O temps vraiment délicieux,
            Où l'âme paisible et sereine
            Eprouve que, pour être heureux,
            Il faut avoir la cinquantaine.

            O vous qui m'avez en ce jour
            Honoré de votre présence,
            Daignez accepter en retour
            La plus vive reconnaissance.
            Mon cœur en est si pénétré
            Que je puis exprimer à peine
            Tout le plaisir que j'ai goûté
            A vous voir à ma cinquantaine.

            Puissent les dieux, comme à Nestor,
            Vous donner un fleuve de vie !
            Puissé-je vous prier encor
            A la même cérémonie !
            J'en ai le doux pressentiment,
            Quoique ce soit chose incertaine,
            Et je vous engage à présent
            Pour ma seconde cinquantaine.

COURTOIS (Antoine), né le 8 mars 1792 à Pusey, d'une honnête famille de cultivateurs, fit ses études, y compris la rhétorique, au collége de Vesoul. De bonne heure il montra les plus heureuses dispositions et une vocation décidée pour l'état ecclésiastique. Arrivé au sacerdoce, il fut d'abord professeur au petit séminaire de Laviron, puis vicaire à Salins, d'où il ne tarda pas à être appelé, en qualité de directeur, au grand séminaire du diocèse, poste pour lequel le désignaient ses talents supérieurs. « C'est là que commença pour lui une vraie vie de bénédictin. Entouré de plusieurs hommes éminents, avec lesquels il conserva toujours des rapports d'amitié intime (66), il se livra avec ardeur à l'étude des livres saints, de l'histoire et de la discipline de l'Eglise..... Comme directeur, il savait user de cet esprit de discernement si nécessaire pour connaître et guider les élèves dont il devait décider la vocation. Ses rapports avec eux étaient toujours empreints de bienveillance, quoiqu'il mêlât parfois à ses observations quelque chose de légèrement ironique. Mais en cela même il n'avait d'autre vue que de suivre le précepte formulé par le poète : *Castigat ridendo mores.* Chargé de visiter dans leurs pensions les étudiants en théologie, il veillait à encourager les uns à l'étude, en même temps qu'il s'attachait à modérer l'ardeur de ceux qui étaient trop studieux. *Voulez-vous donc me faire pleurer, en mourant avant le temps?* disait-il un jour à l'un d'eux qui faisait excès de travail. Un autre élève fort jeune et de grande espérance avait une santé très-faible. M. Courtois alla trouver l'ecclésiastique chargé de diriger la pension où se trouvait ce jeune homme. *Laissez,* lui dit-il, *ce pauvre enfant dormir à son aise tous les matins. Il a trop d'ardeur. Retenez-le, prêchez-lui un peu la paresse. Vous me répondrez de sa santé.* Ces traits prouvent l'intérêt qu'il montrait en toute occasion aux jeunes gens qui lui étaient confiés. Il savait aussi, dans certaines circonstances,

---

(66) Deux d'entre eux occupent aujourd'hui des siéges épiscopaux : Mgr Gousset, archevêque de Reims; Mgr Doney, évêque de Montauban. Mgr Gousset, voulant honorer l'amitié qui l'unissait à l'abbé Courtois depuis leur séjour au séminaire, l'avait nommé, en 1839, vicaire-général honoraire du siége de Périgueux.

user avec eux de cette tolérance conciliatrice qui rend l'autorité plus aimable sans néanmoins la compromettre. Un jour il arrive inattendu dans une pension de jeunes théologiens au moment où l'on faisait les préparatifs d'une petite fête. Sa présence causa un peu d'embarras, ce dont il s'aperçut; on fut obligé de lui tout dévoiler. *Ne vous gênez pas, mes amis, leur dit-il; vous n'êtes point en faute. Je venais me récréer quelques instants avec vous; mais puisque vous êtes en fête, ma gravité pourrait ôter quelque chose à votre joie : je m'en vais* (67). » — Au bout de treize années d'étude et de travail que l'abbé Courtois avait consacrées à la co-direction du séminaire de Besançon, l'altération de sa santé ne lui permit pas d'exercer plus longtemps ses fonctions. Mgr le cardinal de Rohan, habile à discerner les hommes (68), l'avait jugé digne de l'épiscopat. Le prélat voulut lui donner du moins une marque de son estime personnelle en le nommant chanoine honoraire du chapitre métropolitain. L'abbé Courtois fut appelé en même temps à la direction de l'église de Buffard (Doubs). Un an après, il était transféré à la cure cantonale de Pontarlier. C'était en 1833. Pendant les quatorze ans qu'il administra la nouvelle et importante paroisse confiée à ses soins,

(67) *Notice sur la vie de l'abbé Antoine Courtois, curé de Pontarlier,* par l'abbé J.-M. Suchet, Pontarlier, 1848, br. in 12 de 50 pages.

(68) Sous l'archiépiscopat de Mgr de Rohan, la paroisse de Vesoul avait pour curé un très-digne et très-vénérable prêtre, M. Bideaux. Au nombre de ses vicaires était M. l'abbé Querry, jeune ecclésiastique distingué par les qualités du cœur et de l'esprit, et quelque peu recherché dans la manière de se vêtir. Sous ce rapport il ne plaisait pas entièrement à son rigide curé. Celui-ci s'étant plaint de lui à l'archevêque, Mgr de Rohan, lorsqu'il eut occasion de venir à Vesoul, fit appeler le vicaire, et provoqua de lui des explications sur les points qui lui étaient reprochés. Cela fait, il le congédia sans mot dire. A son retour à Besançon, c'est-à-dire seulement trois jours après, le cardinal-archevêque écrivait à l'abbé Querry une lettre que j'ai lue dans le temps, et dont voici, sinon les termes, du moins la substance : « Mon cher abbé, j'ai « été tellement content de vous dans notre conférence d'avant-hier, que je « désire vous avoir auprès de moi. Faites donc vos dispositions pour vous « rendre sur-le-champ à Besançon, où vous remplirez les fonctions de prosecré-« taire de l'archevêché. » M. Querry obéit, et de là le choix qu'en fit plus tard Mgr Gousset, nommé évêque de Périgueux, pour l'emmener avec lui en qualité de grand-vicaire. Aujourd'hui M. l'abbé Querry est encore grand-vicaire du diocèse de Reims.

il remplaça dignement l'abbé Bonjour, qui avait laissé de profonds regrets dans la ville. Pontarlier doit à la sollicitude pastorale de l'abbé Courtois le bel édifice où sont installées aujourd'hui les écoles des Frères de la Doctrine-chrétienne (69), édifice qu'il fit construire au moyen de souscriptions particulières montant à 43,000 fr. La même ville lui doit en outre la création d'un bureau de charité, l'établissement de la maison d'éducation tenue par les dames de Saint-Maur (70), etc. — L'abbé Courtois se distinguait encore par le don de la prédication : « Son éloquence entraînante, parce qu'elle partait du cœur et « qu'elle était nourrie de solides études sur l'Écriture sainte, re- « cevait une nouvelle puissance de son maintien, de son geste, et « des vibrations harmonieuses de sa parole mâle et austère (71). » Son zèle charitable envers les pauvres ne le cédait pas à son zèle apostolique. On l'a vu plus d'une fois payer de sa bourse le loyer de l'indigent, les mois d'écolage de jeunes enfants de mérite, consoler et adoucir toutes sortes d'infortunes. Aussi, quand arriva la mort de ce prêtre exemplaire (15 décembre 1847), son patrimoine se trouvait-il diminué, loin d'avoir été augmenté. — Il n'était pas moins recommandable comme écrivain, et à ce

(69) Institut fondé à Reims en 1681, par le B. de La Salle, pour l'instruction gratuite des petits garçons, et approuvé par Benoît XIII en 1724. Le premier établissement des Frères des écoles chrétiennes dans le diocèse de Besançon date de 1806. Ils en ont en ce moment cinq dans le département du Doubs et sept dans celui de la Haute-Saône. Besançon est le centre d'un district qui comprend les départements du Doubs, de la Haute-Saône, du Jura, de la Côte-d'Or et du Haut-Rhin. Le noviciat de ce district, commencé à Besançon le 23 octobre 1850, fut transféré à Neurey-lès-La Demie (Haute-Saône) le 2 décembre 1852. Il est maintenant établi à Saint-Claude, banlieue de Besançon.

(70) La congrégation du Saint-Enfant-Jésus, dite de Saint-Maur, qui a pour but l'éducation des demoiselles et l'instruction gratuite des filles pauvres, prit naissance à Rouen en 1666. Son fondateur, le P. Barré, religieux Minime, transféra, en 1675, la maison-mère et le noviciat à Paris, rue Saint-Maur-Saint-Germain ; de là le nom de *Saint-Maur* sous lequel on désigne ordinairement la congrégation du Saint-Enfant-Jésus, qui a été autorisée légalement en 1811. Les dames de Saint-Maur ont formé à Vesoul, en 1839, leur premier établissement, qui se compose de douze sœurs, et qui a été autorisé par ordonnance royale du 1er octobre 1843. Une nouvelle maison établie à Pontarlier, en 1843, compte aujourd'hui dix religieuses.

(71) Extrait d'une correspondance particulière.

titre il était devenu, en 1844, membre honoraire de l'Académie de Besançon. — Dans les relations privées, « le fond de son « âme était la bonté unie à un haut sentiment de sa propre di- « gnité. Quelques-uns lui reprochaient de mêler parfois un peu « d'amertume à sa critique. Cela pouvait être vrai, mais c'était « exceptionnel (72). » L'abbé Courtois a fait imprimer : I. *Traité de l'éloquence chrétienne*, 1 vol. in-12, Saint-Denis, typ. de Drouhard, 1837, et laissé manuscrits : II. *Cours de l'Ecriture sainte*, sept cahiers qui peuvent former plusieurs volumes; III. vingt-quatre *sermons* de séminaire et soixante-dix-neuf *sermons* de paroisse, en tout cent trois instructions dignes de figurer parmi les recueils de sermons les plus estimés, mais qui n'existent plus à l'état de collection, la famille du défunt les ayant éparpillés en les confiant à diverses mains.

COURVÉE (Jean-Claude DE LA), né à Vesoul vers 1615, étudia la médecine à Paris, et se retira au bourg d'Argenteuil pour y exercer son état. La hardiesse avec laquelle il s'éleva contre l'usage trop fréquent de la saignée, en commençant sa répu- tation, lui fit des ennemis de la plupart de ses confrères. Guy Patin, homme d'esprit, mais systématique et trop entêté des préjugés de l'école, lui répondit avec aigreur. Il reproche à La Courvée, peut-être avec raison, d'adopter trop facilement les opinions nouvelles; mais lui-même était beaucoup trop attaché aux anciennes. L'émétique, dont Patin voulait proscrire l'usage comme dangereux, et que La Courvée défendait, a fait depuis ce temps une fortune que ni l'un ni l'autre n'auraient pu pré- voir. Lassé des tracasseries qu'il éprouvait, La Courvée accepta la place de médecin de la reine de Pologne, et passa dans ce royaume, où il mourut vers 1664. On a de lui : I. *Frequentis phlebotomiæ usus et cautio in abusum*, Paris, 1647, in-8°. — II. *Ostensum, seu historia mirabilis trium ferramentorum no- tandæ longitudinis, ex insanientis dorso et abdomine extractorum, qui ante menses decem ea voraverat*, Paris, 1648, in-8°. — III. *Discovrs sur la sortie des dents aux petits enfans, de la precaution et des remedes qu'on peut y apporter*, Varsovie, 1651, in-4°. — IV. *Paradoxa de nutritione fœtûs in utero*, Dantzig, 1655, in-4°. (*Biog. univ.*, t. X, p. 121, article signé Weiss.)

CRESTIN (Jean-François), né à Vellexon en 1745, fut successivement avocat, procureur du roi au bailliage de Gray, maire de cette ville, président du tribunal civil du même chef-lieu, député à l'Assemblée législative, enfin premier sous-préfet de l'arrondisement de Gray. (V. *Biog. univ.*, t. LXI, p. 538.) Dans ces différentes positions, il s'occupa tantôt de droit public, tantôt d'histoire et de littérature, et publia plusieurs brochures de circonstance. Parmi les ouvrages dont il est l'auteur, nous citerons : I. *Recherches historiques sur la ville de Gray*, Besançon, 1787, in-8° de 495 pages, y compris les preuves, volume qui renferme des détails curieux; — II. *Réfutation du Résumé de l'histoire de la Franche-Comté* par Lefébure, Gray, 1827, in-8°. J.-F. Crestin avait plus de quatre-vingts ans quand il fit imprimer pour la première fois un ouvrage en vers; c'est sa traduction des *Héroïdes d'Ovide*, gros vol. in-8° qui parut à Dole en 1826, et qu'il dédia à Mme la duchesse de Bassano (73). Cette traduction, dont nous n'avons pas à apprécier ici le mérite littéraire, atteste du moins, dans les notes qui l'accompagnent, de longues et savantes recherches sur l'époque et les circonstances où Ovide écrivit son poème des *Héroïdes*. — J.-F. Crestin avait conservé jusqu'à l'âge de quatre-vingt-cinq ans une vigueur remarquable; il mourut presque subitement le 26 août 1830. — CRESTIN (Jean-Ferdinand), fils de Jean-François Crestin, succéda à son père comme sous-préfet de l'arrondissement de Gray en 1808, et occupa ce poste jusqu'à sa mort, arrivée en 1817. Il avait été auparavant officier d'infanterie, et il avait fait les campagnes de la Vendée.

CRESTIN (Simon), né à Gray, frère de Jean-François, embrassa l'état militaire et choisit l'arme du génie. Chef de bataillon en

(73) Hugues-Bernard Maret, duc de Bassano, alors propriétaire du château de Beaujeu, y résidait une partie de l'année, « répandant des bienfaits, embellissant la nature, et enrichissant la société de ses exemples. » (Epître dédicatoire.)

1797, il dirigea, tant que dura le siége de Kehl, les travaux de défense, et fut blessé dans l'un des ouvrages qu'il faisait élever. Lors de l'expédition d'Egypte il fut désigné pour en faire partie avec le grade de colonel. Dès le début de la campagne, il développa de grands talents, et quand le général Caffarelli fut tué devant Saint-Jean-d'Acre (27 avril 1799), le colonel Crestin fut jugé digne de le remplacer en qualité de commandant supérieur du génie; mais, mortellement blessé lui-même à la bataille d'Aboukir (25 juillet 1799), il mourut à Alexandrie deux jours après. En rendant compte de la victoire d'Aboukir au Directoire, le général en chef Bonaparte disait : « Le chef de brigade Crestin était l'officier qui possédât le mieux la science difficile du génie, dans laquelle les moindres bévues ont tant d'influence sur les résultats d'une campagne et les destinées d'un Etat. » (Séance du 12 vend. an VII au conseil des Cinq-Cents.) On lit aussi dans le *Moniteur bibliog. des Savants*, par J.-M. Quérard, t. II, p. 336 : « Simon Crestin fut appelé à l'expédition d'Egypte et comme savant et comme colonel du génie. « C'est lui qui fit construire le fort d'Alexandrie auquel Bonaparte donna le nom de *Crestin*, que les Anglais et les Turcs lui ont conservé. » Le même souvenir historique se trouve consigné dans les *Vict. et Conq.*, t. XI, p. 39. — Le général Crestin n'a laissé, que nous sachions, aucun ouvrage imprimé; mais il a enrichi les archives du ministère de la guerre, section du génie, d'un grand nombre de mémoires, de cartes et de plans.

CRETENET (Jacques), fondateur de l'ordre des Joséphistes, était né en 1604, à Champlitte (Franche-Comté). Il se rendit à Lyon, dans le dessein d'étudier la chirurgie. La peste désolait alors cette ville. Cretenet se dévoua, avec beaucoup de courage, au soulagement des malheureux attaqués de cette maladie, et, par reconnaissance, les magistrats lui accordèrent la maîtrise en chirurgie, avec dispense de tous droits. Quelque temps après, il épousa une veuve qui lui apporta en mariage une fortune assez considérable. Dès ce moment il se consacra entièrement à servir les pauvres, employant à les soulager le produit de son état et la presque totalité de ses revenus. Pour perpétuer cette bonne œuvre, il songea à instituer une congrégation de prêtres missionnaires, dans la vue de procurer aux habitants des campagnes les instructions religieuses dont ils étaient souvent privés, et aux ecclésiastiques peu aisés une retraite honorable. Il fut aidé dans ce pieux dessein par le prince de Conti, le marquis de Coligny, etc., qui firent une partie des frais de l'établissement. La congrégation naissante n'en fut pas. moins persécutée, et son fondateur fut même excommunié par l'archevêque de Lyon. Ce prélat, mieux informé, rendit dans la suite son estime à Cretenet, qui mourut à Montluel, le 1er septembre 1666. Il revenait de Belley, où il avait été ordonné prêtre. Sa femme était morte en 1665. On a une *Vie de Jacques Cretenet*, composée par N. Orame, l'un de ses disciples, Lyon, 1680, in-12. (*Biog. univ.*, t. X, p. 247, article signé Weiss.)

CUGNET (de Montarlot). Un homme né le 3 juin 1778 dans un moulin dépendant du village de Montarlot fut mêlé plusieurs fois, de 1815 à 1820, dans des complots contre le gouvernement de la Restauration, et son nom retentit souvent dans les procès politiques de l'époque : cet homme était Claude-François CUGNET, ancien militaire, qui fut impliqué notamment dans l'affaire de l'*Epingle-Noire* (1816), dans la conspiration dite *de l'Est* (1819), mais qui en fut quitte pour quelques mois de détention préventive; car l'issue des deux procès lui fut favorable. Effrayé néanmoins par toutes les poursuites dont il avait été l'objet, Cugnet de Montarlot se rendit en Espagne, où il s'associa aux entreprises révolutionnaires, momentanément couronnées de succès, du parti constitutionnel. Ayant été forcé de sortir de ce pays après le rétablissement du pouvoir absolu de Ferdinand VII, il se trouvait à Gibraltar au mois d'août 1824, quand une troupe d'insurgés espagnols sortit de cette place pour tenter un coup de main sur la forteresse de Tarifa. Cugnet se joignit à cette expédition, qui réussit à pénétrer dans Tarifa, mais qui en fut bientôt expulsée par l'armée française. Contraint alors de chercher son salut dans la fuite, Cugnet tomba entre les mains des royalistes espagnols, et, traduit incontinent devant un conseil de guerre, il fut condamné à mort et fusillé à Almeria (24 août 1824).

DAMALIX (Claude-Ignace), vétérinaire, né le 1er septembre 1747 à Rioz, bailliage de Vesoul, fut admis, en 1768, élève à l'école de Lyon, fondée par Bourgelat, et termina ses cours à Paris en 1772. Nommé garde-visiteur des haras de Franche-Comté, il remplit cette place jusqu'à sa suppression en 1790. Il avait reçu, en 1782, de la Société royale de médecine, une médaille d'or en récompense du zèle qu'il n'avait cessé de montrer dans le traitement des maladies épizootiques. Au mois de septembre 1792, il fut employé comme inspecteur vétérinaire à l'armée qui s'organisait dans le midi de la France. Il passa depuis, avec le même titre, à l'armée de Rhin-et-Moselle, et n'obtint qu'en 1795 la permission de rentrer dans sa famille. Nommé médecin vétérinaire du dépôt d'étalons établi en 1805 à Besançon, il fut admis à la retraite en 1818, et mourut le 28 août 1822. Il était membre de la Société d'agriculture du département du Doubs, depuis sa création en 1799; et, la même année, il avait reçu le titre de correspondant de la Société royale de Paris. Outre un assez grand nombre de rapports et de mémoires adressés soit au ministre de l'intérieur, soit aux sociétés d'agriculture, on a de lui : I. *Coup-d'œil sur l'état actuel des haras de Franche-Comté*, Besançon, 1790, in-8° de 31 pages. — II. *Notice et observations sur les haras de la ci-devant province de Franche-Comté*, Paris, 1819, in-8°. (*Biog. univ.*, t. LXII, p. 51.)

DARCHE (Clériade-Marie-Joseph), avocat, sous-préfet de l'arrondissement de Gray du 10 août 1830 au 21 octobre 1836, membre du conseil général de la Haute-Saône, chevalier de la Légion-d'Honneur, maire de Leffond, décéda dans cette commune le 4 juillet 1843, à l'âge de soixante-six ans. Jurisconsulte, administrateur, conseiller général, il se distingua constamment par ses lumières autant que par un caractère plein de droiture et de fermeté.

DARD (Benoît), né à Amance en 1643, d'une bonne famille, fit profession chez les Bénédictins de Luxeuil le 20 janvier 1658, et ne tarda pas à gagner toutes les sympathies dans le cloître et hors du cloître par sa régularité, sa modestie, et son caractère affable et bienfaisant. Comme professeur, il passa pour être un des plus forts théologiens de son temps; il eut aussi de la réputation comme prédicateur, et il rendit de grands services dans les fonctions de visiteur et de définiteur (74) qui lui furent successivement conférées par les assemblées de son ordre. A sa mort, arrivée le 9 mai 1707, l'abbaye de Luxeuil lui fit les obsèques les plus solennelles, tant il était en bénédiction parmi les religieux du monastère, et sur sa tombe elle fit graver cette épitaphe :

> Obiit vir quondam meritis et virtute clarissimus,
> Veroduniæ congregationis alumnus,
> Cujus nomen et annum ortûs habes in subjecto parentali carmine :
> TE BENEDICTE PATER DARD, TE CAPIT URNA BEATA,
> DIVES PLENA TUIS OSSIBUS IPSA SATIS. (1643.)

Benoît Dard a composé : I. un livre en deux tomes in-12, intitulé : *Exercices spirituels contenant la perfection d'un Bénédictin*, livre qui a été très-utile aux religieux chargés de la direction des novices. Il n'a pas été imprimé, mais il y en avait quantité de copies dans les maisons de la congrégation de St.-Vanne ; — II. un autre livre dans lequel il faisait voir que le véritable esprit de la règle de S. Benoît consistait dans l'obéissance; celui-ci n'a été non plus répandu que par les copies qu'on en avait dans les couvents de Bénédictins (75). Dom Hilaire Coulon et dom Maur Michelet ont écrit la *Vie* de Benoît Dard (76).

DAVAL (Nicolas), né au hameau du Marchessant, canton de Faucogney, vers 1630, d'une famille de cultivateurs aisée, put

---

(74) Voir note 29, p. 31.

(75) Ces deux ouvrages sont conservés, en manuscrit original, à la bibl. mun. de Vesoul.

(76) *Biblioth. gén. et alph. des auteurs de tous les ordres et congr. dans lesquels on pratique la règle de S. Benoît*, par dom Thiébault, 3 vol. in-fol. manuscrits, qui font partie de la bibl. de Vesoul.

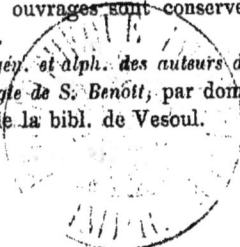

faire ses études, et c'est à Besançon qu'il les poussa jusqu'à la philosophie inclusivement. Rappelé dès lors à la maison paternelle pour administrer, en sa qualité de fils aîné, les biens de son père et suivre les travaux de la campagne, le jeune Daval se soucia peu de cette position, dominé qu'il était par un goût bien prononcé pour les lettres et les sciences, et il disparut un jour, laissant sa famille fort inquiète de son absence ; car il n'avait prévenu personne de son départ On apprit enfin, mais seulement au bout de vingt ans, qu'il avait passé en Allemagne ; qu'après avoir voyagé dans cette contrée, il s'était arrêté à Salzbourg, où il avait suivi les cours de l'Université, tout en faisant comme précepteur l'éducation des enfants d'un seigneur du pays ; qu'il avait fait de rapides progrès dans les langues, le droit, la théologie ; et qu'ayant embrassé l'état ecclésiastique, il était devenu professeur de philosophie et de théologie à l'Université même où il s'était distingué comme disciple. — Nicolas Daval occupa cette chaire avec beaucoup de distinction, ce qui lui valut des titres de noblesse et les emplois les plus honorables. Il fut doyen-paroque (curé) de Hallein (Haute-Autriche), conseiller consistorial du prince-archevêque de Salzbourg, notaire apostolique, protonotaire d'honneur, chevalier du sacré palais et de la cour de Latran, et comte de l'Empire. Ce savant franc-comtois mourut à Lintz le 21 janvier 1706, et fut inhumé dans l'église des Pères-Mineurs de cette ville, où l'on voit encore la pierre sépulcrale et l'épitaphe qui recouvrent son tombeau. — Nicolas Daval a laissé des manuscrits qu'il a légués, avec sa bibliothèque, au séminaire de Salzbourg. Le surplus de sa succession, il l'a consacré, par testament authentique, à des œuvres pies, ainsi qu'à des fondations parmi lesquelles nous remarquons celle-ci, qui est la neuvième : un capital est placé à intérêts dans la caisse du gouvernement de la Haute-Autriche, et les revenus en sont destinés à perpétuité aux frais d'études et d'éducation des enfants et descendants de son frère unique Jean-Claude Daval et de ses six sœurs, dans les Universités de Salzbourg et de Vienne, ou dans les colléges impériaux de Lintz et de Kremsmünster. Depuis la mort du vénérable doyen de Hallein, plusieurs de ses neveux, petits-neveux et arrièrepetits-neveux ont joui et jouissent encore du bienfait de cette fondation.

DEMANDRE (Claude-François), né vers 1728 à Amance, embrassa l'état ecclésiastique, occupa la place d'aumônier des pages du roi Stanislas, et fut ensuite pourvu de la cure de Donneley (Lorraine). Dans les loisirs que lui laissait l'exercice du ministère sacerdotal, il s'appliqua particulièrement à la mécanique, et crut avoir découvert un moteur à l'aide duquel l'homme ferait un meilleur usage de ses forces en l'utilisant pour le remontage des bateaux sur les rivières navigables, en l'appliquant aux pompes à incendie, etc. L'invention de l'abbé Demandre, soumise à l'Académie des sciences, obtint d'honorables suffrages; mais elle ne fut pas accueillie avec unanimité par les savants chargés d'en apprécier les avantages, et son auteur, en échange des dépenses énormes qu'il avait faites pour perfectionner et faire connaître sa découverte, ne reçut du gouvernement que des indemnités insignifiantes. L'abbé Claude-François Demandre mourut à Paris, le 3 décembre 1803. « Il « avait composé, dit M. Weiss (*Biog. univ.*, t. LXII, p. 305), « un *Traité de mécanique*, avec planches, qui, sur la demande « de Bureaux de Pusy, devait être imprimé aux frais de la « nation. On ignore ce que le manuscrit est devenu. »

DEMANDRE (Jean-Baptiste), cousin du précédent, naquit le 28 octobre 1739, à Saint-Loup, fit ses études à Dole, puis à Besançon, et se voua au sacerdoce. « A la suppression des « Jésuites, il fut nommé préfet du collége de Besançon, dont « était principal l'abbé Bergier, si célèbre depuis par son « opposition aux progrès du philosophisme. De cette époque « data leur amitié, qui, lorsque les circonstances les eurent « séparés, s'entretint par une correspondance suivie. En 1777, « Demandre fut pourvu de la cure de Saint-Pierre, l'une des « principales paroisses de Besançon; et bientôt il acquit une « grande considération, qu'il devait moins à l'étendue de ses « lumières qu'à ses vertus toutes chrétiennes. Député suppléant « à l'Assemblée constituante, en 1789, il y remplaça l'abbé

« Millot, frère de l'académicien, et prêta le serment. Après la
« session, il reprit l'administration de sa paroisse, qu'il avait
« abandonnée malgré lui, et ne la quitta que lorsqu'il y fut
« contraint par la violence. Arrêté comme *fanatique*, il fut,
« pendant la Terreur, conduit avec les autres suspects au
« château de Dijon, et n'en sortit qu'après le 9 thermidor (77).
« Dès que l'exercice du culte catholique fut permis, il se réunit
« au petit nombre de prêtres échappés à la proscription, et
« l'un des premiers il célébra la messe dans la métropole,
« après l'avoir purifiée de ses souillures. L'évêque constitu-
« tionnel Seguin (78) ayant donné sa démission, Demandre fut
« élu son successeur en 1798, et fit tout ce que les cir-
« constances permettaient pour rétablir l'ordre dans le diocèse.
« L'année suivante, il convoqua tous les prêtres à un synode
« dans lequel furent discutés les moyens d'opérer entre les
« ecclésiastiques une réunion nécessaire au bien de l'Eglise,
« et dont les actes sont imprimés dans les *Annales de la reli-*
« *gion,* XII, 153. Il assista, comme métropolitain de l'Est,
« au concile national de Paris de 1801 (79), et donna sa dé-

(77) Le 9 thermidor an II (27 juillet 1794), Robespierre fut décrété d'accusation, sur la proposition de Tallien, et arrêté à l'Hôtel-de-Ville. Il fut exécuté
le lendemain, avec vingt-deux de ses partisans, entre autres Couthon, Saint-
Just, Henriot, Robespierre jeune, Lebas, etc. Cette journée mit fin au régime
de la Terreur.

(78) Seguin (Philippe-Charles-François), né à Besançon en 1751, chanoine de
la cathédrale de cette ville, fut nommé évêque constitutionnel du département
du Doubs et député à la Convention nationale. Lors du procès de Louis XVI,
il vota pour la détention, le bannissement à la paix, l'appel au peuple, et le
sursis à l'exécution. Il renonça aux fonctions épiscopales en 1797, et mourut
peu d'années après.

(79) Un concile national, auquel avaient été appelés tous les évêques assermentés, fut ouvert à Paris le 25 août 1797; il avait pour objet la restauration
du culte catholique. Il dura jusqu'au 12 novembre suivant. En 1801 fut con-
voqué un nouveau concile national ayant pour but le rétablissement de la paix
et de l'unité dans l'Eglise gallicane. Il prépara et précéda de peu de jours la
convention entre le pape Pie VII et le gouvernement français, par laquelle il fut
déclaré que le culte de la religion catholique serait public en France, qu'il serait
fait une nouvelle circonscription des diocèses, et que les évêques et archevêques
seraient nommés par le premier consul, sauf institution canonique donnée par
le pape. Ce concordat, présenté au Corps législatif le 8 avril 1802, fut pro-
mulgué le 18 du même mois.

« mission entre les mains du cardinal Caprara (80). Par suite
« du concordat qui eut lieu entre le premier consul et la cour
« de Rome, Claude Le Coz (81) ayant été placé sur le siége de
« Besançon, il nomma Demandre grand-vicaire et chanoine
« honoraire, et l'établit en même temps curé de la paroisse de
« Sainte-Madeleine. Poussant le désintéressement jusqu'à l'ab-
« négation, il partageait ses revenus, assez considérables, avec
« les pauvres, ne se réservant pour lui-même que le strict
« nécessaire. Une telle conduite forçait à le respecter, même
« ceux qui ne partageaient pas ses opinions. Après la mort de
« l'archevêque Le Coz (82), il fut exposé quelque temps aux
« tracasseries des administrateurs du diocèse pendant la
« vacance du siége ; mais il les supporta sans laisser échapper
« la moindre plainte, et mourut presque subitement le 24 mars
« 1823. L'autorité ecclésiastique ayant fait enlever les insignes
« de l'épiscopat que de trop zélés paroissiens avaient placés sur
« son cercueil, il s'ensuivit une lutte qui nécessita l'interven-
« tion de la force armée. Un concours immense de peuple
« assistait à ses obsèques, et deux discours furent prononcés
« sur sa tombe. Demandre fut l'éditeur de quelques ouvrages
« de Bergier : *Discours sur le mariage des protestants*, 1787,
« in-8° ; *Observations sur le divorce*, 1790, in-8° ; *Traité de la
« miséricorde de Dieu*, 1820, in-12. » (*Biog. univ.*, t. LXII,

(80) En vertu du concordat de 1801, les évêques constitutionnels durent
donner leur démission, afin de laisser au pouvoir séculier la faculté de choisir
librement les nouveaux titulaires des siéges épiscopaux et archiépiscopaux
alors existants. Les démissions furent reçues par le cardinal Caprara, légat à
latere du pape près le gouvernement français. Ce fut à cette époque que Claude
Le Coz, évêque constitutionnel du département d'Ille-et-Vilaine, se démit de
ses fonctions et fut nommé archevêque de Besançon.

(81) Ce prélat signait *Cl. Le Coz*, ainsi que cela résulte d'une lettre autographe, du 7 mars 1808, que nous possédons. C'est par erreur que les biographes
écrivent ce nom tout d'un mot.

(82) L'archevêque faisait une tournée pastorale dans le département du Jura,
lorsqu'il mourut d'une fluxion de poitrine (*a*), le 3 mai 1815, à Villevieux, canton
de Bletterans, à l'âge de soixante-quinze ans. Il occupait le siége de Besançon
depuis le concordat.

(*a*) D'autres, plus hardis, ont dit *empoisonné*. Le bruit en a couru fortement dans le Jura, et
cette persuasion est restée chez les Jurassiens de cette époque.

p. 305.) — On trouve à la bibl. de Dole, n° 1868 du cat. *Histoire*, l'éloge de l'évêque Demandre par Vignier. Le même établissemeut conserve deux portraits du prélat : un dessin fait de mémoire par l'abbé Nicod, l'un de ses vicaires, en 1832; il est au crayon et du format in-18. L'autre portrait est une lithographie in-folio; J.-B. Demandre est représenté en pied, faisant, à la porte de sa maison, la charité à un estropié, et lui recommandant le silence par l'imposition du doigt sur la bouche; il est aperçu d'une fenêtre par une demoiselle en chapeau. On lit au bas : *Pertransiit benefaciendo* (*Act.*, X, 38); lith. de Outhenin-Chalandre fils, à Besançon.

DESAULT (Pierre-Joseph), né en 1744 au Magny-Vernois, bailliage de Lure, et mort à Paris le 1er juin 1795, à l'âge de cinquante ans, fut un de ces hommes que la valeur personnelle a conduits seule à un haut degré de talent et à une juste célébrité. Ses parents, le destinant à l'état ecclésiastique, avaient dirigé ses premières études vers ce but; mais une instinctive propension pour la chirurgie se manifesta bientôt chez le jeune Desault, et c'est en suivant la pratique de l'hôpital militaire de Belfort (83) qu'il s'initia aux premiers principes de l'art dont il avait fait choix. Il s'appliqua spécialement à observer le traitement qu'exigeaient les blessures faites par des armes à feu. S'étant rendu à Paris pour profiter des leçons des grands maîtres et des moyens d'instruction qui se trouvent rassemblés dans cette capitale, il ne tarda pas à y prendre place lui-même parmi les professeurs; ses cours d'anatomie et de chirurgie obtinrent beaucoup de succès et lui valurent l'appui des hommes les plus distingués de son temps. Sa carrière de praticien commença

---

(83) Jeune paysan encore inculte, Desault, à son arrivée à Belfort, n'entra pas immédiatement à l'hôpital militaire de la ville, où il n'aurait pas été reçu. Il se mit *en apprentissage* chez une espèce de charlatan nommé Bassigny ou Bassignot, qui résidait dans un village voisin. Là il apprit à saigner, à rebouter un membre, mais surtout à avoir faim. Son génie natif se manifesta pourtant bientôt, et il allait éclipser complètement maître Bassigny quand celui-ci le chassa. C'est alors que le chirurgien en chef de l'hôpital militaire de Belfort accueillit Desault, dont il avait entendu parler, et qu'après l'avoir apprécié, deviné, il l'envoya à Paris.

plus tard, et ne devint complète et brillante que lorsqu'il fut, en 1782, nommé chirurgien de la Charité, puis chirurgien en chef de l'Hôtel-Dieu. C'est dans ces deux grands établissements qu'il put déployer toutes les ressources d'un esprit actif, fécond, judicieux, inventant à chaque instant des méthodes et des procédés opératoires, ou s'appropriant par d'ingénieuses modifications ceux qui étaient déjà connus. Lors de l'organisation de l'Ecole de santé (1794), Desault fut naturellement appelé à la chaire de clinique chirurgicale. Depuis longtemps l'Académie royale de chirurgie l'avait appelé dans son sein, et il était dans tout l'éclat de sa gloire et toute la force de son talent lorsque la mort vint le frapper au bout d'une maladie de trois jours qui, dès les premiers symptômes, avait fait craindre une issue funeste. La rapidité avec laquelle il fut enlevé pendant qu'il donnait ses soins au malheureux fils de Louis XVI fit naître des bruits d'empoisonnement qui n'ont été ni confirmés ni pleinement dissipés (84). — « A une bonté réelle, à une véritable générosité, Desault joignait, dit un de ses biographes, une extrême violence, beaucoup de raideur dans le caractère (85);

(84) On lit à ce sujet dans la *Biog. univ.*, t. XI, p. 138 : « Beaucoup de « personnes, frappées de la rapidité avec laquelle Desault fut emporté, pen- « sèrent, publièrent même qu'il avait été empoisonné, parce qu'il avait, « disaient-elles, refusé de prêter son ministère aux desseins criminels qu'on « supposait lui avoir été confiés au sujet du fils de Louis XVI. Cette opinion « se fortifia par la mort presque subite de Chopart, qui avait succédé à « Desault dans le traitement du jeune prince, et surtout par la mort de cet « infortuné, qui suivit de près celle de ses deux médecins. Mais une autopsie « scrupuleuse, faite par des hommes dont le savoir et la probité sont irré- « cusables, prouva que le poison n'avait eu aucune part à ces trois événe- « ments, si rapprochés les uns des autres. »

(85) Un médecin qui avait suivi la clinique de Desault à l'Hôtel-Dieu, le docteur Pierre-Jacques Lubert, mort à Héricourt le 27 janvier 1835, représentait le célèbre professeur comme un homme gros et sanguin, à la face rouge et allumée, aux manières grossières, parlant incorrectement et d'un ton rogue; il portait habituellement un habit gris mal fait, de gros souliers, et avait toutes les allures d'un campagnard. Ces habitudes et cette tenue faisaient contraste avec celles du chirurgien Pelletan, son émule et son successeur à l'Hôtel-Dieu. Celui-ci avait autant d'urbanité, d'élégance, de recherche dans les manières et dans l'élocution que Desault montrait d'emportement et de rudesse. Desault fut néanmoins le rénovateur de la chirurgie en France.

sa parole inculte avait cependant une grande puissance, et sa méthode d'enseignement devait être parfaite si l'on en juge par les excellents et nombreux disciples qu'il a formés. » — Cet illustre Franc-Comtois n'a presque rien écrit. Tout ce qui porte son nom fut publié par ses amis ou par ses élèves : I. *Traité des maladies chirurgicales*, par Chopart et Desault ; — II. *Journal de chirurgie*, publié par Bichat à partir de 1791, et qui forme 4 vol. in-8° ; — III. *OEuvres chirurgicales de Desault*, publiées par Bichat en 1798 et 1799, 3 vol. in-8°. — Le docteur Ratier termine ainsi la notice qu'il a consacrée au célèbre chirurgien Desault : « Résumer les travaux de Desault et apprécier son influence sur la chirurgie française serait une tâche impossible à remplir dans les bornes qui nous sont prescrites. Il serait difficile de trouver un seul point de théorie, et surtout de pratique, auquel il n'ait imprimé son cachet. Créateur de l'anatomie exacte et consciencieuse, sans laquelle il n'y a pas de chirurgie, familier avec les mathématiques, il perfectionna tout ce qui tient au traitement des fractures et des luxations. Observateur aussi sage que chirurgien entreprenant, il restreignit dans de justes limites l'emploi de certaines opérations, en même temps qu'il en imagina de nouvelles. Enfin, en révisant tout ce qui avait été fait jusqu'à lui et en posant des principes puisés dans la nature, il mérita d'êtr. le chef de cette belle école française qui a fourni tant de chirurgiens distingués à nos armées et à la pratique civile, et qui s'est placée si haut dans le monde entier. » (*Encycl. des Gens du monde*, t. VIII, 1re partie, p. 32.) — Voir aussi, dans la *Biog. univ.*, t. XI, p. 131, la notice DESAULT, par Fournier. — La bibl. de Dole possède un portrait du célèbre chirurgien ; c'est une gravure in-4° au bas de laquelle on lit : *Dessiné par C.-N. Cochin, 1788 ; — gravé par L.-J. Cathelin, 1791.*

DESCHARRIÈRES (Jean-Joseph CLAUDE, connu sous le nom de), littérateur, naquit en 1744 à Fougerolles, dans le hameau dont plus tard il joignit le nom à celui de sa famille. Ayant achevé sa théologie au séminaire de Besançon. il embrassa l'état ecclésiastique, et, peu de temps après, il obtint la place d'aumônier d'un régiment d'artillerie. Il s'établit bientôt entre les officiers de ce corps et l'abbé Descharrières une intimité dont il profita pour perfectionner ses connaissances dans les mathématiques, et pour apprendre la théorie des manœuvres du canon. Lassé de la vie des garnisons, il sollicita sa retraite, et pourvu en 1783 de la cure de Saint-Loup, il ne tarda pas à être en correspondance avec les savants de la province, notamment avec les Bénédictins de Luxeuil et de Faverney. C'est de lui qu'est la notice sur Saint-Loup insérée dans l'*Almanach de la Franche-Comté* pour 1786, et D. Grappin annonce, dans cet ouvrage, qu'il publiera l'année suivante une dissertation curieuse du même auteur sur les anciennes fortifications du bourg et du château de Saint-Loup. L'exiguité de l'*Almanach* de 1787 ne permit pas d'y donner cette pièce ; mais Descharrières en a fait usage dans l'opuscule que nous indiquerons tout à l'heure. Au mois de juillet 1789, les paysans qui dépendaient de la terre de Saint-Loup s'étant soulevés forcèrent le conservateur des archives de la seigneurie à leur livrer tous les titres, qu'ils brûlèrent publiquement. Enhardis par ce coup d'essai, ils se rendirent chez le curé, dont ils vidèrent les caves et les greniers, sous prétexte de s'assurer si l'on n'y aurait pas caché des papiers ; puis ils lui proposèrent de les accompagner à l'abbaye de Faverney, où ils avaient le dessein d'aller réclamer leurs titres, lui promettant de le reconnaître pour chef, et le priant de leur donner l'absolution des excès qu'ils pourraient commettre s'ils éprouvaient quelque résistance..... Sur son refus ils s'éloignèrent furieux, annonçant qu'ils ne tarderaient pas à revenir. Descharrières réunit les principaux habitants de Saint-Loup, leur distribua des armes, et prit des dispositions auxquelles il est probable que ce bourg dut alors d'être préservé du pillage. Ayant refusé le serment exigé des ecclésiastiques, il fut remplacé dans sa cure en 1791, et bientôt après il alla chercher un asile en Suisse, où il passa les temps les plus orageux de la Révolution. Dès qu'il put rentrer en France sans danger, il vint demeurer à Belfort ; il y était, en 1808, professeur à l'école secondaire. Après la Restauration, il devint aumônier du collége de Strasbourg. Ses infirmités ne lui ayant pas permis de conserver cet emploi, il accepta les modestes fonctions de vicaire de la paroisse Saint-Jean. Il mourut à Strasbourg le 8 mai 1831. On a de lui : I. *Essai sur l'histoire militaire du bourg de Saint-Loup*, 1790, in-8° de 43 pages ; — II. *Essai sur l'histoire littéraire de Belfort et de son voisinage*, Belfort, 1808, in-12 ; — III. *Histoire de la vie de François-Julien Pierron, chanoine-curé de Belfort*, mort en odeur de sainteté, Strasbourg, 1826, in-12 de 72 pages ; — IV. *Observations sur les anciennes fortifications de Strasbourg et sur les écoles d'artillerie en France*, Belfort, 1818, in-8° de 16 p. Outre ces ouvrages, l'abbé Descharrières a laissé plusieurs manuscrits, notamment une *Histoire de Saint-Loup* dont l'Essai sur l'histoire militaire du bourg n'était qu'une petite section. La bibliothèque de Besançon possède de lui des lettres adressées à D. Grappin. Dans l'une, il trace la route que dut suivre François de Coligny lorsqu'il traversa la Franche-Comté pour entrer en Allemagne en 1587. (*Biog. univ.*, t. LXII, p. 368.)

DESGRANGES (François-Grégoire-Léopold) naquit en 1778 à Luxeuil. Issu d'une famille qui occupait un rang distingué dans le commerce, il suivit, au sortir du collège, la carrière que son père, homme de mérite, lui avait tracée en créant la belle papeterie de Saint-Bresson. Il n'avait pas vingt ans qu'il se rendait déjà nécessaire, par une sérieuse coopération, aux progrès de l'industrie paternelle. Avec l'intelligent concours de son frère Joseph (86), qui s'était plus particulièrement occupé du perfectionnement des machines, il fit faire de grands pas à leur manufacture de Saint-Bresson, et lorsque commença la fabrication du papier à la mécanique, il réussit promptement à donner à leurs produits une qualité que d'autres établissements analogues laissaient encore à désirer. En 1826, les frères Desgranges élargirent encore le cercle de leurs affaires, en fondant à Raddon une nouvelle et magnifique papeterie. Devenu maire

---

(86) Un autre frère de L. Desgranges, Xavier, établi à Paris pendant plus de quarante ans, a été longtemps maire du 12ᵉ arrondissement. Il est mort en 1857. Il était officier de la Légion-d'Honneur.

de Luxeuil en 1830, Léopold Desgranges s'acquitta de ses fonctions avec un zèle infatigable ; l'établissement thermal lui dut
diverses améliorations précieuses, et sous son administration
furent établies dans la ville l'école des Frères de la Doctrine
chrétienne et celle des Sœurs de Saint-Vincent-de-Paul. En la
même année 1830, il fut élu membre du conseil général par
les électeurs du canton de Luxeuil. « Dans ce poste élevé, dit
Armand Marquiset (87), il redoubla de zèle et de dévouement ;
sa sollicitude s'étendit à tout ; il proposa et obtint la réparation
et la création de plusieurs chemins indispensables, ainsi que
diverses améliorations vivement désirées dans l'intérêt de
l'agriculture, etc. etc. Tant de loyaux services, tant de travaux
désintéressés attirèrent l'attention sérieuse du ministre de l'intérieur, qui le fit nommer en 1833 chevalier de la Légion-
d'Honneur. » Remplacé au conseil général lors du renouvellement de 1849, il se démit quelques mois après des fonctions
de maire de Luxeuil. « A partir des premiers jours de l'année
1850, ajoute A. Marquiset, Desgranges cessa complètement
d'être mêlé aux affaires publiques ; mais il n'en continua
pas moins de se rendre utile à ses anciens administrés.....
Toujours préoccupé du sort de la classe laborieuse, des moyens
d'améliorer sa position, et de soulager la population ouvrière,
il avait conçu, à l'époque où il était maire, le projet de construction d'un hôpital, qui, à son grand regret et malgré ses vives
instances, fut rejeté. » Une apoplexie séreuse l'enleva le
18 juillet 1855, à l'âge de soixante-dix-sept ans.

DESLE ou DÉICOLE (Saint), un des moines irlandais qui, au
VIᵉ siècle, suivirent dans la Gaule saint Colomban (*voy. ce nom*,
p. 76), fut comme lui le fondateur d'une abbaye célèbre. Telle
fut en effet l'abbaye de Lure. Malgré les tribulations qui inquié-
tèrent les premiers temps de son existence, elle subsista, riche
et puissante, jusqu'à l'année 1648, époque où son chef, prince
d'Empire, fut obligé de céder ses droits de souveraineté à

---

(87) Voir dans le *Journal de la Haute-Saône* du 1ᵉʳ août 1855 la notice que
A. Marquiset a consacrée à la mémoire de son ami Desgranges.

Louis XIV (88). Son premier abbé mourut, suivant les légendes, le 18 janvier 625. Sa fête se célèbre le 24 janvier.

DESLOYE (Jean-Baptiste-Aimé), né à Plancher-Bas le 21 février 1798, fit ses premières études au lycée de Besançon. Sous d'habiles professeurs, le jeune élève développa bientôt les facultés peu communes dont l'avait doué la nature : sciences, littérature, philologie, tout se classait sans peine dans cette tête enfantine qui devançait les années, qui semblait défier les obstacles et se jouer des difficultés (89). Ses études de collège terminées, Aimé Desloye suivit à Strasbourg les cours de la Faculté de droit ; mais un penchant irrésistible l'entraînait vers la littérature, et en 1816 il fit paraître un opuscule poétique intitulé : *Les Plaisirs d'un ami de la Campagne et des Muses*, où, parmi des imperfections qui tenaient à la jeunesse de l'auteur, on remarque des passages pleins de verve et de sentiment. Dans ce petit poème il a chanté son lieu natal. Après avoir parcouru le midi de la France et achevé ses études de droit à Toulouse, il quitta cette ville pour s'unir à la nièce de J.-F. Michaud, l'historien des Croisades. A partir de cette époque, la carrière de ce jeune écrivain offre l'intérêt d'un roman et le mouvement d'une Odyssée, par la diversité des pays qu'il a habités, et par les chances variées de sa fortune. L'Angleterre, la Hollande, le Portugal, l'Amérique méridionale le virent tour à tour, étudiant avec le même soin les beautés de la nature, les merveilles des

(88) Voir *Mémoires historiques sur l'abbaye et la ville de Lure*, par M. l'abbé Besson.

L'abbaye de Lure fut sécularisée en 1765, et remplacée par un chapitre noble qui exista jusqu'à la suppression des corporations religieuses. En 1783, ce chapitre se composait de six chanoines : D'Andlau, grand-prévôt du noble chapitre *équestral et princier* de Lure ; De Ghirardy, grand-trésorier ; De Laubespin, De Tourne, De Reinach, et D'Andlau, non encore prêtre. Nonobstant la sécularisation de 1765, on avait conservé à l'abbé, qui l'était aussi de Mürbach (Alsace), le titre d'abbé-prince.

Les bâtiments de l'ancienne abbaye, reconstruits vers l'année 1770, ont été presqu'entièrement conservés. La Sous-Préfecture de l'arrondissement de Lure en occupe une partie ; le surplus a été converti en belles habitations particulières.

(89) Cette précoce facilité ne s'est pas démentie depuis : à l'âge de trente ans, Aimé Desloye connaissait onze langues anciennes et modernes.

arts et les nuances politiques. Fondateur d'un journal à Rio-Janeiro, le succès de cette entreprise lui promettait de grands avantages ; mais, peu soigneux de ses intérêts, et tourmenté par le désir de revoir sa patrie, ou plutôt par un besoin de mouvement insatiable, il revint en France, concourut pendant quelque temps à la rédaction du journal *l'Indépendant* qui s'imprimait à Lyon, et publia dans cette ville, en 1827, ses *Préludes poétiques*, qui le placèrent à un rang distingué parmi nos poètes. Peu de temps après, Aimé Desloye, devenu habitant de Saint-Etienne, y avait fondé un autre journal, le *Mercure ségusien*, et, après avoir mené une vie aussi agitée, il paraissait vouloir se fixer définitivement dans cette ville. Son instabilité ordinaire le porta néanmoins à voyager encore, et ce fut seulement en 1832 que ses affections le rappelèrent à Saint-Etienne, où il reprit la direction du *Mercure*. Mais son imagination vive ne pouvait se contenter d'un travail qu'il faisait en se jouant : rédacteur d'une *Revue de Saint-Etienne*, professeur d'éloquence, inspecteur des écoles primaires, il suffisait à tout, et trouvait encore des heures à donner à la poésie. C'est au milieu de cette activité prodigieuse que la mort vint l'enlever le 25 mai 1834, alors qu'il aurait pu jouir d'un repos qu'il ne connut jamais. Un des amis du défunt, M. A. Royet, a rendu un touchant hommage à sa mémoire dans un article nécrologique publié par le *Mercure ségusien* : « ..... Que vous dirai-je de cet homme qu'il ne faudrait pas juger comme un autre homme ? Il y avait en lui des mystères qui restent inexpliqués et des profondeurs que nul n'a pu sonder. On voyait seulement qu'il avait eu de mauvais jours et des plaies secrètes. On ne peut que dire comme le grand poète avec lequel on le confondit un jour par une honorable méprise :

> .... Insoluble problème !
> Un orage éternel qui roule sur lui-même !

Aussi n'est-ce point une biographie que je vais écrire : comment vous raconterais-je cette vie tourmentée dans tous les sens et dans toutes ses phases, moitié lumière et moitié ténèbres ; commencée à Besançon, continuée à Strasbourg, puis à Tou-

louse ; transportée ensuite à Lyon, à Paris, à Douai, en Belgique,
en Hollande, en Portugal, à Rio-Janeiro ; puis ramenée en
France, toute délabrée, et tombée enfin de lassitude au milieu
de nous?..... » — Les poésies inédites d'Aimé Desloye ont été
réunies, sous le titre de *Feuilles aux Vents*, dans un volume
in-8° qui a paru en 1840.

DETROYES (Jules-Adolphe), naquit le 31 décembre 1819 à
Paris, où son père, Jacques-François, exerçait la charge d'avoué.
Jacques-François Detroyes, d'origine franc-comtoise, était venu,
après avoir cédé son office, habiter le domaine de Courcelles
(commune d'Equevilley), dont il s'était rendu acquéreur. Son
fils Adolphe, qui avait fait des études solides, s'occupa avec
prédilection de recherches historiques, surtout de celles qui
avaient trait à notre ancienne province, et dès l'âge de vingt-
deux ans il fit paraître dans le *Franc-Comtois,* journal de
Besançon, deux feuilletons très-intéressants, relatifs l'un à la fondation de l'ermitage de Provenchère, l'autre à l'ancienne importance du bourg de Port-sur-Saône (90). L'année suivante (1842),
il fut du nombre des jeunes littérateurs qui créèrent, à Besançon, la *Revue franc-comtoise.* Cette publication, placée
sous la direction de Clovis Guyornaud, fut interrompue dès
la troisième année, non toutefois sans avoir mis au jour
des documents précieux. A. Detroyes lui donna, pour sa part de
collaboration, une première dissertation ayant pour titre : *Des
études historiques en Franche-Comté*, 26 p. in-8°. L'auteur
envisage la tendance et le but que ces études doivent avoir, puis
il cite les principaux ouvrages qu'elles ont produits de nos jours.
A. Detroyes fit encore paraître dans la *Revue franc-comtoise :
L'Empereur Frédéric Barberousse au château de Dole et chez les
Burgraves,* 25 p. in-8°. C'est un curieux épisode du voyage que
le célèbre empereur fit avec sa seconde femme, Béatrix de
Bourgogne, dans les possessions que leur mariage venait de
réunir à la couronne d'Allemagne. En 1844, il publia : *Mélanges
historiques sur la Franche-Comté,* Besançon, Ch. Deis, 60 p.

(90) Voir le *Franc-Comtois* des 6 mars, 15 et 17 avril 1841.

in-8°. Trois ans après, il fit imprimer *La Franche-Comté de Bourgogne sous les princes espagnols de la maison d'Autriche,* Paris, 4 vol. gr. in-8°. Ce volumineux recueil offre un grand intérêt, en ce qu'il fait voir, par des actes officiels, l'esprit dont furent animées, de 1484 à 1657, les assemblées représentatives de la Franche-Comté, et la part que prirent à leurs délibérations le clergé, la noblesse et le tiers-état. Dans une notice préliminaire, travail très-remarquable, l'éditeur s'attache à éclairer la voie que le lecteur doit parcourir en suivant la longue série des *recès* mis sous ses yeux. L'ouvrage est suivi d'un document non moins important : c'est la liste nominative et chronologique des députés des trois ordres aux Etats de Franche-Comté. Cette liste nous apprend que le délégué du souverain à ces assemblées provinciales était d'ordinaire ou un seigneur de la Maison de Vergy, ou un seigneur de la Maison de Ray; que le clergé y était représenté, le plus fréquemment, par des abbés des familles de Bauffremont, Boutechoux, de Jouffroy, de Mesmay, de Lannoy, etc.; et la noblesse par des Chantrans, Neufchâtel, Grammont, Laubespin, Rye, Achey, Champagne, Oiselay, Vaudrey, Montbarrey, Saint-Mauris, Andelot, Scey, Lallemand, Rosières, Toulongeon, etc. On trouve au tome II des *Recès*, p. 105, une pièce curieuse à plusieurs titres : c'est le répartement fait en 1614 des contingents à fournir, pour la formation de la milice de la Franche-Comté, soit par les possesseurs de fiefs, soit par les villes, bourgs et villages. Cette pièce donne une idée juste de l'organisation militaire de notre province au commencement du XVIIe siècle (91).

(91) Cette organisation, dont le réglement ne remplit pas moins de cent vingt-quatre pages dans le 2ᵉ volume des *Recès,* comprenait trois régiments de *gens de pied* : le régiment du bailliage d'Amont (douze compagnies), celui du bailliage d'Aval (dix compagnies), et celui du bailliage de Dole (six compagnies). Une compagnie était de 200 hommes de pied et de 10 chevaux, ce qui faisait en tout 5,600 hommes d'infanterie et 280 cavaliers. Dans chaque compagnie, l'armement était ainsi réglé : 50 piques, 10 hallebardes, 40 mousquets, 100 arquebuses; moitié des hommes à cheval étaient *cuirassés à l'épreuve;* les autres étaient des arquebusiers. Le gouverneur de la province désignait les trois colonels, et ceux-ci choisissaient les capitaines, enseignes et autres officiers, qui tous devaient être « gens de bien, naturels du pays, et pratiqués à la

Combien il a fallu de recherches avant d'arriver à réunir tant de documents épars! Pour les trouver, A. Detroyes avait laborieusement fouillé les archives de Besançon, les bibliothèques de Vesoul et de Dole, et surtout la Bibliothèque impériale. Il se proposait de publier une seconde partie de son recueil; celle-ci aurait été, en ce qui concerne le parlement de la Franche-Comté, le pendant des *Recès* des Etats. Malheureusement pour la science, il n'eut pas le temps de réaliser son projet, une mort prématurée étant venue l'enlever le 1er janvier 1849, lendemain du jour où il avait seulement accompli sa trentième année. A. Detroyes décéda au village de Mollans, pendant les travaux qu'il faisait exécuter pour la construction du château actuel de cette localité.

« guerre. » Les communautés de ville, bourg ou village, étaient tenues de prendre leur contingent de soldats parmi les sujets les plus robustes, qui étaient soumis encore à l'agrément des capitaines. — Quant à la durée du service, l'article 10 du réglement militial portait : « Le *choix* durera tant que « le soldat vivra et pourra utilement servir, sans qu'il puisse être excusé ny « licentié par autres que par les colonels, lesquels néantmoins ne le pourront « faire sans ouyr les communautez, et sans que, au mesme instant, il y en « ayt un autre present, inscrit au rôle, propre et idoine à faire le service ; « et en cas de difficulté entre lesdits colonels et communautez, pour la qualité « du soldat et de ses armes, le jugement en sera au gouverneur. » Pendant leur service, les soldats *eslus* (choisis) comme il vient d'être dit étaient passés en revue « une fois par chascun an, pour être tenus plus prests et appareillés « à toute occurrence, et ce à jour de feste, et en un seul jour ou deux, « pour ne distraire les soldats de leur travail ordinaire. » — La solde, qui s'appelait alors *gage*, était ainsi réglée : 150 fr. par mois pour un colonel; 80 fr. pour un capitaine; 40 fr. pour un enseigne; 30 fr. pour le cuirassier; 24 fr. pour l'arquebusier à cheval; 14 fr. pour le piquier, le hallebardier et le mousquetaire; 10 fr. pour l'arquebusier à pied. Cette solde se payait des deniers des communautés, lesquelles étaient obligées en outre de fournir « aux « gens de chevaux qui leur étoient ordonnés le cheval bon et propre à faire « le service, la cuirasse, l'arquebuse à roue, etc. » Ajoutons que les terres féodales contribuaient, dans la proportion de leurs revenus, et les villes, bourgs et villages dans la proportion de leur nombre de feux, à la formation et à l'entretien de la milice du pays. — Derrière cette milice active ou susceptible d'être appelée à l'activité, il y avait celle du *rière-ban,* que nous appellerions aujourd'hui la réserve. Elle ne comprenait que quelques centaines de chevau-légers, et n'existait guère que sur le papier; toutefois elle pouvait être appelée à prendre rang dans l'armée provinciale. En ce cas, elle devait être fournie et entretenue exclusivement par les possesseurs de fiefs, en pro-

DEVAULT (François-Eugène) naquit le 6 février 1717, à Lure, d'une famille d'origine suisse, établie en Franche-Comté depuis la réunion de cette province à la France. Entré dès l'âge de seize ans dans les mousquetaires, il fit la campagne de 1733 sur le Rhin, et se trouva l'année suivante au siége de Philipsbourg, où fut tué le maréchal de Berwick. Pendant la guerre de la succession d'Autriche, le maréchal de Belle-Isle l'ayant choisi pour un de ses aides-de-camp, il l'accompagna dans la Prusse et la Saxe, dans la Bavière et la Bohême, et fut présent à la prise de Prague et à la retraite qui la suivit. Nommé capitaine de cavalerie, il fit la guerre de Flandre en 1743, et fut témoin de nos revers à Dettingen. L'année suivante, il servit aux siéges de Menin, d'Ypres et de Furnes, et, en 1746, à celui de Mons. Attaché depuis à l'état-major général, il fit les campagnes de 1747 et 1748 à l'armée du Bas-Rhin. Nommé mestre-de-camp de cavalerie, il fut employé de 1750 à 1756 aux reconnaissances militaires des frontières, et pendant trois ans il remplit les fonctions de maréchal-des-logis d'un des camps formés pour exercer les troupes aux grandes manœuvres. Il fut

portion du revenu de chaque possession féodale, ce qui donna lieu, dans le temps, à un assez grand nombre de réclamations. (Voy. les édits transcrits dans les *Recès*, pp. 120 à 134 du t. II.)

Outre l'intérêt qui s'attache à ce qu'était, il y a deux cent cinquante ans, l'organisation militaire de notre province, on remarque dans le *répartement des bans et rière-bans* : 1° une statistique qu'on ne trouverait pas ailleurs, celle des terres que les familles seigneuriales possédaient en Franche-Comté au commencement du XVIIe siècle; 2° la division exacte de la province en trois bailliages (bailliage d'Amont, bailliage d'Aval, bailliage de Dole), avec la nomenclature de tous les villages qui étaient du ressort de chaque bailliage; 3° l'indication du nombre de feux que chaque ville, bourg ou village comptait en 1614. C'est sur cette dernière base qu'était assise la contribution au service militaire. Telle localité devait fournir des hommes et des armes; telle autre, des armes seulement, ou bien des hommes seulement. Ainsi, la ville de Vesoul, sur la déclaration par elle faite de 487 feux, devait un contingent de 4 chevau-légers, 4 arquebusiers à cheval, 5 hallebardes, 4 piques, et 7 arquebusiers; tandis qu'Auxon-les-Vesoul, qui avait alors 67 feux, était taxé pour 3 piques et 1 mousquet; Epenoux (18 feux), pour 1 mousquet; Villers-sur-Port (34 feux), pour 2 piques; Anchenoncourt (25 feux), pour 2 arquebusiers; la Villeneuve (36 feux), pour 3 arquebusiers; Mersuay (47 feux), pour 4 arquebusiers, etc.

envoyé en 1756 à Vienne avec le maréchal d'Estrées, qui était chargé de suivre les négociations entamées avec l'Autriche, et se fit remarquer de Marie-Thérèse, qui, désirant l'attacher à son service, lui offrit un emploi élevé dans son état-major. En 1757, il remplit à l'armée du prince de Soubise les fonctions de premier aide-maréchal général, et fut en outre chargé de la correspondance avec les ministres. Blessé légèrement à Rosbach, il remplaça comme chef d'état-major le comte de Revel, tué dans cette affaire, et contribua par la sagesse de ses dispositions à diminuer les pertes de notre armée. Il assista l'année suivante à la bataille de Luttemberg, ainsi qu'à la prise des principales places de la Hesse et du Hanovre. Brigadier en 1759, il fut appelé par le maréchal de Belle-Isle à Versailles pour diriger sous ses ordres les opérations militaires, et eut en même temps l'inspection des milices et des gardes-côtes. Maréchal-de-camp en 1762, il fut employé en Allemagne. A la paix, il revint à Versailles; et, nommé directeur du Dépôt de la guerre, il seconda de tout son pouvoir les grands projets que le duc de Choiseul avait conçus. Sous ses successeurs, Devault continua de diriger la correspondance, surtout celle qui concernait la guerre d'Amérique et les expéditions de Minorque et de Gibraltar. Choisi pour enseigner la tactique à Louis XVI, ainsi qu'à ses frères, il sut mériter l'estime de ses élèves, qui ne cessèrent depuis de lui donner des marques de leur bienveillance. Créé lieutenant-général en 1780, commandeur de Saint-Louis en 1787, il mourut à Paris en 1790. — Le général Devault avait formé, depuis 1762, sous le titre d'*Extrait de la Correspondance de la cour et des généraux*, une collection de 117 gros volumes in-folio avec cinq volumes de tables, laquelle comprend l'histoire de toutes les guerres de la France depuis 1672. C'est de cette collection que le lieutenant-général Pelet, devenu directeur du Dépôt de la guerre, a tiré les *Mémoires militaires relatifs à la succession d'Espagne sous Louis XIV.* (*Biog. univ.*, t. LXII, p. 439.)

DEVOSGES (François), né à Gray, le 15 janvier 1732, d'un père sculpteur, reçut de lui les premiers principes de son art;

il entra ensuite dans l'atelier de Perrache à Lyon, et de là dans celui de Guillaume Coustou, qui cultiva ses dispositions avec un soin particulier. Il était à peine âgé de dix-huit ans lorsqu'un accident fâcheux vint interrompre le cours de ses études : il se trouva tout à coup privé de la vue. Un chirurgien malhabile auquel il se confia lui fit perdre un œil en l'opérant, et ce ne fut que six ans après qu'il recouvra l'usage de celui qui lui restait. Il voulut alors réparer le temps perdu pour son instruction ; mais la faiblesse de ses organes ne lui permettant pas de s'appliquer à la sculpture, il entra dans l'école de peinture de Deshays, où il fit des progrès assez remarquables pour fixer l'attention des personnes les plus distinguées. L'ambassadeur de Russie lui fit offrir une pension, sous la condition qu'il irait habiter Saint-Pétersbourg ; mais il se refusa à ses sollicitations et à toutes celles qui lui furent faites pour quitter la France. Ce fut le marquis d'Argenson qui engagea Devosges à se rendre à Dijon, pour composer, sous les yeux du président de la Marche, son beau-père, les dessins d'un de ses ouvrages, et cette circonstance, peu importante en elle-même, influa sur toute sa vie. Pendant qu'il travaillait pour le président de la Marche, il conçut le projet d'ouvrir une école gratuite de dessin, et ce projet il l'exécuta sans autre ressource que le produit de son modeste patrimoine, qu'il vendit pour subvenir aux frais de premier établissement. Les succès de cette école lui méritèrent les encouragements de quelques amateurs des arts. Les Etats de Bourgogne lui donnèrent ensuite une forme régulière, et le prince de Condé, gouverneur de la province, s'en déclara le protecteur. Le traitement de Devosges, quoique successivement amélioré, resta toujours médiocre ; mais il eut le plaisir de voir augmenter les prix distribués aux élèves, et de déterminer les Etats à faire un fonds annuel pour envoyer à Rome les sujets les plus distingués. Pendant la Révolution, privé de tout secours étranger, il n'en continua pas moins, avec une assiduité digne d'éloges, ses soins aux nombreux élèves dont il était le père et qui ne lui donnaient pas d'autre nom. Devosges doit partager avec Vien la gloire d'avoir contribué à bannir le faux goût, et d'avoir substitué à la manière et aux pastiches l'étude de l'antique et l'imitation de la nature. Plusieurs des élèves qu'il a formés ont soutenu dignement l'honneur de l'école française. (*Biog. univ.*, t. XI, p. 267.) — Le zèle infatigable de F. Devosges pour son art ne se borna pas à créer l'école dont on vient de parler ; il fonda de plus le musée de Dijon, devenu une des plus riches collections de ce genre qui existent dans les départements. Il ne se composait d'abord que des ouvrages envoyés par les élèves de l'école des beaux-arts de Dijon que les Etats pensionnaient à Rome et qui avaient obtenu le grand prix. A l'époque de la Révolution, F. Devosges obtint d'y faire entrer une foule de belles toiles trouvées dans les églises et dans les communautés religieuses qui venaient d'être supprimées. Il employa sa courageuse énergie à arracher à la destruction ce qu'il put sauver des chefs-d'œuvre que le fanatisme révolutionnaire menaçait d'anéantir ; il les recueillit, les classa, les restaura. Telle fut l'origine de la superbe collection dont la ville de Dijon s'enorgueillit aujourd'hui, et qui fut ouverte pour la première fois le 20 août 1799. — F. Devosges n'a pas laissé de grandes compositions. On a de lui des dessins remarquables par la correction et la simplicité de l'ensemble ; il réussissait surtout dans les scènes d'enfants. Voltaire lui avait demandé des dessins pour son édition de Corneille, mais les imprimeurs préférèrent ceux de Gravelot. Plusieurs lettres de Voltaire prouvent le chagrin qu'il en ressentit et l'estime qu'il faisait des talents de Devosges. L'œuvre de celui-ci a été lithographié en un volume in-folio ; la bibliothèque de Gray et celle de Besançon en possèdent chacune un exemplaire. — Cet estimable artiste mourut à Dijon, le 22 décembre 1811, universellement regretté. Il était membre du Lycée des arts de Paris, et des académies de Dijon et de Besançon. La ville de Gray lui a fait élever une statue, qui décore une des fontaines de la place de l'Hôtel-de-Ville. Le musée de Dole possède son buste. Un autre buste de Devosges, exécuté par Rude, l'un de ses élèves les plus distingués, se voit au musée de Dijon. Sur le socle on lit l'inscription suivante : *A la mémoire de François Devosges, fondateur et professeur de l'école de dessin, peinture et sculpture de Dijon. La création de cet établissement, la formation du musée,*

*dues à son zèle, conserveront à jamais son souvenir dans le cœur
de tous les amis des arts.* M. Fremiet-Monnier a publié l'*Eloge de
F. Devosges*, Dijon, 1813, in-8°. — DEVOSGES (Anatoile), fils
du précédent, né en 1770, mort le 8 décembre 1850, a été
longtemps directeur de l'école des beaux-arts fondée à
Dijon par son père; il a laissé lui-même plusieurs peintures qui sont conservées au musée de cette ville, notamment le *Dévouement de Cimon.* Il a voulu, en mourant, enrichir
ce dépôt des tableaux et des dessins précieux dont il avait
composé son propre cabinet : 1° un tableau de chevalet, le
dernier de ses ouvrages; 2° le portrait de Devosges père, par
Prudhon; 3° plusieurs esquisses à l'estompe du même peintre;
4° trente-six études dessinées par Prudhon pendant son séjour
à l'école de Dijon; 5° plusieurs esquisses à la plume et au lavis,
par Devosges père; 6° diverses études par Gagneraux aîné; 7° un
portrait attribué à Mirevelt; 8° un paysage de l'école vénitienne;
9° plusieurs dessins de maîtres anciens, tels que Jules Romain,
Andréa del Sarte, etc.; 10° une nombreuse collection de belles
gravures rangées dans des cartons. Devosges fils a, de plus, légué
à Rude, élève de son père et son ami, une somme de 12,000 fr.,
à la condition de faire une statue en marbre pour le musée de
Dijon, et il a laissé une somme de 15,000 fr. dont les intérêts
sont destinés à entretenir à Paris l'élève de l'école de Dijon qui
aura le mieux réussi dans le dessin du modèle vivant. Ainsi
F. Devosges et son digne fils, après avoir tous deux consacré
leur vie à développer à Dijon le goût et le culte des beaux-arts,
se survivent en quelque sorte, et continuent à soutenir par leurs
œuvres l'école qu'ils ont fondée et dirigée avec tant de dévouement. — DEVOSGES (Denis), né à Gray, fut un sculpteur de
mérite. La bibliothèque de Dole possède de lui un buste remarquable du jurisconsulte Belon, éditeur du *Recueil des principaux
édits, déclarations et arrêts de la chambre des comptes séant à
Dole,* Dole, Tonnet, 1758, in-4°. On trouve à la même bibliothèque une belle étude de Denis Devosges, en plâtre, dont le
sujet n'est pas bien défini. — DEVOSGES (Michel), de la famille
des précédents, également né à Gray, s'était fait de la réputation
comme sculpteur. Un des ornements de l'église paroissiale de

Dole, la montre de l'orgue, lui est dû : c'est un travail fort
estimé. La bibl. de Dole et le musée de la ville possèdent du
même auteur deux statues en terre cuite (Uranie, Apollon-
Citharède), et un groupe de Bélisaire.

DORNIER (Claude-Pierre), né le 20 juin 1746, à Dampierre-
sur-Salon, tenait de son père, riche négociant, de vastes domaines qu'il sut administrer en agronome distingué. Plus tard
il devint le plus opulent des propriétaires de forges du pays.
Après avoir fait partie, sous l'empire de la loi du 26 février
1790, de l'administration départementale de la Haute-Saône, il
fut élu député à la Convention nationale. Dans le procès de
Louis XVI, il vota la mort, déclarant que désormais il ne vote-
rait plus la même peine, « qui devrait être rayée du code des
nations civilisées, » au moins en matière politique. L'un des
commissaires de la Convention, en 1794, près de l'armée de
l'Ouest, il prit de concert avec ses collègues les mesures les
plus propres à pacifier les départements insurgés, et signa le
premier armistice avec les chefs vendéens. Les administrateurs
de Nantes, informés que d'autres commissaires devaient venir
remplacer Ruelle, Bolot et Dornier, écrivirent à la Convention
pour demander que leurs pouvoirs fussent prorogés. Lors
de la mise en activité de la Constitution de l'an III, Dornier
entra dans le conseil des Cinq-Cents, dont il fut élu secrétaire en 1798. Ayant cessé de faire partie du Corps législatif en
novembre 1799, après la fameuse journée du 18 brumaire,
il reprit alors la direction de ses grandes et heureuses
spéculations industrielles. Il n'avait guère que soixante-un ans
lorsqu'il mourut à Dijon, dans un voyage qu'il faisait en cette
ville, le 2 novembre 1807. Nous terminerons cette courte notice
en rappelant, d'après la *Biographie universelle*, un des honorables traits de la vie de P. Dornier : « En 1794, il avait acquis
comme domaine national les forges de Pesmes, confisquées sur
le duc de Choiseul, émigré. Instruit que Mlle de Choiseul était
restée en France, il la força d'accepter une pension de 3,000 fr.,
et après la radiation de M. de Choiseul, il lui compta 90,000 fr.,
somme à laquelle il estimait son bénéfice sur les forges de

Pesmes. — Mme DORNIER née Rochet, veuve de Claude-Pierre, après avoir été un modèle de bienfaisance et de charité pendant sa vie, a légué au bureau de bienfaisance de Pesmes une somme considérable, dont le revenu doit servir à perpétuité au soulagement des indigents de la commune. Elle mourut dans sa belle habitation de Pesmes en février 1844, à l'âge de quatre-vingt-deux ans. Ses funérailles témoignèrent de toute la vénération dont elle était l'objet; on y voyait réunies la population tout entière du domicile mortuaire et celles des villages circonvoisins.

DORNIER (Jean-Baptiste), fils du précédent, naquit à Dampierre-sur-Salon le 17 avril 1784. Il était l'aîné de douze enfants auxquels leur père avait laissé une fortune de 6 à 7 millions. Tandis que plusieurs de ses frères s'occupaient de l'exploitation des forges patrimoniales, il se tint éloigné des affaires, voyageant beaucoup, recevant chez lui magnifiquement, et pratiquant, surtout envers les pauvres, la plus libérale bienfaisance. En 1815, il commandait les corps francs qui s'étaient formés dans l'arrondissement de Gray pour résister à une nouvelle invasion des troupes alliées. De 1833 à 1848, il fit partie du conseil général de la Haute-Saône pour le canton d'Autrey; il fut aussi président du comice agricole de Gray. De passage à Dijon, il y mourut presque subitement, le 9 août 1849. Ses restes, amenés à Oyrières, où était sa principale résidence d'été, y furent inhumés quelques jours après. Par son testament, il a laissé à la ville de Gray une fortune évaluée à 80,000 fr. de rente. Il a publié sous ce titre : *Essai historique et voyages pittoresques dans l'arrondissement de Gray et dans la Corse* en 1832, 3 vol. in-8° qui ont été imprimés, en 1836, le premier à Gray, imp. Barbizet; les deux autres à Besançon, imp. Gauthier. Les trois volumes ne forment ensemble que 554 pages. C'est un ouvrage mal écrit : l'auteur, on le voit, avait hâte de consigner sur le papier, sans se soucier du style le moins du monde, ce que ses excursions lui avaient donné l'occasion d'observer. Il lui a fallu néanmoins beaucoup de recherches pour arriver à grouper, autour de ses descriptions pittoresques des villes et des vieux châteaux qu'il avait visités, les dates et les faits anciens conservés par les écrivains franc-comtois sur ces mêmes villes, sur ces mêmes châteaux. On lit avec beaucoup d'intérêt ce qu'il dit de Gray, Gray-la-Ville, Autrey, Pesmes, Broye-les-Pesmes, Marnay, Gy, Oiselay, Champlitte, Vellexon, Dampierre, Fouvent, Theuley, Beaujeu, etc. Plusieurs épisodes se rattachent, dans le cadre adopté par l'auteur, aux souvenirs qu'il retrace : entr'autres celui de Gabrielle de Vergy, qui, emprisonnée au château d'Autrey et forcée de manger le cœur de Raoul de Coucy, jura de ne plus prendre de nourriture et se laissa mourir de faim (92) ; et celui de Jeanne d'Oiselay, qui s'illustra en défendant contre les Français, en 1481, le château-fort de cette localité. (Voy. OISELAY.) Dans le t. III de l'*Essai historique* se trouve une digression sur les sociétés secrètes politiques et religieuses (charbonniers, bons-cousins, francs-maçons), et sur l'ordre des Templiers. Le voyage en Corse ne remplit que les 108 dernières pages de ce troisième volume. L'ouvrage est orné de neuf dessins qui représentent : le pont et les moulins de Gray, la tour du château de Gray, l'hôtel de ville de Gray, les ruines du château d'Autrey, l'intérieur de la chapelle de Pesmes, le château de Marnay, le château de Gy, l'église de Champlitte, et la maison natale de Napoléon à Ajaccio.

DOUILLON (Claude-Antoine-Eléonore), littérateur, né à Dole le 21 février 1786, était disgracié de la nature sous le rapport physique ; mais il en avait été dédommagé par une grande aptitude pour les lettres. A une époque où les moyens d'instruction étaient devenus rares en France, il étudia les langues anciennes sans maître, et se rendit familières les beautés d'Horace et de Virgile. Plus tard, après avoir suivi un cours de droit, il acquit une charge de notaire à Vellexon, arrondissement de Gray, et fut nommé maire de cette commune. Ses infirmités l'ayant forcé de

(92) La complainte-légende de Gabrielle de Vergy est imprimée tout au long (vingt-un couplets) p. 39 du t. II. J.-B. Dornier dit qu'elle se chante encore dans quelques villages du canton d'Autrey.

renoncer à l'administration, il put dès lors, sans négliger les devoirs de son état, cultiver plus assidûment ses goûts littéraires. Il fit imprimer en 1813, à Dole : *Juliette ou le Saut-de-la-Pucelle*. in-8°. Cette nouvelle, dont le fond est tiré d'une tradition du pays, ne manque pas d'intérêt. Après la première abdication de Napoléon, Douillon se prononça vivement en faveur de la Restauration, et consigna ses sentiments dans un pamphlet intitulé *La Chute de l'Etranger*, qu'il fit imprimer et distribuer dans toute la province. Lors du passage à Dole de *Monsieur* (depuis Charles X), au mois d'octobre 1814, Douillon, qui assistait aux fêtes, fit exécuter pendant le dîner offert à *Monsieur* dans la salle principale de la bibliothèque une cantate de sa composition, dont le prince, auquel il eut l'honneur d'être présenté, lui fit des compliments. Ce jeune littérateur mourut à Vellexon le 1er novembre 1825. Il a laissé manuscrits des *Dialogues critiques* dont le principal interlocuteur est le fameux aventurier connu sous le nom de comte de Saint-Germain. (*Biog. univ.*, t. LXII, p. 561.)

DUCHANOY (Claude-François), docteur-régent de l'ancienne Faculté de médecine de Paris, membre de la nouvelle société de médecine du département de la Seine et de plusieurs autres sociétés savantes, administrateur des hôpitaux et hospices civils de Paris, chevalier de l'ordre impérial de la Légion-d'Honneur, né à Vauvillers le 16 mai 1742, mourut à Paris le 24 novembre 1827. Issu de parents honorables, C.-F. Duchanoy entra de bonne heure dans la carrière de la médecine, à l'exemple d'un frère aîné qui fut un homme distingué par la rectitude de son jugement et la sagacité de son esprit. Arrivé à Paris, il s'attacha au célèbre professeur Antoine Petit, dont il devint le collaborateur et l'ami. Bien que C.-F. Duchanoy s'adonnât spécialement à la pratique de la médecine, il publia en 1780 un *Essai sur l'art d'imiter les eaux minérales*, premier ouvrage qui ait paru sur cette matière et fixé l'attention des chimistes. Il publia ensuite la traduction d'un ouvrage anglais concernant le mal vertébral, puis un Mémoire sur l'*Usage des narcotiques dans les fièvres intermittentes*. Nommé, à la fin du siècle dernier, l'un des administrateurs des hôpitaux et hospices civils de Paris, il apporta dans ces fonctions, qu'il a conservées jusqu'à sa mort, un esprit d'ordre, une volonté ferme qui concoururent puissamment à régulariser les différents services confiés à ses soins. La pharmacie centrale des hôpitaux de la capitale est un établissement de sa création; on doit encore à son zèle une bonne partie des améliorations qui ont été successivement introduites à Bicêtre, à la Salpétrière, à la Pitié, aux hospices Saint-Antoine, Cochin, etc. Il avait contribué un des premiers à propager la vaccine en France. On trouve des *Notices* sur ce médecin philanthrope dans le *Moniteur* du 28 décembre 1827, et dans la *Biog. univ.*, t. XLIII, p. 27.)

DUCHESNE (Dom Vincent), bénédictin de la congrégation de St.-Vanne, né à Besançon au commencement du xviie siècle, fit profession, le 29 juin 1628, à l'abbaye de Faverney, où il passa la majeure partie de sa vie. Il était l'aîné de huit frères, dont six se consacrèrent comme lui à la vie monastique. Sa sœur unique se fit aussi religieuse au couvent des Bénédictines de Besançon. Le goût de D. Duchesne en architecture s'étant fait remarquer de bonne heure, il devint l'homme nécessaire pour les constructions ou les reconstructions qu'avaient à faire opérer sa congrégation et d'autres ordres religieux. « C'est à luy qu'on est « redevable, dit dom Thiebault (mss. cité p. 4), des dessins « des esglises de S. Pierre de Chalon-sur-Saone et de S. Sym- « phorien de Metz; du monastere des Bénédictines de Be- « sançon; des abbayes de Cluny, de Corneux, de Vaux, de « Lons-le-Saulnier, et de plusieurs autres, parmy lesquelles « la somptueuse abbaye de Faverney tient un des premiers « rangs. Il répara d'une maniere industrieuse l'esglise de « S. Vincent de Besançon, et fut appelé à Salins pour y faire « des greniers à sel et des chaudierres d'une nouvelle invention « dont le produit fust plus grand en sel et la consommation en « bois plus petite. Le succes de son invention luy procura une « pension de Sa Majesté. Il inventa aussi une machine pour « scier aisement et polir plusieurs pieces de marbre tout a la « fois. Louis XIV voulut la voir, et D. Duchesne eut l'honneur

« de la faire jouer en sa presence. Il apprit a Louis XV a escrire
« en trois leçons, et sa recompense fut la coadjutorie de
« l'abbaye de Faverney, a laquelle il fut nommé le 12 avril 1720.
« Des l'an 1697 il avait été honoré du titre de protonotaire
« apostolique. La mort le surprit le 8 novembre 1724, en
« l'abbaye St.-Vincent de Besançon. » Sa méthode d'écrire en
trois leçons devint le sujet d'une gravure au bas de laquelle on
lit les vers suivants, que nous trouvons dans la *Biog. univ.*,
t. XII, p. 112 :

> En trois heures de temps le roi sut bien écrire,
> Par un secret nouveau que tout le monde admire;
> Et le seul dom Duchesne, enfant de Besançon,
> Sut faire ce prodige en moins de six leçons.

Dom Duchesne avait laissé un gros manuscrit in-4° divisé en
deux parties. Dans la première on trouvait une idée générale
de la Franche-Comté, sa situation, ses confins, ses productions;
la statistique de ses forges, ponts, routes, étapes pour les
troupes; l'indication des anciens chemins romains; les curiosités de la province. Dans la seconde partie, l'auteur présentait
l'organisation ecclésiastique de l'époque : métropole de Besançon, abbayes, prieurés, églises collégiales, familiarités,
cures, commanderies, hôpitaux, etc. Ce manuscrit, longtemps
et précieusement conservé à l'abbaye de Faverney, aurait-il
disparu pour toujours? Nous ne le voyons point mentionné
dans les catalogues des principales bibliothèques de notre
ancienne province.

DUCOMMUN (Ulric), né le 30 décembre 1726 à Etobon, où
son père était pasteur, se voua comme celui-ci aux fonctions
de ministre et fit ses études en théologie au séminaire de Tu-
bingue, d'où il sortit en 1749. Après avoir été précepteur à
l'école française de la ville de Montbéliard, il desservit la
paroisse protestante de Beutal de 1759 à 1773. Son goût
pour les lettres lui fit accepter, à cette dernière époque, la
place de recteur du gymnase ou école latine de Montbéliard,
emploi qu'il conserva jusqu'à sa mort, arrivée le 14 juillet
1782. Le pasteur Ulric Ducommun avait des connaissances

très-étendues dans les langues latine, grecque et hébraïque, comme dans la rhétorique et la philosophie; il cultivait aussi la poésie française avec succès. Il est auteur de plusieurs ouvrages de littérature qui sont demeurés manuscrits.

DUMONTET DE LA TERRADE (François-Simon-Augustin), d'une ancienne famille du Quercy dont une branche s'était établie en Franche-Comté, naquit à Scey-sur-Saône en 1748. Après avoir exercé à Vesoul, pendant quelques années, la profession d'avocat, il devint un des échevins de la cité. Elu maire de cette ville en 1784, il signala son administration par divers réglements de police qui sont restés en vigueur. Il avait passé les premiers temps de la Révolution à Scey-sur-Saône, exclusivement occupé d'expériences agricoles, quand il fut nommé juge de paix de ce canton, alors que les assemblées primaires conféraient cette magistrature, en vertu de la Constitution de l'an III. En l'an V, il fut député par le département de la Haute-Saône au conseil des Cinq-Cents; mais il ne siégea pas dans cette assemblée, son élection ayant été annulée par suite du coup d'Etat du 18 fructidor (93). Sous le Consulat, il fut fait maire de sa commune; et lors de la création de la Société d'agriculture du département, en 1801, il fut appelé un des premiers à en faire partie. Les nombreuses notices qu'il consigna dès lors dans les *Mémoires* de cette Société attestent le zèle éclairé qu'il mit à concourir à ses travaux. (Voir, notamment, le discours qu'il prononça, comme président, à la séance publique du 6 septembre 1810, t. III des *Mém. de la Soc. d'agr., sc. et arts*, p. 81; ses *Notes* sur l'agriculture expérimentale, *ibid.*, p. 97.) — A la réorganisation de l'ordre judiciaire en 1811, il devint vice-président du tribunal de

(93) On nomme ainsi le coup d'Etat exécuté le 18 fructidor an v (4 septembre 1797), par la majorité du Directoire, composée de Barras, Laréveillère-Lepaux et Rewbell, contre les deux autres directeurs Barthélemy et Carnot, et contre ceux des membres du conseil des Cinq-Cents et du conseil des Anciens qu'on accusait d'être favorables à la royauté. Les résultats de cette révolution furent la condamnation à la déportation des deux directeurs dissidents, de onze membres du conseil des Anciens, et de quarante-deux membres du conseil des Cinq-Cents. (BOUILLET, *Dict. d'Histoire*, p. 665.)

Vesoul, puis, en 1812, conseiller à la cour d'appel de Besançon. Elevé, lors des changements qui eurent lieu dans les tribunaux en 1815, à la dignité de premier président de cette cour, il reçut peu de temps après la croix d'honneur et le titre de baron. Il mourut à Besançon le 13 novembre 1821. Depuis 1809, il était membre de l'Académie de cette ville. On a de lui, outre les Notes et Mémoires qu'il a fournis aux publications des Sociétés d'agriculture de la Haute-Saône et du Doubs : I. *Analyse de titres et quelques recherches sur la ville de Vesoul*, 1809, 54 p. in-8°; — II. *Eléments d'agriculture* à l'usage des écoles primaires, 1810, in-8°; — III. *Abrégé de l'instruction de Tessier sur les bêtes à laine*, 1812, in-8°. Le baron Dumontet de la Terrade a laissé manuscrits : un *Essai sur les personnages illustres, anciens et modernes, qui se sont montrés les protecteurs de l'agriculture*, etc., et des *Recherches* sur la ville de Vesoul et l'histoire de l'ancienne province de Franche-Comté.

DURAND (Jacques), prêtre, né à Vesoul, mort à Arbois en 1614, a donné une traduction de la *Paraphrase* de Pancirole sur les Psaumes, imprimée à Lyon en 1595. Il a laissé un *Mémoire sur le miracle de la sainte hostie arrivé à Faverney en 1608*, et dont il assure avoir été témoin. Ayant obtenu la place de théologal de Besançon, il fit une révision des livres d'église en usage dans le diocèse, et en donna des éditions plus correctes que celles qui les avaient précédées. (Note de M. Weiss, *Mém. de la Soc. d'agr., sc. et arts de la Haute-Saône*, t. II, p. 117.)

DURGET (Pierre-Antoine), né le 24 mars 1745, à Vesoul, où son père était procureur au bailliage-présidial, exerçait la profession d'avocat dans sa ville natale lorsque vint la convocation des Etats-généraux. Nommé membre de cette assemblée par les électeurs du bailliage d'Amont, il s'y montra constamment en opposition avec le parti révolutionnaire, et fut du petit nombre des députés du tiers-état qui se rallièrent franchement à la cause royale. « Dès que la session fut terminée, il crut devoir se retirer en Allemagne. Quoique âgé alors de près de cinquante ans, il n'hésita pas à rejoindre le corps de Condé, dans lequel il fit plusieurs campagnes, donnant l'exemple de la patience et du respect pour la discipline. Après que *Monsieur* eut pris le titre de régent du royaume, Durget fut employé dans diverses missions de confiance. Il ne rentra en France qu'en 1814, à la suite de Louis XVIII, qui récompensa son dévouement en lui faisant expédier des lettres de noblesse, avec cette devise : *Deo et regi fides impavida*. Il était chevalier de Saint-Louis et de la Légion-d'Honneur quand il fut fait, en 1815, chevalier de Malte. Revenu à Vesoul vers cette époque, avec le modeste traitement de chef de bataillon en retraite, il y mourut le 21 novembre 1817. » (*Biog. univ.*, t. LXIII, p. 235.)

EBAUDY DE FRESNE (François), né à Langres le 4 juin 1743, d'une famille établie depuis longtemps en Franche-Comté, reçut la première éducation à Paris, et s'occupa de bonne heure, avec une prédilection marquée, de questions économiques, surtout de celles qui avaient trait au développement de l'agriculture et de l'industrie. Pour les mieux étudier, il voyagea en Angleterre, en Hollande, dans les Pays-Bas, et dès l'âge de trente ans il commençait un vaste travail dans lequel devait entrer, outre les résultats de ses observations chez nos voisins, l'exposé d'un système financier qu'il croyait propre à relever le crédit public en France. Ce travail n'étant pas terminé lors de la convocation des Etats-généraux, l'auteur se contenta d'en détacher des extraits qu'il soumit aux Etats en 1789 et à l'Assemblée nationale en 1790, mais inutilement. Il est à remarquer pourtant que François de Fresne y réclamait déjà l'abolition de la loterie, ainsi que plusieurs institutions dont nous sommes en possession aujourd'hui, notamment les caisses d'épargne et les établissements de crédit foncier. Echappé aux proscriptions de la Terreur, il vint se fixer à Vesoul, et y mourut le 15 juin 1815, après avoir consacré les dernières années de sa vie à la littérature, à la culture des fleurs, et à l'embellissement de sa maison, dont il avait fait une charmante résidence d'été. M. Weiss (*Biog. univ.*, t. LXIV, p. 500) donne la liste de quatre ouvrages dus à François de Fresne, et dont le plus important a pour titre : *Traité d'agriculture, considérée tant en elle-même que sous les rapports d'économie politique*, Paris, 1788, 3 vol. in-8°. « C'est « moins un traité d'agriculture, dit M. Weiss, qu'un traité « d'économie agricole. On y trouve des idées qui pourraient « bien paraître singulières; mais il en est aussi d'utiles, et qui « depuis ont été généralement adoptées, sur l'utilité de multi- « plier les prairies artificielles, de varier les assolements, « d'employer la marne comme engrais, etc. L'auteur parle « aussi, dans cet ouvrage, de ses vues sur la police de la « voirie, sur l'entretien des routes, du pavé dans les villes; « de l'établissement des trottoirs pour les piétons, de voitures « *omnibus;* de nouvelles taxes que l'on pourrait établir sur les « voitures et les chevaux de luxe, sur les portes cochères, les « fenêtres, etc. » — EBAUDY DE FRESNE (Jules-Alexandre), fils du précédent, fut maire de Vesoul du 10 juillet 1833 au 20 août 1837. Il habitait Paris depuis quelques années lorsqu'il y mou- rut le 5 septembre 1854, dans sa soixante-quinzième année.

EQUEVILLEY (Jules-César-Susanne MERCIER, baron d'), maréchal-de-camp, officier de la Légion-d'Honneur, chevalier de Saint-Louis, mort à Montpellier le 1er novembre 1828, était né à Faverney le 26 décembre 1765. Sa famille habitait pendant la plus grande partie de l'année le village d'Equevilley, dont elle avait la seigneurie avant 1789. Il entra au service le 10 juillet 1779, dans le régiment de marine-infanterie, en qualité de cadet- gentilhomme, et y devint lieutenant le 5 juin 1786. La Révolu- tion le trouva dans ce grade. Cédant alors aux inspirations qui entraînaient une partie de la noblesse hors de France, il alla rejoindre l'armée de Condé. Entré d'abord aux chasseurs nobles, il servit ensuite dans le corps des chevaliers de la couronne avec le grade d'officier, et fut nommé chevalier de Saint-Louis le 25 décembre 1799. Après la dissolution de l'armée de Condé, il revint en France, resta quatre années dans ses foyers, et, las un jour d'une inactivité qui ne convenait ni à ses antécédents ni à ses goûts, il reprit du service dans nos armées, et entra le 8 novembre 1805 dans le régiment étranger de La Tourd'Auvergne, avec le grade de capitaine. Il se distingua à l'armée de Calabre ; son courage et ses talents lui valurent l'amitié et la confiance du général comte de Sainte-Croix, qui le choisit pour aide-de-camp. Dans le rapport officiel de l'affaire d'Alconi-sata (Portugal), en 1810, le baron d'Equevilley est cité pour avoir chargé et détruit, avec quinze dragons, une compagnie d'infanterie espagnole qui harcelait un des flancs de la colonne d'attaque où se trouvait son général. Chargé, le 4 juillet de la même année, de dégager le pont de Gallégos, défendu par un régiment de hussards hanovriens, il passa ce pont le premier et traversa seul un des escadrons ennemis. Cet acte de témérité audacieuse lui valut dix coups de sabre, dont un lui partagea l'œil droit et une partie du visage. Sa conduite énergique dans plusieurs autres affaires attira sur lui l'attention sérieuse de ses chefs, et il fut promu au grade de chef de bataillon le 16 février 1811. En 1814, la Restauration le nomma colonel de la légion de la Vendée ; en 1822, il fut élevé au grade de maréchal-de-camp, et chargé du commandement de la subdivision militaire des Pyrénées-Orientales, d'où il passa dans la même position à Montpellier. Il y exerça ses fonctions jusqu'au jour de sa mort. « Cette mort, disait la *Quotidienne* à cette époque, cette mort d'un homme de bien qui réunissait en sa personne toutes les vertus publiques et privées, répandit généralement le deuil dans la ville de Montpellier (94). »

ETALLON (Claude-Auguste), né le 28 avril 1826, à Luxeuil, d'une honnête famille de marchands, fit avec succès ses classes de collége et se destina de bonne heure à l'enseignement. Après avoir été professeur à Dol en Bretagne, à Pau, à Saint-Claude (Jura), il était venu occuper la chaire de mathématiques supérieures au collége de Gray. Tout en remplissant avec assiduité les devoirs du professorat, il se livrait ardemment à l'étude des sciences naturelles, surtout aux recherches paléontologiques. Des découvertes de fossiles par lui faites dans les envi-

(94) Cette notice, écrite par Armand Marquiset, et publiée en 1857 dans le *Journal de la Haute-Saône*, n° 12, est reproduite ici, sauf quelques modifications. Voir aussi le *Moniteur* du 13 nov. 1828.

rons de Saint-Claude « furent pour lui comme un éclair qui lui « traçait la route à suivre. Dès lors il n'eut en vue qu'un seul « but : c'était de jeter quelque lumière sur certaines parties « encore obscures de la géologie ; il ne songea plus qu'à arra- « cher à la terre ses secrets, à former des collections, à créer « des genres et des espèces (95). » Ses premiers Mémoires avaient fondé sa réputation ; ceux qu'il publia ensuite achevèrent de lui donner rang parmi les géologues les plus distingués. A. Etallon pouvait donc se promettre un bel avenir quand une mort prématurée est venue l'enlever dans toute la vigueur de la jeunesse et du talent ; il est décédé subitement à Gray, le 22 fé- vrier 1862. — Il a publié dans le court espace de cinq années : I. *Notice sur les grès bigarrés de Luxeuil;* — II. *Esquisse d'une description géologique du haut Jura;* — III. *Notice sur la classi- fication des spongiaires du haut Jura*, opuscule rempli d'aperçus nouveaux, et où l'auteur propose un autre mode de classification; — IV. *Etudes paléontologiques sur le haut Jura*, travail im- portant, où il indique des gisements très-riches de fossiles, et décrit beaucoup d'espèces inconnues des zoophytes ; — V. Addi- tions à un ouvrage posthume de Thurmann, savant paléonto- logue très-connu ; — VI. *Faune de l'étage corallien*, comparaison entre les coraux du Jura bernois, du Jura graylois et du haut Jura ; — VII. *Description des crustacés fossiles de la Haute-Saône;* — VIII. *Rayonnés du Jura supérieur de Montbéliard;* — IX. *Faune du terrain jurassique-moyen ;* — X. Préliminaires à l'étude des polypiers, opuscule d'une grande valeur scientifique, où l'auteur prouve l'importance des polypiers dans la stratification des terrains. — XI. *Notes sur les Crustacés jurassiques du bassin du Jura*, ouvrage inséré dans le *Recueil de la Soc. d'agr., sc. et arts de la Haute-Saône,* t. IX, p. 129, avec planches dessinées par l'auteur lui-même. — D'autres Mémoires de A. Etallon étaient sous presse au moment de son décès. Ce jeune savant, qui aurait rendu de grands services aux sciences naturelles s'il eût vécu une vie d'homme, était membre de la Société géologique de

(95) Paroles de M. Saillard, professeur au collége de Gray, sur la tombe d'Auguste Etallon.

France, des Sociétés d'émulation du Doubs, du Jura, de Montbéliard, de Porentruy, de la Société helvétienne des sciences
naturelles, de la Société impériale d'agriculture de Lyon, et de
la Société d'agriculture, sciences et arts de la Haute-Saône.

EUSTAISE. (Saint), né dans le VIᵉ siècle, était issu, portent
les légendes, d'une illustre famille de Bourgogne, et avait reçu
une éducation soignée pour cette époque. Il parut d'abord
incliner vers la profession des armes, mais il choisit de préférence la vie monastique, et se fit recevoir parmi les religieux
du monastère fondé à Luxeuil, peu d'années auparavant, par
S. Colomban. Bientôt il se concilia l'estime et l'affection de tous
ses frères en religion, et Colomban lui confia une charge
distinguée, parce qu'elle était difficile : la direction de l'école
destinée à faire bientôt la renommée de l'abbaye. Le moine
Eustaise se montra complètement à la hauteur de sa tâche, et
l'accomplit de manière à augmenter encore sa réputation. Aussi
fut-il nommé abbé de Luxeuil en remplacement de Colomban,
quand celui-ci dut aller en exil par les ordres de Thierry, roi
de Bourgogne. (Voy. COLOMBAN, p. 76.) Voyant l'abbaye rede-
venue tranquille, et peuplée de religieux instruits, fidèles à leur
règle, montrant l'exemple de la piété la plus exemplaire, Eustaise
crut pouvoir leur abandonner momentanément la conduite
du monastère : il partit donc avec un de ses compagnons de
cloître (voy. AGILE, p. 1), pour aller prêcher l'Evangile dans
les pays voisins, et même au-delà du Rhin. A son retour à
Luxeuil, Eustaise gouverna l'abbaye avec sagesse et édification,
jusqu'à sa mort, arrivée en mai 625 (96). Sa fête, fixée autrefois
au 29 mars, a été transférée, dans notre diocèse, au 16 juillet.

FABERT (Claude-François DE), docteur en médecine, né à
Luxeuil le 27 juin 1668, mort le 20 octobre 1719, était fils de
Jean-Charles-Marie Fabert, capitaine d'une compagnie de cava-
lerie au service du duc de Lorraine. Il a composé, en latin, un
Traité des fièvres, un *Dictionnaire*, en quatre parties, de diffé-

---

(96) Voy. *Vie des Saints de Franche-Comté* par les professeurs du collège
St.-François-Xavier de Besançon. La Notice de S. Eustaise y occupe 16 pages.

rents sujets de médecine, et d'autres écrits relatifs à l'art médical. Ces différents ouvrages sont restés manuscrits.

FABERT (Jean-Claude DE), docteur en médecine, conseiller au Magistrat de Luxeuil, né le 26 juin 1695, mort le 7 mars 1757, a laissé une *Dissertation sur les eaux minérales et médicinales de Luxeuil*, à la suite de *Notes* sur l'antiquité de la même ville. C'est un manuscrit in-4°. Le docteur J.-C. Fabert commença de former la collection d'antiques que sa famille possède aujourd'hui, et qui se compose principalement d'objets recueillis à Luxeuil et dans les environs.

FABERT (Jean-Joseph DE), docteur en médecine, inspecteur des eaux de Luxeuil, lieutenant de maire, né le 13 octobre 1737, mort le 28 février 1819, fit une partie des guerres d'Allemagne au milieu du XVIIIe siècle. De retour dans sa ville natale, il fit imprimer un *Essai historique sur les eaux de Luxeuil*, Paris, Vincent, 1773, in-12 de xij—196 pages, et le dédia à l'intendant de la province La Coré, qui avait beaucoup fait pour la restauration de ces bains. Avant d'être livré à l'impression, cet ouvrage fut examiné par le savant chimiste Le Veillard, qui en parla avec éloge dans une lettre que publia l'*Almanach de Versailles*, 12 octobre 1768. Une lettre du comte Chaptal, du 12 février 1813, rendit également hommage au mérite de l'auteur. Celui-ci s'est plus attaché, dans l'Essai dont il s'agit, à faire connaître les propriétés des eaux de Luxeuil et à indiquer les méthodes à suivre dans leur usage, qu'il ne s'est occupé de la partie historique qui aurait pu s'y rattacher. Cependant on doit lui savoir gré d'avoir placé en tête de son livre une savante dissertation qui tend à établir historiquement l'ancienneté de Luxeuil et l'authenticité de l'inscription LIXOVII THERM. REPAR. LABIENVS IVSS. C. IVL. CÆS. IMP. — En 1806, le docteur Fabert fit hommage à la Soc. d'agr., sc. et arts de la Haute-Saône d'un *Précis topographique et médical des eaux minérales et thermales de Luxeuil*. C'est une analyse de l'*Essai* imprimé en 1773. Il adressa à la même société un écrit intitulé : *Mémoire sur la ville et les antiquités de Luxeuil.* Ce manuscrit est uniquement historique ; l'auteur y classe dans un ordre chronologique les faits généraux de la province, et présente toujours au premier plan ceux qui ont été particuliers à Luxeuil. — On voit par la correspondance du docteur Fabert qu'il était en relations suivies avec un grand nombre d'hommes de distinction, dont beaucoup fréquentaient Luxeuil, attirés les uns par les dignitaires et les savants de l'abbaye, les autres par l'établissement thermal, qui était alors un des plus beaux de la France.

FABERT (Antoine-Charles-Joseph DE), lieutenant-colonel d'artillerie, officier de la Légion-d'Honneur, chevalier de Saint-Louis, membre de plusieurs sociétés savantes, né le 8 mars 1780 à Luxeuil, mort en cette ville le 17 mai 1848, commença sa carrière militaire à l'école d'artillerie de Châlons (97). Entré, en 1800, dans le 6e régiment de cette arme, il fit partie des détachements de troupes qui, en 1801, firent le siége de Porto-Ferrajo (île d'Elbe), que la France reprit aux Anglais. En 1805, il dirigeait, en qualité de capitaine, l'artillerie de l'expédition qui fut envoyée au secours des Espagnols à Caracas. En 1810, dans un des combats qui précédèrent l'occupation de la Guadeloupe par les Anglais, il fut fait prisonnier, et ce fut seulement à la paix de 1814 qu'il put revenir en France. Réemployé pendant les Cent-Jours dans la 15e division militaire, il prit part au combat de Seltz, petite ville d'Alsace qui fut attaquée sans succès par les Autrichiens, le 25 juin 1815, ainsi qu'aux engagements qui eurent lieu les jours suivants devant Strasbourg. (*Vict. et Conq.*, t. XXIV, p. 325 et suiv.) Nommé lieutenant-colonel en 1831, il fut sous-directeur à l'arsenal de Metz, et mis à la retraite quelques années après. — Revenu dans sa ville natale, le colonel Fabert consacra ses loisirs aux études vers lesquelles son goût l'avait porté dès le jeune âge, et, à l'exemple de plusieurs de ses ancêtres, il s'occupa particuliè-

---

(97) Pendant que le génie militaire avait son école à Mézières (V. p. 60, note 44), le corps de l'artillerie avait la sienne à Châlons-sur-Marne. Celle-ci fut supprimée à la création de l'Ecole d'application de Metz, destinée à former des officiers pour le service des deux corps de l'artillerie et du génie.

rement de l'histoire ancienne et moderne de Luxeuil. Possédant tous les documents recueillis pas ses devanciers (Vinot, Prinet, Guin, Fonclause, etc.), il essaya de composer un ouvrage où seraient relatés et coordonnés les faits épars dans les archives de la ville et dans les vieilles chroniques. Son travail manuscrit commence au temps où les traditions peuvent remonter, et s'arrête à la destruction de Luxeuil par Attila. L'auteur avait projeté d'y ajouter une seconde partie qui aurait compris l'époque des rois de Bourgogne, le moyen-âge, la féodalité et les temps modernes : la mort ne lui a pas permis, on ne peut que le regretter, d'accomplir la tâche qu'il se proposait d'achever. Le manuscrit qu'il a laissé renferme la description et les dessins de toutes les antiquités conservées ou décrites par les érudits luxoviens dont il avait retrouvé les notes ou les mémoires. Cet ouvrage a vivement intéressé ceux qui l'ont parcouru. En 1846, l'auteur en lisait deux ou trois chapitres au congrès archéologique de Metz, et recevait les félicitations de cette réunion scientifique. — La même année, le colonel Fabert publia une *Notice sur divers monuments funéraires trouvés à Luxeuil dans le mois de novembre 1845*, 20 p. in-8°, accompagnées de figures autographiques artistement dessinées. C'est un écrit plein d'intérêt; il a été inséré dans le *Recueil agr., ind. et scient. de la Soc. d'agr. de la Haute-Saône*, t. V, pp. 108 et suiv.

FAIVRE (Jean-Gabriel), docteur en médecine, né à Vesoul le 7 décembre 1728, mort en cette ville le 9 mars 1794, avait fait une étude particulière de la chirurgie, et s'était rendu habile dans cet art. On lit dans le *Journal de médecine* du mois de décembre 1787, numéro 12, p. 362, des *Observations chirurgicales sur la gangrène et la chute du scrotum*, par J.-G. Faivre, alors chirurgien-major de l'hôpital de Vesoul; p. 371, *Observations sur les blessures et les contusions des tendons et des aponévroses*; p. 380, *Observations sur un anévrisme et sur l'artère crurale*. La Société royale de médecine, à laquelle ces observations avaient été adressées, a rendu hommage au zèle et au talent de leur auteur. Le docteur Faivre a fourni à cette société d'autres Mémoires non moins intéressants, entr'autres sur les *fonctions digestives de l'intestin colon,* et sur *l'efficacité des décoctions de graine de lin sous forme de fomentations dans la brûlure.* Il a publié, sur ce dernier sujet, une *Lettre à M. Rougnon, professeur en médecine à l'Université de Besançon,* Vesoul, J.-B. Poirson, an III. (*Mém. de la Soc. d'agr., sc. et arts de la Haute-Saône,* t. II, p. 117.)

FAVIÈRE (Jean), de Vesoul, intendant de la maison du marquis de Listenois, fut admis conseiller au parlement de Dole en 1674. Il mourut en 1690, laissant plusieurs enfants, dont l'aîné fut conseiller au parlement de Besançon. Celui-ci (Claude-Antoine-Bonaventure), jurisconsulte habile et poète latin, a mis en vers les Actes des apôtres, sous ce titre : *Apostoleïdos,* ainsi que les *Règles* du droit. Ce dernier ouvrage a été imprimé à Nancy. L'auteur mourut à Besançon le 4 décembre 1722, à l'âge de quatre-vingts ans. (*Mém. de la Soc. d'agr., sc. et arts de la Haute-Saône,* t. II, p. 118; — *Ann. du parlement de Dole,* manuscrit cité p. 55.)

FEREY (Bonaventure), général de brigade, né à Gray, faisait partie du corps du maréchal Soult dans la campagne de Pologne en 1807, et se fit remarquer devant la tête de pont du village de Lomitten. Après avoir servi avec une grande distinction en Portugal dans les années 1810 et 1811, il fut tué à la bataille de Salamanque ou des Arapiles, le 22 juillet 1812. (*Vict. et Conq. des Français,* t. XVII, p. 159; XX, pp. 66, 69, 85, 104, 108, 189, 193, 194, 196, 206; XXI, pp. 48, 332.)

FERRAND (Jacques), général français, né le 14 novembre 1746 à Ormoy, bailliage de Vesoul, était fils d'un pauvre vigneron. A l'âge de vingt ans, il entra dans le régiment Royal-infanterie, et parvint de grade en grade à celui d'officier de recrutement. Devenu colonel en 1791, lors de l'émigration des anciens officiers, il signala sa valeur en 1792, au siége de Lille, fut bientôt après nommé général de brigade, puis de division, et envoyé à l'armée des Ardennes, dont il eut un instant le commandement en chef. Homme d'action, mais reconnaissant le premier qu'il manquait des talents nécessaires pour diriger un corps d'armée, il se hâta de donner sa démission, et retourna à l'armée du Nord. Il concourut, en 1794, à la reprise des Pays-Bas, et s'empara de Mons sans coup férir. Nommé commandant à Bruxelles, il y maintint l'ordre et se concilia l'estime des habitants par son esprit de justice et son désintéressement. Sur sa demande, il passa, dans le mois de juillet 1795, à l'armée du Rhin, et fut envoyé par Pichegru, son compatriote et son ami, pour commander à Besançon. Connu, même avant son arrivée dans cette ville, par la modération de ses principes, il y fut accueilli par tous ceux qui craignaient que le pouvoir ne retombât dans les mains des jacobins. Informé du projet formé par quelques émigrés d'exciter une insurrection royaliste en Franche-Comté et de livrer Besançon au prince de Condé, Ferrand en fit part à l'administration départementale; mais, tandis que les autorités concertaient les mesures propres à faire échouer ce projet, s'il avait quelque réalité, la liste des prétendus conjurés, dans laquelle figuraient en première ligne Ferrand et tous les membres de l'administration départementale, ayant été perdue par un agent royaliste (Tinseau), était adressée au Directoire. Un arrêté du 19 janvier 1796 destitua Ferrand, qui fut mis en prison avec tous les membres du Département. L'instruction qui suivit démontra leur innocence; mais le malheureux général ne fut point réintégré dans ses fonctions. Alors il écrivit au Directoire une lettre fulminante, qui tomba dans les mains de Carnot, lequel, connaissant le dévouement de Ferrand, s'empressa de lui rendre son grade, et peu de temps après lui fit donner le commandement d'une légion de vétérans disséminée dans les trois départements de la ci-devant Franche-Comté. En 1797, Ferrand fut élu par le département de la Haute-Saône député au conseil des Cinq-Cents, où il vota constamment avec Pichegru, dont il était l'admirateur enthousiaste. Cependant il ne fut pas inscrit, sans doute parce qu'on ne le crut pas dangereux, sur la liste des députés condamnés à la déportation au 18 fructidor; mais son élection fut annulée, et, rendu dès lors à la vie privée, il fixa son domicile à

Amance, où il résida jusqu'à sa mort, arrivée le 30 septembre 1804. N'ayant pas d'enfant, il laissa la jouissance du peu qu'il possédait à sa veuve, qui ne lui survécut que quelques mois, et donna le fonds aux communes d'Amance et d'Ormoy pour l'entretien de leurs écoles primaires. (*Biog. univ.*, t. LXIV, p. 101.)

FERRIER DU CHATELET (Pierre-Joseph DE), écuyer, chevalier de Saint-Louis, lieutenant-général, était fils d'un membre du conseil souverain d'Alsace. Il naquit en 1739 au château de Bavilliers près Belfort. Entré dès l'âge de quinze ans dans la première compagnie des mousquetaires, il obtint en 1757 une première lieutenance au régiment de Bouillon, dans lequel il fit toutes les campagnes de la guerre de Hanovre (de 1759 à 1763). Capitaine dans la légion de Soubise, il fit encore en 1768 et 1769 la campagne de Corse, et se distingua à l'affaire de Ponte-Nuovo. Employé plus tard à l'état-major du général du génie Bourcet, et nommé lieutenant-colonel des grenadiers royaux de Guienne, il fut, en 1774, attaché à l'ambassade de Vienne, et chargé de prendre des renseignements sur le service des troupes autrichiennes et des troupes prussiennes, mission dont il s'acquitta de manière à mériter la croix de Saint-Louis plusieurs années avant qu'il n'y eût droit par l'ancienneté de ses services. Il était maréchal-de-camp et secrétaire des commandements du duc d'Orléans en 1788, lorsqu'éclatèrent les premiers symptômes de la Révolution. Partisan des réformes, il fut compris par l'une des assemblées de la noblesse de Paris au nombre des électeurs qui devaient nommer les députés nobles aux Etats-généraux ; il fut ensuite invité à coopérer aux travaux du comité militaire de l'Assemblée constituante, et prit part en effet à ses délibérations jusqu'au moment où fut arrêtée la constitution future de l'armée. Employé activement en 1791, d'abord sous les ordres du général Lukner, à l'armée des Alpes, ensuite à l'armée du Rhin, il se distingua lors de l'évacuation des lignes de Weissembourg. Il fut nommé général de division en septembre 1792, et au commandement en chef de l'armée de la Moselle en août 1793 ; mais alors il crut devoir interrompre prématurément sa carrière militaire (98), et se retirer à Luxeuil (99), où il vécut éloigné de toute affaire publique, et où il termina le 29 novembre 1828 une longue vie toute honorable.

FERRIER DU CHATELET (Marie-Joseph-Vincent DE), né à Luxeuil vers 1780, fils du précédent, fit de bonnes études, et cultiva tour à tour la littérature française et la littérature allemande. Après avoir longtemps habité Dole, il alla fixer sa résidence à Jouhe (Jura), pour administrer ses propriétés de plus près et s'occuper d'agriculture. Quand vint la révolution de 1830, il la salua avec joie (son père avait été secrétaire des commandements du prince qu'elle faisait monter sur le trône), et il fit imprimer à cette époque, sous le titre de *Fête civique de Jouhe*, la relation d'un banquet patriotique qui avait réuni à la même table les autorités et la garde nationale de la commune (octobre 1830). Au mois de décembre suivant, il publia encore une *Ode au Roi*, en dix-huit strophes, Dole, imp.-Joly, in-8°. Nous ne savons pas quelle était sa manière d'écrire en prose ; quant à son talent pour la poésie, il était très-médiocre si l'on en peut juger par les deux dernières strophes de l'ode au roi, que nous avons sous les yeux. Le gouvernement de Juillet récompensa néanmoins le zèle et la bonne volonté de l'auteur, en le créant baron ; il était, d'ailleurs, le fils d'un très-honorable officier général bien connu de la Maison d'Orléans. Un peu plus tard, J. de Ferrier se présenta comme candidat à

---

(98) D'après M. Weiss (*Biog. univ.*, t. LXIX, p. 112), le général Ferrier du Châtelet aurait refusé le commandement de l'armée de la Moselle dans les circonstances que voici : « Pendant la campagne de 1793, il remporta différents avantages sur les Autrichiens, et se signala notamment à la perte des lignes de Weissembourg (17 juillet), où sa division opéra sa retraite sans désordre. Accusé par le général Custine de ne s'être pas, dans une affaire précédente (17 mai), conformé strictement à ses ordres, Ferrier demanda que sa conduite fût examinée par une cour martiale. Le ministre ne jugea pas à propos de donner suite à cette demande; mais sa justification lui parut si complète qu'il le proposa pour la place de général en chef de l'armée de la Moselle. Ferrier eut la modestie de refuser ce poste important, et, six semaines après (15 septembre 1793), il demanda sa retraite, *à raison de ses infirmités précoces.*

(99) Il s'y était marié quelques années auparavant.

la Chambre des députés; mais la majorité des électeurs préféra nommer le général Bachelu. Il s'occupa dès lors de dresser la généalogie de sa famille, et il fit insérer son travail dans les *Archives généalogiques et historiques de la noblesse de France,* par P.-Louis Laine, successeur de Viton de Saint-Allais. (Voir t. V de ce recueil.) Ayant vendu toutes les propriétés qu'il avait dans le Jura et dans la Haute-Saône, J. de Ferrier avait trans-féré son domicile à Paris. Il y mourut le 17 juin 1846, laissant une belle fortune à des collatéraux (il était décédé célibataire).

FERRON (Dom Anselme), né le 30 septembre 1751, à Ainvelle, mort à .... le 14 mars 1816, a laissé une *Dissertation* sur la chronologie des évêques de Besançon jus-qu'au VIII° siècle. Cet ouvrage existe à la bibl. de Dole, sous le n° 1697.

FLAMAND (Claude), ingénieur et architecte du prince de Montbéliard, était né à Savoyeux, qu'il avait quitté vers 1594, à cause des nouvelles doctrines religieuses dont il faisait profes-sion. Les sciences mathématiques l'occupèrent toute sa vie; il excellait principalement dans l'architecture et dans la géométrie pratique, sur lesquelles il a publié trois traités en 1597 et 1611. Celui qui est intitulé : *Le Guide des Fortifications et Conduite militaire pour se bien fortifier et défendre,* a eu deux éditions et a été traduit en langue allemande. Flamand, qui laissa un fils non moins habile que lui, mourut à Montbéliard au mois d'août 1626.

FLAVIGNY (Jean-Baptiste), fils de Jean-Claude Flavigny, docteur ès droits, naquit le 20 février 1732, à Vesoul. Il était, avant la Révolution, un des neuf chanoines du cha-pitre de Vesoul (100) et curé de la ville. Lorsque la législa-

---

(100) Le chapitre de Vesoul se composait de neuf chanoines, y compris le doyen; il tenait un des premiers rangs dans les assemblées du clergé de la province, et prenait le titre d'*insigne,* ainsi que l'y autorisait un arrêt rendu à cet effet. Le roi et les chanoines conféraient alternativement les prébendes; mais le choix du chapitre ne pouvait tomber que sur un ecclésiastique baptisé à Vesoul, fils d'un bourgeois de la ville, ou petit-fils et descendant d'un ha-bitant ayant obtenu des lettres de bourgeoisie.

ture de 1790 eut décrété la constitution civile du clergé (101), le chanoine Flavigny fut des premiers à se soumettre à ce régime nouveau. Elu évêque du département de la Haute-Saône (102), il adhéra de même aux lettres encycliques que publia le comité des prélats assermentés, ainsi qu'aux résolutions du concile national qui se réunit en 1797 à Paris. Après le concordat de 1801, il dut, comme tous les évêques constitutionnels, donner sa démission. Il reprit alors ses anciennes fonctions de curé de Vesoul, lesquelles il conserva jusqu'en 1814. J.-B. Flavigny fut, comme curé et comme évêque, fort charitable, bon envers tous, d'une piété exemplaire ; il se faisait remarquer en même temps par une grande simplicité de cœur et de mœurs ; dans ses tournées épiscopales, dans les rues de Vesoul, il causait familièrement avec tous ceux qu'il trouvait sur son passage, parlant français ou patois selon les personnes qu'il rencontrait. Aussi était-il environné de l'affection générale. Il mourut à Vesoul le 31 mars 1816, âgé de quatre-vingt-quatre ans. Son corps fut transporté à l'église paroissiale revêtu des insignes sacerdotaux et la face découverte ; dans ses mains, jointes sur la poitrine, on voyait une formule de rétractation ; mais l'opinion commune fut, à cette époque, que le vénérable défunt ne s'était rétracté qu'après sa mort.

FONCLAUSE (J.-F.-Melchior), homme de loi, né à Luxeuil, et mort à Vesoul en 1806, possédait la science des médailles, dont il avait fait toute sa vie une étude particulière. Presque

(101) Voir p. 16 la note 16.

(102) En même temps étaient élus : évêque constitutionnel du Doubs, l'abbé Seguin (Philippe-Charles-François), chanoine de la cathédrale de Besançon (Voy. p. 100, note 78); évêque constitutionnel du Jura, l'abbé Moïse (François-Xavier), professeur de théologie à Dole. (Voir ce nom dans la *Biog. univ.*, t. XXIX, p. 259.) L'article que lui consacre la *Biographie* le fait naître aux Gras, village du canton de Morteau (Doubs), ce qui n'est pas entièrement exact : l'évêque Moïse naquit au Rozet, hameau assez éloigné du village des Gras, où subsiste encore, de père en fils, la famille qui porte le nom du savant prélat. L'abbé Moïse, versé dans la connaissance des langues orientales, était considéré comme un des plus forts hébraïsants de l'époque.

sans secours étranger il était parvenu à former une collection de 9,000 à 10,000 médailles, dont la dixième partie n'eût pas déparé les plus riches cabinets. La plupart avaient été recueillies dans le département de la Haute-Saône (103). Dans les dernières années de sa vie, Melchior Fonclause fut affecté d'une ophtalmie qui l'empêcha de s'occuper, comme il en avait depuis longtemps le projet, d'un ouvrage élémentaire sur la science numismatique. Il a laissé quelques manuscrits sur cette partie. (*Mém. de la Soc. d'agr., sc. et arts de la Haute-Saône*, tome II, p. 119.)

FORMET (Joseph), pieux solitaire connu sous le nom de *frère Joseph*, naquit le 17 février 1724 à Lomontot, canton d'Héricourt, et mourut en odeur de sainteté le 30 avril 1784, dans les bois de Ventron (Vosges), où il s'était retiré, après quelques années de service militaire, pour échapper aux dangers du monde. C'est dans cette solitude qu'il passa les dernières années de sa vie. Des pèlerins viennent encore de loin visiter son tombeau.

FOURIER (Pierre), surnommé *le père de Mattaincourt*, parce qu'il fut curé de la paroisse de Mattaincourt (Vosges), naquit à Mirecourt le 30 novembre 1565. Il entra jeune dans une communauté de chanoines-réguliers, chez lesquels il se distingua par son savoir et sa piété. Il établit deux nouvelles congrégations qui furent approuvées par le pape Paul V, en 1615 et en 1616 : les *Chanoines-réguliers réformés*, qui enseignaient les jeunes garçons, et les *Religieuses de Notre-Dame*, qui se vouaient à l'instruction des filles. Venu à Gray sur la fin de l'année 1636, ce saint homme se livra avec humilité à l'enseignement de la jeunesse, surtout des enfants pauvres, et édifia chacun par la pratique de toutes les vertus. A sa mort, arrivée le 9 décembre 1640, la ville lui fit de magnifiques obsèques, et les restes du vénérable défunt, réclamés par des chanoines-réguliers de Lorraine, furent remis à ces derniers, sauf toutefois le cœur, que la ville de Gray voulut posséder, et que l'on déposa dans

(103) Une partie de cette précieuse collection est aujourd'hui dans les mains de M. Sallot, docteur en médecine à Vesoul.

l'église paroissiale, où cette relique est toujours conservée. Le P. Fourier a été béatifié en 1730 ; sa fête est célébrée le 7 juillet. La ville de Gray lui a élevé une statue de pierre, qui orne une de ses principales rues. La *Vie* de ce saint personnage a été écrite par le P. Jean Bedel, Pont-à-Mousson, 1656, petit in-4° ; par le chanoine Gallet, Besançon, 1730, petit in-8° ; par le P. Friant, Nancy, 1746, in-12 ; par Dhangest, ch. régulier, Lunéville, 1757, 2 vol. in-8°. Ces différentes Notices se trouvent à la bibl. de Besançon, n°ˢ 1531, 1536, 1537, 1538, sect. de l'histoire. L'ouvrage du chanoine Dhangest est moins une *Vie* du P. Fourier qu'une longue exhortation à le suivre dans les voies qu'il avait tracées de la manière la plus édifiante. — J.-B. Dornier (*Voyages pittoresques dans l'arrondissement de Gray*, t. I, p. 141) dit que le P. Fourier, avant d'arriver à Gray, séjourna quelque temps à Pesmes, puis à Dampierre-sur-Salon, et qu'il laissa dans ce dernier village des parents dont quelques descendants y vécurent jusqu'aux premières années du XVIIIᵉ siècle.

FRIAND (Simon), né à Faverney, abbé de Balerne, a écrit des *Mémoires de ce qui s'est passé sous Charles-le-Hardi* (duc de Bourgogne) *et l'empereur Maximilien*. Ces mémoires sont restés manuscrits (104).

FROISSARD (Claude-François), né à Faverney en 1768, fils de François-Louis Froissard, huissier royal à Vesoul, mort en cette ville le 13 novembre 1810, fut professeur d'histoire à l'Ecole centrale du département de la Haute-Saône. A la suppression de cette école, il devint magistrat de sûreté (105) à Vesoul. De 1803 à 1806, il publia : I. *Notice sur l'antiquité de la ville de Luxeuil*, 12 p. in-8° ; — II. *Tableau de l'histoire du département de la Haute-*

(104) La famille Friand, de Faverney, a fourni plusieurs chevaliers à la noble confrérie de Saint-Georges. Voir pp. 64, 80, 97, 99 et 130 de l'*Aperçu sur l'Ordre de Saint-Georges*, par le marquis de Saint-Mauris, in-8° de 250 pages, imprimé en 1834.

(105) Avant 1811, on donnait ce nom au magistrat chargé de la poursuite des délits.

Saône, 48 p. in-8°; — III. *Examen critique de la Notice historique sur les Rauraques,* par Verneur, membre de la Société
d'émulation du Haut-Rhin. Dans ce dernier opuscule, Froissard
est loin d'être d'accord avec Verneur sur les lieux où le chef
germain Arioviste en vint aux mains avec les Eduens, et où
Jules-César eut affaire lui-même avec Arioviste. Verneur avait
placé le champ de la première bataille à Amagetobria, nom
ancien, suivant lui, de Porentruy; Froissard voit Amagetobria,
non à Porentruy, mais à Broye-les-Pesmes. Selon Verneur, la
seconde bataille, la bataille de Jules-César contre Arioviste,
aurait eu lieu également près d'Amagétobrie-Porentruy; Froissard s'attache à démontrer que l'action dut se passer près
d'Amagétobrie-Broye-les-Pesmes. Les trois opuscules que nous
venons de mentionner se trouvent dans les *Mém. de la Soc.
d'agr., sc. et arts du département de la Haute-Saône,* t. I,
pp. 83, 95, 203.

FROMENT (Jean), né à Vesoul, d'une famille de robe, fut
reçu conseiller au parlement de Dole le 27 août 1614, et
mourut en cette ville le 23 mai 1633. Il a laissé manuscrit un
recueil estimé des arrêts rendus de son temps par cette cour.
(*Mém. de la Soc. d'agr., sc. et arts de la Haute-Saône,* t. II,
p. 119.)

GALMICHE (Nicolas), né le 18 janvier 1761, à Vesoul, d'une
bonne famille de la bourgeoisie, acheva ses études à l'Université
de Besançon, se fit recevoir avocat au parlement, et revint dans
sa ville natale, où il ne tarda pas à mériter la réputation d'un
habile jurisconsulte. A la création des écoles centrales, il fut
nommé professeur de législation à celle de Vesoul, et justifia ce
choix en s'attachant à former de bons élèves : plusieurs ont
rempli avec distinction des places dans la magistrature. Sa
chaire ayant été supprimée, il reprit ses fonctions d'avocat et
continua d'être employé dans toutes les causes importantes.
En 1814, il fut nommé vice-président du tribunal civil de
Vesoul; puis, en 1822 (23 janvier), élu membre de la Chambre
des députés par le collége du 2ᵉ arrondissement électoral de la

Haute-Saône (106). Il proposa dans cette session plusieurs amendements favorables à l'agriculture, mais il eut le regret de ne pouvoir les faire adopter. Réélu la même année (107), il continua de signaler son zèle dans les bureaux et dans les commissions, dont il fut plusieurs fois rapporteur, et reçut la croix de la Légion-d'Honneur. A l'expiration de son mandat, il pria les électeurs de reporter leurs suffrages sur un autre, et cessa de faire partie de la Chambre. Sa santé déjà chancelante ne fit que décliner, et il mourut le 16 novembre 1833. Il a laissé manuscrit un *Cours complet de droit*, que les instances de ses élèves et de ses amis ne purent le décider à livrer à l'impression. (*Biog. univ.*, t. LXV, p. 75.)

GASTEL (Thimotée), bénédictin, né à Luxeuil, mort à Besançon le 9 février 1764, est auteur d'une *Dissertation sur les eaux minérales et thermales de Luxeuil*, Besançon, Charmet, 1761, in-12. (*Mém. de la Soc. d'agr., sc. et arts de la Haute-Saône*, t. II, p. 119.)

GAUTHIER (François), imprimeur, né dans le XVIIe siècle à Marnay (Franche-Comté), exerça son état à Besançon, où il mourut en 1730. Il est auteur de *Noëls au patois de Besançon*, très-inférieurs aux *Noëls bourguignons* de La Monnoye, mais dans lesquels on trouve cependant des traits piquants, et des descriptions pleines d'originalité, entre autres celle de la procession générale. Il s'en est fait un grand nombre d'éditions. Celle qu'a donnée récemment M. Th. Belamy est accompagnée de notes historiques et philosophiques.

GAUTHIOT (Guy), seigneur d'Ancier, d'une famille originaire de Gray, occupait, au commencement du XVIe siècle, la charge d'avocat-général au parlement de Dole. Il était allié,

(106) Sur 207 votants, N. Galmiche obtint 115 suffrages, tandis que le candidat de l'Opposition, le conseiller Nourisson, en réunissait 91. Un billet s'était trouvé illisible.
(107) Cette seconde élection eut lieu le 13 novembre. Elle donna 134 suffrages à N. Galmiche, et 128 au marquis de Grammont, candidat de l'Opposition.

par ses ancêtres et par lui-même, à plusieurs maisons nobles
du pays. Son fils, Simon Gauthiot, maître d'hôtel du connétable Charles de Bourbon, tué devant Rome l'an 1527, avait
acquis de très-grands biens au service de ce prince. Un petit-
fils de Simon, Ferdinand Gauthiot, dernier descendant mâle
de la famille et célibataire, mourut à Rome, laissant pour héritiers, d'après un testament qui fut produit, les révérends pères
jésuites de la maison de Besançon. Il s'ensuivit un procès qui
fit grand bruit : le testament dont se prévalait la société des
Jésuites était argué de faux par les héritiers naturels de Ferdinand Gauthiot. L'affaire, instruite à Besançon, puis devant le
parlement de Dole, eut pour résultat, après une très-longue
procédure, deux arrêts qui déclaraient ce testament faux et
supposé. Porté en appel devant la cour supérieure de Flandre,
le procès fut perdu en fin de cause par les héritiers naturels
de Ferdinand Gauthiot, qui ne purent lutter avec avantage
contre les intrigues et les hautes influences dont on usa envers
la cour pour lui faire entendre que la confirmation de l'arrêt
de Dole porterait un trop grand coup à la société des Jésuites.
D'ailleurs, un des représentants des héritiers, le baron de
Boutavent, « contribua beaucoup, porte un manuscrit con-
« temporain, a la perte du proces par ses indiscretions, et des
« galanteries, intempestives en Flandre, auec des femmes de
« ses juges, qui n'entendoient pas raillerie sur ce suiet. »
(Ext. des *Annales* du parl. de Dole citées plus haut, p. 55.)
C'est ce procès célèbre qui a fourni à Regnard le fond de sa
comédie *Le Légataire universel,* jouée pour la première fois le
9 janvier 1708. On peut lire à ce sujet la note de Fenouillot
de Falbaire qui se trouve en tête du *Légataire* dans presque
toutes les éditions de Regnard, notamment dans le *Répertoire
général du Théâtre français* de la Ve Dabo, t. XXVI, p. 6.

GENOUX-PRACHÉE (Georges), fils d'Etienne Genoux-Prachée,
d'une famille savoyarde qui était venue s'établir en Franche-
Comté pour y faire le commerce des étoffes, naquit à Vesoul
le 14 novembre 1794. Ses premières études achevées, il
se destina au barreau, fit son cours de droit, et, à sa

sortie de l'école de Paris, il prit rang parmi les jeunes avocats, dans sa ville natale. Une élocution peu facile sembla, dès ses débuts, lui interdire les luttes du palais; mais on remarquait en lui la rectitude du jugement appliqué aux matières du droit, et une connaissance déjà étendue de la législation civile. Tant que dura le gouvernement de la Restauration, l'avocat Genoux appartint au parti libéral, qui réclamait sans cesse l'exécution sincère de la Charte, et épiait toute tentative qui serait faite pour en fausser l'esprit ou en éluder les promesses. Tandis que l'opinion constitutionnelle devenait de plus en plus prépondérante, le gouvernement de Charles X préparait les fameuses ordonnances auxquelles la France répondit par les Journées de Juillet. G. Genoux salua avec enthousiasme des événements qui faisaient descendre du trône une dynastie rétrograde, et il se mit à la tête des hommes qui, dans le département de la Haute-Saône, se croyaient appelés à faire triompher toutes les conséquences de la nouvelle révolution. C'est dans ces conjonctures politiques qu'il fut nommé conseiller de préfecture, puis élu député par la circonscription électorale de Vesoul. Arrivé à la Chambre, il prit place au centre gauche, où avaient planté leur drapeau les hommes qui déjà reprochaient au gouvernement de Louis-Philippe de ne point faire assez pour les intérêts démocratiques, comme si la révolution qui venait de s'accomplir n'avait pas dépassé de beaucoup la limite des concessions que l'Opposition réclamait quelques mois auparavant! De ce centre gauche autant que de l'extrême gauche vinrent les attaques qui harcelèrent sans relâche le ministère Casimir Périer et tous les cabinets qui se succédèrent sous le règne de Louis-Philippe. Bien que placé dans un camp d'humeur si agressive, G. Genoux ne parut que fort rarement à la tribune; il sembla n'user de sa part d'action et d'influence, pendant les seize années de sa carrière parlementaire, que dans le travail des bureaux. Il suivait d'ailleurs sa ligne politique avec une invariable fidélité. Soutenu par la confiance de ses commettants, par la propagande que faisaient ses amis, il l'était encore par les nombreuses sympathies que lui attirait son obligeance. Malheureusement il ne sut pas

résister à certains entraînements ; soit qu'il se fît illusion sur son importance personnelle, soit qu'il prêtât l'oreille à des conseils imprudents, il crut pouvoir s'ingérer dans les affaires électorales de nos trois autres arrondissements (108). Il y perdit son repos. Ce fut même peu de temps après une correspondance très-vive qu'il avait échangée par la voie de la presse avec un éminent candidat de l'arrondissement de Jussey, qu'il se sentit atteint de la maladie à laquelle il succomba le 29 octobre 1846. A ses funérailles, M. Noirot, avocat, et M. Baulmont, maire de Vesoul, prononcèrent des discours où étaient rappelées les qualités de l'honorable défunt. Nous associant aux sentiments dont ils s'étaient faits les interprètes, nous disions nous-même, le lendemain, dans le *Journal de la Haute-Saône* : « ..... Sa ligne de conduite au point de vue politique, ses
« opinions différaient des nôtres, différaient, nous le croyons,
« de celles de beaucoup d'entre nous ; mais, tout en réservant les
« principes, on s'accordait du moins à rendre à ses intentions un
« hommage mérité. M. Genoux, d'ailleurs, se montra toujours
« zélé pour les intérêts de la Haute-Saône. Les questions qui
« avaient un caractère départemental étaient élaborées par lui
« d'une manière consciencieuse, et discutées avec beaucoup de
« netteté, de logique et de persévérance. Son obligeance était
« également bien connue ; on le trouvait empressé ; il n'épar-
« gnait ni peines ni démarches. Dans la vie privée, on le voyait
« libéral envers les pauvres ; chaque année, notamment, il
« faisait remettre au bureau de bienfaisance de Vesoul la partie
« de son traitement de conseiller de préfecture correspondant
« au temps qu'il passait à la Chambre. » A sa mort, G. Genoux n'était âgé que de cinquante-deux ans.

GENTIL (André-Antoine-Pierre), bernardin, né à Pesmes vers l'an 1731, mort à Paris en 1800, fut l'un des agronomes les plus distingués du xviiie siècle. Il était membre des Académies de Montpellier, Dijon, Auch, Limoges, et des Sociétés d'agriculture de Paris, de Nancy, du Mans, de Mézières et de

---

(108) Le département de la Haute-Saône était alors divisé en quatre arrondissements politiques : ceux de Vesoul, Gray, Lure et Jussey.

Besançon. Il a publié sur l'économie rurale les ouvrages suivants : I. *Diététique générale des végétaux, et application de la chimie à l'agriculture*, Dijon, 1777, in-8°. — II. Mémoire sur cette question : « Les engrais peuvent-ils être suppléés par de fréquents labours? Jusqu'à quel point les labours influent-ils sur la végétation et peuvent-ils y suffire? » Ce Mémoire fut couronné par la Société d'agriculture d'Auch en 1779. — III. *Mémoire indiquant les substances fossiles propres à remplacer la marne*, couronné par la Société d'agriculture de Limoges en 1779. — IV. *Quel est le meilleur moyen de cultiver les terres basses et nouvellement desséchées?* Cette question avait été mise au concours par l'Académie d'Amsterdam : un Hollandais remporta le prix; mais D. Gentil eut le premier accessit. — V. *Mémoire* sur le sujet proposé (en 1779) par la Société des sciences de Montpellier : « Déterminer par « un moyen fixe, simple et à la portée de tout cultivateur, le « moment auquel le vin en fermentation dans la cuve aura « acquis toute la force et toute la qualité dont il est susceptible. » Le premier prix fut accordé, dit M. Chaptal, à une rapsodie théorique de l'abbé Bertholon, et l'excellent ouvrage de D. Gentil n'obtint que le second prix. Les deux Mémoires furent imprimés ensemble, aux frais de la Société; celui de D. Gentil a eu plusieurs éditions. — VI. *Les avantages et les désavantages de l'incinération simple, de celle à l'écobue, et de la fumigation aussi à l'écobue*, Mémoire couronné par la Société de Limoges en 1781. — VII. Sur cette question proposée par l'Académie de Dijon (1785) : « Désigner les plantes inutiles et « vénéneuses qui infestent souvent les prairies et diminuent « leur fertilité; indiquer les moyens d'en substituer de salubres « et d'utiles, de manière que le bétail y trouve une nourriture « saine et abondante, » le Mémoire de D. Gentil eut le premier accessit. — VIII. *Est-il avantageux ou non de soutirer les vins? Dans le cas de l'affirmative, quand et comment doit-on les soutirer pour ne point nuire à leurs principes et à leurs qualités?* Le Mémoire de D. Gentil fut couronné par l'Académie de Lyon en 1787. — IX. *Manière de faire de très-bon vinaigre avec du petit-lait*, Mémoire imprimé à Dijon en 1787, avec l'approbation de l'Académie. — X. *Dissertation sur le café et sur les moyens propres à prévenir les effets qui résultent de sa préparation, communément vicieuse, et en rendre la boisson plus agréable et plus salutaire*, Paris, 1787, in-8°. — Ce fut dans le cloître de Clairvaux, où D. Gentil prit l'habit à l'âge de dix-huit ans, que se développa son goût pour les études agronomiques. Il fut lié d'amitié avec Buffon. Le grand naturaliste ne parlait jamais qu'avec distinction de ce respectable religieux, « qui ensevelit « dans l'ombre du cloître des talents dignes du plus grand jour. « Souvent créateur, toujours heureux dans ses opérations chi- « miques, parce qu'il était infatigable dans ses recherches, il « ne voit rien dans la nature qui ne puisse tourner par ses « soins au profit de l'espèce humaine ; il ferait sortir le chypre « et le malaga d'une tonne remplie de vin corrompu. Lisez « son ouvrage sur la fermentation..... » La Société d'agricul- ture de Besançon possède plusieurs manuscrits originaux de D. Gentil, entr'autres des Suppléments inédits à son traité sur les vins. — Voir, pour plus de détails, l'article GENTIL par M. Weiss, dans la *Biog. univ.*, t. XVII, p. 100, et l'*Eloge* du savant bernardin par M. de Fuschemberg, dans le tome III du *Recueil des travaux de la Société d'agriculture du Doubs*. — Une rue de Pesmes a reçu le nom de D. Gentil.

GIRARD (N.), curé de Saint-Loup au XVIIIe siècle, est auteur de *Petits Prônes ou Instructions familières pour les peuples de la campagne*, Lyon, 1753, 1760, 1766, 8 vol. in-12; Bruxelles, 1769, 4 vol. in-12. Une autre édition, revue et corrigée, a été publiée en 1823, à Avignon, Chambeau, 4 vol. in-12, sous le titre de *Prônes*, etc. « Ce recueil peut être fort utile aux jeunes « ecclésiastiques, auxquels il est principalement destiné. Le « style en est simple et clair, et les matières les plus relevées « de la religion y sont mises à la portée des auditeurs les moins « instruits. » (*La France littéraire*, par J.-M. Quérard, t. III, p. 362.)

GIRARDIN (Jean-Baptiste), curé de Mailleroncourt-Saint-Pancras, mort le 13 octobre 1783, est auteur des ouvrages suivants : I. *Commentaire sur le chapitre VIIIe du livre des Proverbes, depuis le ℣ 22 jusqu'au ℣ 31*, Paris, 1758; Besançon, 1759, in-12. Le but de l'auteur est de prouver la bonté et la sagesse du Créateur par l'ordre immuable de l'univers. Il ne fait guère que répéter ce qu'on trouve dans tous les livres sur ce sujet ; mais il a l'avantage de mettre d'importantes vérités à la portée de la classe commune des lecteurs. — II. *L'Incrédule désabusé par la considération de l'univers*, Epinal, 1766, 2 vol. in-12. Cet ouvrage est la suite du *Commentaire* cité plus haut. L'auteur y réfute les objections présentées contre la Providence. Son style manque de correction et d'élégance ; mais il est simple, clair, et quelquefois il a de la chaleur. (*La France littéraire*, par J.-M. Quérard, t. III, p. 369.) On attribue encore à J.-B. Girardin quelques brochures sur des matières de controverse.

GIRARDOT (Jean-François), né à Fontaine le 18 décembre 1750, servait avant la Révolution dans le corps de cavaliers qu'on appelait gendarmerie de Lunéville. Ayant repris du service comme volontaire en 1790, et obtenu le commandement d'un des bataillons de la Haute-Saône, il partit pour l'armée du Rhin, où sa belle conduite le fit parvenir au grade de général de brigade. Il mourut à Fontaine le 12 août 1819. — GIRARDOT (Pierre-François), frère du précédent, né le 2 février 1756, fut successivement avocat au parlement, procureur du roi à Vesoul, président du tribunal de district de Luxeuil, et juge de paix du canton de cette ville. Il mourut dans ces dernières fonctions le 20 juillet 1812, emportant d'universels regrets.

GOLLUT (Louis), né à Pesmes vers 1525, prit ses degrés en droit, et commença à exercer la profession d'avocat. Une chaire de littérature latine ayant été créée à l'Université de Dole, il en fut le premier titulaire, et la remplit avec beaucoup de distinction jusqu'à sa mort, arrivée en 1595. Son goût pour les recherches s'étant tourné vers l'histoire de sa province natale, il s'y appliqua avec zèle, et fit paraître, après douze années de travail et de peines infinies, ses *Mémoires historiques de la République séquanoise et des princes de la Franche-Comté de Bourgogne*, Dole, 1592, in-fol. de 1108 pages, non compris la table des matières. « Cet ouvrage, dit D. Grappin, est excellent pour la connaissance des événements qui regardent la province; et l'on peut même, en ce qui concerne les événements liés à l'histoire générale, mettre Gollut de niveau avec beaucoup d'écrivains de son temps. » Cependant (Voir *Biog. univ.*, t. XVIII, p. 52) on lui reproche de n'être pas toujours impartial. Ces Mémoires ont mérité une réimpression sous la direction de MM. Charles Duvernoy et Bousson de Mairet, Arbois, Javel, g^d in-8° de 2040 pages (1846). Le texte de Gollut est accompagné de notes historiques très-savantes, dues principalement à Ch. Duvernoy. Gollut fit imprimer en outre : I. *Gymnasii Dolani grammatica latina*, 1572, in-8° ; — II. *Paroles mémorables de quelques grands personnages, entre lesquelles sont plusieurs mots joyeux et rustiques*, Dole, 1589, in-12. Il avait composé d'autres ouvrages qui sont restés manuscrits et ne nous sont pas parvenus. M. Pallu, conservateur de la bibliothèque publique de Dole, a publié une intéressante *Notice sur Gollut*.

GOURDAN (Claude-Christophe), avocat, né à Champlitte en 1744, était lieutenant-assesseur criminel au bailliage-présidial de Gray avant la Révolution. Lorsque furent convoqués les Etats-généraux, il devint un des députés nommés par le Tiers-Etat, et, dès son arrivée à l'Assemblée nationale, il prit place parmi ceux de ses collègues qui étaient le plus ardents à demander des réformes, et fit partie de la majorité qui se prononça pour l'abolition des priviléges féodaux, la création du papier-monnaie nommé *assignats*, la division du royaume en départements, la confiscation des biens du clergé, la vente des biens nationaux, la suppression des titres de noblesse, etc. etc. Il passa alors pour être un des fondateurs du club des Jacobins, qui devint, un peu plus tard, l'instigateur des mesures les plus sanguinaires. A la fin de la session, le gouvernement lui confia la présidence du tribunal de district de Champlitte. Elu, en 1792, député de la Haute-Saône à la Convention, il vota, lors du procès de Louis XVI, la mort sans appel et sans sursis, décision qui ne fut rendue qu'à la majorité de onze voix (366 contre 355). Il fut même membre du fameux comité de salut public (109) créé le 6 avril 1793. (*Biog. mod.*, t. II, p. 105; *Biog. univ.*, t. LXV, p. 552.) Les séances de la Convention terminées, l'ex-député Gourdan passa au conseil des Cinq-Cents, et à l'expiration de son mandat, il fut nommé par le Directoire juge au tribunal de cassation, dont il présida la section civile près d'un an : c'est la preuve qu'on reconnaissait en lui un assez grand talent de jurisconsulte. Réélu pour la quatrième fois député, il rentra dans le conseil des Anciens (an VI), dont il fut successivement secrétaire et président. Sincèrement attaché au parti républicain, il se signala dans la lutte qui s'était élevée entre les conseils et le Directoire, et qui se termina par la démission de Rewbell, de Merlin et de la Réveillère-Lepaux. Il prit ensuite la défense des clubs, qui commençaient à se rétablir sous le nom de cercles constitutionnels. Ce fut avec la même vigueur qu'il se prononça pour la liberté de la presse la plus illimitée. Au 18 brumaire an VIII (9 novembre

(109) Ce comité, le plus célèbre de tous ceux que l'on vit s'élever pendant la Terreur, fut créé par un décret de la Convention nationale que proposa le parti montagnard, et eut pendant plus d'une année toute l'autorité en France. Il avait sous ses ordres le *tribunal révolutionnaire*, chargé d'exécuter juridiquement les victimes suspectes au parti jacobin; les *comités révolutionnaires*, établis dans toutes les communes de la France pour recevoir les dénonciations; et le *comité de sûreté générale*, chargé de la police. Il se composa d'abord de neuf membres, choisis dans le sein de la Convention, et dont les principaux furent Danton, Barrère et Cambon. Le 16 juin 1793, il s'adjoignit trois autres membres, Saint-Just, Jean-Bon-Saint-André et Couthon. Robespierre et Carnot, Collot-d'Herbois et Billaud-Varennes y entrèrent après eux. Ce comité couvrit la France d'échafauds; après s'être défait des ennemis du gouvernement révolutionnaire, il s'attaqua à ses propres membres, et l'on vit successivement tomber les têtes d'Hébert, de Chaumette, de Danton, de Camille Desmoulins, etc. Enfin, la scission qui s'opéra entre Robespierre, Saint-Just, Couthon, et les autres membres, l'arrestation et le supplice des trois premiers (27 juillet 1794) mirent un terme à la formidable influence du comité. Il ne fut pas aboli, mais désorganisé par la Convention elle-même. Ainsi privé de ses membres les plus redoutables, il perdit peu à peu son pouvoir, et il disparut tout à fait lors de l'établissement du Directoire (1795). (BOUILLET, *Dict. d'Histoire*, p. 406.)

1799), il se trouvait parmi les opposants, ce qui lui valut son exclusion des conseils. « Son dessein était d'ouvrir à Paris « un bureau de consultation; mais il reçut du nouveau mi-« nistre de la police (Fouché) l'injonction ou l'avis officiel de « se retirer dans sa province. Cependant, à la réorganisation de « l'ordre judiciaire, il fut nommé juge au tribunal de Vesoul; « mais il refusa cette place, ne reconnaissant pas comme légal « un gouvernement établi par la force. Il se démit également « de celle de premier suppléant du juge de paix de Champlitte, « et mourut de chagrin le 10 novembre 1804. » (*Biog. univ.*, t. LXV, p. 552.)

GOUX DE RUAUX, abbé, né à Saint-Loup en 17.., est auteur de quelques écrits littéraires et polémiques. Ceux qu'il a publiés sur la bulle *Unigenitus* font honneur à sa modération. (*Mém. de la Soc. d'agr., sc. et arts de la Haute-Saône*, t. II, p. 123.) Goux de Ruaux ne figure dans aucun dictionnaire biographique.

GRAMMONT-GRANGES (Antoine-Pierre Ier DE), abbé de Bithaine, conseiller-clerc au parlement de Dole, chanoine de l'église métropolitaine et archevêque de Besançon, était issu d'une illustre Maison du comté de Bourgogne connue dès le XIIe siècle, et qui subsiste encore (110). Né en 1615

(110) La Maison de Grammont-Granges descend, comme son nom l'indique, des barons de Granges et des sires de Grammont, lesquels appartenaient à deux familles de haut baronnage au comté de Bourgogne. Soutenant constamment l'éclat de son origine, elle a donné nombre de grands officiers à la cour comme aux armées des ducs de Bourgogne, ainsi que trois arche-vêques au siége métropolitain de Besançon. Longtemps elle a réuni de vastes possessions, et contracté toujours les plus belles alliances. Dunod, qui en a dressé la généalogie dans son *Histoire du comté de Bourgogne*, t. II, p. 478, la divise en sept branches : Grammont-Fallon, Grammont-Châtillon, Grammont-Conflandey, Grammont-Melisey, Grammont-Vellechevreux, Grammont-Vezet, Grammont-Nomay. — Un manuscrit de la fin du XVIIe siècle (*Annales du parlement de Dole*) explique comme il suit l'origine du nom Grammont-Granges : Huguenin, connétable de Bourgogne au XIIe siècle, baron de Granges, eut, entre autres héritiers de son nom, Guy et Guillaume, frères, qui se partagèrent les biens de leur Maison. A Guy, qui était l'aîné, échut la terre de Granges, et à Guillaume celle de Grammont. Ce dernier eut seul une postérité mas-

(111), il embrassa jeune l'état ecclésiastique et fut pourvu successivement de plusieurs bénéfices considérables. Le pape Alexandre VII l'ayant, en 1662, nommé haut-doyen du chapitre de Besançon, il ne crut pas devoir accepter une dignité dont la collation avait appartenu jusqu'alors aux chanoines; et ceux-ci, reconnaissants de son respect pour leurs priviléges, l'élurent archevêque. Mais la cour de Rome, qui contestait au chapitre le droit d'élire son doyen, n'était pas plus disposée à lui reconnaître le droit, bien autrement important, d'élire les archevêques. Le pape refusa donc de confirmer l'élection du nouveau prélat, mais lui fit offrir des bulles de nomination, qu'il accepta sous les réserves de droit; et, malgré les protestations d'une partie des chanoines, P. de Grammont s'étant fait sacrer dans une chapelle souterraine de l'abbaye de Saint-Vincent, par un de ses suffragants (dom Saulnier, évêque d'Andreville), il fut mis en possession de son siége. L'archevêque, sous la domination espagnole, avait une grande part au gouvernement de la province. La double conquête de la Franche-Comté par Louis XIV (1668 et 1674) fournit à Grammont l'occasion de donner des preuves de son courage et de son inébranlable fidélité. Dans la première, l'invasion fut si subite que les villes seules offrirent quelque résistance. L'archevêque, enfermé dans Besançon, retarda autant qu'il le put la prise de cette ville, qui était mal fortifiée et ne comptait pas un assez grand nombre de défenseurs. Il ne

culine, et son fils Guyot prit le nom de Grammont-Granges, en même temps que les armoiries des deux Maisons.

(111) C'est à Melisey, dit-on, que vint au monde l'archevêque Antoine-Pierre Ier de Grammont. Cela ne nous paraît nullement invraisemblable. Au xviie siècle, l'ancien château-fort de Melisey appartenait à la Maison de Grammont. Cerné, dans la nuit du 28 au 29 avril 1642, « par 600 hommes de pied et de cheval commandés par le général français de La Suse, » mais délivré, huit jours après, par des secours arrivés de Faucogney, de Luxeuil et autres lieux voisins, ce château, sur lequel on avait tiré 364 coups de canon, n'en fut pas moins tout en ruines. M. de Grammont annonçait de la manière suivante, au gouverneur de la Franche-Comté, la levée du siége de *son* château : « Je ne puis dire autre chose à Votre Seigneurie sinon que, apres « Dieu et sa sainte mere, j'ai obligation à V. S. de la delivrance de M. de « Souvans et de mes enfans. D'autres en pourront escrire les particularitées. « — Dans les ruines du château de Melisey, le 5 mai, à cinq heures apres « midy. — GRAMMONT. »

voulut pas que les ecclésiastiques fussent exempts du service militaire; et souvent on le vit lui-même aller sur les remparts visiter les citoyens, et les encourager à se sacrifier, s'il le fallait, pour leur patrie. A la seconde conquête, il fit également son devoir, mais avec moins d'éclat, prévoyant sans doute que le sort de la province était irrévocablement fixé. Aussi dit-il à Louis XIV, lorsqu'il vint le recevoir à la porte de sa cathédrale : « Nous allons rendre grâces à Dieu de ce que, si sa providence « nous a destinés à vivre sous la domination de Votre Majesté, « elle nous a donnés au plus grand des rois. » Le prélat s'occupa de ranimer le goût des études dans son diocèse, troublé par les guerres depuis plus d'un demi-siècle. Il y rétablit les écoles de théologie. On lui dut des éditions plus correctes du *Missel* et du *Bréviaire.* Il fit imprimer le premier les *livres de chœur,* un *Rituel* pour l'administration des sacrements, et un catéchisme que ses successeurs ont conservé jusqu'à l'adoption du catéchisme de l'Empire, et qui était regardé comme un modèle en ce genre (112). Il fonda dans sa ville épiscopale un séminaire, l'un des plus beaux et des plus vastes du royaume ; établit une maison de missionnaires destinés à seconder les curés ; contribua pour une forte somme à la reconstruction du grand hôpital de Saint-Jacques, et mourut le 1er mai 1698, laissant une mémoire à jamais vénérée dans son diocèse. Son portrait a été gravé grand in-folio, par de Loisy. (*Biog. univ.*, t. LXVI, p. 6.)

GRAMMONT (François-Joseph DE), neveu du précédent et son coadjuteur sous le titre d'évêque de Philadelphie, lui succéda sur le siége de Besançon. Il reconstruisit le palais archiépiscopal à peu près tel qu'on le voit aujourd'hui, donna de nouvelles éditions du *Bréviaire* et du *Rituel,* publia un recueil de *statuts synodaux*, et mourut le 20 août 1715, léguant toute sa fortune au séminaire du diocèse. On a son portrait in-folio et in-quarto. (*Biog. univ.*, t. LVI, p. 7.)

(112) L'ancien catéchisme du diocèse, repris en 1814, a été remplacé, depuis 1845, par le nouveau catéchisme imprimé par ordre de Mgr le cardinal archevêque Mathieu.

GRAMMONT (Antoine-Pierre II DE), neveu de François-Joseph, né en 1685, acheva ses études à Paris, au collége Louis-le-Grand, et fut, à dix-sept ans, choisi pour aide-de-camp par son oncle le marquis de Grammont, qui commandait alors sur le Rhin. Il fit, comme capitaine de cavalerie, la campagne de 1702, se signala dans plusieurs rencontres, mais, blessé gravement devant Spire, resta prisonnier. Après son échange, il rejoignit l'armée, obtint un régiment de dragons de son nom, et continua de donner des preuves de sa valeur. En 1709, il eut un cheval tué sous lui à la bataille de Malplaquet. Quand son régiment fut réformé à la paix, il revint dans sa province, et peu de temps après il abandonna la carrière des armes pour embrasser l'état ecclésiastique. Ayant été pourvu par son oncle d'un canonicat au chapitre de Besançon, il parvint bientôt aux premières dignités, et fut, en 1735, nommé par Louis XV à un siége illustré déjà par deux archevêques de son nom. Le nouveau prélat administra son diocèse avec sagesse, protégea les lettres, et mourut le 7 septembre 1754, directeur de l'Académie de Besançon, où son *Eloge* fut prononcé par le secrétaire perpétuel Courbouzon. (*Biog. univ.*, t. LXVI, p. 7.)

GRAMMONT (Alexandre-Marie-François-de-Sales-Théodule, marquis DE), né le 26 avril 1765 à Dracy-les-Couches, bailliage d'Autun (Lyonnais), mort au château de Villersexel le 20 mai 1841. Beau-frère de l'illustre Lafayette, le marquis de Grammont, qui avait adopté dès sa jeunesse les principes d'une sage liberté, et salué avec enthousiasme les réformes populaires de 1789, se hâta de s'enrôler dans la garde nationale afin de les appuyer. Au 10 août il était aux Tuileries avec les grenadiers du bataillon des Filles-Saint-Thomas, pour défendre la royauté et la Constitution contre l'anarchie. Obligé bientôt de sortir de France, il revint, aussitôt qu'il put le faire avec sécurité, habiter son château de Villersexel. Sous l'Empire, il fut élu candidat au Sénat par le collége de la Haute-Saône; mais il refusa cette dignité. Appelé en 1815 à la Chambre élective, il y siégea à peu près sans interruption jusqu'en 1839, époque où la lente maladie à laquelle il devait succomber l'engagea à renoncer aux fonctions législatives. Dans l'exercice de cet honorable mandat, le marquis de Grammont se montra constamment dévoué à la cause de nos libertés publiques ; on le vit toujours prendre place sur les bancs de cette Opposition constitutionnelle qui lutta avec tant de patriotisme contre les tendances rétrogrades de la Restauration ; et, pendant sa longue carrière parlementaire, ceux mêmes qui ne partageaient point ses convictions politiques ne pouvaient s'empêcher de rendre hommage à la pureté de ses intentions et au noble désintéressement de son caractère. Chef d'une famille qui compte parmi les plus anciennes de la Franche-Comté, et qui s'est distinguée dans tous les temps par d'éclatants services rendus au pays et à la province, ainsi que par sa libérale bienfaisance (113), le marquis de Grammont était le digne héritier de toutes les vertus de ses ancêtres. Aussi sa vie privée ne fut-elle qu'une longue suite d'œuvres charitables. Aux précieuses qualités du cœur se joignaient chez lui tous les dons d'un esprit brillant et d'une mémoire inépuisable. Le 22 mai 1841 eurent lieu ses funérailles. Elles avaient réuni, outre la population entière de Villersexel, un immense concours de citoyens notables venus de tous les points du département. — Par une touchante et singulière coïncidence, le marquis Théodule de Grammont est mort et a été inhumé à pareil jour et à pareille heure que son beau-frère le général Lafayette, dont il avait reçu le dernier soupir le 20 mai 1834. Son portrait est au musée de Besançon. — Mme DE GRAMMONT, née Rosalie-Françoise-d'Assises de Noailles, était petite-fille du chancelier d'Aguesseau, une des illustrations les plus brillantes et les plus pures de la magistrature française. A l'époque de son mariage commençaient à se manifester les premiers symptômes de la Révolution, et peu après elle dut, comme son mari, émigrer pour échapper aux persécutions de cette funeste époque. « Errante, fugitive, « compagne inséparable d'un époux proscrit, réduite à la con-

---

(113) Villersexel conserve l'hôpital qu'y fonda, l'an 1768, le marquis Ferdinand de Grammont. Cet établissement est desservi par des sœurs hospitalières de Sainte-Marthe.

« dition de la plus humble des femmes du peuple, elle sanc-
« tifie, elle charme par le travail et la prière ces jours de
« danger..... Dans les jours de paix comme dans les jours
« d'infortune, c'est la femme forte dont l'Esprit-Saint lui-même
« a crayonné le portrait dans les saintes Ecritures..... Neuf fois
« mère, huit fois la mort, ici plus puissante que l'amour et la
« tendresse maternelle, lui ravit ce qu'elle a de plus cher au
« monde. Elle ne lui laissera pour lui fermer les yeux qu'un
« fils chéri (114); et, à chaque nouveau coup, vous l'entendrez
« répéter avec Job : Le Seigneur m'avait donné cet enfant;
« le Seigneur me l'a enlevé : que le nom du Seigneur soit
« béni !..... Grande, sublime au milieu des plus terribles
« épreuves, elle était dans son intérieur douce, gracieuse,
« aimable, et rivalisait avec son époux, cet homme si chrétien,
« si populaire, d'attentions délicates pour les nombreux pa-
« rents et amis auxquels le château de Villersexel fut toujours
« ouvert..... Le bien moral de sa famille, les grands intérêts
« du Ciel, bien plus que les misérables intérêts de la terre,
« étaient l'objet de sa préoccupation et de sa sollicitude du
« matin jusqu'au soir, et encore pendant les heures silen-
« cieuses de la nuit..... Elle s'était donné, elle avait adopté
« une autre famille qu'elle aimait éperdument, famille aussi
« nombreuse que les pauvres, les malades, les infortunés qui
« l'entouraient. Ils lui étaient d'autant plus chers qu'ils étaient
« plus malheureux, plus rebutants, plus délaissés. Volontiers
« elle eût partagé avec eux ses habits, sa table. Plus d'une fois
« elle leur ouvrit avec bonheur les appartements de son châ-
« teau; elle les recherchait, les poursuivait dans leurs plus
« humbles demeures et leurs réduits, avec plus de zèle que la
« veuve de l'Evangile sa drachme perdue (115). » Cette sainte
femme, modèle accompli de bienfaisance et de piété, mourut
au château de Villersexel dans la nuit du 16 au 17 février
1853, à l'âge de quatre-vingt-cinq ans.

(114) M. Ferdinand de Grammont, actuellement député du département de
la Haute-Saône au Corps législatif.
(115) Paroles prononcées aux funérailles de Mme la marquise de Grammont
par M. l'abbé Sauvage, curé de Villersexel.

GRAPPIN (Pierre-Philippe), né le 1er février 1738 à Ainvelle, où son père exerçait le notariat, est un des hommes les plus distingués qu'ait produits notre ancienne province. Se sentant de bonne heure une vocation déterminée pour la vie claustrale, parce qu'elle lui semblait plus compatible que toute autre avec sa précoce inclination vers les études littéraires, le jeune Grappin choisit l'ordre des Bénédictins, et, âgé de dix-huit ans, fit profession à l'abbaye de Luxeuil. Ses supérieurs ne tardèrent pas à remarquer en lui de grandes dispositions, et bientôt le chargèrent de la direction des novices. Il profita de cette position pour se perfectionner dans l'interprétation des langues anciennes, et se familiariser de plus en plus avec les sciences historiques et philosophiques. Peu de temps après il fut mis à la tête du collége que les Bénédictins avaient à Saint-Ferjeux près Besançon, et ce fut pour ses élèves qu'il composa son *Histoire abrégée du Comté de Bourgogne*. Tout en donnant à cet établissement le temps que réclamait son administration, dom Grappin trouvait encore des moments pour composer des Mémoires sur des sujets de prix proposés par l'Académie de Besançon, Mémoires qui obtinrent plusieurs fois les premières couronnes de l'Académie, et qui valurent à leur auteur une place dans ce corps savant. En même temps dom Grappin fournissait de précieux matériaux à l'abbé Grandidier pour son *Histoire d'Alsace*, à dom Clément pour son *Art de vérifier les dates*, etc. etc. Bientôt son mérite perça hors de la province, et le gouvernement essaya de l'attirer à Paris ; mais dom Grappin préféra sa modeste retraite. La tourmente révolutionnaire la lui fit néanmoins quitter en 1792, quoiqu'il eût prêté serment à la constitution civile du clergé. Après avoir, à son retour en France, passé quelques années dans sa famille, il fit partie et fut secrétaire du concile national que les évêques assermentés tinrent à Paris du 15 août au 12 novembre 1797, pour préparer le rétablissement du culte. Revenu à Besançon à l'époque où Claude Le Coz venait d'en être nommé archevêque, dom Grappin devint son secrétaire, puis chanoine de l'église métropolitaine, titre qu'il conserva jusqu'à sa mort, arrivée à Besançon le 20 novembre

1833, c'est-à-dire lorsqu'il allait atteindre l'âge de quatre-vingt-seize ans. « Jusqu'au dernier moment, dit un des biographes du vénérable dom Grappin, il ne s'est point relâché de ses habitudes laborieuses, conservant toute l'activité de sa mémoire, entretenant des relations multipliées avec des savants nationaux et étrangers, relisant les auteurs anciens, consultant les ouvrages modernes, et faisant quelquefois des vers. Il en a même composé le jour de sa mort. » Dom Grappin était membre des Académies de Rouen, Metz, Chalon-sur-Saône, Arras, Hesse-Cassel, etc. Reçu à celle de Besançon en 1785, il en fut le secrétaire perpétuel aussi longtemps que sa santé lui permit de conserver ces fonctions. Il lui a donné une foule d'Eloges et de Notices historiques qui sont imprimés dans ses Mémoires ou déposés dans ses archives, et qui attestent la prodigieuse érudition de l'écrivain. Beaucoup d'autres écrits sortis de la plume de dom Grappin ont été publiés dans divers recueils (116). Ses principaux ouvrages imprimés séparément sont : I. *Lettre sur la règle de l'ordre de S. Benoît*, in-8°, 1768 ; — II. *Histoire abrégée du Comté de Bourgogne*, in-12, 1773 ; 2ᵉ édition, 1780 ; — III. *Recherches sur les anciennes monnaies, poids et mesures du Comté de Bourgogne*, in-8°, 1782 ; — IV. *Eloge de Jean Jouffroy, cardinal d'Alby*, in-12, 1785 ; — V. *Almanach historique de Besançon et de la Franche-Comté*, pour les années 1785 et 1786, in-8° ; — VI. *Essais poétiques*, in-8°, 1786 ; — VII. *Eloge historique de l'abbé Grandidier*, in-12, 1788 ; — VIII. *Mémoire historique où l'on essaie de prouver que le cardinal de Granvelle n'eut point de part aux troubles des Pays-Bas dans le XVIᵉ siècle*, in-8°, 1788 ; — IX. Abrégé du *Traité du pouvoir des évêques* de Pereyra, in-8°, 1803. — Dom Grappin a laissé manuscrits un grand nombre d'opuscules relatifs la plupart à l'histoire de notre contrée. Son portrait a été lithographié in-folio par

(116) En 1825, j'ai imprimé une nouvelle édition de l'*Histoire de l'établissement du Christianisme* par l'abbé Bullet, vol. in-8° de 408 pages. En tête de cette édition se trouve une notice biographique que j'ai due dans le temps à l'obligeance de dom Grappin. C'est la meilleure et la plus complète qui ait paru sur le savant auteur du *Dictionnaire celtique*. Je la demandai à dom Grappin, qui ne me la fit pas attendre plus de huit jours, tant il mettait de bonne volonté à venir en aide à ceux qui recouraient à sa vaste érudition. L. S.

J.-B. Banet, d'après le tableau de B. Flajoulot. Au bas de ce portrait on lit : « Offert à messieurs les membres de l'Académie « des sciences, arts et belles-lettres de Besançon, par leur très « humble serviteur J.-B. Banet. »

GRENIER (Paul), général français, naquit à Sarrelouis le 29 janvier 1768, et entra au service à l'âge de seize ans, comme simple soldat. Au commencement de la Révolution il n'était encore que fourrier ; mais les événements postérieurs le firent parvenir rapidement aux grades élevés : sergent et adjudant dans l'année 1791, il fut fait, dès l'année suivante, sous-lieutenant, lieutenant et capitaine. Promu au grade d'adjudant-général (117) le 15 octobre 1793, et à celui de général de brigade le 29 avril 1794, il fut nommé général de division le 16 novembre de la même année. Ce rapide avancement était justifié à la fois par son intelligence, son courage et son activité. Le général Grenier, qui commandait une division à l'armée de Sambre-et-Meuse, se distingua au passage du Rhin à Ordingen, au combat de Hombourg (10 juillet 1796), à la défense du pont de Neuwied (1797), et surtout dans la journée de Duisdorf, dont le succès lui fut presqu'entièrement dû. Le Directoire exécutif lui envoya, à cette occasion, une lettre conçue dans les termes les plus flatteurs. En 1799, il servit à l'armée d'Italie, où il déploya une habileté et une valeur dignes des plus grands éloges, lors de la retraite que fit l'armée française après la défaite de Schœrer. Le général Moreau l'envoya ensuite à Grenoble pour organiser les corps qui s'y rendaient de l'intérieur de la France, avec ordre de déboucher en Piémont aussitôt qu'il aurait rassemblé 12,000 hommes. Le général Grenier éprouva de grands obstacles dans sa mission, et ne put passer les Alpes avec ce renfort qu'après la malheureuse bataille de Novi. Il se réunit alors à l'armée des Alpes commandée par Championnet, s'empara de tous les postes ennemis au petit Saint-Bernard, contribua au succès des combats de la Stura,

---

(117) Cet officier avait rang au-dessus du colonel, et immédiatement au-dessous du général de brigade. C'est un grade qni n'existe plus dans l'armée. Les fonctions d'*adjudant-général* sont remplies maintenant par le *colonel d'état-major*.

de Mondovi, reprit le camp de Dalenzo le 10 novembre 1799, et défendit le col de Tende. Au mois de mai suivant, il fut appelé à l'armée du Rhin, où Moreau lui confia le commandement de son aile gauche. Avec deux divisions seulement, il repoussa 40,000 Autrichiens aux ordres du général Kray. Peu de jours après, il s'empara de Gunzburg, força l'ennemi à passer le Danube, qu'il traversa lui-même en poursuivant les fuyards jusque sous les murs d'Ingolstadt. Pendant l'hiver qui suivit, le général Grenier continua de se faire remarquer en diverses rencontres, notamment à la bataille de Hohenlinden (3 décembre 1800), qui termina la campagne. Rentré en France, il fut nommé inspecteur général d'infanterie, puis, à l'avénement du premier consul au trône, grand-officier de la Légion-d'Honneur et comte de l'Empire. En 1809, il faisait la campagne d'Italie sous Masséna, et se distinguait de nouveau aux passages de la Piave et du Tagliamento, à la prise du fort de Malborghetto, etc. Ayant opéré sa jonction avec la Grande-Armée, il pénétra en Hongrie, emporta de vive force le pont de Karako (11 juin), contribua beaucoup au gain de la bataille de Raab, et fit des prodiges de valeur à Wagram (6 juillet), où il fut blessé. Envoyé à Naples, où le roi Murat le nomma son chef d'état-major général, le général Grenier fut rappelé à la Grande-Armée après la désastreuse campagne de Russie, et y prit le commandement de la 35e division, avec laquelle il couvrit la place de Wittemberg. Le 5 avril 1813, il battit complètement les Prussiens et les Russes sur la rive droite de l'Elbe, à quatre lieues de Magdebourg, passa ensuite en Italie avec le vice-roi, qui le cita avec éloge pour sa belle conduite à la défense du Mincio (5 avril 1814); et, après avoir résisté avec intrépidité aux généraux autrichiens Nugent et Bellegarde, ne cédant le terrain que pied à pied, et remportant souvent des avantages que sa position ne lui permettait pas d'espérer, il fut chargé de ramener en France le reste de nos troupes. Le 25 avril, étant à Pavie, il publia un ordre du jour pour annoncer aux soldats l'abdication de Fontainebleau et l'avénement de Louis XVIII au trône. En même temps il adressait au roi l'hommage de sa fidélité. Il fut compris, le 3 juin, dans une

première promotion de chevaliers de Saint-Louis, et nommé
inspecteur général d'infanterie dans les places de Toulon et de
Marseille, où il avait eu à peine le temps de se rendre quand
Napoléon revint de l'île d'Elbe. Le général Grenier ne fut pas
un des derniers à se ranger sous ses drapeaux. Il ne le suivit
cependant pas à Waterloo : le département de la Moselle venait
de le nommer un de ses députés à la Chambre des représentants. Dans cette assemblée il eut dès le commencement une
grande influence, bien qu'il parût peu à la tribune; nommé
vice-président le 4 juin, après avoir eu des voix pour la présidence, quelques jours après (21 juin), il fut membre de la
commission que la Chambre chargea d'aviser à des mesures de
salut public, de concert avec la Chambre des pairs. Le lendemain, ce fut lui qui annonça, au nom de cette commission, que
l'ennemi serait dans huit jours à Paris si l'on n'avait pas de
grandes forces à lui opposer; que l'opinion de la majorité de
la commission était d'entrer en négociation, et de prendre pour
base l'intégrité du territoire et l'indépendance nationale. Il
annonça ensuite que Napoléon consentait à abdiquer pour lever
tout obstacle à la paix. Le lendemain parut en effet l'acte
d'abdication, et une commission de gouvernement provisoire,
composée de cinq membres, fut formée. Le comte Grenier en
faisait partie. Elle était à peine installée quand fut signée la
capitulation de Paris. Peu de jours après, Louis XVIII faisait
sa seconde rentrée dans la capitale. Le général Grenier alla
aussitôt vivre dans la retraite, et choisit pour résidence la ville
de Gray plutôt que sa ville natale, qui était devenue prussienne.
Ce qui motiva son choix en faveur de Gray, c'est qu'un de ses
anciens aides-de-camp y était alors inspecteur des forêts, et
qu'il retrouvait dans les environs plusieurs compagnons d'armes,
notamment le général Charnolet, qui avait été sous ses ordres à
l'armée du Rhin. Il ne sortit de cette retraite qu'en 1818, alors
que le département de la Moselle l'envoya de nouveau à la
Chambre des députés. Après y avoir siégé trois ans et voté
constamment avec l'Opposition libérale, il donna sa démission,
pour raisons de santé, dans le mois de janvier 1821, et vint
habiter le château de Montrambert près Gray, qu'il avait acheté

après son mariage avec Mlle de Lasalle. C'est là qu'il mourut le 18 avril 1827. Son tombeau est au cimetière de Dammartin (Jura). A côté de lui reposent son frère le baron Grenier, général de brigade, qui l'avait suivi à Gray, ainsi que trois de ses sœurs, qui ne l'ont jamais quitté tant qu'il a vécu à Montrambert. — Dans cette résidence comme à Gray, le comte Grenier s'était acquis l'estime et l'affection générales par la douceur de ses mœurs, par les agréments de son esprit, et par la pratique de toutes les vertus privées. On a publié en 1830 à Metz : *Vie militaire du comte Grenier, lieutenant-général*, tirée de la *Biographie de la Moselle*, par M. Bégin, in-8° de 3 feuilles. Ce général avait publié en 1800, à Bamberg, en 1 vol. in-8°, sa *Correspondance* avec les généraux Jourdan, Kléber, Ernouf, etc., *pour servir à l'histoire des campagnes sur le Rhin en 1795 et en 1796*.

GRISOT (Jean-Urbain), pieux et savant ecclésiastique, né au commencement du XVIIIe siècle à Chancey, se fit remarquer dès son enfance par la douceur de ses mœurs et son application à l'étude. Après avoir terminé son cours de théologie avec le plus grand succès, il reçut les ordres sacrés et fut désigné pour exercer dans un village les fonctions du saint ministère. L'archevêque de Besançon Antoine-Pierre II de Grammont, faisant la visite de son diocèse, eut un entretien particulier avec lui, devina son mérite, et le nomma l'un des directeurs de son séminaire. L'abbé Grisot apporta dans ce nouvel emploi autant de zèle que de talent, et devint bientôt l'ami et le conseil des jeunes ecclésiastiques, qui n'entreprenaient rien sans le consulter. Aussi désintéressé que modeste, il refusa les différents bénéfices qui lui furent offerts, et ne voulut jamais accepter de place supérieure à celle qu'il occupait. Il mourut à Besançon le 13 avril 1772, dans un âge avancé. Il a publié sous le voile de l'anonyme : I. *Lettre à un ministre protestant au sujet d'une abjuration*, Besançon, 1765, in-12 ; — II. *Lettre à un protestant sur la Cène du Seigneur*, Besançon, 1767, in-12 ; — III. *Lettre à une dame sur le culte que les catholiques rendent à Jésus-Christ dans l'Eucharistie*, Besançon, 1770, in-12 ; ces différents écrits

de controverse sont fort estimés, particulièrement le dernier;
— IV. *Histoire de la sainte jeunesse de Jésus-Christ*, Besançon,
1765, deux parties in-12; — V. *Histoire de la vie publique de
Jésus-Christ*, Besançon, 1765, deux parties in-12; — VI. *Histoire de la vie souffrante de Jésus-Christ*, 1770, deux parties in-12;
ces trois ouvrages ont été souvent réimprimés; — VII. *Cantiques spirituels*, in-12; il y en a eu plusieurs éditions. (*Biog.
univ.*, t. LXVI, p. 126.)

GROS (Adalbert), né à Vesoul vers 1635, entra dans l'ordre
des Bénédictins, et fit profession, le 10 août 1651, à l'abbaye
de S. Vincent de Besançon. Après avoir été supérieur d'une
maison de sa congrégation, il passa en Flandre, où il mourut
en 1675. Il avait du talent pour la chaire. Le recueil de ses
ouvrages a paru sous ce titre : *Harangues choisies et sermons
divers*, Bruxelles, 1668, in-4°. — GROS (Claude), docteur ès-
droits, né à Vesoul, aïeul d'Adalbert, publia en 1600 des *Notes
sur la Coutume.* (*Mém. de la Soc. d'agr., sc. et arts de la Haute-
Saône*, t. II, p. 124; mss. de la bibl. de Vesoul cité plus
haut, p. 4.)

GROSJEAN (Jean-Louis), né le 17 juin 1760 à Vesoul, où
son père était procureur au bailliage-présidial, se voua de
bonne heure à la vie claustrale, et fut admis novice chez les
Bénédictins de Morimond le 13 février 1780. Il y fit profession
l'année suivante, et fut ordonné prêtre le 14 décembre 1784.
Moins de trois ans après, le 25 février 1787, il était nommé
prieur de ce monastère célèbre, ne devant qu'à sa valeur personnelle la dignité ecclésiastique dont on venait de le revêtir.
Lors de la suppression des maisons religieuses, D. Grosjean se
retira à Mollans, où étaient ses proches et ses propriétés patrimoniales. C'est là qu'il a passé les soixante-six dernières
années de sa vie, partageant son temps entre ses devoirs de
prêtre, des œuvres de bienfaisance, et les soins à donner à la
gestion de ses affaires particulières. Depuis sa retraite à Mollans,
D. Grosjean n'a été titulaire d'aucune fonction ecclésiastique,
mais il se mettait avec empressement au lieu et place d'un des-

servant voisin lorsqu'une absence ou une maladie venait à rendre sa présence nécessaire. D. Grosjean, homme érudit, homme d'esprit, a conservé jusqu'au dernier moment toutes les facultés intellectuelles dont il était doué, et n'a pas cessé de se livrer à des travaux littéraires. Versé dans l'art médical et dans les affaires administratives, il était pour la commune de Mollans et pour les communes voisines un conseil auquel on s'adressait d'autant plus volontiers que ses avis étaient aussi judicieux que désintéressés. Il décéda à Mollans le 22 janvier 1859, presque centenaire, et peut-être le dernier des vénérables représentants de nos institutions monastiques. Peu de jours avant sa mort, il adressait ses souhaits de nouvel an à Mgr le cardinal-archevêque de Besançon ; Son Eminence lui fit parvenir immédiatement la réponse que voici : « Monsieur et très-« cher frère, la jeunesse de l'âme est immortelle, puisque « Dieu l'a créée telle, et le cœur ne vieillit pas non plus. « L'Eglise nous fait répéter tous les jours, au pied des saints « autels, la protestation de cette sainte croyance : *Introïbo ad* « *altare Dei, ad Deum qui lætificat juventutem meam.* Si notre « maison de boue s'écroule, nous avons au Ciel une maison « permanente, faite, non pas de main d'homme, mais de la « main de Dieu : *Domum non manufactam, æternam in Cœlis.* « C'est là, mon vénérable, qu'il faut nous donner rendez-vous, « et j'espère de la miséricorde de Dieu qu'il nous en fera à tous « deux la grâce. Recevez, mon très-révérend Père, l'assu-« rance de mon respectueux attachement. — † CÉSAIRE, *card.*-« *arch. de Besançon.* » Dom Grosjean a laissé manuscrites un certain nombre de poésies latines et françaises qui méritent d'être conservées. Voici deux pièces qu'il composa lorsqu'il était sur le point d'atteindre sa quatre-vingt-dixième année :

Souvenirs de ma profession religieuse et des années qui ont suivi.
(1781-1849.)

Je répétai trois fois, en m'adressant à Dieu,
Quand je fis à la terre un éternel adieu :
Recevez-moi, Seigneur, selon votre parole ;
Qu'elle soit et ma vie et mon unique école !
En vous, tout confiant, je place mon espoir.
Oh ! ce que vous voulez faites-le-moi vouloir !

Combien de jours, depuis cet instant mémorable,
Auxquels n'a pas failli votre main secourable !
Qu'ai-je offert en échange au Dieu qui m'a reçu ?
Comme je devais vivre ai-je toujours vécu ?
Hélas ! à l'aiguillon bientôt ma résistance
Amena la tiédeur, prélude de l'offense ;
Aujourd'hui je l'avoue avec humilité,
Grande fut envers Dieu mon infidélité (118).

A de doux souvenirs ramenant mes pensées,
De mon adolescence évoquant les idées,
Ma bouche va redire avec entraînement
Ces hymnes de mon cœur alors l'enivrement :
— Que puis-je désirer au ciel et sur la terre,
Sinon vous, ô mon Dieu, mon sauveur et mon père ?
Mon esprit et ma chair, qu'entraîne le bonheur,
Crient anathème au monde, à son charme trompeur ;
J'écoute votre voix, qui m'appelle et m'enflamme :
— « Viens chercher, me dit-elle, un repos pour ton âme ! »
— Ce repos à vos pieds, qu'il est délicieux !
C'est celui que les saints possèdent dans les cieux ;
C'est le divin loisir que savourait Marie
Quand le Seigneur Jésus visitait Béthanie ;
L'asile où l'ennemi veut en vain pénétrer,
Puisque votre puissance est là pour le garder.
Au prodigue égaré et trop longtemps rebelle,
Mon Père, ouvrez encor la maison paternelle,
Et jusque dans vos bras recevez votre enfant,
Contrit et revenu de son égarement.
Pardon, pardon, ô vous qui pardonnez sans cesse !
Recevez-moi, Seigneur, selon votre promesse !

Ma force, mon trésor, mon repos, mon soutien,
Mon Dieu, soyez ma force et mon unique bien !
Dans mon abaissement retrempant mon courage,
De vos saints j'oserai redire le langage.
Vous les avez instruits ; instruisez-moi comme eux
Dans l'art de vous servir, dans celui d'être heureux.

Recevez votre enfant, j'aime à le répéter ;
Vous me l'avez promis, je ne sais plus douter.
Avide du salut que votre droite envoie,
Je vole à votre appel, plein d'amour et de joie.....

(118) Il ne faut voir là qu'une confession inspirée par ces scrupules de
conscience qui font regarder comme une faute ce qui n'en est pas une, ou
comme un très-grand manquement ce qui n'est qu'une faute légère. S. Paul,
S. Augustin, Ste Thérèse, et tant d'autres modèles de la perfection chrétienne
avaient aussi l'âme timorée.

O mon Dieu! maintenant je suis rassasié;
Sans nuage à mes yeux votre gloire a brillé;
Voici le bois, le feu, tout pour le sacrifice.
Que sous votre regard, Seigneur, il s'accomplisse.....

In solemnitate ultimæ cœnæ Domini. — (1847.)

Sacerdotibus.

Non hospites nec advenæ,
Christi manu missi sumus,
Verè domûs nunc liberi.
Sic esse nos ô quam bonum!

Templi Dei præ postibus
Fortes ratâ stemus fide.
Sævus draco, si sibilat,
Illum latrans pellat canis.

Ædis decus, lampas micans,
Intrà nitens extràque sis,
At oleo lætitiæ
Ungas leni, tu presbyter.

Incepimus, non tædeat
Cœptis manus ultrò dare.
Quotquot potest immota mens,
Informat, aurat, conficit.

Ad prœlium faustum vehit;
Portum subit cum præmio;
Lauros virescit martyrum,
Sertisque virgines tegit.

Demùm sacerdotes gerit
Ad gloriam sublimiter,
Vestigiis et quod pii
Divi ducis insisterint.

GROSJEAN (Edmond), né à Faucogney, chanoine théologal de la cathédrale de Besançon, dignité qu'il ne devait qu'à son mérite, était savant dans les langues anciennes, et avait formé une bibliothèque remarquable par le nombre et le choix des livres. A sa rentrée en France, après le concordat, il se retira à Besançon, où il mourut aimé, estimé et regretté de tous ceux qui l'avaient connu.

GRUSSET (François), né à Champlitte dans le XVIe siècle, embrassa l'état ecclésiastique et devint prévôt de l'église collégiale de sa ville natale (119), puis conseiller-clerc au parlement de Dole. Cette dernière charge lui fut conférée le 15 avril 1586. Il était de la famille de Jean Richardot, président du conseil privé de Flandre, « qui s'appeloit Grusset, estant fils de Guil-
« laume Grusset, de Champlitte, et de Margueritte Richardot,

(119) Le prévôt du chapitre avait droit à deux parts dans les gros fruits de la communauté, tandis que les autres chanoines ne recevaient qu'une part. Il n'avait pas voix délibérative pour la collation des prébendes vacantes, laquelle appartenait conjointement au chapitre et aux officiers de la municipalité; il avait seulement le droit de donner l'institution au prébendier nommé.

« de Morey, dont le frere (Jean Richardot), apres avoir esté
« hermitte de S. Augustin aud. Champlitte, ayant bien estudié
« et s'estant rendu grand theologien, obtint dispence de ses
« vœux, et par le suppost du cardinal de Grandvelle, poussa
« tres haut sa fortune dans l'Esglise et paruint a estre evesque
« d'Arras. En cette grande preslature, n'ayant pas des parens
« de son nom propres a les rendre participans de sa fortune,
« il appela aupres de luy un fils de sa sœur qu'il poussa aux
« estudes, et comme il respondoit a ses soins, il l'adopta et luy
« fit prendre son nom de Richardot. Sous ce nom il advocassa
« à Arras, fut conseillier a Malines, président en Artois l'an 1578,
« enfin conseillier d'estat et chef-president des Pays-Bas. Ce fut
« encore par le suppost d'un si illustre parent que François
« Grusset fut nommé et entra au parlement, qui estoit tres
« circonspect a presenter pour les dignitées et les remplir de
« conseilliers d'Esglise, de chevaliers par des personnes de
« grande naissance ou de grand credit, au lieu que dans
« les conseilliers laïcs on ne consideroit que le meritte et
« une science éminante (120). » (V. RICHARDOT plus loin.) —
GRUSSET (Antoine), parent du précédent, lieutenant-général au
bailliage de Dole, fut reçu, en 1598, conseiller laïque au parlement, et parvint à une charge de vice-président.

GRUYER (le baron Antoine), maréchal-de-camp, commandeur de la Légion-d'Honneur, naquit à Saint-Germain près
Lure, le 15 mars 1774. Il terminait ses études au collége de
Besançon lorsque la Révolution vint lui ouvrir la carrière des
armes. Nommé capitaine à la formation du 6ᵉ bataillon de volontaires de la Haute-Saône, il fit les campagnes de 1792, 1793,
de l'an II, de l'an III et de l'an IV, aux armées de la Moselle, de
Sambre-et-Meuse et du Rhin ; la campagne de l'an V à l'armée
d'Italie ; les campagnes des années VI et VII aux armées d'Angleterre et du Rhin ; enfin celles de l'an VIII et de l'an IX aux
armées de réserve et d'Italie. Il fut blessé à la bataille de
Fleurus, le 8 messidor an II. A la prise du fort de la Chiuza ,

---

(120) *Annales du Parlement de Dole,* manuscrit qui fait partie de la bibliothèque
de M. le docteur Sallot.

le 4 germinal an v, il s'empara avec sa compagnie des retran-chements, et prit six pièces de canon. Chef de bataillon dans la 43e demi-brigade depuis le 1er brumaire an ix, il se distingua au passage du Mincio et à l'attaque des hauteurs de Vérone. Il se distingua encore à la bataille d'Austerlitz, où il fut blessé, et promu au grade d'officier de la Légion-d'Honneur. Le 1er mai 1806, il devint lieutenant-colonel des chasseurs de la garde impériale, avec lesquels il fit la campagne de Prusse en 1807, et qu'il commanda pendant la campagne de Pologne en 1808, comme le plus ancien lieutenant-colonel. Le 12 mars de la même année, sur la demande du prince Camille Borghèse, beau-frère de Napoléon, il fut nommé colonel aide-de-camp de ce prince, et l'accompagna à Turin lorsqu'il s'y rendit comme gouverneur-général du Piémont. Le 23 février 1813, le colonel Gruyer, qui avait été nommé précédemment baron de l'Empire, fut promu au grade de général de brigade; il se fit remarquer en plusieurs rencontres dans les funestes mais glorieuses campagnes de Saxe et de France, et reçut la croix de commandeur de la Légion-d'Honneur. Il souffrait encore d'une blessure grave qu'il avait reçue au bras droit pendant le combat de Méry-sur-Seine, le 22 février 1814, lorsque Louis XVIII lui confia, le 29 juillet suivant, le commandement du département de la Haute-Saône. Le général Gruyer était dans cette position au retour de Napoléon en France. Dans ces circonstances épineuses, le général ne songe d'abord qu'à maintenir la tranquillité publique. Mais bientôt les proclama-tions de l'ancien chef du gouvernement viennent ranimer en lui de grands souvenirs de gloire; en même temps le maréchal Ney lui ordonne de proclamer le retour de Napoléon, et déjà la population manifeste le même vœu..... Dans ces conjonctures, le général Gruyer obéit à l'entraînement populaire autant qu'aux ordres du maréchal. Voilà ce qui motiva le procès poli-tique qui, quelques mois plus tard, fit passer devant le conseil de guerre de Strasbourg le général, qui fut condamné à mort le 17 mai 1816. Les efforts de l'amitié parvinrent à faire commuer, au mois de juin suivant, la peine capitale en celle de vingt ans de réclusion. En 1817, par l'intervention du duc d'Angoulême, le brave général fut rendu à la liberté après vingt-huit mois de captivité. Il habitait avec sa famille Strasbourg lorsque la mort le surprit le 27 août 1822, à la suite d'une maladie de poitrine. Il était seulement dans sa quarante-huitième année. — Son portrait est à la bibl. de Dole.

GUILLAUME DE LURE (ÉDELINE, connu sous le nom de) était moine bénédictin quand il essaya de faire tomber la superstition qui, de son temps déjà, poursuivait avec acharnement les prétendus sorciers. Dans ce dessein il quitta sa retraite (l'abbaye de Lure), et, en prédicateur plus éclairé que ne le comportait son époque, il eut le courage de s'élever du haut de la chaire contre les nombreuses accusations de sorcellerie, presque toujours suivies d'exécutions à mort, qui affligeaient alors les pays catholiques. Mais il devint victime de son zèle clairvoyant et philanthropique. Écoutons ce que M. Déy dit à ce sujet dans son *Histoire de la Sorcellerie au comté de Bourgogne*, Vesoul, 1861 : « L'éloquence de Guillaume Edeline fut entraînante. A
« sa voix, les prisons s'ouvrirent, et la torture se reposa.
« Guillaume arriva de la sorte jusqu'à Poitiers, et sa réputation,
« qui l'y avait devancé, le fit promptement accueillir comme
« professeur à la faculté de théologie de cette ville ; il avait
« également obtenu le prieuré de Saint-Germain-en-Laye.
« Mais, arrivé à ce point de prospérité, il fut dénoncé lui-même
« comme sorcier à l'évêque d'Evreux, Pierre de Combont, qui
« saisit de l'accusation son officialité. L'instruction se fit tant
« à Evreux qu'à Poitiers, et elle établit à la charge de Guillaume
« de Lure qu'il s'était engagé envers le diable d'enseigner au
« peuple, dans ses prédications, que la sorcellerie n'était
« qu'une illusion fantastique ; qu'il était arrivé, par le crédit
« qu'il avait donné à cette abominable doctrine, que les juges
« ecclésiastiques s'étaient relâchés de leur sévérité, et que le
« nombre des sorciers s'était accru considérablement. En con-
« séquence, par une sentence du 12 décembre 1453, l'officia-
« lité condamna Guillaume de Lure à une détention perpé-
« tuelle dans une fosse des prisons de l'évêque, où il serait
« nourri au pain et à l'eau. L'exécution de la sentence eut lieu

« de la manière la plus solennelle. Le condamné fut exposé,
« mître en tête, au milieu d'un peuple nombreux accouru pour
« assister à ce spectacle. L'inquisiteur prit la parole, et dans
« un discours énergique, s'adressant à Guillaume de Lure, il
« rappela ses brillantes prédications, mais lui reprocha l'usage
« odieux qu'il avait fait de son talent une fois qu'il s'était
« donné au diable, et lui remontra l'énormité de ses crimes ....
« Après quoi Guillaume de Lure fut conduit, chargé de fers,
« dans la fosse qui lui était destinée pour prison, et qui devint
« peu de temps après son tombeau. »

GUILLENET (Claude-Charles), né à Saint-Loup, médecin
vétérinaire, ancien maréchal-expert des armées sous le maréchal de Saxe, a laissé sur son art des manuscrits précieux.
(*Mémoires de la Soc. d'agr., sc. et arts de la Haute-Saône*,
t. II, p. 124.) Le nom de Guillenet ne se trouve dans aucune
Biographie.

GUILLOT (Constance), né à Dole, entra dans l'ordre des
Bénédictins, et fit profession à l'abbaye de Luxeuil le 10 juin
1683. S'adonnant à la chaire après avoir achevé ses études, il
prêcha à Besançon, à Lyon, à Autun, à Langres, à Mâcon, à
Gray, etc., après quoi il fut élevé aux principales charges de
la congrégation de St.-Vanne. Il gouverna, en qualité de prieur,
le monastère de Jouhe, puis les abbayes de Luxeuil, de
St.-Vincent (Besançon) et de Faverney. Il mourut dans cette
dernière maison le 26 janvier 1730. Il a écrit : I. *Histoire de
l'illustre abbaye de Luxeuil*, in-4° de 544 p.; — II. *Histoire de
l'abbaye de St.-Vincent*, in-4° de 138 p. (121). Ces deux ouvrages sont conservés, manuscrits, à la bibliothèque de Vesoul :
le premier en copie, le second en original.

GUY (Claude-François), né en 1759 à Vesoul, d'une bonne
famille de la bourgeoisie, se fit graduer en droit, et fut inscrit
en 1783 au tableau des avocats du parlement de Besançon.
Mais il s'occupa moins de questions de palais que de la gestion

(121) *Bibl. gén. des Bénédictins*, par D. Thiébault.

des importantes propriétés de son père. Après la mort de celui-ci, son fils fut obligé de s'adonner encore plus à ses affaires privées, et il ne fut guère distrait de ces soins que par les fonctions peu lourdes de membre du conseil d'arrondissement de Vesoul, auxquelles il fut appelé par un décret *signé au Kremlin* le 20 septembre 1812. Ses forges de Conflandey, longtemps exploitées par des fermiers, furent régies par lui-même à partir de 1813, jusqu'à sa mort, arrivée le 18 décembre 1835. — Possesseur d'une belle fortune patrimoniale, qu'il avait encore considérablement augmentée par son travail et la sagesse de son administration, C.-F. Guy en faisait un noble usage, se plaisant à être généreux envers ses proches les moins aisés, et particulièrement envers les indigents, dont il n'attendait jamais les sollicitations pour leur venir en aide avec largesse. Ce fut surtout dans ses dernières années que se révéla toute l'étendue de son esprit charitable. Indépendamment d'assez fortes libéralités dont profitèrent des parents ou des amis, il consacra 18,000 fr. à l'acquisition de la maison qu'occupe aujourd'hui l'école des Frères de la Doctrine chrétienne établie à Vesoul. Par une donation subséquente, il dota le même établissement d'une rente perpétuelle de 1,842 fr. Il donna de plus à l'hôpital de Vesoul une rente de 1,088 fr. pour l'entretien de deux lits destinés à des malades étrangers, et au bureau de bienfaisance de la ville un revenu annuel de 135 fr. C.-F. Guy a fait d'autres dons en faveur de plusieurs communes, notamment en faveur de celle de Port-sur-Saône, à laquelle il a assuré une rente de 360 fr. pour le traitement de deux Sœurs institutrices.

GUYENEMANS (Pierre), médecin, né à Vauvillers, est auteur d'un *Mémoire de l'illustre Maison de Vienne*. Le manuscrit de cet ouvrage se trouvait dans la bibliothèque de Philippe de la Marre. (*Mém. de la Soc. d'agr., sc. et arts de la Haute-Saône*, t. II, p. 124.)

GUYOT (N.), général de brigade, officier de la Légion-d'Honneur. Né à Velesme le 1er mai 1766, il embrassa d'abord la profession d'avocat, qu'il quitta en 1791 pour celle des armes. Sa bonne conduite et ses talents lui eurent bientôt concilié l'estime de ses camarades et de ses chefs. On le vit s'élever successivement du rang de simple volontaire au grade de colonel. Il commandait en 1805 le 9⁰ régiment de hussards, faisant partie d'une brigade cernée par les Russes dans la ville de Wischau en Moravie : tous les chefs étaient d'avis de se rendre, mais indigné de cette résolution, Guyot monte à cheval et fond sur l'ennemi, qui cherche son salut dans la fuite. Informé de cette belle action, l'empereur récompensa le colonel Guyot en le nommant général de brigade. On le vit, dans la guerre de Prusse, à la tête de la cavalerie légère, exécuter à Iéna les charges les plus brillantes, déployer à Guttstadt et à Eylau tous les talents d'un habile général et toute l'intrépidité d'un soldat. La mort l'atteignit le 8 juin 1807, à l'avant-garde du 4⁰ corps d'armée, sur les hauteurs du village de Kleinenfeld, dans une charge contre les cosaques. (*Biog. mod.*, t. II, p. 122.)

HACQUIN, juif, né à Vesoul, médecin de Jean-sans-Peur et de Philippe-le-Bon, était versé dans la connaissance des langues grecque, hébraïque et latine. Il reçut mille écus d'or du duc Jean pour certain fait que l'histoire tient caché. (*Mém. de la Soc. d'agr., sc. et arts de la Haute-Saône*, t. II, p. 124.)

HENRY (Claude-François), né en 1773 à Champlitte, marcha comme volontaire, en 1793, à la défense du territoire menacé par la coalition, et rejoignit le camp de Soissons. Nommé quelque temps après élève-sous-lieutenant du génie, et ensuite lieutenant dans la même arme, il se trouva en 1794 à la reprise des lignes de la Lauter, au déblocus de Landau, et concourut aux travaux projetés pour la défense de Germersheim. L'année suivante il fut appelé successivement aux armées des Alpes et d'Italie, et reçut à la fin de la campagne l'ordre de se rendre à Paris, où il fut employé à l'organisation de l'Ecole polytechnique. Elevé au grade de capitaine, il fut attaché d'abord à la place de Besançon, puis renvoyé à l'armée d'Italie, où il se signala surtout à la défense du fort de Pizzighetone. Fait prisonnier en

1798 avec la garnison, il ne revint en France qu'à l'époque où Bonaparte, de retour d'Egypte, s'empara des rênes du gouvernement. Il suivit le premier consul en Italie, et dans le cours de la campagne que termina si glorieusement la victoire de Marengo, on le vit figurer à la défense du pont du Var, au siége de Peschiera, et à la destruction des forts de Fenestrelles et de Turin. De 1801 à 1805, il fut chargé par le gouvernement d'augmenter les moyens de défense de Besançon, et employé de nouveau à l'armée d'Italie sous les ordres du maréchal Masséna, qui sut apprécier ses talents et demanda pour lui de l'avancement. Ce ne fut cependant qu'en 1808, après la prise de Saragosse, qu'il obtint le grade de chef de bataillon, en récompense de sa valeureuse conduite. Passé plus tard à l'armée d'Aragon commandée par le maréchal Suchet, il prit part aux siéges de Lérida et de Tortose avec tant de succès que l'Empereur le nomma colonel et chevalier de la Légion-d'Honneur; au siége de Tarragone (1811), il fut chargé de la grande attaque; et à l'assaut de Sagonte, il poussa les travaux avec une hardiesse inimaginable. Au siége de Valence, il commandait la tranchée, lorsque, dans la nuit du 1er au 2 janvier 1812, il fut frappé d'un coup mortel en achevant le tracé. Un décret impérial rendit reversible sur le fils du colonel Henry le titre de baron ainsi que la dotation de 4,000 fr. que son père avait mérités par ses nombreux services.

HUET (Antoine), prêtre, né à Vesoul, était principal du collége de Besançon. Le poète Chassignet, son disciple, lui adressa un *Discours* en vers *sur les misères de l'homme*, qui est imprimé dans son recueil intitulé : *Du mépris de la vie, et consolation contre la mort*, Besançon, 1594, in-12. On trouve au-devant de cet ouvrage des vers français de Huet à la louange de l'auteur. Dans sa *Bibl. manusc. séq.*, D. Payen cite deux ouvrages latins de Huet, sans dire s'ils ont été imprimés. L'un est un poème sur les *Malheurs du temps*, adressé à l'archevêque de Besançon, Ferdinand de Rye; l'autre un traité du souverain bien, *De summo bono*. (*Mém. de la Soc. d'agr., sc. et arts de la Haute-Saône*, t. II, p. 125.)

HUGON ou HUGO (Herman), jésuite, né en 1588, à Gray d'après le catalogue de la bibliothèque de Dole, à Bruxelles d'après la *Biographie universelle*, exerça le professorat dans plusieurs maisons de son ordre, devint confesseur du duc d'Aerschoot, et suivit en Espagne ce seigneur brabançon lorsqu'il alla prendre les armes en faveur de Philippe IV contre les révoltés des Pays-Bas, c'est-à-dire en faveur de la foi catholique contre les progrès de la réforme religieuse. Il fut attaché ensuite, en qualité d'aumônier, au célèbre Ambroise de Spinola, qui leva aussi des troupes pour soutenir la cause espagnole. « Il ne quitta point ce général dans ses différentes expéditions, « montrant, sur les champs de bataille et au milieu des plus « grands dangers, un sang-froid qui étonnait même les soldats. « La peste s'étant déclarée dans le camp espagnol, il n'en « continua pas moins de prodiguer aux malades les secours de « la religion. Il devint victime de son zèle, et fut transporté à « Rheinberg, où il mourut le 11 septembre 1629, âgé de « quarante-un ans. » (*Biog. univ.*, t. XXI, p. 26.) Il a fait imprimer plusieurs ouvrages : I. *De primâ scribendi origine et universâ rei litterariæ antiquitate*, Anvers, 1617; Utrecht, 1738, in-8°. — II. *Pia desideria, emblematibus, elegiis et affectibus SS. Patrum illustrata*, Anvers, 1624, in-8°. Ce recueil a eu de nombreuses éditions. — III. *Obsidio Bredana ductu Ambros. Spinolæ perfecta*, Anvers, 1626, 1629, in-fol., fig. (122). Cette relation du siége de Breda a été traduite en français par Ph. Chifflet. — IV. *De militiâ equestri antiquâ et novâ libri V*, Anvers, 1630, in-fol., fig. « On a encore du P. Hugo

(122) De nos jours, après une victoire éclatante, l'Eglise la célèbre par un *Te Deum* en action de grâces au Dieu des armées. Au XVII° siècle, on faisait des prières publiques pour demander l'heureuse issue d'un siége, d'une guerre, etc. C'est ce que prouve une délibération du chapitre de Dole à la date du 23 novembre 1624 : « Messieurs, assemblez extraordinairement, ont resolu que l'on feroit « procession generale le jour de la feste S. André, et ce pour rendre graces à « Dieu de ce qu'il a preservé la citadelle d'Anvers de la surprise des Hollan- « dois; et que tous les dimanches, avant la grand'messe, l'on chanteroit les « littanies de Nostre-Dame *pour le siege de Breda*, assiegé pour le present par « le marquis de Spinola, generalissime des armées du roy, et finallement pour « la santé et prosperité de Sa Majesté. »

« un traité *De verâ fide capessendâ*, Anvers, 1620, in-8°, et
« des traductions de l'italien en latin des *Vies* des PP. Charles
« Spinola et Jean Berckmann, Anvers, 1630, in-8°. Enfin, il
« a laissé en manuscrit une *Histoire de Bruxelles*, et un ouvrage
« *contre les athées* qui devait former plusieurs volumes in-
« folio. » (*Biog. univ.*, t. et p. cités plus haut.) — La famille
Hugon, de Gray, a donné au parlement de Dole deux conseillers : Hugon (Antoine), qui prit possession de sa charge le
31 mai 1618, et Hugon (Pierre), qui fut installé dans le courant
de mai 1639. Plusieurs de leurs descendants ont eu aussi des
siéges au parlement de Besançon ; Hugon (Pierre-François-
Marie), était membre de la chambre des enquêtes en 1764. —
L'évêque de Philadelphie Hugon, suffragant de Pierre-Antoine
de Grammont, mort le 19 septembre 1754, était de la même
famille.

JACQUEMARD (Etienne), poète et grammairien, naquit à
Paris le 24 septembre 1772, de parents qui étaient originaires
de Bourguignon-les-Morey, et qui avaient alors un emploi dans
la maison du comte d'Artois. Ses études achevées, leur fils
Etienne fut attaché lui-même à la surveillance du palais et des
jardins de Saint-Cloud. Mais la chute de la Royauté lui fit
perdre cette position. Atteint bientôt après par la réquisition,
il partit pour l'armée du Nord, où l'on ne tarda pas toutefois à
lui donner un congé de réforme, à cause d'une excessive
myopie qui le rendait impropre au service. Revenu à Bourguignon avec ses parents, et rendu dès lors à son goût pour le
dessin, la musique et la littérature, il put y consacrer librement ses tranquilles loisirs. Aussi écrivit-il en vers français
ou latins un grand nombre de pièces de poésie pastorale ou
dithyrambique, dont quelques-unes parurent dans les recueils
du temps et furent très-favorablement accueillies des amis
d'une versification pure et aisée Nous citerons entre autres
le *Centon* composé de fragments de Virgile, qu'il adressa
à Bonaparte et qui fut imprimé dans la *Décade*, t. XXXII. Cet
ingénieux travail, qui avait demandé beaucoup de patience
et qui annonçait un esprit profondément familiarisé avec la

langue latine, fut considéré comme un véritable tour de force littéraire. Malgré son insertion dans la *Décade*, il n'est presque pas connu : c'est ce qui nous détermine à le reproduire ici, d'après l'autographe qui nous a été donné en 1821 par l'auteur lui-même.

Centon composé, à l'époque de la paix de Lunéville, en l'honneur du premier consul Bonaparte, vainqueur à Marengo, et pacificateur du continent.

i En.	1 Arma virumque cano*; spoliis Orientis onustum*,	i En. 289
viii En.	201 Adventumque Dei*, qui fœdera fulmine sancit*.	xii En. 200
	Te precor, Alcide, cœptis audacibus adsis*!	x En. 461
i En.	584 Unus abest*... Trepidos inter discordia cives	
xii En.	583 Exoritur*; ruptis inter se legibus, urbes	i G. 511
	Arma ferunt; sævit toto Mars impius orbe*.	i G. 512
	Hinc movet Euphrates, illinc Germania, bellum*.	i G. 510
vi En.	687 Venisti tandem [a]*, mea maxima cura*, cadentem	i En. 678
ii En.	375 Ulcisci patriam*, detrudere finibus hostes,	vii En. 469
vii En.	468 Tutari Italiam*, pacisque imponere morem*.	vi En. 851
x En.	489 Multa movens animo*, medio in flagrante tumultu*,	xi En. 225
vi En.	818 Consulis imperium hic primus* (vox omnibus una)*	v En. 616
iv En.	531 Accipit. Ingeminant curæ*, nec plura moratus*,	v En. 381
	Jura, magistratusque legit, sanctumque senatum [b]*;	i En. 430
	Paciferæque manu ramum prætendit olivæ [c]*.	viii En. 116
vi En. 637 vii En.	His actis*, lectos juvenes*, desueta triumphis	vi En. 813
vii En.	694 Agmina in arma vocat subito* [d], perque invia saxa*,	i En. 541
iv En.	646 Ægre conscendit*, multis cum millibus, heros*	v En. 75
iii G.	474 Ærias Alpes*; opere omnis semita fervet [e].	iv En. 407
iv G.	215 Ille operûm custos, illum* miserantur euntem*,	vi En. 474
	Prensantemque uncis manibus capita aspera montis*.	vi En. 360
ix En.	639 Desuper Ausonias acies*, inimicaque castra*	v En. 671
viii En.	Ostentat*, magnisque vocant clamoribus hostem*.	iv G. 76
	Jamque omnis campis exercitus ibat apertis*;	ix En. 25
vii En.	637 Classica jamque sonant*; pugnatur cominus armis*,	vii En. 553
xii En.	691 Sanguine terra madet*, crebris micat ignibus æther*;	i En. 90
	Præsentemque viris intentant omnia mortem*.	
ii En.	424 Illicet obruimur numero*, victoria fugit [f]...	xi En. 436

[a] *Enfin Malherbe vint,* a dit dans le même sens le législateur du Parnasse.
[b] Organisation du gouvernement et du sénat conservateur.
[c] Bonaparte offrit la paix à Georges III et à François II.
[d] Formation rapide de l'armée de réserve à Dijon.
[e] Passage merveilleux et travaux du mont Saint-Bernard.
[f] On sait que la bataille de Marengo fut très-douteuse.

		At, non tardatus casu neque territus, heros :	v En.	453
ɪ	En. 203	O socii! revocate animos*! Per tela, per hostes*	ɪɪ En.	358
ɪɪɪ	G. 255	Ipse ruit*; ducis exemplum, eventumque secuti		
xɪ	En. 633	Incurrunt*, victorque viros supereminet omnes*,	vɪ En.	855
		Oblato gaudens componi fœdere bellum*.	xɪɪ En.	463
vɪɪ	Ec. 55	Omnia nunc rident*, ponuntque ferocia Pœni [g]	ɪ En.	306
		Corda, volente Deo* : totum pax missa per orbem.	ɪ En.	461
x	En. 18	O pater*! o famæ meritò pars maxima nostræ*!	ɪɪ G.	40
ɪv	En. 493	Dulce caput*! nomenque tuum, laudesque manebunt*;	v Ec.	78
		Teque adeò decus hoc ævi, te consule, inibit.	ɪv Ec.	11

Traduction du Centon.

Je chante les exploits de ce héros chargé des dépouilles de l'Orient, le retour de ce Dieu dont la foudre a commandé la paix.

O nouvel Alcide! je t'en conjure, souris à mon entreprise un peu hardie.

Un seul homme est absent..... La discorde éclate entre tous les citoyens; les traités d'alliance sont rompus; les cités arment contre les cités; Mars promène dans l'univers sa fureur impie; le théâtre de la guerre se porte à la fois et sur les bords du Danube et sur les bords de l'Euphrate.

Enfin tu es venu, toi, l'objet de notre amour; tu es venu venger ta patrie expirante, chasser l'ennemi de nos frontières, et dicter à tous les conditions de la paix.

Roulant dans sa tête de vastes projets, au milieu de la plus grande effervescence, il accepte d'une commune voix la dignité de premier consul. Soudain ses soins redoublent; il établit sans délai des lois, des magistrats, un sénat vénérable, et il offre à ses ennemis le rameau d'olivier symbole de la paix. Il se hâte d'appeler aux armes l'élite de la jeunesse, et quelques-uns de ces vieux bataillons qui avaient perdu pendant son absence l'habitude de la victoire. Accompagné de plusieurs milliers de héros, il tente, par des chemins impraticables, le passage des Alpes, dont la cime se perd dans les nues. Tout s'empresse; la route est couverte de soldats et de pionniers. Lui-même dirige les travaux, et devient à son tour l'objet de l'intérêt touchant de ses braves, qui souffrent et ne peuvent se lasser toutefois de le voir gravir sur ces montagnes, et saisir avec ses mains la pointe des roches escarpées. Parvenu enfin au sommet, il montre aux siens les troupes d'Ausonie et les camps ennemis; tous demandent à grands cris le combat. Déjà l'armée se précipite dans la plaine en déployant ses ailes; déjà la trompette sonne; le combat s'engage de près, la terre se rougit de sang, les feux croisent les feux : tout présente aux combattants l'image d'une mort certaine. Tout à coup nous sommes écrasés par le nombre; la victoire a fui nos drapeaux.... — Mais mon héros, que cet échec ne peut arrêter un seul moment ni intimider, ne profère que ces mots : « Courage, amis, courage! » Lui-même se jette dans la mêlée à travers une grêle de traits; ses compagnons d'armes suivent son exemple et sa fortune; enfin il domine de son front l'armée entière, et s'estime heureux de voir la paix, qu'il a si généreusement offerte, succéder à une guerre désastreuse.

[g] Les nouveaux Carthaginois.

Maintenant tout nous rit. Les nouveaux Carthaginois, à la voix d'un Dieu, abaissent leur fierté ; la paix est annoncée au monde.

O père de la patrie! toi qui l'as le plus illustrée et dont la vie nous est si chère, ton nom, tes faits éclatants vivront d'âge en âge, et ce siècle de gloire aura commencé sous ton consulat.

Jacquemard publia une *Grammaire* française qui parut en 1805, in-4°, et dont il donna une édition améliorée en 1811, format in-12. « Parmi les livres qui traitent des principes de la langue française, dit M. Weiss (*Biog. univ.*, t. LXVIII, p. 34), la *Grammaire* de Jacquemard mérite une place distinguée. On y trouve une nombreuse série de locutions et de constructions vicieuses avec leur corrigé, travail bien fait et très-utile aux commençants. La théorie des participes y est développée avec beaucoup d'étendue. Enfin, cet ouvrage, en général exact, et où les règles sont appuyées sur des exemples choisis dans les meilleurs écrivains, atteste beaucoup de recherches et d'observations de la part de l'auteur. » Dans les années qui suivirent, Etienne Jacquemard ne cessa de cultiver les lettres et la poésie, et d'entretenir les relations littéraires que lui avaient créées ses premiers ouvrages. Il s'occupait d'histoire, de géographie, de statistique, et il préparait une troisième édition de ses éléments de grammaire lorsqu'en se rendant à Morey, séparé de Bourguignon par une roche élevée, il tomba de cette hauteur dans un abîme, où il fut trouvé mort le 3 août 1830.

JACQUINOT (Claude), chevalier, seigneur de Goux près Dole, né d'une famille de robe originaire de Gray, fut conseiller au parlement de Franche-Comté, et fait président dans le mois de janvier 1598. Mais il ne jouit pas longtemps de cette dignité : il mourut le 14 septembre de la même année, et fut enterré dans la grande église de Dole, où l'on voyait sa tombe avec une épitaphe. Pendant sa courte présidence, Claude Jacquinot fut appelé à diriger la session des Etats de Franche-Comté qui s'ouvrit le 2 mars 1598. Deux fils qu'il laissa n'entrèrent pas dans la magistrature, et n'eurent point de descendance masculine. Ainsi s'éteignit cette famille parlementaire.

JANDEL (Claude-Joseph), huissier, dit *le Diable*, né à Luxeuil en 1632, a fait quelques pièces de poésie marotique qui annoncent de la facilité, mais décèlent une sorte de bizarrerie que le bon goût proscrit. (*Mém. de la Soc. d'agr., sc. et arts de la Haute-Saône,* t. II, p. 126.)

JOBELOT (Jean-Ferdinand), l'un des magistrats les plus distingués qu'ait produits le comté de Bourgogne, naquit à Gray en 1620, d'une famille de robe. Après avoir terminé ses études, il fréquenta quelque temps le barreau, et exerça ensuite les fonctions d'avocat-général au parlement de Dole. Il obtint, en 1660, la place de conseiller, et fut député vers les cantons suisses pour en obtenir des secours dans le cas où la Franche-Comté serait attaquée par les Français. Il ne réussit point dans sa négociation tardive, et fut renvoyé, avec le marquis de Laubespin, près du prince de Condé, alors à Dijon, pour faire reconnaître la neutralité de notre province. Là Franche-Comté ayant été rendue à l'Espagne en 1668, par le traité d'Aix-la-Chapelle, Jobelot, accusé, ainsi que ses collègues, de n'avoir pas pris toutes les mesures qui dépendaient d'eux pour empêcher l'occupation étrangère, publia, pour la défense du parlement, un Mémoire qui était conservé dans la bibliothèque de MM. Chifflet. Il fut nommé en 1675 premier président du parlement, et en cette qualité il eut la mission de haranguer Louis XIV prenant possession de la Franche-Comté après l'avoir conquise pour la seconde fois. Etant venu habiter Besançon lorsque le parlement y fut transféré (1676), il mourut dans cette ville en 1702, âgé de quatre-vingt-deux ans. Il légua ses biens aux pauvres, et fit une fondation en faveur des orphelins. « Le président Jobelot, dit un auteur contemporain « (*Histoire manuscrite du parlement*), estoit grand en science et « en pieté, bon, infatigable au trauail, faisant du bien a tout le « monde, mesme a ses plus grands *haineux,* ayant toujours « ignoré ce que c'estoit que la vengeance. » Après avoir donné, par son testament, plus de 100,000 fr. à l'Hôpital des pauvres, il déclara en mourant qu'il voulait être inhumé au cimetière de cette maison ; « mais, dit le même auteur, contre cette dernière « voloutee si solennelle et qui devoit estre accompli si sain-

« tement et avec tant de religion, un frere qui luy survivoit,
« chanoine en l'esglise metropolitaine et vicaire general de
« l'archevesque, tres zelé pour le seminaire, l'y fit enterrer
« sans mausolee ny épitaphe, quoyqu'il en fust si digne. » —
J.-F. Jobelot a publié : I. une *Suite* du recueil des édits et
ordonnances de la Franche-Comté, Lyon, 1664, in-fol., recueil
commencé par Jean Pétremand. — II. Une nouvelle *Table des
ordonnances du parlement*. — III. Une *Instruction* pour dresser
les procédures, Besançon 1685, in-12. Il a laissé manuscrit un
Recueil de notes et d'observations sur les questions de droit les
plus intéressantes parmi celles qu'il avait vu décider pendant
l'exercice de ses fonctions, in-fol. Il en existe une copie à la
bibliothèque de Besançon. (*Biog. univ.*, t. XXI, p. 577.) —
JOBELOT (Jean-Baptiste), frère du précédent, né à Gray vers
1630 (c'est le chanoine mentionné plus haut), fut l'âme de
plusieurs congrégations pieuses qui se formèrent de son temps
en Franche-Comté. Il a publié : I. un *Coutumier et Directoire*
à l'usage des religieuses clarisses de Poligny et de Salins,
Lyon, 1703, in-8°; — II. *Réglements et Statuts de la confrérie
de Lorette*, communauté qui fut reconnue par une bulle du pape
Clément XI du 5 juin 1703, et établie à l'ermitage de Port-
Lesney, bailliage de Quingey. Ces réglements et statuts,
rédigés en 1703, ne furent imprimés qu'après la mort du
chanoine Jobelot, qui décéda à Besançon en 1705. — La
famille Jobelot a donné en outre au parlement de la Franche-
Comté deux présidents à mortier : Claude-Antoine JOBELOT
en 1711, et François-Bonaventure JOBELOT, fils du précédent, en 1742.

JOUART (Jean), seigneur d'Echevanne, né à Gray, nommé
président au parlement du comté de Bourgogne en 1471, fut
un des commissaires chargés d'apaiser les dissensions qui
s'étaient élevées entre les gouverneurs et les citoyens de
Besançon. Il fut tué dans une sédition populaire à Dijon, en
1477. (*Ann. du parlement*, manuscrit de la bibl. de M. le
docteur Sallot; V. aussi les *Mémoires pour servir à l'histoire
de Bourgogne*, p. 190.)

JOUFFROY (123) (Jean, né à Luxeuil vers 1412, d'une famille noble (124), fit ses premières études à Dole, fréquenta ensuite les universités de Cologne et de Pavie, puis embrassa la vie religieuse dans la célèbre abbaye de sa ville natale. Etant retourné peu de temps après à Pavie, il y professa la théologie et le droit canon avec tant d'éclat qu'il fut invité par le pape Eugène IV à assister au concile de Ferrare (1438). Il porta plus d'une fois la parole dans cette illustre assemblée. De retour à Luxeuil en 1441, il fut député au duc Philippe-le-Bon pour lui demander la conservation des priviléges de l'abbaye, et ce prince, dont il avait gagné la confiance, l'envoya successivement, avec la qualité d'ambassadeur, en Espagne, en Portugal et en Italie. Ayant terminé heureusement toutes les négociations dont il avait été chargé, D. Jouffroy fut récompensé de ses services par le titre d'abbé de Luxeuil et par l'évêché d'Arras. Lorsque Pie II songea à faire abolir la *Pragmatique-Sanction*, à la rédaction de laquelle n'avait point concouru le saint-siége, l'évêque Jouffroy devint l'intermédiaire entre le pape et Louis XI, et, heureux une fois de plus dans sa négociation, il obtint en récompense l'évêché d'Alby, outre le chapeau de cardinal; de son côté Louis XI le nomma son aumônier, joignit l'abbaye de Saint-Denis à tous les bénéfices qu'il possédait, et lui confia plusieurs missions politiques; il le mit même à la tête des troupes destinées à combattre la faction dite des *Armagnacs*. C'est pendant cette guerre qu'il mourut au prieuré de Rully, le 24 novembre 1475, âgé d'environ soixante ans. « C'était, dit M. Weiss (*Biog. univ.*, t. XXII, p. 52), un homme « ambitieux et ardent; mais on ne peut sans injustice lui « refuser des talents pour les affaires, de l'adresse, de la fer- « meté, et une instruction remarquable pour le temps où il « vivait. » D. d'Achery a fait entrer dans son *Spicilége* quelques-

---

(123) Les biographes écrivent ce nom de plusieurs manières : *Joffredy, Geoffroi, Jouffroy.*

(124) D. Collier a publié (*Journal de Verdun*, mars 1758) une lettre qui contient des recherches sur la noblesse de Jean Jouffroy. La famille de ce nom est divisée en plusieurs branches qui subsistent honorablement en Franche-Comté.

uns des discours du cardinal Jouffroy. D. Grappin a publié son *Eloge historique*, Besançon, 1785, in-8°. — La maison paternelle du cardinal existe encore : c'est l'ancien hôtel de ville de Luxeuil.

LABBÉ (Jean-César), né à Vesoul vers 1630, était fils de Claude Labbé (125), écuyer. Reçu docteur ès droits, il composa plusieurs ouvrages, notamment celui qui a pour titre : *Tabulæ synopticæ Institutionum Justiniani*, Bâle, 1660, in-folio. Ses autres ouvrages sont restés manuscrits.

LABBÉ (dom Fauste), savant bénédictin, frère du précédent, né à Vesoul en 1653, prit l'habit religieux à l'abbaye de Saint-Vincent de Besançon le 2 février 1673, partagea le reste de sa vie entre les devoirs de son état et les recherches historiques, et mourut à Luxeuil le 8 juin 1727. On a de lui : I. *Luxovii Chronicon libri X*, 2 vol. in-4°. Cette histoire de l'abbaye de Luxeuil, écrite sur des pièces originales et authentiques, a été fort utile à ceux qui ont traité depuis le même sujet. — II. *Recherches sur les monastères de l'ordre de S. Benoît établis dans le comté de Bourgogne*, in-4°. — III. *Analyse et Tables des registres de l'hôtel de ville de Vesoul*, in-folio. Les différents ouvrages de D. Labbé sont conservés en manuscrit dans plusieurs bibliothèques de la province. L'auteur travaillait, dans les dernières années de sa vie, à un *Dictionnaire de la Bible*, et en avait déjà composé les deux premiers volumes, qui furent

---

(125) Dans les anciens registres de baptême de Vesoul, le nom de cette famille est invariablement écrit *Labbé*, et non *Labbey* : c'est ce qui nous autorise à adopter la première des deux orthographes.

La famille Labbé était originaire de Nantes. Un de ses membres suivit Charles-Quint en Franche-Comté et s'établit dans la province, où il contracta, par lui-même et par ses descendants, des alliances avec les deux familles de Vesoul Thomassin et Cordemoy. La terre de Pompierre passa dans la famille Labbé, vers la fin du xvi° siècle, par le mariage de Jean Labbé avec Claudine, fille de Bichin, écuyer, seigneur de Pompierre. Le nom de Billy, que la même famille de Vesoul a porté, remonte au mariage de Jean-Claude Labbé, seigneur de Champlitte, Neuvelle, etc., avec Gabrielle Bacquot, fille de Jean Bacquot, avocat-général au parlement de Besançon, et de Jeanne-Françoise de Billy. (*Mémoire pour servir à l'histoire de la ville de Vesoul*, manuscrit qui est dans la bibl. de M. le docteur Sallot, médecin à Vesoul.)

envoyés, après sa mort, à D. Calmet. (*Biog. univ.*, t. XXIII, p. 17; ms. déposé à la bibl. de Vesoul, t. II, p. 542.)

LABBÉ DE POMPIERRE (Guillaume-Xavier), né le 3 mai 1751, au château de Grammont, près de Villersexel (126), entra fort jeune dans l'artillerie. Il était capitaine et chevalier de Saint-Louis, après vingt ans de service, lorsqu'il rentra dans la vie civile, emportant l'estime de tous ses camarades, comme le respect et l'affection de tous les soldats. Quand la révolution de 1789 éclata, il en embrassa les principes; son âme ardente et pure ne prévoyait pas les excès de 93, et n'envisageait que les grandes réformes dont la France avait besoin. Aussi le vit-on s'arrêter devant les crimes des Jacobins. Dénoncé sous le régime de la Terreur, il fut incarcéré pendant dix-huit mois. Rendu à la liberté, il devint président du district où il s'était retiré (Saint-Quentin) et exerça diverses fonctions gratuites, notamment celles d'administrateur des hospices civils. Sous l'Empire, il fut nommé conseiller de préfecture à Laon, département de l'Aisne. En 1813, ce département l'élut député au Corps législatif, puis, en 1815, membre de la Chambre des députés. Depuis lors, Labbé de Pompierre ne cessa de faire partie des législatures qui se succédèrent sous la Restauration. Ce fut sous sa présidence d'âge que la Chambre des députés se réunit pour la première fois, le 4 août 1830, après les fameuses journées de Juillet. Toujours il se montra le ferme défenseur de nos libertés et l'opiniâtre antagoniste des ministères contre-révolutionnaires. C'est surtout dans les discussions de budget que brillaient le talent oratoire et le beau caractère de Labbé de Pompierre. Simple et affable, il se faisait aimer de tous ceux qui le connaissaient. Possesseur d'un médiocre patrimoine, il avait su si bien restreindre ses besoins qu'il trouvait le moyen de vivre continuellement à Paris, et d'accorder encore d'abondants secours aux malheureux. Cet homme de bien mourut le 14 mai 1831, à l'âge de quatre-vingts ans. Il n'a point eu d'héritier de son nom; mais il a

(126) C'est par erreur que les Biographies l'ont fait naître à Besançon.

laissé une fille, et une petite-fille mariée à M. Odilon Barrot. Il a publié un grand nombre d'opinions et de brochures politiques. (Voir une notice plus étendue dans la *Biog. univ.*, t. LXIX, p. 193.)

LABBÉ DE BILLY (Nicolas-Antoine), né à Vesoul le 29 mars 1753, d'une famille honorable et qui a produit plusieurs hommes de mérite (Voy. LABBÉ, t. XXIII de la *Biog. univ.*, et ci-dessus LABBÉ (Jean-César), essaya d'abord de la carrière militaire, puis de l'étude de la théologie, qu'il abandonna pour celle du droit. « S'étant fait recevoir avocat, il retourna dans sa ville natale avec l'intention d'y fréquenter le barreau; mais, changeant encore une fois d'idée, il reprit l'étude de la théologie, alla continuer ses cours au séminaire de Saint-Sulpice (Paris), et revint en 1782 à Besançon subir ses examens et recevoir les ordres sacrés. » (*Biog. univ.*, t. LVIII, p. 296.) Il s'était fait un nom comme prédicateur, et était devenu grand-vicaire de Guillaume de la Luzerne, évêque de Langres, depuis cardinal. Ayant refusé le serment exigé des ecclésiastiques, il alla, pour se soustraire à la peine de la déportation, chercher un asile en Suisse; puis il visita l'Allemagne et l'Italie. Il revint en France dès qu'il lui fut permis d'y rentrer, ramenant une collection de livres rares et précieux. Il fut, en 1809, nommé professeur d'histoire à la Faculté de Besançon, et fit son cours jusqu'en 1817, époque où ses infirmités précoces l'obligèrent de se faire suppléer. « Le rapide affaiblissement de ses forces ne l'empêcha pas de continuer à partager son temps entre la culture des lettres et les soins qu'exigeait sa belle bibliothèque. Ce fut dans ces douces occupations qu'il termina sa vie à Besançon le 21 mai 1825, à l'âge de soixante-douze ans. » (*Biog. univ.*, t. LVIII.) Labbé de Billy a publié, outre plusieurs Mémoires historiques, un ouvrage important : c'est l'*Histoire de l'Université du comté de Bourgogne, et des différents sujets qui l'ont honorée*, Besançon, 1814, 2 vol. in-4°. On y trouve, entre autres documents curieux, un *Etat des fiefs* (du comté de Bourgogne) en 1614, avec l'indication de leurs revenus. Labbé de Billy a aussi fait imprimer un recueil de *Sermons* écrits avec élégance, Besançon, 1817, 1 vol. in-8°.

LAIRE (François-Xavier), fils de Jean Laire, laboureur à Vadans, bailliage de Gray, naquit le 10 septembre 1738. Un de ses oncles, curé d'une paroisse voisine, se chargea de son éducation, et lui fit faire ses premières études au collége de Dole. Entré dans l'ordre des Minimes, il fut envoyé à Arbois pour y professer la philosophie. Mais son goût dominant, celui des livres, le porta bientôt à voyager dans le but d'explorer les grandes bibliothèques publiques. Il se rendit d'abord à Rome, dont il visita tous les dépôts littéraires, s'attachant à prendre note des éditions remarquables ou rares. Il avait déjà amassé de nombreux matériaux bibliographiques quand le prince de Salm-Salm le nomma son bibliothécaire; c'était le maintenir dans son élément, d'autant mieux qu'il trouva dans son emploi l'occasion d'aller fouiller dans les bibliothèques de Naples, de Venise, de Padoue, de Florence, de Bologne, de Milan, etc. Dès ce moment, le P. Laire fut, selon ses vœux, destiné à ne vivre que de livres et qu'au milieu des livres. En effet, il devint plus tard, en 1786, bibliothécaire du cardinal Loménie de Brienne, puis, en 1793, conservateur de la bibliothèque du département de l'Yonne, poste dans lequel il mourut à Auxerre le 27 mars 1801, à l'âge de soixante-trois ans. F.-X. Laire fut un des plus célèbres bibliographes du siècle dernier. Il était membre de l'Académie des Arcadiens de Rome, de la Société Colombaire de Florence, de l'Académie de Besançon, etc. Plusieurs ouvrages d'érudition ont été le fruit des recherches et des études de toute sa vie. (Voy. *Biog. univ.*, t. XXIII, p. 205.) Celui qui fait le plus d'honneur à ses connaissances bibliographiques a pour titre : *Index librorum ab inventâ typographiâ usque ad annum 1500*, Sens, 1791, 2 vol. in-8°. Nous devons mentionner aussi sa *Dissertation sur l'origine et les progrès de l'imprimerie en Franche-Comté*, pendant le xv° siècle, Dole, Joly, 1785, in-8°. (Ouvrage curieux.) — On trouve l'*Eloge* du P. Laire par D. Grappin dans le *Recueil* de l'Académie de Besançon, année 1816. M. Déy, directeur des Domaines à Vesoul, a écrit la *Vie* du savant Minime. (Voir *Annuaire de l'Yonne*, année 1858.) C'est une notice pleine d'intérêt; toutes les phases par lesquelles a passé l'existence du P. Laire y sont rappelées chronologiquement. On y voit notamment que F.-X. Laire fut un des premiers à donner l'idée de réunir, dans une bibliothèque formée au chef-lieu de chaque département, les livres et les manuscrits provenant des établissements religieux supprimés, ainsi que des bibliothèques des châteaux saisis *nationalement* pour cause d'émigration. Cette mesure fut exécutée, mais avec peu de soin : ceux qui n'avaient jamais su tenir un livre, encore moins lire un manuscrit, ne pouvaient avoir à cœur de conserver des monuments historiques qu'ils n'étaient pas à même d'apprécier : de là la perte on ne peut plus regrettable de livres et de manuscrits qui, après avoir été conservés religieusement dans les abbayes, les couvents et les châteaux, ont disparu. Ce qui a pu échapper à ce naufrage littéraire est encore quelque chose sans doute; mais combien d'ouvrages importants y ont péri pour toujours !

LAMPINET (Jacques-Louis-Auguste), né le 10 mars 1781 au château de Navenne, émigra avec ses parents, et fut incorporé dans l'armée de Condé le 10 novembre 1791. Il avait alors onze ans. Il fit les campagnes de 1792 à 1797 dans la compagnie des chasseurs nobles, et fut nommé, le 19 avril 1797, sous-lieutenant dans le régiment de Hohenlohe, où il servit jusqu'au licenciement de l'armée royale (février 1801). Il avait reçu la croix du Phénix le 3 janvier 1800, en récompense de ses bons services. Rentré en France le 1er avril 1801, il s'engagea, le 20 juillet 1802, dans le 23e régiment de cavalerie, et y fut nommé brigadier-fourrier, puis maréchal-des-logis. Incorporé au 5e régiment de cuirassiers le 3 janvier 1803, il y devint maréchal-des-logis-chef le 13 novembre suivant, adjudant-sous-officier le 3 mars 1804, sous-lieutenant le 21 décembre 1805, lieutenant le 20 février 1807, adjudant-major le 3 avril suivant. Le 14 du même mois, il reçut la croix de la Légion-d'Honneur. Nommé capitaine le 3 octobre 1808, il fit les campagnes d'Allemagne et de Russie. Il fut fait prisonnier à l'affaire du 18 octobre 1812 devant Polotsk, mais il ne se rendit qu'après avoir reçu un coup de sabre et cinq coups de lance. A son retour en France, en 1814, il fut décoré de la croix de Saint-Louis. Après le licenciement de l'armée de la Loire, dont il faisait partie, le capitaine Lampinet entra dans les chasseurs des Alpes, passa avec le grade de chef d'escadron, le 29 novembre 1820, dans les dragons du Doubs, fit la campagne d'Espagne en 1823, obtint la croix d'or de Saint-Ferdinand, et fut promu officier de la Légion-d'Honneur. Le 30 avril 1829, il prit sa retraite comme lieutenant-colonel, pour se livrer au repos que demandaient ses longs services et ses nombreuses blessures. Outre les cinq coups de lance et le coup de sabre qu'il avait reçus devant Polotsk, il avait été blessé à Austerlitz d'un biscaïen à la tête; à Eylau, d'un biscaïen à la jambe droite; à Wagram, d'un boulet au pied gauche; à la Moskowa, d'un coup de baïonnette à la main gauche; à Waterloo, en attaquant à la tête de son escadron la redoute située au centre de l'armée russe, il reçut cinq coups de sabre pendant la brillante charge exécutée par son régiment contre la cavalerie anglaise. Depuis quelques années, le colonel Lampinet habitait le château de Navenne, ancienne demeure de sa famille, et était maire de cette commune, qu'il administrait avec zèle et dévouement, lorsqu'il mourut le 8 juin 1846, à l'âge de soixante-cinq ans. D'après ses dernières volontés, sa dépouille mortelle a été déposée au cimetière de Coulevon, où reposent plusieurs de ses parents ou alliés. C'était un homme d'humeur brusque et pétulante, mais d'une grande affabilité et d'une extrême obligeance. Il avait des connaissances en médecine, et il sut les utiliser au profit des habitants de la campagne, qui avaient souvent recours à ses conseils.

LANCELOT (Charles), bénédictin, né à Vesoul dans les premières années du XVIII° siècle, avait des connaissances très-étendues dans les langues orientales ; il traduisit du grec le *Traité du Sublime* de Longin, et le fit imprimer à Ratisbonne, en 1755, in-8°, avec une préface en forme de commentaire. Une autre édition fut faite à Paris en 1775, in-12. Il travaillait en 1776 à une *Nouvelle explication des Psaumes ;* nous ignorons

si cet ouvrage a paru. D. Lancelot était à cette époque professeur de langue grecque à l'abbaye de Saint-Denis. (*Mém. de la
Soc. d'agr., sc. et arts de la Haute-Saône*, t. II, p. 129.)

LANOIR (Henri-Léopold-Delphin), né à Faucogney le 13 août
1798, était fils de Guillaume-Ignace Lanoir, conseiller au bailliage
seigneurial de Lure. Après-avoir fait de bonnes études au lycée
de Besançon, il fut associé aux affaires de Henri Bolot, son oncle,
propriétaire des verreries de Miellin et de Malbouhans, et ne
tarda pas à devenir le principal et très-intelligent directeur de
ces vastes établissements. Peu de temps après, les électeurs
du canton de Melisey lui donnaient une preuve de leur estime
en l'appelant, par l'unanimité de leurs votes, à siéger au conseil
général. Il remplit ces nouvelles fonctions avec le zèle d'un
homme dévoué à son pays; mais il s'en démit au bout de neuf
ans, aimant mieux rester indépendant et ignoré. En même
temps il renonçait aux fonctions de maire de Malbouhans, pour
ne conserver que le modeste titre de conseiller municipal.
« Son bonheur était de faire du bien; son affabilité était
« connue aussi bien que sa bonté, et l'on venait à lui avec toute
« confiance. Aussi, pour avoir une idée de ses libéralités,
« faudrait-il interroger toutes les infortunes qu'il a soulagées.
« Nous qui l'avons connu dans l'intimité savons comment ses
« nombreux revenus étaient employés chaque année, et quelles
« abondantes largesses il répandait dans les temps de misère
« et la saison rigoureuse. Sa main libérale ne s'ouvrait pas
« seulement pour les pauvres de Malbouhans; elle s'ouvrait
« également à tous ceux du voisinage : aux uns il procurait du
« travail, à d'autres il avançait de l'argent, et tous étaient tirés
« de peine et d'embarras. Les édifices communaux n'étaient
« pas oubliés dans la distribution de ses dons. La com-
« mune (Malbouhans) manque de ressources, mais il savait y
« remédier, et plusieurs offrandes faites à l'église en particulier
« attestent ce qu'il aurait fait par la suite si la mort lui en avait
« laissé le temps..... Les nombreux ouvriers de l'usine étaient
« surtout l'objet de la sollicitude de M. Lanoir. Il était pour
« tous un père, un ami, un protecteur; il les encourageait par

« des paroles pleines de bienveillance, les consolait dans leurs
« peines, mais aussi leur reprochait sans ménagement leurs
« défauts. Il voulait leur bien, et le cherchait par tous les
« moyens; jamais maître ne fut plus aimé ni plus respecté. A
« ces belles qualités du cœur M. Lanoir joignait toute la finesse,
« toutes les grâces de l'esprit. Il excellait en société par son
« exquise politesse et sa grande prévenance envers tout le
« monde. Gai, enjoué, mais charitable en conversation, il
« savait à propos donner aux choses les plus communes un
« naïf et un piquant qui intéressaient tous ceux qui l'enten-
« daient » (127). Une maladie qui, à son début, ne présentait
point de gravité, l'emporta, après quelques jours de souffrance,
le 6 février 1855. Sa dépouille mortelle repose au cimetière
de Faucogney.

LÉGIER (Joseph), né à Jussey en 1734, avait embrassé la
profession des armes; il la quitta bientôt pour aller étudier le
droit à Paris, et surtout pour se livrer plus librement à ses goûts
littéraires. Il ne tarda pas à se faire honorablement connaître
par des essais de poésie légère qui le mirent en relations avec les
hommes de lettres les plus célèbres de son temps, avec Voltaire,
Helvétius, l'abbé Arnaud, Diderot, etc. On cite notamment :
Amusements poétiques, 1769, in-8°; — *Epître* à Diderot sur
l'invitation que lui avait adressée l'impératrice de Russie de se
rendre dans ses Etats, 1765, in-8°; — l'*Influence du luxe sur
les mœurs et les arts*, discours en vers, 1780, in-8°; — *Epître
à un amateur des beaux-arts*, 1782, in-8°; — *le Berger*, fable,
1782, in-8°; — *l'Orateur*, poème, 1784, in-8°. Légier composa aussi deux pièces de théâtre en vers : *le Rendez-vous
inutile*, opéra, 1765; *les Protégés*, comédie, 1769; mais elles
eurent peu de succès à la représentation. « Il revint dans sa
famille, obtint la charge de maire et de lieutenant-général de
police, et continua cependant de cultiver la littérature. Il
mourut à Jussey, d'une maladie de poitrine, le 7 janvier

(127) Notice biographique publiée par M. l'abbé Contenet, ancien vicaire
de Malbouhans.

1791. » (*Biog. univ.*, t. XXIII, p. 569.) Son *Eloge* par M. Weiss est inséré dans les *Mémoires de la Soc. d'agr., sc. et arts de la Haute-Saône*, t. III, p. 251.

LE JOYAND (Pierre-Antoine), médecin à Jussey, eut deux fils qui embrassèrent la profession de leur père : Claude-Antoine, né le 17 mars 1745, et Claude-François, né le 6 juin 1759. Celui-ci, homme de talent, devint administrateur général des hôpitaux militaires, et publia trois ouvrages relatifs à son art : I. *Précis du siècle de Paracelse*, 1787, in-8°; — II. *Principes naturels sur l'air, l'électricité*, etc., Paris, 1800, 4 vol. in-8°; — III. *Notice sur la vie, les travaux, les découvertes, la maladie et la mort de Michel Adanson*, Paris, 1808, in-8° de 40 pages : ces deux derniers ouvrages prouvent que l'auteur était versé dans les sciences physiques et naturelles; — IV. *Mémoire sur la distance des étoiles, et sur un nouveau système astronomique*, Paris, 1818, in-8° de 24 pages. C.-F. Le Joyand s'occupait aussi de matières politiques, témoin deux lettres qu'il écrivit à la Convention nationale, le 12 novembre 1792 et le 15 janvier 1793, pour lui représenter l'iniquité de l'arrêt qu'elle s'apprêtait à rendre contre Louis XVI. « Ces deux « pièces sont consignées dans l'histoire du procès par Maurice « Méjan. » (*Biog. des hommes vivants*, Paris, 1818, t. IV.) Plus tard, de 1815 à 1821, Le Joyand fit encore répandre à grand nombre plusieurs brochures royalistes, notamment *Coup d'œil sur les résultats de toutes les révolutions, particulièrement de la révolution française*, etc., Paris, 1821, in-8° de 88 pages. Il paraît, du reste, que, dès 1815, il ne se trouvait pas suffisamment récompensé de son zèle par la Restauration, puisqu'il crut devoir publier un écrit intitulé : *Services rendus par Le Joyand depuis 1776 jusqu'en 1815*, in-8° de 56 p. — Nous n'avons pu savoir où ni quand mourut ce savant compatriote. Son frère aîné, Claude-Antoine, décéda à Jussey, le 9 novembre 1825, à l'âge de quatre-vingts ans.

LÉLUT (Louis), médecin, naquit à Gy le 14 octobre 1776. Fils et petit-fils de médecins, il se voua lui-même à la mé-

decine, et, après de bonnes études au collége de Besançon, il
se rendit à Paris, où il suivit les cours de l'Ecole de 1794 à
1798. Le zèle et l'intelligence du jeune élève en médecine
l'avaient fait remarquer du célèbre docteur Antoine Dubois,
qui le traitait avec une familiarité affectueuse. Mais il fut
bientôt obligé de quitter ce maître habile et de partir pour
l'armée d'Italie. Il parvint rapidement, malgré sa jeunesse,
à la position importante de médecin d'une division de
l'armée. Plus tard, enfermé dans Coni, dont il aimait à ra-
conter le siége, il trouva l'occasion de manifester, au service
de l'hôpital militaire, son zèle et son énergie. Fait prisonnier
à la reddition de la ville, il fut presque immédiatement
échangé, revint en France dans l'hiver de 1799, et se fixa
à Gy, où il se maria en 1802. Avec son savoir, ses aptitudes
incontestées, il eût pu facilement, s'il l'eût voulu, se faire
un nom dans une grande ville, et parcourir une carrière à
la fois lucrative et brillante ; mais, exempt de tout désir de
réputation, il accepta volontiers son rôle de médecin de campagne, et borna son ambition à d'humbles et pénibles devoirs :
hoc erat in votis. Toutefois, en se renfermant volontairement
dans cette vie de labeur et de dévouement obscur, Louis Lélut
n'entendait point se laisser dominer par des habitudes molles
ou vulgaires ; il suivait avec une incessante curiosité les progrès
de la science médicale. Tout le temps que ne réclamaient point
ses malades, il le donnait à l'étude, à la lecture. Sa bibliothèque ne se composait point exclusivement de traités de
médecine ; elle s'augmentait tous les ans des meilleurs ouvrages
de littérature ou d'histoire. Toujours prêt à accueillir « ces
bons hôtes muets qui ne lassent jamais », il était rarement
tenté d'accuser la longueur des soirées solitaires. On était
bien vite frappé de la variété et de l'étendue de ses connaissances, de la sûreté de son goût, de la finesse malicieuse
de son jugement ; on se plaisait à considérer cette originalité
de physionomie, cette verdeur toute gauloise, et ce piquant de
caractère qu'on ne retrouve plus guère aujourd'hui. Après ses
livres, son unique distraction c'était son jardin. Comme un des
personnages de Voltaire, dont il ne méprisait point les préceptes,

il le cultivait volontiers, ne se souciant que médiocrement de ce qui se passait ou se disait en dehors de son modeste enclos. Obligeant et bon, quoique parfois un peu rude, il ne refusa jamais ses services ou ses conseils à ceux qui en avaient besoin : tous appréciaient sa délicatesse, sa droiture et sa loyauté. Durant plus de cinquante années, médecin de l'hôpital de Gy, il ne cessa d'y prodiguer ses soins avec une exactitude et un désintéressement rares. Le travail seul a rempli toute cette vie; ceux qui l'ont vu à l'œuvre peuvent dire l'énergie, la constance opiniâtre avec laquelle il accomplissait sa tâche quotidienne. C'est surtout pendant la cruelle épidémie du choléra de 1854 qu'il sut montrer comment la volonté « est maîtresse du corps qu'elle anime. » Presque octogénaire, courbé par l'âge et la fatigue, il n'en parut ni moins actif ni moins résolu. Partout on le trouvait veillant aux moindres détails, présidant au traitement des cholériques avec une assurance et un sang-froid remarquables, soutenant tout le monde par son exemple. Cette fermeté ne devait pas l'abandonner au moment suprême : il est mort sans plainte, sans faiblesse, d'une manière simple et digne, pouvant se rendre la justice de n'avoir pas mal employé sa vie. Le 24 mars 1860, Louis Lélut était enlevé, dans la quatre-vingt-quatrième année de son âge, à l'affection de sa famille, à l'estime de ses concitoyens. — Son fils, M. Francisque Lélut, est membre de l'Institut et du Corps législatif.

LOMPRÉ (Claude-Benigne), né à Champlitte le 19 décembre 1745, fit ses études à l'ancien collége de l'Arc (Dole), où il se faisait remarquer, dès l'âge de seize ans, parmi les meilleurs élèves de la classe de logique. Il reçut les ordres sacrés en 1768, et devint peu après chanoine et l'un des administrateurs de l'église collégiale de Champlitte. Député du clergé du bailliage d'Amont aux États-généraux, il remplit presque continuellement, pendant trois ans, les fonctions de secrétaire du comité des finances à l'Assemblée constituante, par laquelle il fit accepter diverses mesures touchant l'égale répartition des impôts. Il prêta le serment civique, mais en adoptant seulement ce que les prin-

cipes de 1789 avaient de légitime et d'applicable ; s'il ne voulait
pas le maintien des abus de l'ancien régime, il approuvait encore
moins les excès qui menaçaient de tout détruire sous prétexte
de tout réformer. Aussi fut-il contraint deux fois de chercher
un asile sur le sol étranger. Rentré dans sa patrie après huit
ans d'exil, il fut appelé à l'importante cure de Dole, dont il prit
possession en 1803, le dimanche octaval de la Fête-Dieu. Les
esprits n'étaient point encore calmés, et le nouveau curé
se trouva en butte, au début de sa mission pastorale, à de
basses préventions. Il leur opposa une charité inépuisable, une
patience persévérante, et bientôt il eut pour lui tous les cœurs,
même ceux qui étaient le moins ouverts aux sentiments délicats. Quelques années après, le chanoine Lompré obtint la
confiance de l'archevêque Claude Le Coz, qui lui conféra le
titre et les pouvoirs de vicaire-général forain. En 1818, il offrit
à sa paroisse un spectacle touchant, dans la célébration du
cinquantième anniversaire de sa première messe. Pendant les
vingt ans qu'il administra la paroisse de Dole, son zèle et sa
bienfaisance ne laissèrent rien d'utile à faire, aucun malheureux
à consoler ; il jouit de la vénération qui s'attache aux vertus,
de la considération qu'obtiennent des connaissances variées et
profondes, et de l'amour de tous ses paroissiens. Il mourut à
Dole, dans la nuit du 9 au 10 novembre 1828. — On ne connaît
de lui que l'*Éloge funèbre de S. A. S. Mgr le prince de Condé*,
Dole, imp. de F. Prudont, 1818, in-8° de 16 pages (128). —
Un beau portrait de l'abbé Lompré, peint sur toile par M. Bourges
de Rahon, décore la bibl. de la ville de Dole.

LONGET (Pierre-François) naquit à Bard-les-Pesmes le
13 juin 1778. Conscrit de l'an VII, il était entré comme simple

(128) Ce discours fut prononcé le 2 juin 1818, dans l'église paroissiale de
Dole, au service demandé par les chevaliers de Saint-Louis de l'arrondissement. A la fin on lit : « *Nota*. Cet éloge funèbre a été imprimé par les soins de
« MM. les chevaliers de l'association (de Saint-Louis), contre le gré de M. Lom-
« pré, curé de Dole. » Pour comprendre cette note, il faut savoir qu'en 1814,
lorsque le comte d'Artois, plus tard Charles X, entendit la messe à Dole, dans
la chapelle de l'hospice de la Charité, on ne voulut point du curé de la ville, et
qu'on lui substitua un prêtre jésuite, le P. Bouvier, principal du collège.

soldat dans la 36ᵉ demi-brigade, qui devint le 36ᵉ régiment d'infanterie de ligne. Ses bons services le firent avancer rapidement dans les premiers grades, et il fut nommé, le 14 avril 1807, pour une action d'éclat, chevalier de la Légion-d'Honneur. Fait sous-lieutenant sur le champ de bataille de Burgos (1808), lieutenant après le combat d'Alcober (1810), et capitaine au mois d'août 1811, il venait à peine de recevoir ce dernier grade quand des blessures reçues à l'armée le contraignirent de prendre sa retraite le 15 septembre suivant. De l'an VII au 1ᵉʳ septembre 1811, cet officier avait fait honorablement toutes les campagnes, notamment celles d'Espagne et de Portugal. Retiré à Motey-Besuche, canton de Pesmes, où il avait acheté une maison et un petit domaine, il y résida de 1812 à la fin de 1848, et pendant plus de vingt ans il administra cette commune comme maire, avec dévouement et capacité. Il venait de transférer son domicile à Montagney lorsqu'il y mourut le 27 avril 1849, à l'âge de soixante-onze ans.

LONGIN (Pierre), célèbre prédicateur, né à Gray en 1766, fit ses études théologiques au séminaire de Besançon, et fut ordonné prêtre en 1790. Ayant refusé de prêter le serment exigé des ecclésiastiques, il se retira en Suisse, où il se fit connaître par son talent pour la chaire. A sa rentrée en France, après le concordat, il fut successivement vicaire à Notre-Dame de Versailles et à Saint-Germain-l'Auxerrois. Sous la Restauration, il prêcha plusieurs fois devant la cour, et fut nommé prédicateur du roi. Pourvu quelque temps après de la cure de Saint-Louis-d'Antin, il fut désigné pour prononcer le panégyrique de S. Louis devant l'Académie française, en 1830 ; mais la révolution de Juillet ne lui permit pas de faire entendre ce discours. Ayant voulu revoir sa famille une dernière fois, il fut frappé d'apoplexie à quelques lieues de sa ville natale, et mourut le 21 septembre 1837. On a de lui un volume de *Sermons*, Paris, 1835, in-8°. Ils ont été reproduits par M. l'abbé Migne dans le tome VIII de sa *Collection des Orateurs sacrés*. On distingue parmi ses sermons celui sur la confession, et parmi ses panégyriques ceux de S. Louis et de S. Vincent-de-Paul.

LUBERT (Louis-Jacques), naquit à Héricourt le 3 octobre 1759, d'un père contrôleur des douanes, originaire de Rouen. Il embrassa l'état ecclésiastique, et fut d'abord, à Rurey (Doubs), vicaire de l'abbé Sirebon, ancien jésuite et prédicateur renommé (129). En 1786, il obtint du duc de Valentinois, patron de la collégiale de Belfort, une prébende de chanoine en cette église, où il occupa souvent la chaire avec succès. C'est là qu'il connut Jean-Baptiste Kléber, ancien officier au service d'Autriche, alors modeste architecte, bientôt après général en chef des armées de la République et l'un des héros de nos grandes guerres. Après la constitution civile du clergé, à laquelle il adhéra, l'abbé Lubert alla occuper, à Colmar, le poste de vicaire épiscopal sous l'évêque Arbogaste Martin. Les événements le forcèrent bientôt à abandonner cette position, et il se réfugia à Paris, cherchant, pendant la Terreur, à s'effacer et à se faire oublier. Menacé pourtant par des dénonciations anonymes et sur le point d'être arrêté, il eut le bonheur de rencontrer le conventionnel Pflieger, d'Altkirch, qu'il avait eu l'occasion de voir à Belfort, et qui l'emmena avec lui, en qualité de secrétaire particulier, dans une mission qu'il allait remplir aux armées et dans les départements de l'Est. La tourmente s'étant un peu apaisée, Lubert rejoignit son frère (130) dans ses foyers, et bientôt il fut nommé commissaire du Directoire exécutif près la municipalité cantonale d'Héricourt. Lors de la seconde élection pour la nomination des juges de paix, les électeurs portèrent leurs suffrages sur lui, et il conserva ces modestes fonctions sous tous les gouvernements (sauf une interruption de

---

(129) Trois frères Sirebon : Joseph, qui fut jésuite, et, après la suppression de l'ordre en 1773, curé de Rurey ; Charles-Eugène, qui mourut en 1829 curé de Saint-François-Xavier, à Besançon, et aumônier du collége ; et François-Xavier, qui mourut curé de Baume en 1814, étaient nés à Héricourt, où leur père remplissait les fonctions de bailli : le premier le 14 août 1745, le second le 14 septembre 1747, le troisième le 6 avril 1754. Tous trois furent prédicateurs distingués.

(130) Le docteur Lubert (Pierre-Jacques), qui fut le premier maire d'Héricourt et médecin du quartier-général de l'armée qui assiégeait Mayence sous le commandement de Kléber, en 1793. C'était un homme d'esprit, dont les saillies et la verve brillante étaient fort remarquées. Né à Héricourt le 13 juillet 1761, il y mourut le 27 janvier 1835.

sept ans, de 1824 à 1831) jusqu'à la fin de l'année 1846, époque à laquelle il donna sa démission. Il était certainement alors l'un des doyens d'âge et de fonctions des juges de paix de France. Il s'éteignit dix-huit mois après, sous le poids des années, le 27 juillet 1848. — Louis Lubert était un homme d'un esprit droit et lucide, d'une vaste instruction, d'un caractère ferme ; il avait pour le mal et les méchants une de ces haines vigoureuses qui ne transigent pas, et jamais il ne sut cacher sa pensée. Le canton où, pendant quarante-six ans, il se consacra à l'administration et à la distribution de la justice, a conservé de lui un souvenir durable. — On lui doit une *Vie du général Kléber*, Paris, an IX, 1 vol. in-8° de 129 pages, avec portrait. Cet opuscule, qui est devenu extrêmement rare, fut écrit à la hâte dès que l'auteur apprit la mort tragique de son ami ; de là vient qu'il est resté fort incomplet ; il est surtout remarquable par un grand nombre d'anecdotes sur l'enfance et la jeunesse de Kléber, que Lubert tenait de la bouche même de ce grand homme de guerre.

LUCOTTE (Edme-Aimé comte), né en Bourgogne le 30 octobre 1770, fit de bonnes études au collége de Dijon, et embrassa la carrière militaire. En 1790, il partit comme chef d'un des bataillons de la Côte-d'Or. Dès l'an 1793, il était colonel de la 12ᵉ demi-brigade. Lors des troubles qui ensanglantèrent Lyon, il refusa de commander le feu sur les habitants révoltés contre les commissaires du Gouvernement, ce qui le fit exiler à Chambéry. Toutefois cette injustice fut réparée au bout de quelques jours. Après avoir fait, en 1797, la campagne d'Italie, il encourut la disgrâce du Directoire, pour avoir pris à Marseille la défense de plusieurs accusés qu'on voulait sacrifier sans suivre les formes juridiques. Nommé néanmoins général de brigade et désigné pour faire partie de l'expédition d'Egypte, il se vit, par l'effet d'un événement de mer, forcé de relâcher en Italie. Là il fut chargé de la défense d'Ancône, où il se couvrit de gloire (1799). Appelé ensuite au commandement du département de l'Oise, il épousa à Beauvais la fille du marquis de Corberon, qui avait péri sur l'échafaud révolutionnaire. Lors de l'avénement de Joseph Bonaparte au trône de Naples (1806), il passa avec le grade de général de division au service de ce prince, et le suivit lorsqu'il alla prendre possession du trône d'Espagne. Il était difficile à un Français de se concilier la sympathie des populations de ce pays; le général Lucotte acquit cependant l'estime des Espagnols, en adoucissant, autant qu'il était en lui, la sévérité des mesures qui lui étaient prescrites. Gouverneur de Séville, il réprima tous les excès et protégea les propriétés comme les personnes. Rappelé en France en 1813, il se signala dans la mémorable campagne de Saxe, et fit avec non moins de distinction la campagne de 1814. Il fut un des généraux qui se présentèrent au château de Saint-Ouen pour offrir leurs services à Louis XVIII, et qui l'accompagnèrent à sa rentrée dans Paris; mais, pour avoir accepté un commandement pendant les Cent-Jours, il fut mis en demi-solde au second retour du roi, et ce fut seulement en 1818 qu'il reçut du ministre de la guerre la mission de réorganiser l'armée avec le concours de quatre autres lieutenants-généraux. Admis définitivement à la retraite au mois de mai 1825, il était venu habiter Port-sur-Saône; il y mourut le 21 septembre suivant. Il était bon mathématicien, et s'occupait avec succès de poésie et de beaux-arts. Il se disposait à rédiger des Mémoires sur les affaires de Naples et d'Espagne lorsqu'il succomba prématurément à une maladie attribuée aux fatigues de la guerre et à de nombreuses blessures. Il était commandeur de la Légion-d'Honneur, chevalier de Saint-Louis, et membre de l'archiconfrérie du Saint-Sépulcre. (*Journal de la Haute-Saône* du 28 septembre 1825; *Biog. des hommes vivants*, 1818, t. IV, p. 263; *Vict. et Conq.*, t. XXVI, p. 71.) — La dépouille mortelle du général, qui reposait depuis 1825 dans le cimetière de Port-sur-Saône, a été exhumée en décembre 1840 et transférée au cimetière du Mont-Parnasse, à Paris. Cette translation a été faite pour obéir aux dernières volontés de la comtesse Lucotte, décédée le 24 décembre 1838 : dans son testament, elle avait exprimé le vœu d'être placée à côté de son mari dans le même tombeau. — M. Emilion Lucotte, son frère, fut longtemps inspecteur des forêts à Vesoul.

LUGNOT (Joseph), général de brigade, grand-officier de la Légion-d'Honneur, chevalier de Saint-Louis et de l'ordre de Saint-Ferdinand d'Espagne, naquit à Charentenay, bailliage de Gray, le 12 décembre 1780. Son père, Michel Lugnot, ancien officier au régiment de Poitou, ayant repris du service en 1791, dans le 2e bataillon de la Haute-Saône, Joseph le rejoignit trois ans après, bien résolu à suivre aussi la carrière militaire. Incorporé, à l'âge de quinze ans, dans le 56e régiment de ligne, il fit avec ce corps, de 1795 à 1813, les campagnes du Rhin, d'Italie, de l'Ouest, de Catalogne, de Russie et de Saxe. Passé au commencement de 1814 dans le 93e de ligne, avec le grade de chef de bataillon, il se trouva au blocus de Magdebourg, et, pendant les Cent-Jours, à la grande journée de Waterloo. Compris dans le licenciement de 1815, il ne fut rappelé à l'activité qu'en 1821. Il servit dès lors dans le 14e régiment d'infanterie légère comme major, et dans le 21e régiment de ligne comme lieutenant-colonel et colonel. Avec le 14e léger, il fit la campagne d'Espagne en 1823; avec le 21e de ligne, il prit part, en décembre 1830, sous le commandement du général Damrémont, à la seconde expédition d'Oran. Après l'occupation de cette place, il en fut nommé commandant, et il conserva ce poste jusqu'au mois de septembre 1831, époque où son régiment reçut l'ordre de rentrer en France. Nommé général de brigade (27 février 1841), il commanda la subdivision militaire de l'Ariége jusqu'à son admission au cadre de réserve (27 février 1843). — Les états de service du général Lugnot sont des plus honorables; ils mentionnent plusieurs actions d'éclat par lesquelles notre brave compatriote se signala à l'armée de Catalogne, notamment sous Girone (16 août 1808 et 19 septembre 1809), et au blocus d'Hostalrich (mai 1810). Il fut blessé trois fois durant les quatre années qu'il passa à l'armée de Catalogne. Devant Polotsk (Russie), le 18 août 1812, une balle lui traversa le genou gauche. A Mont-Saint-Jean (18 juin 1815), grièvement blessé de nouveau et abandonné sur le champ de bataille, il ne reçut les premiers secours qu'après cinq jours de cruelles souffrances. D'Angleterre, où il avait été transporté comme prisonnier de guerre, il ne tarda pas à être ramené en France,

et c'est seulement à l'hôpital d'Aire qu'il reçut les soins propres
à avancer la guérison de sa dernière blessure. — Lors de son
passage au cadre de réserve, le général Lugnot avait établi
son domicile à Limoges. La révolution de 1848 lui fournit
bientôt l'occasion de rendre de grands services à sa cité d'adoption, comme colonel de la garde nationale ; grâce à l'énergie de
son commandement, à la fermeté de son caractère, à la sagesse
de ses conseils comme aux mesures conciliantes qu'il sut
inspirer à l'autorité supérieure, la ville, troublée pendant
quelques jours, recouvra promptement sa tranquillité habituelle.
Pour le récompenser du dévouement qu'il venait de déployer,
le gouvernement lui conféra le grade de grand-officier de la
Légion-d'Honneur (131). — Le général mourut à Limoges,
le 13 février 1857, après une longue et douloureuse maladie,
à l'âge de soixante-dix-sept ans. La ville a fait ériger un
monument qui perpétue la mémoire de notre honorable
compatriote.

LULLIER (Claude-François), seigneur de Preigney, Chauvirey, Ouge, Vitrey et la Quarte, né à Morey dans les dernières
années du XVIIᵉ siècle, obtint de bonne heure le grade de docteur en droit. « Aussitost apres, quoique de famille commode et
« riche, il se mit a frequenter le barreau avec toute l'exactitude
« et assiduitee possible, si bien qu'en peu de temps il se
« rendit fameux avocat, et l'un des grands praticiens de son
« temps (132). » La distinction avec laquelle il exerçait sa
profession lui avait donné un grand crédit : aussi fut-il présenté
pour la charge de conseiller au parlement qui devint vacante le
14 mars 1631 par la mort de Jean-François Mairot. Mais il avait
un concurrent redoutable dans Antoine Brun, que recomman-
daient de puissantes influences. Toutefois les choses purent
s'arranger : l'office de procureur-général, également devenu
vacant dans ces entrefaites, fut conféré à Antoine Brun, et

---

(131) Joseph Lugnot, nommé chevalier de la Légion-d'Honneur pendant la
campagne de Russie, officier de l'ordre en 1823, était commandeur depuis le
30 octobre 1836.

(132) Manuscrit de la bibl. de M. le docteur Sallot, déjà cité p. 55.

Claude-François Lullier put être nommé conseiller le 28 mai
1632. L'année pendant laquelle cette nomination était restée
en suspens, les Jésuites, qui jusque-là avaient eu Lullier
pour conseil unique, s'étaient pourtant prononcés en faveur
de son compétiteur Brun, dont un frère était dans leur couvent. Lullier leur dit alors « qu'il ne trouve pas mauvais
« qu'ils embrassent le party d'une personne qui avoit un frere
« chez eux, mais qu'il leur demandoit acte par escrit de ce
« qu'il les avoit servis comme avocat en toutes leurs causes,
« pendant dix-huit ans, sans en avoir jamais eu argent ny pre-
« sent. Ils avouerent la veritee de cet acte, et neanmoins refu-
« serent de le donner, ce qui a la suitte l'esloigna des Jesuittes,
« et l'obligea de donner son affection aux Benedictins, qu'il
« appuya contre les Jesuittes en toutes occasions, et leur laissa
« enfin la meilleure partie de son bien, ayant fondé un couvent
« de leur ordre a Morey, lieu de sa naissance, lequel est
« l'une de leurs maisons en ce païs (133). » Telle fut l'origine
du monastère de Morey, qui fut fondé en 1657, et dont l'église
ne fut achevée qu'en 1702. — Cl.-Fr. Lullier parvint, en 1653,
à la présidence du parlement (134), « dans lequel il estoit tout-
« puissant, ayant une adresse non pareille pour attirer les
« autres dans son sentiment (135). » Il mourut le 28 avril 1660,

(133) Manuscrit de la bibl. de M. le docteur Sallot.

(134) Le conseil municipal de Dole prit à cette occasion la délibération dont
voici les termes : « M. le maïeur a demandé quels devoirs on devoit rendre
« à M. Lullier lors de son arrivee en cette ville, en qualité de premier pre-
« sident. Le conseil a decidé qu'on feroit tirer douze pieces de canon; que
« MM. Pierre d'Assault, Guillemin de la Clef, kenard et Terrier iroient avec
« le sieur maïeur a sa rencontre; qu'il seroit invité les plus apparans de la
« ville, pour monter a cheval et l'accompagner ; que la bourgeoisie seroit
« commandee pour se mettre en haye a la porte pres le corps de garde, et
« que si la garde estoit nombreuse, elle seroit mise en bataille; que a heure
« de midy, le Magistrat iroit en corps le complimenter; que a neuf heures
« du soir, au lieu de la cloche du couvre-feu, seroit sonnee la grosse cloche;
« qu'on tireroit les chevrettes qui sont au clocher, les pointant contre la
« maison du sieur president, et qu'il seroit tiré douze pieces du plus gros
« canon, qui seroient chargees de besles trouees pour qu'elles fassent plus de
« bruit. » Cette délibération donne une idée du cérémonial que l'on observait
à cette époque.

(135) Manuscrit de la bibliothèque de M. le docteur Sallot.

et fut enterré dans l'église Notre-Dame de Mont-Roland près de Dole, où sa veuve, Claude-Françoise de Santans, lui fit élever un superbe mausolée.

LYAUTEY (Pierre-Antoine), né en 1761 à Vellefaux, bailliage de Vesoul, d'une famille qui lui avait donné de bonne heure une sage direction, termina ses études en 1782, et s'enrôla dans un régiment d'artillerie en garnison à Besançon ; mais il quitta ce corps en 1788, pour être initié à l'administration militaire dans les bureaux du commissaire-ordonnateur Legrand. Breveté commissaire des guerres à la fin de 1792, il fut employé à l'armée du Rhin, ensuite à l'armée des Alpes. Devenu bien-tôt après (10 septembre 1793) commissaire-ordonnateur de la 6e division militaire et agent supérieur près de l'armée des Alpes, il continua de se faire remarquer dans toutes les missions qui lui furent confiées. Le général Labarollière, quittant le commandement de la 6e division, lui écrivait : « Je dois rendre, « avec tout le monde, l'hommage qui est dû à votre travail « excessif, à votre zèle constant et éclairé, à vos sentiments de « justice et d'humanité, de patriotisme et d'intégrité. Je n'en « connais point qui méritent aussi puissamment l'estime géné- « rale, etc. » En l'an VI, l'ordonnateur Lyautey était nommé chef de la première division au ministère de la guerre, laquelle comprenait le secrétariat général. Dans cette position laborieuse et difficile, il donna de nouvelles preuves de ce beau caractère et de ce désintéressement qui lui valaient l'estime publique. Un travail trop continu ayant altéré sa santé, il demanda au ministre (Milet-de-Mureau) l'autorisation de résigner ses fonctions ; toutefois, sur les instances de celui-ci, il consentit à rester à son poste, et ce fut seulement sous le ministre Bernadotte que Lyautey put retourner dans la 6e division, dont il était resté l'ordonnateur titulaire. Appelé, peu de temps après, à la réserve de l'armée d'Allemagne, puis à celle de l'armée d'Espagne, enfin dans les 17e et 31e divisions (la Hollande), il y remplit l'emploi d'ordonnateur en chef. En Hollande, où tout était à changer et à créer, ses soins tendirent à orga-niser solidement les services, tout en réalisant les économies possibles (136). A la fin de l'année 1810, terme assigné à des efforts qu'il manqua payer de sa vie, il rentra dans la 6e division militaire, après avoir reçu de hauts témoignages de satisfaction. Le 30 juillet 1812, le ministre Clarke, duc de Feltre, le rappelait à Paris pour lui confier l'organisation des équipages de l'armée, personnel et matériel. Cet immense travail achevé, l'ordonnateur Lyautey revint à Besançon, et c'est là que le trouvèrent les événements de 1814 et de 1815. Pendant les deux blocus de la ville, il donna la mesure de ce que peut faire un administrateur consommé, et ne cessa de montrer cette sagesse d'esprit et cette tranquillité d'âme qui l'avaient toujours distingué. Admis à la

---

(136) A son arrivée en Hollande, A. Lyautey trouva les hôpitaux militaires en entreprise; le soldat y était traité pour le compte de spéculateurs qui réalisaient des bénéfices scandaleux. D'accord avec le célèbre docteur Brugmans, ex-médecin en chef de l'armée hollandaise, alors un des inspecteurs généraux du service de santé de l'armée française, A. Lyautey réduisit d'un franc le prix de la journée de malade. La chose était délicate : elle intéressait les premiers banquiers d'Amsterdam, qui étaient les bailleurs de fonds. Aussi osèrent-ils faire offrir à l'intendant français la moitié de la différence, c'est-à-dire 50 c. par journée d'hôpital. Comme l'armée qui occupait la Hollande envoyait chaque jour, en moyenne, de 8,000 à 10,000 hommes dans les hôpitaux d'Amsterdam, d'Utrecht, de La Haye, de Rotterdam, d'Helvœtsluys, d'Alkmaer, de Groningue, etc. etc., c'était de 4,000 à 5,000 fr. par jour que l'on consentait à gratifier A. Lyautey, qui, pendant les neuf mois consacrés à l'accomplissement de sa mission, aurait reçu plus d'un million. Il refusa, cela va sans dire, et n'en fit que plus promptement installer les hôpitaux sur le pied français. — Dans une autre circonstance, alors qu'il était au ministère de la guerre, il trouva un matin sur son bureau un paquet à son adresse; ce paquet renfermait des bons du Trésor pour 300,000 fr. Rien n'indiquait de qui venait cet envoi. Soupçonnant que ce pouvait être d'un des entrepreneurs généraux des services administratifs militaires, il prit le parti, après avoir instruit du fait le ministre de la guerre, qui était Bernadotte, de mander à son cabinet, pour des heures différentes, tous ces fournisseurs. Ceux-ci étaient assez nombreux, chaque armée de la République ayant le sien, quand elle n'en avait pas plusieurs. Le second qui se présenta finit par avouer que c'était sa compagnie qui avait cru pouvoir faire un don de 300,000 fr. au chef de division, le sachant père de famille et sans fortune..... Si le ministre n'envoya pas le coupable devant un conseil de guerre, c'est que le procès aurait pu compromettre des hommes haut placés dans le gouvernement. A cette époque, du reste, les cas de même nature n'étaient point rares : les *tentateurs* entouraient non-seulement les administrateurs militaires, mais encore les généraux, les colonels, en un mot tous ceux qui, par leur position, pouvaient favoriser la dilapidation.

retraite le 22 décembre 1815, il ne réclama point contre une mesure qui bornait prématurément sa carrière à l'âge de cinquante-quatre ans; il alla habiter sa maison de campagne de Geneuille, où la culture de son jardin, l'exercice, le travail au grand air, rétablirent sa santé et prolongèrent son honorable vie. Dans cette retraite, sa famille et ses amis purent apprécier, pendant trente-huit ans, ses rares qualités, l'élévation de sa pensée et la noblesse de ses sentiments. Il donnait à tous l'exemple de la bienfaisance, de l'indulgence, de la charité bien comprise. Jusqu'à son dernier jour, arrivé le 14 septembre 1854, il conserva la netteté de son intelligence et les grâces de son esprit. Il s'éteignit doucement, dans le calme de l'homme de bien, avec la foi du chrétien, à l'âge de quatre-vingt-treize ans. — Il a eu quatre fils. L'aîné, Juste LYAUTEY, né le 1er septembre 1787, entra comme pensionnaire à l'Ecole spéciale militaire de Fontainebleau, le 3 octobre 1805; servit au 12e régiment d'infanterie légère de 1806 à 1811, dans les grades de sous-lieutenant, lieutenant et capitaine; et fit les campagnes de 1806 et 1807 à la Grande-Armée, puis celles de 1808 à 1811 en Espagne. Il fut tué à l'affaire de Ximena (22 octobre 1810), âgé seulement de vingt-quatre ans. Le 8 juillet 1808, il avait reçu de l'empereur lui-même la croix de la Légion-d'Honneur. Les trois autres fils de l'ordonnateur Lyautey sont encore vivants : M. Hubert-Joseph LYAUTEY, général de division d'artillerie, grand-officier de la Légion-d'Honneur, grand'croix de Saint-Grégoire-le-Grand, chevalier de Saint-Louis, commandeur de plusieurs ordres étrangers, élevé à la dignité de sénateur par décret impérial du 19 juin 1854; — M. Antoine-Nicolas LYAUTEY, général de brigade d'artillerie, commandeur de la Légion-d'Honneur; — M. Charles-Réné LYAUTEY, intendant militaire en retraite, commandeur de la Légion-d'Honneur, qui habite maintenant Francourt, canton de Dampierre-sur-Salon. Tous les trois sont médaillés de Sainte-Hélène.

MAGNIEN (Jean-Chrysostôme), médecin du xviie siècle, était né à Luxeuil. Après avoir fait ses études à l'Université de Dole, il alla en Italie, et y pratiqua son art avec tant de succès qu'il fut nommé professeur en médecine à Pavie. Il remplit cette chaire pendant plusieurs années, et obtint ensuite celle de philosophie. Le comte de Fuelsaldagne, nommé ambassadeur extraordinaire à la cour de France, en 1660, le choisit pour son médecin, et l'emmena avec lui à Paris. On ignore l'époque de sa mort. (*Biog. univ.*, t. XXVI, p. 135.) Magnien a laissé deux ouvrages latins relatifs à la médecine : I. *De tabaco exercitationes quatuordecim*, traité qui a eu deux éditions à Pavie (1648 et 1658), et deux autres en Hollande (1658 et 1669). — II. *De mannâ liber singularis*. Ce livre, publié à Pavie en 1648, in-8°, a été réimprimé plusieurs fois dans les Pays-Bas. On a encore de Magnien : III. *Democritus reviviscens, sive de atomis, additâ Democriti vitâ*, Pavie, 1646, in-4°; Leyde, 1648, in-12 ; La Haye et Londres, 1658, 1688, in-12. C'est l'exposé critique du système atomistique du philosophe d'Abdère. Dom Grappin attribue de plus au professeur Magnien : *De aere ticinensi*, et un traité *De viribus imaginationis*. (*Hist. abr. du comté de Bourgogne*, p. 298.)

MAILLY (Antoine-Anne-Alexandre-Marie-Gabriel-Joseph-François DE), marquis de Château-Renaud, député à l'Assemblée nationale, à la Convention, au conseil des Anciens, président de l'administration centrale du département de la Haute-Saône (137), naquit à Vesoul le 25 novembre 1742. Son père, seigneur de Château-Renaud, Surrigny, La Tournelle, Quintigny, etc., occupait la charge de second président à la cour des comptes, aides, domaines et finances du comté de Bourgogne. Par son mariage avec Barbe-Marguerite Henrion de Franche-

(137) Sous le régime du Directoire, les départements furent régis par des administrations centrales composées de cinq membres, non compris le commissaire du pouvoir exécutif qui était placé près chacune d'elles. A ces administrations, qui étaient composées de membres électifs, appartenait la haute direction du département; elles avaient à veiller sur tout ce qui regardait les intérêts locaux, l'ordre public et la politique générale. Cette institution fut remplacée par le régime de la loi du 28 pluviôse an VIII, qui donna à chaque département un préfet, à chaque arrondissement un sous-préfet, et qui réserva au chef de l'Etat le droit de nommer à ces fonctions.

velle, il avait ajouté à ses possessions en Bresse des maisons à Vesoul et d'autres propriétés situées dans le bailliage de Lure. Leur fils Antoine fit ses études à Paris, au collége d'Harcourt (aujourd'hui lycée Saint-Louis). D'une imagination active et brillante, il se montra de bonne heure le type complet des jeunes intelligences qui, fatiguées du présent autant que du passé, se tournaient avec enthousiasme vers une aurore nouvelle. Etudiant le droit à Besançon, il fréquentait surtout une ancienne famille parlementaire, où les doctrines philosophiques étaient loin d'avoir pénétré. Il rencontrait là des contradicteurs qui s'efforçaient de ramener à d'autres idées cette âme éprise d'indépendance, avide de transformations. Mme d'H. mettait un certain acharnement à cette petite guerre intellectuelle, et dirigeait contre Voltaire ses attaques les plus passionnées. A. de Mailly défendait ses sympathies avec non moins de vivacité. Un jour la discussion s'envenima plus que jamais, et Mme d'H. s'emporta jusqu'aux grosses injures contre l'impie qui mettait audacieusement le pied sur les choses saintes. Excité par ce débordement de paroles sans mesure, le jeune homme répondit avec chaleur, et Mme d'H. s'écria : Mon Dieu! puisque vous avez une admiration si inébranlable pour M. de Voltaire, que n'allez-vous à Ferney? Il est venu jusqu'à nous (car il 'est dit qu'on s'occupera de tout ce qui regarde ce mécréant) qu'il lui manque un ou deux secrétaires. Il serait enchanté, assurément, d'avoir auprès de lui un enthousiaste tel que vous. Allons! rapprochez-vous du foyer de sa gloire! — En vérité, Madame, c'est une idée dont je vous remercie..... Je suivrai votre conseil..... J'irai à Ferney. — A merveilles, prenez votre bâton de pèlerin, et courez vous prosterner devant le démon de la philosophie. — J'y suis tout décidé. — Sans raillerie?... — Sans raillerie. — Bah! c'est une plaisanterie..... Iriez-vous endosser la livrée d'un secrétaire? — Est-ce que la livrée du génie déshonore? D'ailleurs, l'idée est de vous, Madame; je la suivrai. — Vous serez damné...; prenez-y garde...! Secrétaire de Voltaire... c'est un état dans lequel il n'y a point de salut!... — Consolez-vous, Madame; je ne serai pas son secrétaire par état, mais par curiosité. Et puis,

qui sait? en m'aidant de vos prières, peut-être arriverez-vous
à me faire trouver le soleil moins beau quand je l'aurai approché.
Vivez dans cette espérance, et acceptez mes adieux. — Dieu
vous protège, répondit Mme d'H. — Peu de jours après, un
jeune inconnu arrivait au château de Ferney. L'étranger se
présenta lui-même avec une aisance pleine de distinction.
J'ai appris, dit-il, que M. de Voltaire cherche un secrétaire.....
Je viens m'offrir; je serais heureux et fier d'être admis auprès
du grand philosophe, du grand écrivain. — Dites-moi votre
nom, répondit Voltaire, se tournant légèrement vers le solli-
citeur. — Esprit. — Ah! le nom me plaît, s'écria-t-il vivement,
en se retournant tout à fait..... C'est celui de votre famille? —
Non, de mon baptême. — Esprit..., je ne connais pas de calendrier qui donne ce patron..... Vous vous appelez Esprit? — Et
Château-Renaud. — Eh bien! Esprit Château-Renaud, pour
votre nom et pour votre figure, je vous élève dès ce moment à
la dignité de second secrétaire. — L'installation suivit de près
la nomination; à l'instant même Voltaire céda son fauteuil au
nouveau dignitaire pour lui dicter la suite d'une lettre qu'il
avait commencée. Ceci se passait vers 1762, époque où Voltaire
venait de s'installer à Ferney. Dès ce moment M. Esprit fut de
la maison et trouvé digne de son nom; sa causticité, ses heureuses saillies déridèrent souvent le front soucieux du vieux
philosophe. Il plaisait d'autant plus à Voltaire qu'il remplissait
avec beaucoup de talent les rôles dont il était chargé dans les
pièces qu'on jouait sur le théâtre du château, notamment celui
de Tancrède. Mais le patriarche et son secrétaire n'étaient pas
toujours d'accord; celui-ci osait défendre quelquefois J.-J.
Rousseau et d'autres écrivains auxquels Voltaire semblait avoir
juré une haine implacable. Il ne cachait pas non plus l'étonnement que lui inspiraient les mœurs aristocratiques qu'il avait
sous les yeux. Un jour on saisit un braconnier que les gardes
amenèrent devant le seigneur. Le pauvre délinquant tremblait
de tous ses membres. Voltaire se préparait à lui infliger une
peine sévère lorsqu'il résolut de se donner le plaisir d'une
certaine mise en scène. Il s'enfonça présidentiellement dans
son grand fauteuil, et pria M. Esprit de parler pour le contre-

venant. Château-Renaud se mit en face du fauteuil historique,
et, commençant avec un sérieux fort éloigné sans doute de
l'idée du président, il dit en substance : Nous vivons à une
époque où la pensée de quelques grands hommes pousse la
société vers sa complète régénération. Gloire à eux! Ils ont
lutté ardemment contre l'erreur, contre les abus; ils ont tué
de vieux préjugés par le ridicule; ils ont tracé vers l'avenir
une route lumineuse....... — Au fait, au fait, interrompit
Voltaire. — J'y arrive..... Eh bien! ces hommes, sous peine
d'être jugés sévèrement par la postérité, doivent faire en sorte
que leurs actions ne jurent pas avec leurs paroles. S'ils ont
prêché la justice, la charité, l'égalité, il faut qu'ils soient justes,
charitables, qu'ils aiment et protègent le pauvre. Est-ce faire
œuvre de justice, de charité, d'égalité, que d'être dur et
inexorable envers ceux qui n'ont rien, et de n'avoir pas pitié
de leur misère? Ce malheureux qui tremble à côté de moi
s'est peut-être vu forcé de braconner pour fournir du pain
à sa femme, à ses enfants, à sa vieille mère....... Combien
d'autres ont pu être réduits à cette fatale nécessité, que le
riche a cependant rigoureusement punis, qu'il a fait empri-
sonner !....... — Vous vous arrêtez en beau chemin, dit
Voltaire à l'orateur, qui restait court. — J'ai besoin d'un volume pour une citation. Permettez-moi d'aller le prendre
dans votre bibliothèque. — Le haut justicier y consentit. —
Après quelques instants, Château-Renaud rentra et feuilleta
longtemps un volume sans parler. A la fin Voltaire, impatienté,
lui demanda quel était ce livre d'où devait sortir une citation si
difficile à trouver. Château-Renaud répondit froidement : C'est
un de vos ouvrages où je vois partout le mot *humanité*... —
Voltaire trouva l'argument si concluant et si victorieux qu'il
pardonna au braconnier, et lui donna même quelque argent.
Le pauvre homme, qui n'avait que médiocrement compris cette
petite comédie, avait saisi néanmoins qu'il en devait l'heureux
dénouement au jeune orateur. Il se retira en le comblant de
bénédictions. — Peu de temps après, il arriva de Besançon au
château de Ferney une énorme lettre frappée du grand sceau
du chancelier Maupeou; elle portait cette suscription : *Monsieur*

le marquis Mailly de Château-Renaud. Eh quoi ! s'écria Voltaire,
qui avait lu l'adresse le premier, aurais-je l'insigne honneur
d'avoir un marquis pour secrétaire? — Mon Dieu, oui ; mais
tout l'honneur revient au marquis, répondit Château-Renaud,
en ouvrant la lettre ministérielle. C'était sa nomination d'avocat-
général à la cour des comptes de Dole. Il la fit lire à Voltaire,
qui dit en riant : Il faudra modifier à l'avenir vos plaidoiries,
monsieur l'avocat-général ; je doute que vous ayiez pour président un philosophe de ma trempe, et gare les réprimandes. —
Monsieur de Voltaire, répartit Château-Renaud, le marquis
se souviendra toujours du secrétaire, et l'avocat-général de
l'avocat du braconnier. — Le départ du jeune marquis mit
Ferney au désespoir : plus de Tancrède éloquent, plus de second
secrétaire, plus de saillies spirituelles ; tout cela s'envolait vers
Dole ! Voltaire en conçut un véritable chagrin ; mais il eut la
consolation d'apprendre que l'avocat-général avait conservé les
traditions philosophiques. A la rentrée des chambres de Dole,
Château-Renaud prononça un discours qui valut à l'orateur trop
avancé une verte semonce du chancelier Maupeou, et même
l'invitation d'aller voyager quelque temps en Italie. — Dans les
premiers moments de la Révolution, nous retrouvons dans la
lice celui qui avait défendu Voltaire devant Mme d'H., et
J.-J. Rousseau devant Voltaire. Nommé député suppléant du
bailliage d'Aval aux Etats-généraux, il remplaça à l'Assemblée
nationale le marquis de Lezay-Marnésia, qui avait donné sa
démission après les journées d'octobre (138). Il fut ensuite un
des députés du département de Saône-et-Loire à la Convention.
Dans les deux assemblées, il se prononça le plus souvent pour
les mesures énergiques ; lors du procès de Louis XVI, il vota
la mort du roi. Passé en 1795 au conseil des Anciens, il y

---

(138) Dans les journées des 5 et 6 octobre 1789, grande insurrection à
Paris : la populace des faubourgs, augmentée d'une foule de femmes, se porte
en désordre à Versailles, massacre les gardes du roi, et force Louis XVI à
venir habiter Paris avec la famille royale. Huit jours après l'Assemblée
nationale était transférée de Versailles à Paris, et s'installait dans la fameuse
salle du Manége, où furent décrétées un grand nombre de mesures découlant
du mouvement révolutionnaire de l'époque.

remplit les fonctions de secrétaire, et en sortit en 1798. Le marquis de Château-Renaud vint alors habiter Vesoul, dont il fut nommé maire le 12 avril 1800. Pendant les douze ans que dura sa magistrature, A. de Mailly donna tous ses soins à l'administration de la ville, à tous les détails qu'elle comportait, et s'appliqua spécialement à faire établir des fontaines publiques dans tous les quartiers. Il passa les dernières années de sa vie à Franchevelle, où il mourut le 12 juin 1819, à l'âge de soixante-dix-sept ans. — Son nom a été donné à l'une des rues de Vesoul. On a son portrait à la bibliothèque de Dole; ce portrait fut dessiné alors qu'il était député à l'Assemblée nationale, par Fouquet, et gravé au physionotrace par Chrétien (1791). — Deux fils d'Antoine de Mailly périrent au siége de Saint-Jean-d'Acre (1798-1799). Avant d'attaquer la place, le général Bonaparte tenta les moyens de conciliation, et envoya au pacha Achmet-Djezzar le chef de bataillon Beauvoisins, porteur d'une lettre. L'envoyé ne put avoir audience d'Achmet, et dut quitter la ville sans obtenir une réponse. Trois mois après, seconde dépêche de Bonaparte au pacha. Celle-ci était confiée à Mailly-Château-Renaud (Aristide), jeune homme de haute intelligence, qui, destiné à la carrière des consulats, avait accompagné l'expédition d'Egypte avec les savants et les artistes dont le général en chef s'était fait suivre. Bonaparte connaissait l'habileté et la hardiesse de l'officier auquel il remettait sa nouvelle mission. Cette fois Achmet reçut le parlementaire français, mais pour le retenir prisonnier; et quand nos avant-postes parurent devant la place, il lui fit couper la tête, ordonnant qu'elle fût mise dans un sac, ainsi que le corps, et que le sac fût jeté à la mer. Quelques jours avant l'assaut, des soldats aperçoivent une espèce de ballot flottant sur le rivage, l'ouvrent, y trouvent un cadavre, et portent à l'avant-garde cet horrible trophée de la justice musulmane. Le premier qui reconnut la tête sanglante, ce fut le frère de la victime, Mailly-Château-Renaud (Minerve), aide-de-camp de Berthier et capitaine d'état-major. On comprend les transports de sa douleur et de son désespoir; mais, dans une âme forte comme la sienne, ces sentiments firent bientôt place à la soif de la vengeance..... Il attendit l'assaut;

c'est là qu'il brûlait de rencontrer les lâches et féroces meurtriers de son frère..... C'est là que lui aussi devait trouver la
mort! Monté le premier sur la brèche, il fut atteint d'une balle
et renversé dans le fossé de la place. Les Turcs, restés maîtres
de la forteresse, visitèrent la nuit suivante le pied des remparts, et, suivant l'usage des Orientaux à la guerre, ils cou-
pèrent la tête des morts, et celle de l'intrépide capitaine Mailly,
qui vivait encore..... (*Vict. et Conq.*, t. X, pp. 116 et suiv.)

MAIROT. La famille de ce nom, originaire de Pesmes, a
fourni à l'ancienne magistrature parlementaire de la Franche-
Comté plusieurs hommes distingués. Guyon MAIROT, seigneur
de Valay et de Mutigney, fut conseiller au parlement de Dole.
Il était fils de Catherin Mairot, qui avait fait construire dans
l'église de Pesmes une chapelle où l'on voit encore un tableau
de Prevost, disciple de Raphaël, « qu'on visite, porte un ma-
« nuscrit du temps, comme une piece de la derniere beautee. »
Il avait pour devise : *Dirigo ut amo*, anagramme de son nom
latin (Guido Mairot). Guyon Mairot mourut sans postérité; mais
il laissa, entre autres héritiers, un neveu de son nom, François
MAIROT, qui, après avoir été avocat très-distingué, fut fait
procureur-général au parlement le 20 janvier 1622, puis conseiller le 9 janvier 1627. Celui-ci avait épousé une fille du
conseiller Claude Brun (139); de ce mariage sont descen-
dues plusieurs générations de magistrats qui ont succédé
l'une à l'autre, au parlement de Dole et à celui de Besançon,
jusqu'au milieu du XVIIIᵉ siècle. François Mairot mourut le
14 mars 1681. — MAIROT (Jacques-Philippe-Xavier), de la
famille des précédents, né à Besançon en 1709, embrassa l'état
ecclésiastique, fut pourvu d'un canonicat à la cathédrale de
cette ville, et partagea sa vie entre les devoirs religieux et la

(139) Claude Brun, de Poligny, entré au parlement le 14 décembre 1595,
en qualité d'avocat-général, fut nommé conseiller le 29 juin 1605. Homme
d'un rare mérite, il reçut de sa compagnie plusieurs missions politiques qui
grandirent encore sa réputation. Il mourut à Dole le 14 janvier 1621. — Son
fils, Antoine Brun, devenu procureur général au parlement, se distingua plus
encore comme jurisconsulte et comme négociateur. (Voir l'article que M. Weiss
lui a consacré dans la *Biog. univ.*, t. VI, p. 101.)

culture des lettres. Il mourut à Besançon le 11 mars 1784. On lui doit des poésics sacrées fort estimées, notamment des hymnes qui furent insérées dans le bréviaire publié, pour le diocèse de Besançon, par le cardinal-archevêque de Choiseul. Elles ont été réunies sous ce titre : *Religioni dicat auctor*, Besançon, 1768, in-12. On a encore de lui un traité de prosodie latine intitulé : *De diversis carminibus lyricis Horatii diversisque metris opusculum*. Ce traité se trouve en tête du *Nouveau Dictionnaire poétique* imprimé à Lyon, 1740, in-8°. Il est suivi de deux odes qui font partie de la plupart des éditions du *Gradus ad Parnassum*.

MAITRE (Alexandre), marquis de Bay, officier général dans les troupes d'Espagne, et l'un des plus grands capitaines de son temps, commanda en chef dans l'Estramadure, et défit à Gudina, en 1709, l'armée de milord Galowai. En 1710, après la célèbre bataille de Villaviciosa, il sauva la plus grande partie de l'armée espagnole, et mourut, six ans après, chevalier de la Toison-d'Or et vice-roi d'Estramadure. (*Almanach de la Franche-Comté*, année 1785.)

MANIGLIER (Jean-Claude), né à Vesoul le 29 septembre 1779, s'était rendu à l'Ile-de-France, où il exerça un emploi de précepteur, comme semble l'indiquer le *Précis de grammaire* qu'il y fit imprimer en 1804, pet. in-8° aujourd'hui rare. L'auteur, revenu malade de la poitrine à Vesoul, y mourut le 24 octobre 1815.

MARC (Jean-Antoine), né le 20 juin 1774, à Vesoul, où son père était marchand, fut atteint, au sortir du collége, par la réquisition, et astreint pendant quelque temps au service militaire; mais il obtint bientôt son congé pour faiblesse de constitution. De retour dans sa famille, il employa ses loisirs à se perfectionner dans l'art du dessin, qu'il cultivait avec prédilection. En même temps il se livrait à des recherches archéologiques, à l'étude de notre histoire locale, et à des essais de poésie. Il s'occupa aussi, devenu secrétaire de la Société d'agriculture de la Haute-Saône, de plusieurs questions agronomiques. C'est dans cette période de sa vie que J.-A. Marc fit imprimer ses premiers opuscules : I. *Euterpilia*, ou *mes bucoliques aux armées*, grand in-8° de 92 pages, an VIII; — II. *Elite de qua-trains moraux* imités de Pibrac, Du Faur et Mathieu, suivis de maximes et adages tirés de Franklin et des apologues orien-taux, pour servir à l'instruction de la jeunesse, Paris, an IX, vj-50 p. in-8°; — III. *Essai sur la peinture*, épîtres en vers, broch. in-8°; — IV. *Quelques vues* qui pourront servir à la solution de cette question : « Quels sont les moyens d'aug- « menter la production du bois? » Vesoul, 1805, in-12; — V. *L'Industrie*, ode, Vesoul, 1806, in-4°; — VI. Note sur le Port-Abucin, Vesoul, 1807, in-8°; — VII. *Notes historiques sur la ville de Vesoul*, 1807, in-8°; — VIII. *Instruction élémentaire sur l'éducation et la conduite des moutons-mérinos*, Vesoul, 1809, in-8°; — IX. *Lettre sur l'éducation des abeilles*, Vesoul, 1809, in-12; — X. *Dissertation sur les monuments d'antiquité du département de la Haute-Saône*, Vesoul, 1805, 44 p. in-8°; — XI. *Essai historique et statistique sur l'agriculture du départe-ment de la Haute-Saône*, Vesoul, 1811, in-8° de 75 pages; ouvrage couronné par la Soc. d'agr. de la Scine. J.-A. Marc écrivit en outre, de 1805 à 1812, plusieurs dissertations ou notices qui sont restées manuscrites, entre autres : Notices historiques sur les anciens châteaux et abbayes du département de la Haute-Saône; — Précis historique sur l'antiquité des principales communes du département; — Notice historique et topographique sur la ville d'Héricourt, et situation de son commerce en 1808; — Des avantages de l'industrie, et du perfectionnement dont elle est susceptible dans la Haute-Saône. Cette dernière dissertation, composée pour un concours ouvert par le préfet, obtint le prix. Elle doit exister, ainsi que les trois manuscrits dont nous venons d'indiquer le sujet, aux archives de la Société d'agriculture de Vesoul, l'auteur lui en ayant fait hommage dans le temps. — A la mort du professeur Cornu, maître de dessin à l'école secondaire de Vesoul, Marc lui avait succédé; mais c'était un emploi peu rétribué. Il en sollicita un autre, et fut envoyé à Gray, en 1812;

comme receveur des Droits-Réunis. En 1821, il passa à Remiremont en qualité de receveur-entreposeur, et mourut en
cette ville le 29 juin 1845, quelques mois après son admission à la retraite. A Gray, en 1815, il avait fait paraître un
Annuaire de la Haute-Saône, vol. in-8° de 262 pages, aujourd'hui recherché; à Remiremont, il fit imprimer encore
trois épîtres : sur le paysage, sur la critique en matière de
poésie, et sur la charité. Citoyen dévoué, il était membre du
bureau d'administration du collège, du comité d'instruction
primaire, bibliothécaire de la ville, et apportait dans ces
fonctions gratuites un zèle aussi actif qu'éclairé. Il venait
d'être proposé pour la décoration de la Légion-d'Honneur,
par le préfet des Vosges, lorsque la mort vint priver de cette
récompense ses longs et honorables services. J.-A. Marc était
membre de l'Académie de Besançon, de la Société des Antiquaires de France, et de la Société centrale d'agriculture.
(Voy. la *Notice* que lui a consacrée M. Déy, dans les *Mém.
de la comm. d'arch. de la Haute-Saône*, t. II, 2ᵉ liv., p. 133.)

MARÉCHAL DE LA MARCHE (Nicolas), littérateur, né en
1744 à Renaucourt, embrassa l'état ecclésiastique et chercha
dans la culture des lettres un utile emploi de ses loisirs. Il
publia en 1772 *Le Temple de la Critique*, « où, dit l'abbé Saba-
« tier, parmi des jugements assez sains et vivement exprimés,
« on en trouve quelques-uns de faux et d'outrés. » (Voy. les
Trois siècles de la littérature française, t. III, p. 35.) Il donna
ensuite la continuation des *Lettres édifiantes*, ouvrage utile
et qui le fit connaître avantageusement des personnes qui
apprécient le zèle et les talents de nos missionnaires. Il partagea les dangers des ecclésiastiques qui refusèrent le serment
exigé de tous ceux d'entre eux qui remplissaient des fonctions,
et mourut à Blois vers 1805. Outre les ouvrages déjà cités, on
connaît de l'abbé Maréchal : *La Renaissance de la religion en
France*, poème en prose et en cinq chants, Blois, 1800, in-18.
Le pieux et savant abbé Gousset a fait mention de Maréchal
dans son *Essai sur l'histoire de Lavoncourt*, ouvrage couronné
par l'Académie de Besançon.

MARÉCHAL (Jean-Baptiste), religieux récollet, né à Amance en 1690, mort à Conflans en 1762, avait du goût pour l'architecture, pour les arts mécaniques, et excellait à tourner le bois et le fer. Ces occupations ne l'empêchaient pas de consacrer une partie de ses loisirs aux sciences et aux lettres; il a laissé : I. un *Poëme sur l'Eucharistie ; —* II. *Nouveau système sur le mouvement de la terre et de tous les cieux ; —* III. *Histoire des hérésies jusqu'à celle de Jansénius.* Ces trois ouvrages sont restés manuscrits. (*Mém. de la Soc. d'agr., sc. et arts de la Haute-Saône,* t. II, p. 132.)

MARJOLIN (Jean-Nicolas), l'un des chirurgiens les plus distingués de notre époque, naquit à Ray-sur-Saône le 6 décembre 1780. Il obtint, en 1801, les deux premiers prix de clinique interne et externe à la Faculté de Paris; et plus tard, à la suite de deux autres concours, il fut nommé aide d'anatomie et prosecteur de cette Faculté. La mort de Sabatier ayant laissé vacante la chaire de médecine opératoire, il se présenta pour l'obtenir; et ses efforts, quoique n'ayant pas été couronnés de succès, accrurent sa réputation. Enfin, à la suite d'un dernier concours, il fut nommé chirurgien en second de l'Hôtel-Dieu. La Faculté de médecine le présenta, en 1819, pour la chaire de pathologie externe, qui lui fut accordée; et il devint membre de l'Académie royale de médecine à l'époque où cette institution fut créée. Depuis 1809, Marjolin ne cessa de professer la chirurgie, soit dans des cours particuliers, soit à la Faculté. On a de lui, entre autres ouvrages : *Propositions de chirurgie et de médecine,* Paris, 1808, in-4°; — *De l'opération de la hernie inguinale étranglée,* Paris, 1812, in-4°; — *Manuel d'anatomie,* Paris, 1810, 2 vol. in-8°. — Ce célèbre chirurgien mourut à Paris, le 4 mars 1850, après une longue et douloureuse maladie. A ses obsèques, trois discours furent prononcés : au nom de la Faculté de médecine par M. Roux, au nom de l'Académie de médecine par M. Dubois (d'Amiens), et au nom de la Société de chirurgie par M. Larrey. Les trois orateurs firent entendre l'expression d'un regret unanime.

MARMIER (Hugues), né à Gray dans le xvᵉ siècle, d'une des plus riches familles du bailliage d'Amont, était lieutenant-général de ce bailliage quand, en 1517, il fut élevé, sans avoir fait partie jusque-là du parlement de Dole, à la présidence de cette haute cour. Il le devait sans doute à la part qu'il avait prise aux négociations couronnées de succès qu'on avait entamées avec Louis XII pour garantir la neutralité du comté de Bourgogne en cas de guerre entre l'Espagne et la France. Le président Marmier est connu par les démêlés qu'il eut avec l'archevêque de Besançon Antoine de Vergy, au sujet de l'extension que prenaient les juridictions ecclésiastiques. Le parlement s'étant élevé contre l'abus de l'excommunication, « l'archevêque dénonça le premier président dans les termes « les plus violents, et fit parvenir sa plainte à l'empereur, alors « à Tolède. Charles-Quint approuvait la conduite de son parle- « ment ; mais, par suite de son affection pour Antoine de « Vergy, il tenta les moyens de conciliation. Des commis- « saires furent nommés de part et d'autre ; leurs prétentions « réciproques éloignèrent tout rappprochement, et ce ne fut « qu'après la mort de l'archevêque, et même de son succes- « seur Pierre de La Baume, que cette grande querelle fut ter- « minée par un concordat le 12 août 1558. » (*Biog. univ.*, t. XLVIII, p. 210.) En procès avec la famille de Rye au sujet de la terre d'Ougney, le président Hugues Marmier fut suspendu de ses fonctions par l'influence de Joachim de Rye, un des favoris de Charles-Quint et général de sa cavalerie légère. Marmier, désirant soumettre l'affaire à l'empereur lui-même, se rendit en Italie, où il comptait le trouver ; mais il apprit là le départ de Charles-Quint pour l'Espagne. A son arrivée à Madrid, l'empereur venait de s'embarquer pour l'Afrique. Voulant arriver néanmoins à son but, il résolut de faire aussi la traversée, malgré ses quatre-vingts ans ; mais il mourut dans ce voyage, ses forces n'ayant pas égalé son courage. Le corps du défunt, ramené à Gray, fut déposé dans le tombeau de sa famille, avec une épitaphe rappelant ses titres et ses services. (*Annales* manuscrites *du parlement.*) — Par lettres-patentes de 1740, la terre de Seveux fut érigée en marquisat en faveur de François-

Philippe Marmier, un des descendants du mariage de Hugues Marmier avec Anne de Poligny. (*Hist. abr. du comté de Bourgogne* par D. Grappin, p. 197.)

MARMIER (Philippe-Gabriel marquis, puis duc DE), né au château de Ray-sur-Saône le 20 juin 1783, fut attaché à la Maison de l'empereur Napoléon Ier en qualité de chambellan. Lorsque les frontières de la France furent menacées (1813-1814), il fut des premiers à s'offrir pour les défendre. Elu membre de la Chambre des représentants pendant les Cent-Jours, il ne put siéger dans cette assemblée, ayant été chargé de commander les gardes nationales de la Haute-Saône qui allaient s'enfermer dans Huningue. Avec les bataillons placés sous ses ordres, il concourut vaillamment aux opérations militaires qui, sous le commandement supérieur du général Barbanègre, eurent pour résultat de prolonger pendant deux mois la mémorable résistance d'une place qui, assiégée par 20,000 Autrichiens, Suisses et Wurtembergeois, comptait à peine une garnison de 2,000 hommes. En lui envoyant la croix d'honneur, Napoléon disait de lui : « Le pays doit être fier d'un tel homme..... c'est « un héros!..... » Au moment de partir volontairement pour Huningue, et d'abandonner sa famille et une fortune très-considérable, il fit un testament terminé par ces mots : « Je « prie Dieu de me faire miséricorde, et d'accorder à mes « instantes prières le repos et le bonheur de ma patrie. » On vient de voir qu'il fut fidèle à l'ancienne devise de ses pères : *Pro patriá vigil.* A la reddition d'Huningue, on licencia les gardes nationales ; c'était une des conditions de la capitulation. Dès ce moment il cessa de prendre part aux affaires publiques, et ce fut seulement quelques années après que la portion libérale des électeurs lui conféra de nouveau le mandat de député, d'abord dans les Vosges, ensuite dans la Haute-Saône. Cinq fois, sans interruption, il fut élu par l'arrondissement électoral de Jussey : en 1831, en 1834, en 1837, en 1839, en 1842. A sa mort, arrivée à Paris le 8 juillet 1845, il était encore membre de la Chambre élective. Les dernières années de sa vie, il habita presque toujours Paris, où il fut successivement colonel de la

première légion, puis général d'une des brigades de la garde
nationale, emplois dans lesquels il rendit de grands services
à la cause de l'ordre chaque fois qu'elle se trouva menacée.
Le roi Louis-Philippe l'honorait d'une confiance toute parti-
lière, et il était devenu l'un des intimes habituellement reçus aux
Tuileries et à Neuilly. La cérémonie des obsèques, à laquelle
on voyait cinq voitures de la cour, eut lieu à l'église de la Made-
leine, d'où le corps fut amené à Ray pour être inhumé dans le
cimetière du village. Une épitaphe placée dans l'église de cette
commune rappelle les principaux traits de la vie du très-
honorable défunt. — Il avait l'esprit cultivé, et il doit avoir
laissé quelques manuscrits, entr'autres une *tragédie* dont il
avait tiré le sujet de l'histoire de sa maison. — Le duc de
Marmier était commandeur de la Légion-d'Honneur et de la
Couronne-de-Fer. Après avoir été membre du conseil général
de la Haute-Saône quand il était composé par le pouvoir, il
continua d'en faire partie sous le régime électif. Son buste en
marbre décore la salle du conseil général.

MARQUISET (Louis-Armand), né le 12 avril 1797, à Besançon,
d'une honorable famille de négociants, commença ses études à
Troyes, et les acheva au lycée de sa ville natale. Se destinant à
la carrière administrative, il fut placé, dès l'âge de dix-huit ans,
près du baron Destouches, préfet de Seine-et-Oise, en qualité
de secrétaire intime ; cinq ans après, il était appelé aux fonctions
de secrétaire-général de la préfecture de la Lozère. Mais il se
trouva compris dans la grande *épuration* qui s'exécuta en 1824,
et ne fut réemployé qu'au mois d'août 1830, époque à laquelle
le gouvernement de Juillet le nomma sous-préfet de l'arrondissement de Dole. Dans ces diverses positions, Armand
Marquiset avait fait preuve de beaucoup d'intelligence et de
capacité. Aussi lorsque, en 1842, il quitta la sous-préfecture
de Dole pour aller remplir au ministère de l'intérieur un emploi de chef de bureau, fut-il vivement regretté par ses administrés, qui lui firent remettre, le 1er janvier 1843, « une
« médaille d'or grand module, produit d'une souscription à
« vingt-cinq centimes, présentant d'un côté l'effigie du roi

« Louis-Philippe, de l'autre l'inscription suivante : *L'arron-*
« *dissement de Dole a dû à son ancien sous-préfet, Armand*
« *Marquiset, douze années d'administration paternelle* (140). »
Atteint, en 1846, d'une grave maladie névralgique, A. Marquiset
prit sa retraite. « En quittant le ministère de l'intérieur, ce
« digne fonctionnaire reçut un éclatant témoignage de la satis-
« faction du ministre : déjà chevalier de la Légion-d'Honneur
« depuis le 16 juillet 1831, il fut promu au grade d'officier de
« l'ordre par ordonnance royale du 21 juin 1846 (141). »
Etant venu, en 1848, habiter Fontaine-les-Luxeuil, il continua
de s'occuper d'arts, de littérature, d'archéologie, comme il avait
toujours fait dans les courts loisirs que lui avaient laissés ses
travaux administratifs ; il eut surtout à cœur de conserver, par
des notices biographiques, le souvenir des Francs-Comtois qu'il
avait connus et qui lui paraissaient dignes de mémoire : « Pour
« lui, l'oubli ne devait jamais peser sur ce qui pouvait orner
« et honorer son pays natal; aussi consacrait-il ses veilles
« non-seulement à rehausser l'éclat de ses noms vénérés et
« glorieux, mais encore à répandre un lustre légitime sur des
« noms modestes qui, sans avoir du retentissement, rappelaient
« les beaux types des vertus civiques. Guidé par sa nature
« privilégiée, il s'était donné pour tâche de peindre ce qu'il
« offrait sans cesse lui-même, les beaux exemples, ce qui
« rayonnait sans cesse de lui-même, une belle vie (142). »
Frappé d'hémiplégie au mois d'octobre 1852, il put néanmoins,
grâce aux soins dont il fut entouré, reprendre ses habitudes
laborieuses, et fournir encore des articles nécrologiques et des
feuilletons variés aux divers journaux de sa province; mais
arriva une nouvelle attaque, à laquelle il succomba le 24 mai
1859. Sa mort fut un deuil pour le village de Fontaine et pour
les communes environnantes. Armand Marquiset était membre
de l'Académie de Besançon, de la Société des antiquaires de

---

(140) A. *Marquiset, ancien sous-préfet, littérateur,* notice biographique, par
Guyot de Fère, Amiens, 1857, 18 p. in-12.

(141) *Ibid.,* p. 12.

(142) Paroles prononcées aux funérailles d'A. Marquiset par M. Robelin, juge
de paix du canton de Saint-Loup. (*J. de la Haute-Saône* du 4 juin 1859.)

Dijon, des Sociétés d'Emulation du Doubs et du Jura. Outre les manuscrits qu'il a laissés, il a fait imprimer : I. *Mémorial de l'usager dans les bois communaux*, Besançon, 1834, in-16, ouvrage qui eut les suffrages de M. Curasson, auteur du *Code forestier commenté*. — II. *Notice historique sur M. Courvoisier, ancien garde-des-sceaux*, Besançon, 1836, in-8°. — III. *Notice historique sur le général Bernard, ministre de la guerre*, Dijon, 1836, in-8°. — IV. *Rapport sur la maison départementale des aliénés établie à Dole*, 1840, in-8°. — V. *Fontaine-les-Luxeuil et son prieuré*. (*Journal de la Haute-Saône* du 19 oct. 1850.) — VI. *Luxeuil et ses bains*. (*Ibid.*, n° du 20 août 1851.) C'est une analyse de l'ouvrage de M. le docteur Chapelain. — VII. *Notice biographique sur le colonel du génie Petit, blessé mortellement devant Zaatcha* (Afrique), Besançon, 1851, in-8°. — VIII. *Statistique historique de l'arrondissement de Dole*, Besançon, 1841, 2 vol. in-8°, fig. (143). — IX. *Rapport sur le projet de chemin de fer de Besançon à Dijon par Dole et Auxonne*, Dole, 1844, in-8°. — X. *Notice nécrologique sur F.-G.-L. Desgranges, ancien maire de Luxeuil*, Vesoul, 1855, in-8°. — XI. *Notice biographique sur le baron Destouches, préfet de Seine-et-Oise, ancien préfet du Jura*, Besançon, 1855, in-8°. — XII. *Notice nécrologique sur Eugène Sibille, chef d'escadrons au 13ᵉ d'artillerie, blessé mortellement sous les murs de Sébastopol*, Vesoul, 1857, in-8° de 50 pages, y compris un préambule sur le colonel d'artillerie Sibille, père du commandant Eugène Sibille. — XIII. *Notices sur le général de division Larchey et le général de brigade baron d'Equevilley*. (*J. de la Haute-Saône* du 11 février 1857.) — XIV. Quelques *Renseignements* sur le P. Thource, le statuaire Boiston, le docteur Alexandre Huvelin, *ibid.*, n° 87 de l'année 1851 (144). Comme on le voit, A. Marquiset affectionnait particulièrement, au milieu de ses travaux

---

(143) L'auteur a extrait de son ouvrage et fait imprimer à part les notices sur Annoire, Brans, Champvans, Mont-sous-Vaudrey, Mutigney, Choisey, Offlanges, Orchamps, Ougney, Pagney, Pointre, Rouffange, Souvans et Villers-Robert.

(144) La bibl. de Besançon possède en outre *Adolphe et Herminie*, nouvelle franc-comtoise, par A. Marquiset, Dole, 1824, in-8°. (N° 4533, sect. des bell.-lett.)

littéraires, le genre biographique, auquel il s'est adonné avec succès. Peut-être s'est-il trop abandonné, dans ses notices nécrologiques, aux impressions de son bon cœur; peut-être a-t-il un peu trop magnifié les contemporains dont il voulait simplement résumer la vie : le ton admiratif de l'oraison funèbre ne convient pas toujours en pareil cas. Ses notices n'en seront pas moins recherchées par les hommes d'étude qui s'adonnent à l'histoire de notre pays; combien de Francs-Comtois dont la mémoire serait aujourd'hui complètement oubliée si les écrits qu'ils ont laissés, ou leur participation aux affaires publiques, ou leurs services militaires, n'avaient été enregistrés par Gollut, F. Lampinet, Dunod, dom Grappin, et surtout par l'illustre M. Weiss! — A. Marquiset avait formé une riche collection d'autographes et de portraits des célébrités franc-comtoises.

MARTELET (Claude-Alexis), né le 12 juillet 1768, à Lure, où son père était négociant, fut un de ces caractères dont la mémoire mérite d'être conservée et honorée. Tandis que certains d'entre nous brillent comme hommes d'Etat, jurisconsultes, écrivains, savants ou militaires, d'autres, appelés à des positions plus modestes et peu remarquées, rendent néanmoins de grands services à leurs concitoyens. C'est ce dernier lot qui échut à Claude-Alexis Martelet. Relisons les paroles que prononçait à ses funérailles le président Boileau : « Vous l'avez « tous connu comme moi : bon époux, bon père, religieux par « conviction, charitable, bienveillant sans autre ambition que « celle de se rendre utile. Tous nous avons pu l'apprécier aussi « dans les diverses fonctions qu'il a si honorablement rem- « plies. Au retour de l'Empereur de l'île d'Elbe et alors que « l'Europe se ruait de nouveau sur la France, il fut nommé « maire par la voix du peuple. Cette tâche était difficile et « périlleuse; il l'accepta par dévouement à la chose publique. « Comme tous les bons Français, il seconda autant qu'il était « en lui les mesures prises pour la défense du sol national; « mais son patriotisme fut, après nos malheurs, un titre de « proscription. Poursuivi par les troupes étrangères comme

« chef de ces généreux rassemblements qui se formèrent pour
« repousser l'invasion, il fut une des premières victimes de la
« transformation politique qui s'opéra en France..... Heureu-
« sement le département fut confié à un esprit pacificateur,
« M. de Villeneuve, qui a laissé dans nos cœurs de si précieux
« souvenirs. Il lui fallait pour collaborateurs, dans ces temps
« de réaction, des hommes modérés, prudents, désintéressés,
« amis de leur pays. Sur la proposition du sous-préfet, M. du
« Coëtlosquet, M. Martelet fut rappelé à la tête de l'administra-
« tion municipale de Lure, et justifia la confiance qu'on avait
« en lui..... La disette de 1817 soumit son dévouement à une
« nouvelle épreuve. Les denrées de première nécessité man-
« quaient à Lure, et le désespoir de la faim faisait craindre de
« graves désordres. M. Martelet part pour Gray, s'entend avec
« le préfet, qui adopte ses vues, traite avec le commerce pour
« l'approvisionnement régulier de nos marchés, et installe
« sur place un surveillant pour assurer les envois. On exige
« des garanties : il engage sa fortune personnelle, et se
« charge même des risques du transport, que personne n'osait
« courir; et à l'aide de ces généreux sacrifices les grains
« amenés chaque semaine purent être publiquement revendus
« au prix d'achat. Voilà comment nous avons traversé cette
« terrible crise..... Appelé au conseil général, qu'il eut l'hon-
« neur de présider, il ne cessa de s'occuper des intérêts de la
« ville..... Dans la lutte si vive que nous eûmes à soutenir pour
« la conservation de nos établissements publics, il défendit
« avec vigueur et persévérance nos droits menacés, et, grâce à
« ses efforts, la construction d'un palais de justice vint nous
« assurer à jamais le titre si important et si disputé de chef-
« lieu d'arrondissement..... » C.-A. Martelet mourut à Lure le
20 février 1853, dans sa quatre-vingt-cinquième année.

MARTIN DE SAINT-MARTIN (Alexis), né à Luxeuil le 5 novembre 1722, se destina de bonne heure à la carrière militaire.
Entré au service en 1741, dans le régiment de Tournésis, il fit
sa première campagne au siége de Prague, alors que la France
appuyait par ses armes les prétentions de l'électeur de Bavière

à la succession de l'Autriche. Son régiment fit partie, en 1744, de l'armée navale qui, sous les ordres de l'amiral de Court, voulait tenter une descente en Angleterre pour y soutenir la cause du dernier des Stuarts, mais qui fut dispersée par les Anglais dans un combat livré devant Toulon. Alexis Martin servit ensuite dans la guerre d'Italie (de 1745 à 1748), dans ces longues guerres de Hanovre qui ne se terminèrent qu'au traité de Paris du 10 février 1763, et dans les trois campagnes contre la Corse qui eurent pour résultat la réunion définitive de cette île à la France. Il fut blessé dans plusieurs affaires, notamment à la sanglante bataille de Plaisance (16 juin 1746), où les Français perdirent 12,000 hommes tués ou faits prisonniers. Ses longs et honorables services lui valurent en 1779 la décoration de l'ordre royal de Saint-Louis. Parvenu, après avoir passé par tous les grades, à celui de chef de bataillon dans le régiment de Royal-Italien, il venait d'obtenir sa retraite, avec une pension de 2,000 livres, lorsque commença le mouvement révolutionnaire de 1789. Malgré son âge et les infirmités provenant de ses blessures, Alexis Martin retrouva dans son patriotisme assez de vigueur et d'énergie pour reprendre du service. Député à la fédération de 1790 par les gardes nationales de la Haute-Saône, il fut chargé de recevoir, pour les bataillons de ce département, l'étendard qui leur était destiné. Deux ans plus tard, il combattit, dans le grade de colonel, à la bataille de Jemmapes, et devint, peu de temps après, général de brigade et commandant supérieur du camp retranché de Maubeuge, poste qu'il conserva pendant toute la durée du blocus de cette place. En 1794, notre brave compatriote prit enfin la retraite que réclamaient également soixante-douze ans d'âge et cinquante-trois ans de services militaires. Rentré dans sa famille à Luxeuil, il mourut dans cette ville le 20 septembre 1816. C'était un homme de mœurs douces et simples, d'un jugement droit, et en qui se trouvaient réunies toutes les qualités sociales qui entourent un citoyen d'estime et de considération.

MARTIN (François), constituant, né en 1729 à Dampierre-sur-Salon, après avoir achevé son cours de droit à l'Université de Besançon, fut admis dans l'ordre des avocats, et ne tarda pas à se faire estimer de ses confrères par son esprit conciliant, son instruction solide et la rectitude de son jugement. L'ordre possédait une assez riche bibliothèque ; il en fut nommé conservateur, et remplit ces modestes fonctions avec une exactitude très-profitable aux élèves studieux, dont il était le guide et l'ami. L'estime publique le désignait au choix des électeurs, et en 1789 il fut nommé député suppléant aux Etats-généraux convoqués à Versailles. Il y remplaça l'avocat Blanc, qui mourut la veille de la prise de la Bastille, et il se hâta de se rendre à son poste. La faiblesse de son organe ne lui permit que rarement de prendre part aux luttes de la tribune ; mais il se distingua dans les divers comités auxquels il fut successivement attaché, et sut se concilier l'estime et l'affection de ses collègues. Il a publié quelques-unes de ses *opinions*. Nous n'en citerons qu'une, sur la division de la France en départements, où l'on trouve des vues économiques qui auraient peut-être mérité d'être adoptées par l'illustre assemblée. Après la session, il revint à Besançon, et fut nommé président de l'une des sections de la ville. Fort opposé aux Jacobins, il saisit toutes les occasions de les combattre, sans se soucier des périls auxquels il s'exposait. Aussi fut-il inscrit sur la liste fatale des suspects, et traîné dans les prisons de Dijon, d'où il ne sortit qu'après la journée du 9 thermidor. Il vint alors habiter Gray. A la réorganisation des municipalités, sous le Consulat, il fut nommé maire de cette ville. C'est à lui qu'elle doit, entr'autres bienfaits, la fondation de sa bibliothèque et l'agrandissement de sa belle promenade des *Tilleuls*. L'affaiblissement de sa santé l'obligea de donner sa démission en 1805. Ses services furent récompensés par le titre de baron, avec l'autorisation de créer un majorat. Il mourut à Gray le 29 mai 1814, à l'âge de quatre-vingt-cinq ans, honoré des regrets de tous ceux qui l'avaient connu. Dans ses loisirs, il avait traduit les *Vies des grands Capitaines* de Cornelius Nepos ; mais son manuscrit est perdu. On a son portrait in-4° dans la *Galerie* des députés à l'Assemblée constituante. Le fils du baron Martin, député de la Haute-Saône sous la Restauration, est l'auteur d'une *Histoire de Napoléon Ier*, 3 vol. in-8°.

MARULAZ (Le baron Jacob-François), général de division, commandeur de l'ordre de la Légion-d'Honneur, chevalier de Saint-Louis, commandeur de l'ordre de Hesse-Darmstadt, commandeur de l'ordre de Baden, naquit le 6 novembre 1769 à Saralle (provinces rhénanes). Ayant à peine atteint l'adolescence, il se fit soldat, et gagna successivement tous les grades, les uns par les qualités qui recommandent un jeune militaire à ses chefs, les autres par l'intrépide bravoure qu'il déploya dans les guerres de la République et de l'Empire. Il figurait au camp de Boulogne à la tête de son célèbre 8e régiment de hussards; en le voyant, Napoléon, qui ne connaissait de lui que sa renommée, s'écria avec un accent de bienveillante surprise : « Oh! colonel, je ne vous savais pas aussi beau que brave! » Peu de jours après, on vit le colonel Marulaz s'élancer à l'avant-garde de la Grande-Armée, et combattre vaillamment à Austerlitz, à Iéna, à Pultusk, à Ostrolenka, à Eylau, à Friedland, à Echmülh, à Essling, à Wagram, jusqu'au moment où lui fut confié le commandement de la place de Besançon, qu'il conserva intacte à la France en 1814, rejetant avec indignation 500,000 florins que lui faisait offrir l'étranger. Il avait été nommé général de brigade après la bataille d'Austerlitz; il fut fait général de division à l'issue de la guerre de 1809. Dans ses campagnes, il avait reçu dix-neuf blessures, dont trois d'abord jugées mortelles, et il avait eu vingt-six chevaux tués sous lui. C'est ce que nous apprennent les états de service du général, états si remarquables que nous les transcrivons ici tout entiers (145). — Le général Marulaz avait commandé momen-

(145) En fructidor an Ier, Jacob-François Marulaz, alors qu'il était lieutenant au 8e hussards, fait la garnison de Pontorson (Manche) prisonnière de guerre, poursuit l'arrière-garde des rebelles jusqu'à Dolmassaire, pénètre avec la plus grande valeur dans Laval, qu'il fait évacuer. — Dans la même année il reçoit un biscaïen à la jambe gauche. — En vendémiaire an II, il entre à Angers. — Le même mois, il prend la caisse militaire de l'armée vendéenne et la fait conduire au quartier-général des troupes nationales. — Près de Menin, le 11 floréal an II, il reçoit un coup de sabre sur la joue droite, et

tanément le département de la Haute-Saône, s'y était marié, et
avait acquis la terre et le château de Filain, canton de Montbozon. C'est dans cette belle propriété qu'il passa les dernières
années de sa vie, et que s'éteignit presque subitement, le
10 juin 1842, cet homme de cœur et de probité, qui, après
avoir été un modèle de courage et d'honneur, fut un de nos
plus excellents citoyens ; il joignait à une franchise toute militaire un esprit éminemment sage et un sens toujours juste et

continue néanmoins de combattre jusqu'à la nuit. — Quelques jours plus tard,
à Bronsbeck, il s'empare des retranchements des coalisés et leur tue beaucoup
de monde ; il est mutilé lui-même après avoir eu son cheval tué sous lui. —
Le 2e jour complémentaire an II, à Boxtell, il a la gloire de faire mettre bas
les armes à deux bataillons hessois ; il reçoit à cette occasion les éloges du
général en chef Pichegru, et la Convention éternise par un décret les noms des
trente braves qui avaient exécuté ce hardi coup de main.

Le 8 vendémiaire an III, dans une attaque de nuit que les Autrichiens firent
sur le camp français, près de Nekraw, il rallie les troupes surprises, et arrête,
par sa bravoure et son sang-froid, les progrès de l'ennemi, qui, sans une
contenance aussi ferme, serait entré dans Manheim aussitôt que les Français.
— En brumaire an III, il protège efficacement la retraite de nos troupes,
forcées dans leurs lignes de Mayence ; le général Desaix témoigne au chef
d'escadron Marulaz combien est grand le service qu'il vient de rendre à l'armée.
— A Frankendal, il a son cheval tué sous lui au milieu des ennemis.

Le 2 brumaire an IV, il a le pied démis par la chute d'un troisième cheval
tué sous lui. — Le 18 fructidor suivant, il contribue puissamment à sauver
les troupes enveloppées dans Imstadt et Kempten.

Le 3 brumaire an V, il soutient la retraite devant Huningue, et reçoit un
coup de feu au bras droit.

Le 12 ventôse, le colonel Marulaz charge à la tête de son régiment
jusqu'aux portes de Berne les troupes suisses, et fait un grand nombre de
prisonniers, ce qui met la ville au pouvoir des Français.

A Zurich, les 16 et 20 prairial an VII, il fait des prodiges de valeur ; le
27 du même mois, après avoir pénétré dans le camp des ennemis et fait plus
de 400 prisonniers, il est grièvement blessé de cinq coups de feu dans la
poitrine ; une balle lui traverse le corps en lui cassant deux côtes.

Le 7 prairial an VIII, il enlève la redoutable position de Landsberg, culbute
l'ennemi, et cette affaire lui vaut un sabre d'honneur. — Le 11 floréal, après
le passage du Rhin, il prend une pièce de canon à l'ennemi et fait 200 prisonniers. — Le 13, à Stocack, il fait plus de 2,000 prisonniers ; les généraux
Vandamme et Molitor lui adressent les félicitations les plus flatteuses. — Le
30 prairial an VIII, les 19, 20 et 23 frimaire an IX, il déploie encore une
valeur au-dessus de tout éloge.

Il en est de même au passage du Bouck, le 24 décembre 1806. — Le 27 du
même mois, dans une charge faite à propos près de Golymin, il s'empare de

droit. — Le conseil d'administration du 8ᵉ régiment de hussards avait rédigé en 1800, sur la demande du ministre de la guerre, une *Notice sur le 8ᵉ régiment de hussards;* le général Marulaz la fit imprimer en 1809, Vesoul, imp. de C.-F. Bobillier, 24 p. in-8°. La même année parurent des *Notes historiques sur les campagnes du général Marulaz en 1806 et 1807*, Vesoul, imp. de C.-F. Bobillier, br. de 30 p. in-8°, que G. Peignot mentionne ainsi dans ses *Bibliographies spéciales* : « Cette notice a « été imprimée à VINGT exemplaires. » On lit dans l'avant-propos : « Les notes historiques sur les campagnes du général

27 pièces de canon, d'une immense quantité de caissons et de bagages, fait plus de 2,000 prisonniers, et contient pendant six heures, avec sa seule division, l'arrière-garde russe qui cherchait à reprendre ses canons. — Le 29, à la bataille de Pulstuck, il reçoit un coup de baïonnette au genou. — Le 4 janvier, il s'empare d'Ostrolenka, et fait 200 prisonniers. — Le 6 février, il charge l'arrière-garde russe, lui tue 110 hommes et lui en prend 700, avec trois pièces de canon. — Le 7, il se porte sur le flanc droit de l'armée ennemie, qui est bientôt forcée d'abandonner la ville d'Eylau. — Le 8, à la bataille d'Eylau, il exécute avec la plus rare intrépidité plusieurs charges heureuses. — Le 9, il fait encore 300 prisonniers et enlève à l'ennemi une grande quantité de bagages, de vivres et de munitions. — Après la bataille de Friedland, plus de 5,000 prisonniers deviennent le résultat de plusieurs charges conduites par le général Marulaz.

Chargé, en avril 1809, de commander à l'avant-garde du 4ᵉ corps d'armée six régiments de cavalerie légère, il atteint l'ennemi en avant de Landshut, et lui tue ou prend beaucoup de monde; il s'empare d'un parc d'artillerie, d'un équipage de pont et de plus de 700 voitures attelées. — Le 3 mai, il charge la cavalerie autrichienne jusque dans Ebersberg et en fait un grand carnage, sans compter plus de 400 hommes montés qui restent en son pouvoir. — A la bataille d'Essling, il a deux chevaux tués sous lui et reçoit deux coups de feu à la cuisse droite. — Après celle de Papa (Hongrie), il poursuit pendant plusieurs jours et jusqu'au-delà du lac Balaton une colonne ennemie, et fait en cette affaire 500 prisonniers. — A la bataille de Wagram, il exécute une charge brillante sur le flanc de l'aile droite ennemie, qui tournait notre aile gauche, s'empare de 11 pièces de canon et d'autant de caissons attelés; le soir de cette même journée, il enfonce successivement trois bataillons carrés; tout ce qui ne tombe pas sous le fer devient prisonnier. Le général Marulaz a, dans cette bataille mémorable, deux chevaux tués sous lui; il est blessé d'un coup de feu à la jambe.

En janvier 1814, il chasse les Autrichiens de Baume, leur tue beaucoup de monde et leur fait 100 prisonniers, dont 4 officiers; il défend Besançon, et avec une garnison composée de recrues, de réfractaires et de condamnés graciés, il parvient à conserver cette ville importante.

« Marulaz en Prusse et en Pologne ont été rédigées à la hâte
« par un militaire qui a servi sous ses ordres, et leur publi-
« cation est un tribut payé par la reconnaissance. » En 1811, un
troisième écrit fut imprimé à Vesoul, sous ce titre : *Journal
historique des opérations militaires de la cavalerie légère du
quatrième corps de l'armée d'Allemagne, commandé par le général
de division Marulaz, sous les ordres de Son Exc. le maréchal duc
de Rivoli, prince d'Essling, pendant la campagne de 1809*, 52 p.
in-8°. C'est un complément de la *Notice sur le 8ᵉ hussards*
imprimée en 1809. — Quatre fils du général Marulaz ont tous
obtenu des grades élevés dans l'armée : M. Auguste Marulaz,
intendant militaire à Perpignan, officier de la Légion-d'Honneur,
chevalier de l'ordre de Léopold (Belgique); M. Louis Marulaz,
général de division, inspecteur-général d'infanterie, membre du
conseil général de la Haute-Saône, grand-officier de la Légion-
d'Honneur, commandeur de l'ordre de Saint-Grégoire-le-
Grand; M. Charles Marulaz, chef de bataillon en retraite,
officier de la Légion-d'Honneur; M. César Marulaz, chef
d'escadrons, officier de la Légion-d'Honneur, décoré de la
médaille d'Italie et de l'ordre de la Valeur militaire (Sardaigne).
— Mᵐᵉ Marulaz, veuve du baron Jacob-François Marulaz, née
Froidot, est décédée au château de Filain, le 14 septembre 1864,
à l'âge de quatre-vingt-deux ans.

MATHIEU (Pierre), né à Pesmes (146) le 10 décembre 1563,
fut d'abord principal du collége de Vercel (Franche-Comté),
ensuite avocat à Lyon. La Ligue agitait alors la France : il

---

(146) Les bibliographes ne s'accordent pas sur le lieu de la naissance de
Mathieu; les uns le font naître dans le Forez ou dans le Bugey, d'autres à
Porentruy; mais il prend lui-même, à la tête de plusieurs ouvrages, le surnom
de *Sequanus* (Franc-Comtois), que le P. Lelong a confondu avec *Sebusianus*
(habitant du Bugey) ou *Segusianus* (habitant du Forez). Le distique suivant,
imprimé à la suite de sa tragédie d'*Esther,* dissipe toute obscurité, et nous
apprend qu'il était né, non à Salins, comme l'ont dit les frères Parfaict (*Hist.
du Théâtre français*), mais à Pesmes :

PRESTAVIT PETRI PATRIOS PIA PESMA PENATES
PIERIDES PROLIS PIGNORA PARTA PARANT. (1563.)

(*Biog. univ.*)

embrassa avec ardeur le parti des Guises. Cependant la ville de Lyon s'étant soumise à l'autorité royale (1593), il fut l'un des députés envoyés à Paris pour présenter au roi l'hommage de la fidélité des habitants. Dès ce moment Mathieu devint un zélé partisan de Henri IV, qui le récompensa de son dévouement en lui donnant le titre d'historiographe de France. Après la mort de Henri, Mathieu conserva son emploi à la cour de Louis XIII. Ayant été obligé, par sa charge, de suivre ce prince au siége de Montauban, il tomba malade, et fut transporté à Toulouse, où il mourut le 12 octobre 1621, à l'âge de cinquante-huit ans. Il a laissé, outre quatre tragédies et d'autres poésies qu'il avait composées dans sa jeunesse, plusieurs volumes sur l'histoire de France, notamment : I. *Histoire des derniers troubles de France, sous les regnes de Henry III et de Henry IV, depuis les premiers moments de la Ligue jusqu'a la cloture des Estats de Blois en 1589*, Lyon, 1594, in-8°; — II. *Histoire veritable des guerres entre les deux Maisons de France et d'Espagne* (de 1515 à 1598), Rouen, 1599, in-8°; — III. *Histoire de France et des choses memorables advenues es provinces estrangeres durant sept annees de paix* (de 1598 à 1604), Paris, 1605, 2 vol. in-4°; Genève, 1617, 2 vol. in-8°; — IV. *Histoire de Louis XI, roy de France, et des choses memorables arrivees en Europe pendant son regne*, Paris, 1610, in-folio; — V. *Histoire de la mort deplorable du roy Henry-le-Grand*, avec un poème, un panégyrique et un discours funèbre en son honneur, Paris, 1611, in-fol.; — VI. *Histoire de France* (de François Ier à Louis XIII), Paris, 1631, 2 vol. in-fol. Cet ouvrage fut publié par J.-B. Mathieu, l'un des fils de l'auteur, qui continua l'histoire de Louis XIII. (V. dans la *Biog. univ.*, t. XXVII, pp. 476, 477, 478 et 479, une notice plus étendue sur Pierre Mathieu, et le catalogue de ses autres ouvrages.) L'article est de M. Weiss, qui dit de l'historiographe de Henri IV et de Louis XIII : « Mathieu était un mauvais écrivain, mais un « honnête homme; et malgré les défauts de son style bas et « rampant, et quelquefois obscur et affecté, on recherche « encore quelques-uns de ses ouvrages pour les faits qu'ils « renferment. »

MÉNESTRIER (Claude), antiquaire et numismate, né à Vauconcourt vers le milieu du XVIe siècle, était fils d'un pauvre laboureur qui le laissa orphelin fort jeune. Résolu d'aller tenter la fortune dans les pays étrangers, il se rendit en Espagne; mais les protections sur lesquelles il avait compté lui manquèrent, et il se trouva réduit à garder un troupeau de mérinos. Il passa ensuite en Italie; et, arrivé à Rome, il s'appliqua à l'étude avec beaucoup de succès. Ayant embrassé l'état ecclésiastique, il fut pourvu d'un canonicat au chapitre de Sainte-Madeleine de Besançon et de quelques autres bénéfices. Le cardinal Fr. Barberini le nomma son bibliothécaire, et lui fit faire différents voyages en France, dans les Pays-Bas et en Espagne, pour recueillir des antiques et des objets d'art. Comme il retournait à Rome en 1632, ramenant un grand nombre de monuments et de tableaux précieux, le vaisseau qu'il montait fut assailli, à quelque distance de Marseille, par une tempête très-violente; le patron déclara que pour sauver le bâtiment d'un naufrage presque inévitable, il fallait jeter à la mer tous les objets appartenant aux passagers. Ménestrier ne put sauver de toutes ses richesses qu'un petit tableau représentant la sainte Vierge, et à son arrivée à Rome, il envoya ce tableau à Besançon, pour y être placé dans une église (147). Il était lié avec Jérôme Aléandre, et il entretenait une correspondance suivie avec J.-J. et Ph. Chifflet, ses compatriotes. Il mourut à Rome en 1639, dans un âge très-avancé. On a de ce savant : *Symbolicæ Dianæ Ephesiæ statua exposita*, Rome, 1657, in-4°, ouvrage inséré dans le *Thesaurus antiquitatum* de Gronovius, t. VII. Il a laissé un *Commentaire* sur la vie des papes et des cardinaux par Alphonse Chacon, et on conserve de lui, parmi les manuscrits de la bibliothèque de Besançon : *Series numismatum imperatorum*, et quelques autres *Catalogues* des médailles les plus rares. (*Biog. univ.*, t. XXVIII, p. 292.)

MÉNESTRIER (Claude-François), l'un des plus savants

---

(147) Ce tableau, qui est l'objet d'une dévotion particulière à Besançon, a été transporté, lors de la suppression des maisons religieuses, dans une des chapelles de l'église métropolitaine de Saint-Jean.

hommes du xviie siècle, était né le 10 mars 1631, à Lyon, d'une famille originaire de la Franche-Comté (148). Il avait reçu de la nature les dispositions les plus heureuses, et elles furent cultivées avec beaucoup de soin. Admis chez les Jésuites à l'âge de quinze ans, il professa les humanités et la rhétorique à Chambéry, à Vienne, à Grenoble et à Lyon, de 1650 à 1657; il employa ses loisirs à l'étude des bons auteurs, s'appliquant en même temps, avec une ardeur extraordinaire, à la science du blason et à la recherche des antiquités. Il profita d'une occasion favorable pour visiter l'Italie, l'Allemagne, la Flandre et l'An-gleterre (1670), et recueillit partout des notes et des observa-tions sur les objets de ses études. S'étant fait connaître d'une manière avantageuse par son talent pour la prédication, il brilla pendant vingt-cinq ans dans les principales chaires du royaume; il s'employait même fréquemment à donner des missions dans les campagnes, et ne dédaignait pas d'enseigner le catéchisme aux petits enfants. Sur la fin de sa vie, il se borna à la rédaction de ses ouvrages, et mourut à Paris le 21 janvier 1705, à l'âge de soixante-quatorze ans. Il avait beaucoup d'esprit et de faci-lité; sa mémoire était si prodigieuse qu'il n'oubliait rien de ce qu'il avait appris. La liste des ouvrages de ce laborieux écrivain n'en comprend pas moins de quatre-vingt-trois. Les plus im-portants sont : I. *Nouvelle méthode raisonnée du blason, disposée par demandes et par réponses,* souvent réimprimée; les meil-leures éditions sont celles de Lyon, 1754, in-12, et 1770, in-8°. — II. *De la chevalerie ancienne et moderne, avec la manière d'en faire les preuves,* Paris, 1683, in-12; rare et recherché. — III. *Traité des tournois, joutes et autres spectacles publics,* Lyon, 1669 ou 1674, in-4°, fig.; rare. — IV. *La philosophie des images,* ou Recueil de quantité de devises, avec le jugement des ouvrages qui ont été faits sur cette matière, Paris, 1682, in-8°. — V. *L'art des emblémes,* Paris, 1683, in-8°, avec près de 500 fig. — VI. *Traité des décorations funèbres,* Paris, 1684, in-8°, fig. — VII. *Histoire du règne de Louis-le-Grand par les*

(148) C'est lui-même qui nous apprend que Claude Ménestrier, antiquaire du pape Urbain VIII, était son grand-oncle. Voy. les *Divers caractères des ouvrages historiques,* p. 220.

médailles, emblêmes, devises, jetons, etc., Paris, 1693, in-fol. —
VIII. *Dissertation sur l'usage de se faire porter la queue*, Paris,
1704, in-12 : curieux et recherché. — IX. *Traité de l'origine
des quartiers*, Paris, 1681, in-fol. — Le portrait du P. Ménestrier a été gravé cinq fois; le plus recherché est celui de
J.-B. Nolin, 1688, d'après P. Simon. (*Biog. univ.*, t. XXVIII,
pp. 292 et suiv.)

MÉNESTRIER (Perrenin), curé de Courcuire au XVIIᵉ siècle,
a publié : I. *Doctrine salutaire, propre pour attirer les ames a
l'amour, a la crainte et au service de Dieu*, Besançon, 1628,
in-12; — II. *Discours tres utile pour le salut des ames*, traitant
des péchés capitaux, etc., Pin, Touss. Lange, 1631, in-8°; —
III. *Breves conciones super evangelia Dominicorum totius anni*,
Pin, J. Vernier (149), 1633, in-8°.

MERCIER (Charles), né à Montbozon en 1539, était devenu,
après avoir fait de bonnes études, procureur général près du
conseil de régence à Montbéliard. Prévenu de concussion et de
malversation dans son emploi, il fut mis en arrestation au
château de la ville le 22 juin 1574, et subit son premier inter-

(149) Il faut remarquer que les deux derniers ouvrages du curé de Courcuire sortirent des presses de Jean Vernier, qui, sur l'invitation de Perrenin
Ménestrier et avec le secours de Toussaint Lange, établit, vers 1630, une
imprimerie à Pin, où il était curé. « On doit des éloges à ce bon prêtre
« pour avoir contribué par là à multiplier dans la province les livres usuels,
« qui y étaient fort rares. C'était d'ailleurs un homme instruit, connaissant
« bien les auteurs anciens, et faisant des vers français assez bons pour l'époque
« où il vivait. Son imprimerie ne subsista pas longtemps, puisqu'on ne trouve
« aucun livre qui en soit sorti après 1635. Il faut remarquer aussi que les
« *Heures* paroissiales du diocèse de Besançon ont été vulgairement appelées
« *Heures de Pin*, parce que c'est dans ce village qu'elles furent imprimées
« pour la première fois. » (*Mém. de la Soc. d'agr., sc. et arts de la Haute-
Saône*, t. II, p. 133.) La liste des livres sortis de cette imprimerie est,
du reste, fort courte : outre les *Heures* paroissiales dont on a parlé, et
quelques livres liturgiques, on ne connaît que quatre ouvrages imprimés à
Pin : le *Discours tres utile* et les *Conciones* de Perr. Ménestrier, les *Definitiones
philosophicæ* de Jean Thierry, 1634, in-24, et les *Attributs de la sainte Vierge*,
par J. Terrier, 1635, in-4°. L'imprimerie de J. Vernier ne subsista que jusqu'en
1636, année où les Français mirent le siége devant Dole et envahirent la
province.

rogatoire le 16 juillet suivant. Plus de cent témoins à charge et à décharge furent entendus, et, malgré ses protestations d'innocence, les juges du procès qui lui avait été intenté le condamnèrent à la peine de mort. Les princes curateurs crurent devoir la commuer en une détention perpétuelle au château de Blamont, où il fut jeté dans un cul de basse-fosse en 1575. Privé de toute communication avec sa famille et ses amis, il avait su se ménager le moyen de leur écrire et de recevoir leurs réponses : des billets lui étaient transmis dans des morceaux de pain, et il envoyait les siens dans la doublure d'un habit. Cependant, à la suite de nombreuses et puissantes intercessions, les portes de son cachot s'ouvrirent cinq ans après, et le comte Frédéric le rétablit *dans ses honneur et bonne fâme;* mais il ne recouvra point pour cela son emploi. (*Eph. du comté de Montbéliard* par Duvernoy, p. 232.)

MERCIER (Ambroise), né vers 1635, dans le comté de Bourgogne, fit profession à l'abbaye Saint-Vincent de Besançon le 27 mai 1653. Doué d'un esprit pénétrant et d'un jugement solide, il fit de grands progrès dans les sciences, et enseigna avec succès la philosophie et la théologie. Son amour pour l'observance répondant à ses connaissances, il fut successivement élevé aux dignités de prieur, de visiteur, de définiteur, et remplit ces différents emplois avec la réputation d'un homme de bien et d'un digne supérieur. Il gouvernait l'abbaye de Luxeuil en qualité de prieur lorsque la mort l'enleva le 29 janvier 1702. Il a composé une *Théologie* selon les principes de S. Grégoire-le-Grand, de S. Anselme, archevêque de Cantorbéry, et de S. Bernard. Ce manuscrit faisait partie de la bibl. de l'abbaye, avec divers autres ouvrages du même auteur (150).

MERCIER (Félix-Joseph), fils de Jean-Baptiste-Charles Mercier, avocat en parlement, bailli souverain au bailliage de Vauvillers, naquit à Faverney en l'année 1779. Contraint de

(150) *Bibl. gén. et alph. des auteurs de tous les ordres et cong. dans lesquels on pratique la règle de S. Benoît,* par D. Thiébault, 3 vol. in-fol. Mss. qui se se trouvent à la bibl. de Vesoul. D. Mercier y est mentionné t. II, p. 94.

renoncer à ses études classiques par suite de la Révolution, il s'abandonna bientôt à son goût pour la poésie légère, qu'il a cultivée jusqu'à ses derniers moments. Ses premiers débuts, chansons, bouts-rimés, épigrammes, furent accueillis avec faveur dans le cercle de ses relations privées : on y remarquait, en effet, malgré quelques hardiesses de style, une touche légère, de fines observations sur les mœurs et les ridicules du moment, des allures originales, et cet abandon, cette gaîté, cet entrain qui font le succès de ce genre de productions. Doué d'une fécondité peu commune, il avait pendant plus de vingt ans semé avec profusion ses couplets, célébré toutes les réunions, toutes les fêtes de famille, composé plusieurs pièces dramatiques pour des théâtres de société, quand il fit paraître *la Poncelinade*, poème héroï-comique en six chants. Cette œuvre, imprimée à Besançon en 1825, renferme une ingénieuse parodie du genre épique. Au milieu de quelques excentricités qu'autorisait peut-être la nature du sujet, on y rencontre souvent des tirades qui ne seraient pas indignes de *Vert-Vert* ou du *Lutrin*. Il fit aussi imprimer *la Sélimiade*, anecdote orientale, Baume-les-Dames, 1828, in-8°. Depuis cette époque, le poète tourna plus activement ses vues vers la politique, et, sans ambition personnelle, guidé uniquement par son amour du bien, il appela dans de nombreuses pétitions l'attention des Chambres sur toutes les mesures qui lui paraissaient devoir tourner à l'avantage du pays. Quelques-unes de ces pétitions eurent du retentissement : nous citerons entre autres celle où il demandait, en évoquant les souvenirs de la gloire impériale, que l'on rendît à la France les dépouilles mortelles de Napoléon. Peu après la révolution de Juillet, on le voit, toujours jaloux de son indépendance, refuser les fonctions de juge de paix pour accepter seulement celles de maire de Rougemont (Doubs), village où il était depuis longtemps établi ; et dans cette modeste magistrature, qu'il a conservée jusqu'à sa mort (29 sept. 1839), il s'est acquis des titres impérissables à la reconnaissance de ses administrés. — Une partie du répertoire dramatique de F. Mercier et ce qui reste de ses autres manuscrits sont aujourd'hui entre les mains de M. l'avocat Longchamps, son cousin. Le répertoire se compose des pièces suivantes : *La Partie de Franois*, comédie en un acte et en vers ; *Suite à la Partie de Franois*, opéra-vaudeville en cinq actes ; *l'Intrigue mal conduite*, comédie en cinq actes et en vers ; *M. Faquinet*, vaudeville en deux actes ; *les Après-souper de Rougemont*, opéra-vaudeville en un acte ; *M. Morgan*, comédie en un acte ; et *Faquinet chez Morgan*, vaudeville en deux actes.

MESMAY (De). Cette ancienne famille franc-comtoise, dont aucun document n'indique le nom patronymique, tire celui sous lequel elle est connue du fief qu'elle possédait à Mesmay, bailliage de Quingey. On la dit originaire de Dole, où furent maires Léonard de Mesmay en 1626, 1634 et 1638, et Charles-Guillaume en 1660. Elle fut anoblie par Charles-Quint, et dès le XVIe siècle elle ne cessa de fournir à la magistrature comme au clergé des hommes distingués : Claude de Mesmay, chanoine de l'église métropolitaine de Besançon, fut un des délégués de son ordre aux Etats de Franche-Comté en 1654 et en 1657 ; Etienne de Mesmay entra au parlement de Dole, comme conseiller-clerc, le 13 juillet 1537 ; Jacques de Mesmay y était avocat-général en 1664 ; et plusieurs membres de cette famille ont continué de faire partie du parlement de Besançon jusqu'à sa suppression. Jean-Antoine-Marie de Mesmay, seigneur de Quincey près Vesoul, appartenait à cette cour de justice, en qualité de conseiller, quand éclatèrent les premiers troubles révolutionnaires. Le 19 juillet 1789, le château de Quincey fut le théâtre d'un événement qui, porté bientôt à la tribune nationale, fit grand bruit dans la France entière, et devint comme le signal de la guerre aux châteaux. On venait de célébrer à Vesoul, par des réjouissances populaires, la rentrée de Necker au ministère. Un rassemblement nombreux, sorti de la ville, arriva dans la soirée devant le château de M. de Mesmay : on voulait mettre ses vastes caves à contribution. Le seigneur de Quincey était absent : toutes les provisions qui se trouvaient chez lui furent néanmoins distribuées à cette multitude. Mais, tandis qu'on se livrait dans la cour et les jardins aux éclats de la gaîté la plus bruyante, trois militaires de la garnison de

Vesoul visitèrent, une chandelle à la main, les dépendances de l'habitation. Ayant pénétré dans une pièce où se trouvait déposé un baril de poudre, ils en approchèrent la lumière, et, victimes de leur avidité, ils sautèrent avec une partie du bâtiment. Cet accident fut présenté comme le résultat d'un guet-apens ; le peuple se vengea par le pillage et l'incendie du château ; et le 25 juillet l'Assemblée nationale décréta que son président se retirerait pardevers le roi pour le supplier d'ordonner la punition de l'auteur de *cet horrible forfait*. Une instruction judiciaire démontra pleinement l'innocence de M. de Mesmay ; il fut établi que le baril de poudre était destiné, non à faire périr quelques malheureux, mais à faire jouer la mine pour des constructions depuis longtemps en projet. L'ex-seigneur de Quincey publia à cette occasion un mémoire justificatif qui fut imprimé à Besançon, in-8°. « La Révolution avait enlevé à « J.-A.-M. de Mesmay la totalité de son immense fortune ; il « demeura le reste de sa vie dans un état voisin de l'indi-« gence..... Il passait pour être très-instruit dans l'histoire de « la province, et pour conserver mieux que personne les an-« ciennes traditions dont le souvenir s'efface de jour en jour. « Il mourut à Besançon, le 9 août 1826. » (*Biog. univ.*, t. LXII, p. 314.) — Une branche de la famille de Mesmay a longtemps habité Vesoul. Les registres de baptême de cette ville en font foi : on y trouve inscrite, sous les dates des 24 juillet 1608 et 26 décembre 1609, la naissance de Humbert de Mesmay et de Marguerite de Mesmay, fils et fille d'Etienne de Mesmay, *jurium doctoris*. Jacques de Mesmay, devenu avocat-général au parlement de Dole en 1664, était également né à Vesoul, et avait été avocat du roi avant d'arriver au parlement.

MEUSY (Nicolas), écrivain ascétique, était né, en 1734, de simples cultivateurs, à Villersexel. Après avoir terminé ses études avec succès, il embrassa l'état ecclésiastique, et se voua à l'instruction des habitants de la campagne. Il mourut vicaire de la paroisse de Rupt en 1772, à l'âge de trente-huit ans, victime de son zèle pour les malheureux atteints d'une maladie épidémique. Il a publié : I. *Le Code de la Religion et des Mœurs,*

Paris, 1770, 2 vol. in-12. C'est un recueil des principales ordonnances de nos rois relatives à la religion. On peut considérer cet ouvrage, dit Fréron, comme un tableau législatif de la France en cette matière. — II. *Catéchisme historique, dogmatique et moral des Fêtes*, Vesoul, 1771, in-12; ouvrage utile et souvent réimprimé. (*Biog. univ.*, t. XXVIII, p. 496.)

MICHAUD (Pierre-Antoine), né le 1er septembre 1741, à Villers-les-Luxeuil, où ses parents étaient cultivateurs, s'engagea volontairement, à l'âge de vingt ans, dans le régiment d'Auxerrois (marine). Il comptait près de trente années de service lorsqu'éclata la Révolution, et pourtant il n'était encore qu'adjudant-sous-officier. Mais, pendant les premières guerres de la République, il s'éleva rapidement de grade en grade jusqu'à celui de général de division, qu'il obtint à l'armée du Nord. Il fut employé ensuite à l'armée d'Italie ; puis il devint, à la création du royaume de Westphalie (1807), ministre de la guerre du roi Jérôme. Forcé de rentrer en France après le désastre de Leipsick (1813), il mourut dans les premiers mois de 1814 à Montmédy, place dont le commandement lui avait été confié par l'empereur Napoléon.

MICHAULT (Pierre), poète du XVe siècle, surnommé le *Rhétoricien*, l'*Orateur* par les bibliographes qui se sont occupés de lui ou de ses ouvrages, naquit dans le comté de Bourgogne ; à Chaux-Neuve, bailliage de Pontarlier, selon les uns ; à Essertenne, bailliage de Gray, selon les autres. On ignore, du reste, les circonstances de sa vie. Il aurait été, dit-on, attaché à la cour de Charles-le-Téméraire, en qualité de secrétaire de ce prince. L'époque de sa mort n'est pas précisée ; on présume seulement qu'il décéda vers 1467. On a de lui deux ouvrages allégoriques qui ont des titres singuliers : I. *Le Doctrinal du temps present*, Bruges, 1466, petit in-fol.; ouvrage réimprimé à Genève en 1522. « C'est une satire des mœurs du siècle ; « elle est écrite en prose, mêlée de vers de huit ou dix « syllabes, presque toujours divisés par stances. L'auteur « suppose qu'un jour, se promenant dans un bois, il y trouva

« la *Vertu* toute éplorée, parce qu'on l'avait bannie des
« écoles. Sur sa prière, elle lui en fait visiter douze qui ont
« pour maîtres ou maîtresses *Orgueil, Fausseté, Luxure*, etc.
« Chacun de ces maîtres tient à ses disciples des discours
« appropriés à son caractère. Les leçons terminées, *Fausseté*
« réunit tous les élèves, les examine, et leur distribue des
« grades dans la forme adoptée alors par les Universités. Au
« sortir de ces écoles de corruption, *Vertu* le conduit à celle
« dont elle fut autrefois la souveraine régulatrice. Les chemins
« en sont couverts de ronces et d'épines ; sur le portail de
« l'édifice à demi ruiné, mais dont les fondements sont solides,
« on voyait les images des rois, des princes et des philosophes
« qui y avaient pris jadis des leçons : il n'y avait que quatre
« chaires, mais elles étaient occupées par *Justice, Prudence,*
« *Tempérance* et *Force ;* et Michault y entend, comme on le
« pense bien, des discours tout différents de ceux qui l'avaient
« scandalisé dans les autres écoles. » (*Biog. univ.*, t. XXVIII,
p. 548.) — II. *La Dance des Aveugles*, Paris, 1506, in-4°,
autre satire en prose et en vers, dont les cinq personnages
sont la *Fortune*, l'*Amour*, la *Mort*, trois aveugles

> Devant qui chacun doit dancer,

l'*Entendement* et l'Auteur. C'est un thème moral qui n'a pas
besoin de développement. — « Tout porte à croire que Michault
« ne fut pas étranger à la composition des *Cent nouvelles*
« *Nouvelles* que vit éclore la cour de Bourgogne, imitation
« très-libre de Boccace, qui a mérité d'être imité à son tour
« par La Fontaine. » (*Ibid.*)

MICHELET (Maur), bénédictin, né à Dole, fit profession au
monastère de Morey, bailliage de Vesoul, le 15 janvier 1693. Ses
études finies, il fut prédicateur, professeur en philosophie
et en théologie, recteur de l'église Saint-Martin et prieur
de l'abbaye de Luxeuil. Dans ces différents postes, il donna
constamment l'exemple de la plus stricte soumission à la règle
monastique et de la piété la plus fervente. Les instants libres
que lui laissaient les exercices du cloître, il les employait à

composer des ouvrages de théologie ou de piété. Il mourut à Luxeuil le 24 janvier 1741, et fut mentionné dans le nécrologe de l'abbaye en ces termes : *Obiit reverendus Pater Domnus Maurus Michelet, religiosus summæ pietatis, qui, pluribus annis sacræ theologiæ lector, novitiorum magister, ac ecclesiæ Sti. Martini rector, multa et præclara virtutis ac observantiæ exempla dedit* (151). La bibliothèque municipale de Vesoul possède quatre manuscrits originaux de dom Michelet : I. *Medulla theologicæ doctrinæ*, in-12 de 129 pages ; — II. *Principes d'éducation de l'âme qui aspire à la perfection*, in-4° de 710 p.; — III. *Les divins mystères vérifiés dans l'hostie miraculeuse de Faverney*, avec *Pratique d'une sainte communion*, in-12 de 236 pages ; — IV. *Les démarches de l'épouse mesurées dès son entrée au monde jusqu'à sa sortie pour avancer vers l'époux céleste en toutes les situations où l'on peut se trouver à la vie et à la mort*, in-12 de 342 pages. D. Michelet a laissé en outre plusieurs écrits théologiques, et un grand nombre de prônes, de sermons et d'exhortations monastiques, dont les manuscrits étaient soigneusement conservés à l'abbaye de Luxeuil. Où sont-ils maintenant ? Nous l'ignorons.

MIET (Constance), religieux récollet, né vers 1720 à Vesoul, a publié : I. *Réflexions morales d'un solitaire*, Paris, 1775, in-12 ; — II. *Conférences religieuses pour l'instruction des jeunes professes de tous les ordres*, Paris, 1777, in-12. Il est parlé de cet auteur dans le *Mercure de France* de février 1778. (*Mém. de la Soc. d'agr., sc. et arts de la Haute-Saône*, t. II, p. 134.)

MILLOTTE (Louis-Emile), fils de Sigismond Millotte, procureur impérial, naquit à Lure le 4 juin 1810. Elève à l'Ecole polytechnique, il prit une part très-active aux journées de Juillet, pendant lesquelles Lafayette en fit un de ses aides de camp. Décoré de Juillet, il voulut refuser une distinction que ne partageaient point tous ses camarades d'école, et songea

(151) Nous avons trouvé ce très-honorable éloge dans la *Bib. générale des Bénédictins* déjà citée.

même, croyant le but de la révolution faussé, à donner sa démission. Il céda néanmoins aux instantes sollicitations de son père, et entra comme sous-lieutenant-élève à l'école d'application de Metz. Envoyé au 10e régiment d'artillerie, il partit immédiatement pour l'Afrique, où il se distingua spécialement à Mostaganem, traversant de nuit, avec douze hommes seulement, le camp des Arabes pour aller chercher les munitions qui manquaient à la place. Il fut blessé d'un biscaïen à l'épaule en rentrant dans la ville. Aux combats qui eurent lieu en janvier 1836 sur les rives de la Tafna, il se fit remarquer de nouveau, et fut créé chevalier de la Légion-d'Honneur la même année. En 1848, il était capitaine en premier, en garnison à Douai, lorsque les électeurs du département de la Haute-Saône le nommèrent à une très-grande majorité (54,817 voix sur 79,336 votants) représentant du peuple à l'Assemblée constituante. L'année suivante, le même mandat lui fut donné pour l'Assemblée législative, par 30,705 suffrages sur 63,844 votants. Obligé, par suite des événements politiques qui marquèrent le mois de décembre 1851, de s'expatrier momentanément, il put revenir bientôt dans sa ville natale, où il mourut le 17 avril 1854, de la rupture d'un anévrisme auquel les chagrins de l'exil avaient fait prendre un rapide développement. Modeste, serviable, désintéressé, le capitaine Millotte était démocrate ferme, sincère, ne transigeant jamais avec ce qu'il considérait comme un devoir. Electeur censitaire sous le gouvernement de Louis-Philippe, il ne consentit dans aucune circonstance à voter pour un candidat ministériel, notamment lors de la candidature du général de Cubières. Après le 2 décembre 1851, il refusa le serment, voulant rester fidèle à des convictions que lui semblait heurter le régime nouveau qui venait de s'établir en France.

MINAL (Jean-Frédéric), né à Héricourt le 11 novembre 1765, capitaine au 6e bataillon de la Haute-Saône en 1792, chef de bataillon en 1795 dans la 83e demi-brigade, passa dans les chasseurs de la Garde impériale en 1805, et devint l'année suivante colonel du 33e régiment d'infanterie de ligne. Cet officier se signala le 15 juin 1796 à l'affaire de Wetzlar, et ne montra pas moins de valeur à Altenkirken (152). Le 5 juillet 1806, devant Raguse, avec six cents voltigeurs, il mit en déroute trois mille Russes et Monténégrins, et leur enleva cinq pièces de canon. Le combat de Castel-Novo ajouta encore à sa réputation militaire. A Grotzchatz, le 1er mai 1809, Minal, avec deux compagnies de son régiment, soutint pendant cinq heures les efforts de l'armée autrichienne, et reçut sept blessures dont il n'était pas encore guéri lorsqu'il combattit à Wagram et à Znaïm. Le colonel Minal, nommé chevalier de la Légion-d'Honneur à la création de l'ordre (1804), fut promu au grade d'officier le 14 mars 1806, et créé baron de l'Empire en 1809. Affaibli par quinze blessures graves, il ne jouit pas longtemps du repos que pouvait lui donner le retour dans ses foyers ; il mourut à Luze près d'Héricourt le 27 mars 1817. — MINAL (Pierre-Frédéric), fils du précédent, naquit à Héricourt le 31 avril 1789, s'engagea au service militaire en 1804, et fit avec distinction toutes les campagnes qui suivirent, jusques et y compris la bataille de Waterloo. Il était chef de bataillon et officier de la Légion-d'Honneur quand il fut mis à la retraite à l'âge de vingt-six ans. Revenu depuis longtemps dans son pays natal, il fut un des mandataires que le département de la Haute-Saône jugea dignes, en 1848, de le représenter à l'Assemblée constituante, où il vota toujours avec les amis d'une sage liberté. M. le commandant Minal demeure maintenant à Beaucourt (Haut-Rhin).

(152) Extrait d'une lettre du général Leval : ..... « Notamment à l'affaire « du 14 prairial an iv, près d'Uckrath, où, d'après les ordres du général « Kléber, commandant en chef le corps d'armée, Minal marcha avec son « bataillon sur les redoutes où l'ennemi se trouvait en grand nombre ; il arriva « au pied malgré la mitraille, après avoir éprouvé une perte considérable. « Dans le combat qui s'engagea, le drapeau du bataillon fut pris et repris « trois fois, avec perte de quinze sous-officiers, et enfin resta au pouvoir de « l'ennemi après avoir été coupé en deux. J'en fis rapport au général Kléber, « et fus chargé de lui en donner un autre, sur lequel je fis mettre cette « inscription : « Récompense à la valeur de la 33e demi-brigade. » Dans « cette affaire, le citoyen Minal eut à lutter contre trois hussards autrichiens, « qui ne purent atteindre que son cheval..... Ce brave officier ne se distingua « pas moins dans l'affaire d'Altenkirken, où, après avoir passé un ruisseau et

MIROUDOT DU BOURG (Jean-Baptiste) était né le 10 novembre 1717, à Vesoul, d'une famille de robe. Après avoir terminé ses études, il embrassa la vie religieuse dans l'ordre de Cîteaux, et fut envoyé à Morimond. Ses talents et son goût pour l'agriculture le firent connaître du roi Stanislas, qui le nomma son aumônier et l'honora de sa confiance. Ce fut par l'ordre de ce prince que D. Miroudot sema du ray-grass dans un terrain qui lui avait été abandonné pour servir à des expériences. Cet essai ne réussit point, parce que les semences qu'on lui avait envoyées d'Angleterre étaient avariées; mais il rendit compte de ses observations dans un Mémoire qui fut couronné par l'Académie de Nancy. D. Miroudot fut nommé évêque de Babylone le 13 avril 1776, et, peu de temps après, consul de France à Bagdad. La guerre qui désolait le pays ne lui permit d'aller qu'à Alep. Il rendit d'importants services à la religion dans cette contrée, et contribua à ramener un grand nombre de Syriens à l'unité de l'Eglise. Le pape le récompensa de son zèle en lui envoyant le pallium, décoration réservée aux métropolitains. Des raisons de santé ne permirent pas à D. Miroudot de prolonger son séjour en Asie; il fut remplacé à Bagdad par son neveu J. Beauchamp, repassa en Europe vers la fin de 1781, et vécut à Paris, où il remplit les fonctions de suffragant de l'archevêque M. de Juigné. Il prêta son ministère pour la consécration des évêques constitutionnels, et, le 25 février 1791, il fut, avec Gobel, l'un des assistants de l'ancien évêque d'Autun. Pie VI le déclara *suspens* par un bref du 13 avril suivant, et lui retira la pension de 12,000 livres que lui faisait la Propagande. Brouillé à cette époque avec sa famille, et avec la duchesse de Bourbon, dont il était l'aumônier, mal récompensé, d'ailleurs, par ceux qu'il avait servis, il se retira à l'hôpital des Incurables, où il mourut en 1798, après avoir disposé de sa fortune, qui était assez importante, pour des œuvres pies. Il était membre des Académies de Nancy et de Metz; il aimait les antiquités, et en avait rapporté d'Asie

« franchi les hauteurs à la tête de deux compagnies de son bataillon, il
« chargea le corps autrichien, qui était de bataille, et contribua puissamment
« à faire mettre bas les armes au régiment de Jardy (infanterie). »

une collection fort intéressante, qu'il avait enrichie d'un grand nombre d'objets découverts en Lorraine. On ignore ce que sont devenues ses collections. Le seul ouvrage qu'on connaisse de lui est le *Mémoire sur le ray-grass ou faux seigle* (153), Nancy, 1760, in-8°. (*Biog. univ.*, t. XXIX, p. 142.)

MIROUDOT DE SAINT-FERJEUX (Gabriel-Joseph), frère du précédent (154), subdélégué à Dole, ensuite à Vesoul (155), a publié : I. *Essai sur l'agriculture du comté de Bourgogne*, Lyon, 1762, in-8°. — II. *Mémoire pour servir à l'histoire de la ville*

(153) D. Miroudot paraît avoir recommandé le premier, en France, la culture de cette graminée.

(154) La famille Miroudot, originaire de Villersexel, s'est partagée en trois branches : Miroudot du Bourg, Miroudot de Geney et Miroudot de Saint-Ferjeux. Les deux branches Miroudot de Geney et Miroudot de Saint-Ferjeux avaient des fiefs à Geney, bailliage de Baume, et à Saint-Ferjeux, bailliage de Vesoul : de là leur nom seigneurial. La souche de la branche Miroudot du Bourg fut Guillaume du Bourg, gentilhomme lorrain qui épousa en 1510 Marguerite Miroudot, fille de Philibert Miroudot, écuyer, seigneur à Saulnot. Les descendants de ce mariage ont joint le nom du père à celui de la mère. (*Mém. pour servir à l'histoire de Vesoul*, Yverdun, 1779.)

(155) En devenant maître de la Franche-Comté, Louis XIV y avait trouvé l'autorité administrative et l'autorité judiciaire réunies presqu'entièrement entre les mains des baillis et du parlement. Substituant à ce système tout romain celui qui existait en France, il sépara les deux pouvoirs à l'effet de les rendre indépendants l'un de l'autre et de les confier à deux corps de fonctionnaires distincts. Les attributions juridiques restèrent au parlement et aux baillis; les autres furent remises à un délégué qui prit le nom d'intendant. Toutes les questions relatives au recouvrement des impôts, à la levée et à l'entretien des troupes, à l'établissement des forges, à l'exploitation des mines, à la création et à la tenue des foires et marchés, compétaient à l'intendant. C'était à son contrôle et à sa direction qu'étaient soumis les services des ponts et chaussées, des haras, des postes, de la navigation, des messageries, des poids et mesures. C'était également lui qui centralisait et décidait les affaires concernant le Domaine, la police générale, les manufactures, les octrois, l'imprimerie, la librairie, la préparation de la poudre, l'administration des villes et des hôpitaux, la plantation et le débit du tabac, la fabrication et la vente des cartes, la construction des presbytères, des églises et des bâtiments des communautés. L'intendant fut établi dans la ville de Besançon, qui était devenue capitale de la province, et il se donna des lieutenants ou *subdélégués*. Ceux du bailliage d'Amont furent placés à Vesoul, Gray, Baume, Lure et Jussey. Ces fonctionnaires géraient les intérêts administratifs à la façon de nos sous-préfets. (*Notes hist. sur les communes de la Haute-Saône*, par M. Ch. Longchamps, avocat, p. 305.)

de Vesoul, Iverdun, 1779, in-4° de 58 pages. La première partie de cet ouvrage est attribuée à Miroudot, et la seconde à Dumontet-La Terrade. — III. *Mémoire sur le bailliage de Vesoul*, Besançon, 1774, in-8°. C'est une description statistique des villages du bailliage. Le P. Dunand, dans ses *Recherches sur les auteurs de la province*, attribue à G.-J. Miroudot un opuscule intitulé : *Ceci et cela*, qu'il aurait imprimé lui-même a deux ou trois exemplaires. (*Biog. univ.*, t. XXIX, p. 143.) — G.-J. Miroudot a laissé manuscrits plusieurs Mémoires sur les priviléges de la noblesse et les droits féodaux, et un *Etat servant à constater les récoltes et la quantité des bestiaux dans la subdélégation de Vesoul*, 1784. Ce dernier manuscrit existe aux archives de la mairie de Vesoul. Une des rues de la ville porte le nom de Miroudot-Saint-Ferjeux.

MIROUDOT DU BOURG (Jean-François), né le 13 mars 1719, parent des précédents, seigneur d'Onans et de Geney, fut maire de Vesoul et bon administrateur. Il a laissé un manuscrit intitulé : *Essai sur l'antiquité de la ville de Vesoul*, écrit plus ingénieux que solide, mais où l'on trouve à chaque ligne l'ami enthousiaste de son pays. (*Mém. de la Soc. d'agr., sc. et arts de la Haute-Saône*, t. II, p. 136.) Il se trouve aux archives de la ville de Vesoul. L'auteur le composa pour un concours ouvert en 1769 par l'Académie de Besançon. Il n'eut qu'un accessit; le prix fut décerné à dom Couderet, écrivain qui a laissé un grand nombre de dissertations estimées.

MOLANS (Philibert DE), gentilhomme franc-comtois, né au XIVe siècle, fut un très-vaillant chevalier, et se signala dans maintes occasions. Il était écuyer du duc de Bourgogne, et maître-visiteur des arsenaux et artillerie des rois de France et d'Angleterre. Il entreprit deux fois le voyage de la Palestine, pour satisfaire sa dévotion en visitant les lieux où se sont accomplis les augustes mystères de notre foi, et en rapporta une partie des reliques de S. Georges, dont il fit présent à l'église de Rougemont, où il institua, l'an 1390, une confrérie

sous l'invocation de ce glorieux martyr (156). Les confrères
devaient être nés ou domiciliés dans le comté de Bourgogne,
prouver seize quartiers de noblesse (huit paternels et autant de
maternels). Lors de leur admission, ils prêtaient serment d'employer leur fortune et leur vie au maintien de la religion
catholique, et à la défense des faibles, spécialement des vierges
et des orphelins. Leur décoration était un Saint-Georges en or,
suspendu à un ruban bleu (157). Les confrères prenaient le titre
de chevaliers; mais le parlement de Besançon leur a toujours
contesté ce droit. L'on trouve dans la Bibliothèque historique
de France, t. IV, page 514, les motifs des deux derniers arrêts
du parlement rendus sur cette matière. Th. Varin a publié, en

(156) S. Georges était, selon la légende, un jeune et beau prince de Cappadoce
qui vivait vers le milieu du IIIᵉ siècle, et qui subit le martyre sous Dioclétien.
On rapporte de lui un certain nombre de traits d'héroïsme, notamment celui-
ci : il attaqua un redoutable dragon-crocodile et le tua, sauvant ainsi la vie
de la fille d'un roi, nommée Aja, que le monstre menaçait de dévorer. Aussi
le représente-t-on armé d'une lance et transperçant le dragon. Il est fort célèbre
en Orient, d'où les croisés introduisirent sa légende en Occident. S. Georges
est surtout honoré en Russie, en Angleterre et à Gênes. Les Russes ont adopté
S. Georges avec son dragon comme le principal emblème de leurs armoiries,
et ont donné son nom à l'ordre militaire que Catherine II créa en 1769, et qui
est encore aujourd'hui le premier ordre de chevalerie de l'empire. Il existe
aussi en Bavière un ordre de Saint-Georges qui prit naissance au milieu des
croisades, et fut renouvelé, en 1729, par l'électeur Charles-Albert, depuis
empereur Charles VI. — A la même époque des croisades paraît remonter la
création de la confrérie franc-comtoise de Saint-Georges, dont le premier
fondateur aurait été un duc ou un comte de Bourgogne du XIIIᵉ siècle, en sorte
que Philibert de Molans n'aurait fait que relever une institution qui déjà avait
existé dans la province. — Les croisés francs-comtois revenant de la terre
sainte en avaient rapporté une grande dévotion à S. Georges; c'est ainsi
qu'un certain nombre de paroisses du comté de Bourgogne se mirent sous son
saint patronage. Nous citerons, parmi les communes qui en célèbrent la fête :
Bourguignon-les-Conflans, Saint-Broing, Confracourt, Coulevon, Faucogney,
Maizières, Vesoul, département de la Haute-Saône; Bolandoz, Ecole, Eysson,
le Bizot, Frasne, Montenois, Montrond, Saint-Georges-Clerval, Villars, département du Doubs.

(157) Le duc de Bourgogne Philippe le-Bon avait autorisé les membres de
la confrérie de Saint-Georges à porter leur décoration suspendue à un ruban
rouge, ainsi que la portaient les chevaliers de son ordre de la Toison-d'Or.
Après la conquête de la Franche-Comté par Louis XIV, le ruban rouge fut
remplacé par le ruban bleu, qui était la couleur du nouveau monarque et
celle de son grand ordre du Saint-Esprit.

1663, l'*Etat de l'illustre confrérie de Saint-Georges en ladite année*, avec les armoiries gravées par P. de Loisy. M. de Poutier-Gouhelans est l'éditeur des *Statuts de l'ordre de Saint-Georges, avec la liste des chevaliers depuis 1390*, Besançon, 1768, in-8°. Malgré l'indication du frontispice, la liste ne commence qu'en 1431 (158). (*Biog. univ.*, t. XXIX, p. 279.)

(158) Dans son *Aperçu sur l'ordre de Saint-Georges*, le marquis de Saint-Mauris critique à plusieurs reprises l'ouvrage publié à Besançon en 1768; il lui reproche, p. 5, une foule d'erreurs, incorrections, transpositions et omissions. Plus loin, p. 25, il signale des contradictions, des méprises essentielles. « On a confondu, « dit-il, des maisons totalement étrangères les unes aux autres, parce qu'elles « avaient des noms à peu près semblables; omis ou transposé leurs quartiers; « employé pour les distinguer de fausses désignations, qui, loin de remplir ce « but, ajoutent à la confusion; inscrit pour leurs noms patronymiques des sur-« noms adaptés ou imposés par des substitutions, leur donnant pour armoiries « pleines celles qui ne devraient en être que les écartelures; et poussant même « les méprises jusqu'à inscrire pour noms de famille des sobriquets individuels « ou temporaires, ajoutant l'erreur plus blâmable encore de leur supposer des « armoiries absolument imaginaires, et contradictoires à nombre d'actes, de « sceaux et de monuments existants. »

L'association des chevaliers de Saint-Georges, qui avait cessé de se recruter depuis 1789, et qui se trouvait réduite, en 1815, à vingt-cinq membres, s'occupa de nouvelles admissions. En 1816 et 1817, elle reçut trente-un nouveaux chevaliers, savoir :

MM. le comte Pierre-Georges de Scey, ancien préfet du Doubs;
　　Gabriel-Bernard comte de Saint-Mauris-Châtenois;
　　Charles-Emmanuel-Auguste marquis de Saint-Mauris-Châtenois;
　　le comte de Sagey, évêque de Saint-Claude;
　　Félix-François comte de Jouffroy-Gonsans;
　　Etienne-Xavier Buzon de Champdivers;
　　Pierre-Marie-Théodule marquis de Grammont-Granges;
　　Victor-Alexandre comte de Saint-Mauris-Lambrey;
　　Patrice-Gabriel-Bernard comte de Rully;
　　Alexandre-Bernard-Pierre marquis de Froissard-Bersaillin;
　　Charles-Gabriel marquis de Champagne-Bouzey;
　　Charles-Edouard comte de Froissard-Broissia;
　　Charles-Joseph marquis de Franchet de Rans;
　　Claude-Joseph-François-Actolphe marquis de Jouffroy-d'Abans;
　　Louis-Agricole-Vinceslas vicomte de Jouffroy-d'Abans;
　　Charles-Antide comte d'Amandre, chanoine à Besançon;
　　Claude-Emmanuel-Alexandre-Joseph-Fidèle comte de Grivel;
　　Xavier-Catherine marquis de Champagne;
　　Marc-Marie-Amédée comte de Champagne;
　　Clément-Edouard marquis de Moustier;
　　Nicolas-François-Louis comte de Mauclerc;

MONGENET (François DE), d'une des plus anciennes et des plus considérables familles de Vesoul (159), était médecin et mathématicien. Il avait construit deux globes géographiques dont Gollut parle avec éloge à la page 91 des *Mém. de la Repvbliqve seqvanoise*, éd. de 1592 (160). Edouard du Monin (Voy. ce nom), son petit-fils, l'a célébré dans son poème intitulé : *Neoterica Sidera. (Mém. de la Soc. d'agr., sc. et arts de la Haute-Saône*, t. II, p. 136.)

MONGENET (Jean-Georges DE), jésuite, né à Vesoul, mort en 1698 ou 99, est auteur d'un ouvrage de piété réimprimé plu-

MM. Philippe-Bonaventure chevalier de Froissard-Bersaillin ;
Louis de Froissard, comte de Broissia ;
Louis-Henri-François-Gabriel comte de Montrichard ;
Aimé-Louis-François marquis de Ballay ;
Frédéric-Guillaume-François Boutechoux de Chavanne ;
Albert-Jérôme-Joseph Boutechoux de Chavanne ;
Albert-Magdeleine-Claude comte de Lezay-Marnésia ;
Louis-Emmanuel-Alexandre de Saint-Maurie-Châtenois ;
Ange-Philippe-Honoré comte d'Esterno ;
Emmanuel Mouchet, comte de Laubespin.

D'après l'*Aperçu* publié par le marquis de Saint-Mauris, il ne paraît pas que l'ordre des chevaliers de Saint-Georges, qui s'était fortifié de trente-un nouveaux membres en 1816 et 1817, ait fait depuis de nouvelles admissions. On peut donc le considérer comme suspendu une seconde fois dans son existence effective.

(159) Jean de Mongenet était lieutenant-général du bailliage d'Amont en 1480. Son petit-fils Louis, père de François, médecin et mathématicien, exerça la même charge, qui passa ensuite à Claude-François et à Claude-François-Joseph de Mongenet. Cette famille a donné plusieurs membres au parlement de Besançon, au chapitre métropolitain, au chapitre de Vesoul, etc.

(160) Nous transcrivons ce passage de Gollut : « Apres la description de « ces marbrieres, riuieres, fontaines, cauernes, et aultres choses ci-dessus « dictes, les habitants de Vesoul me récrient et se pleignent de ce que ie « laisse le frépuis ou frais-puits qui est auprès de leur ville, qui est telle que « l'on ne la pourroit assés recommender, pour l'antiquité d'icelle, pour son « terroir fertil, pour la richesse grande des habitans, pour l'honneur du vis- « comté qui y hat touiours esté, pour la multitude des gens doctes et de bon « esprit qui s'y treuuent et cy-devant s'y sont treuués, mesmement en la « science et pratique des mathematiques, ainsi que le nous tesmognent les « deux beaux globes du seigneur Demongenet, que ie ne craindray de nom- « mer, puisqu'estant ià decedé, la louange en pourroit être faicte sans soubson « de flaterie, et sans offenser les aultres homes doctes qui viuent encor... »

sieurs fois : *La Grande Dévotion du salut*. D. Payen, et, sans doute d'après lui, D. Couderet, attribuent au P. de Mongenet une *Critique de la traduction de Pétrone* par Nodot. Nous avons eu entre les mains un ouvrage que nous croyons être celui du P. de Mongenet, sans pouvoir pourtant l'assurer; ce sont des *Lettres de D....* sur un livre qui a pour titre : *Traduction entière de Pétrone suivant le nouveau manuscrit trouvé à Belgrade en 1668*, Cologne (Paris), 1694, in-12. (*Mém. de la Soc. d'agr., sc. et arts de la Haute-Saône*, t. II, p. 136.)

MONGENET (le baron François-Bernard DE), maréchal-de-camp d'artillerie, chevalier des ordres de Malte et de Saint-Louis, commandeur de l'ordre de la Légion-d'Honneur, naquit à Vesoul en 1766, et entra dès l'âge de dix-huit ans dans le régiment de La Fère. Lorsque Bonaparte s'empara de l'île de Malte, il y trouva Mongenet, qu'il emmena en Egypte, où il servit comme chef de bataillon. Revenu en France, il fut nommé colonel, et prit part aux campagnes d'Italie, d'Allemagne et de Russie. En 1813, après les batailles de Lutzen et de Bautzen, il fut élevé au grade de général de brigade. Il figura, en 1815, dans le procès du maréchal Ney, avec lequel il avait eu quelques relations avant le 20 mars; mais ses dépositions n'eurent aucune influence sur le sort de l'illustre accusé. F.-B. de Mongenet avait reçu, avec le titre de baron, une dotation en Allemagne, et obtenu de la faire transférer à Crémone. C'est dans cette ville qu'il se retira après avoir volontairement quitté le service en 1816. Peu d'années après il fixa sa demeure à Paris. Il se trouvait passagèrement aux eaux de Plombières lorsqu'il y mourut le 16 septembre 1828.

MONGIN (Dom Athanase DE), né à Gray vers 1589, entra jeune à l'abbaye de Luxeuil, où il prit l'habit de S. Benoît. S'étant aperçu que la règle n'y était pas exactement suivie, il se rendit à St.-Vanne (Verdun), où l'observance était plus rigide. Il y renouvela ses vœux le 23 mai 1612. La sagesse de sa conduite, la pureté de ses mœurs et toutes les vertus religieuses qu'on remarquait en lui portèrent ses supérieurs à lui confier plusieurs missions, entre autres celle de concourir à la formation de la congrégation de St.-Maur. Après avoir travaillé avec zèle à cette œuvre, il finit saintement ses jours le 17 octobre 1633, à l'abbaye de St.-Germain-des-Prés, dont il était prieur. Il a laissé un ouvrage qui, selon D. Brouillart, fut imprimé à Paris en 1639, in-12, et selon D. Lecerf, en 1684, in-8°. Cet ouvrage a pour titre : *Les flammes eucharistiques*. (*Bibl. générale* de D. Thiebault, ms. conservé à la bibl. de Vesoul, t. III, p. 115.)

MONIN (Jean-Edouard DU), né à Gy vers 1559, d'une bonne famille bourgeoise du pays, fut assassiné à Paris, le 5 novembre 1586, à l'âge de vingt-six ans (161). A la fois poète, philosophe, médecin, mathématicien, il passa dans son temps pour un prodige de fécondité et d'érudition. Il possédait les langues latine, grecque, hébraïque, italienne, espagnole, et avait déjà fait paraître à sa mort six ouvrages en prose ou en vers, en latin ou en français : I. *Miscellaneorum poeticorum adversaria*, Paris, 1578, in-8° ; c'est un recueil de pièces toutes écrites en vers latins ; il est dédié au cardinal Claude de la Baume, archevêque de Besançon. — II. *Beresythias, sive mundi creatio*, Paris, 1579, in-12, traduction en vers latins du poème de Dubartas intitulé *La Semaine de la Création*. A la suite du *Beresythias* se trouve *Manipulus poeticus non insulsus*, recueil de pièces diverses, soit en latin, soit en français. — III. *Nouvelles OEuvres*, contenant discours, hymnes, odes, amours, contre-amours, églogues, élégies, anagrammes et épigrammes, Paris, 1582, in-12 ; elles sont dédiées au comte de Vergy. — IV. *L'Uranologie ou le ciel*, avec plusieurs autres poésies, Paris,

(161) On lit dans les *Lettres sur la Franche-Comté* du P. Romain Joly : « Jean-Edouard du Monin périt d'une mort violente que Gilbert Vœtins attribuoit au cardinal du Perron ; ajoutant que celui-ci, n'étant pas encore décoré de la pourpre romaine, eut besoin d'impétrer des lettres d'abolition. Quelques historiens ont regardé cette accusation comme une calomnie. Quoi qu'il en soit, du Monin jouissait d'une telle réputation que Gabriel Naudé, dans son apologie des grands hommes, voulant prouver que Pic de la Mirandolle n'était pas le seul qui eût acquis dans sa jeunesse une érudition prodigieuse, allègue entre autres exemples celui de notre Edouard. »

1583, in-12. Ce poème est divisé en cinq livres ; il est en vers
de douze syllabes et à rimes suivies ; c'est un mélange de
mythologie et de digressions philosophico-théologiques avec la
mauvaise astronomie et la mauvaise physique qu'on savait en
ce temps-là. — V. *Le Quaresme, contenant le triple amour*
(l'amour de Dieu, l'amour du monde angélique et l'amour du
monde humain), Paris, 1584, in-4°. Le titre du livre indique
seul qu'il a trait encore aux matières théologiques. — VI. *Le
Phœnix*, Paris, 1585, in-12, recueil de poésies latines et françaises. — Un des plus honorables enfants de Gy, M. Francisque
Lélut, membre de l'Institut et du Corps législatif, a publié une
Etude sérieuse sur Jean-Edouard du Monin et ses ouvrages,
Paris, 1840, in-8° de 64 pages. Les jugements qu'il porte
ne font que confirmer ce qui avait été dit déjà par un savant
critique : « Ce jeune homme avait plus d'imagination que de
« jugement, plus de talent que de méthode, plus de facilité
« que de goût. »

MONNIER (Hilarion), né en 1646, à Thoulouse près de
Poligny, entra chez les Bénédictins et prononça ses vœux à
l'abbaye St.-Vincent de Besançon, le 2 août 1664. Ses études
finies, il professa la philosophie et la théologie avec un succès
qui lui donna rang parmi les hommes les plus habiles de sa
congrégation. Il ne se fit pas moins de réputation comme prédicateur, non-seulement dans le diocèse de Besançon, mais
encore en Lorraine, où le cardinal de Retz voulut qu'il prît
part aux conférences qu'il tenait sur les matières religieuses
tantôt à l'abbaye de Saint-Mihiel, tantôt à son château de Com-
mercy, avec DD. Hennezon, Desgabets et Belhomme, trois
Bénédictins qui se distinguaient alors par leurs lumières et
leurs talents. Il dirigea comme prieur plusieurs établissements
de son ordre ; il gouvernait celui de Morey lorsqu'il y mourut
le 17 mai 1707. Dans le Nécrologe de cette maison on lit ces
mots : *Obiit R^{dus} pater D. Hilarius Monnier, hujus monasterii
prior, sublimioris vir ingenii et doctrinæ haud vulgaris ; morum
innocentiâ, cordis puritate, effusione ac modestiâ, carus omnibus,
magnum sui desiderium reliquit.* D. Monnier a laissé plusieurs

écrits de controverse et une lettre où il traite de la vocation
à l'état religieux. Ses ouvrages de controverse ont été imprimés
en 1710, et les autres l'ont été en partie dans le recueil des
OEuvres de Mabillon édité par D. Vincent Thuillier (162).

MORELLE (Jean-Baptiste), médecin, né à Bucey-les-Gy le
11 février 1783, mort à Dole le 6 février 1852, est auteur
d'une *Dissertation sur la douleur et l'influence que la nuit
exerce sur les souffrances physiques*, Dole, 1824, in-8°. Il s'était
proposé de publier une biographie complète de la Franche-
Comté, et dans ce but il avait réuni déjà de nombreux matériaux ; mais l'impression de l'ouvrage, commencée dans l'imprimerie Javel, à Arbois, n'a pas été continuée.

MOUCHET (François-Nicolas), peintre, né en 1750 à Gray,
était fils d'un avocat du roi au bailliage de cette ville. Il alla
jeune étudier à Paris, reçut des leçons de Greuze, et obtint, en
1776, le premier prix à l'Académie de peinture. La nécessité
de trouver des ressources dans son talent le décida à s'appliquer
au genre de la miniature, et il se fit d'abord connaître par des
portraits. Il venait d'être chargé de quelques ouvrages par le
gouvernement lorsque la Révolution l'arracha à son atelier. Il
embrassa les principes nouveaux avec une chaleur que partageait
le plus grand nombre des artistes, et fut successivement élu
membre de la municipalité et juge de paix d'une des sections
de Paris. Envoyé, en 1792, commissaire dans la Belgique,
pour désigner les objets d'art qui devaient être dirigés sur la
capitale de la France, il ne vit pas dans cette mission, comme
tant d'autres, un moyen d'augmenter sa fortune, et revint plus
pauvre qu'il n'était parti. Les crimes dont il était témoin le
pénétrèrent d'indignation, et le courage avec lequel il signala
les chefs du parti qui opprimait la France lui valut une honorable détention. Il passa quatorze mois dans les prisons, occupé
à faire des portraits, dont le produit l'aidait à soutenir sa famille. Rendu à la liberté en 1794, il se hâta de revenir dans sa

(162) *Bibl. gén. et alph. des auteurs de tous les ordres et cong. dans lesquels
on pratique la règle de S. Benoît*, ms. de la bibl. de Vesoul.

ville natale, où, satisfait du modeste patrimoine qu'il avait retrouvé, il se livra tout entier à la pratique de son art. Il forma une école de dessin à ses frais, et n'épargna rien pour inspirer à ses élèves le goût de l'antique, qu'il se reprochait d'avoir négligé. La mort de sa femme, suivie bientôt après de celle de sa fille unique, lui fit éprouver une affliction profonde, et dès ce moment il ne fit plus que languir. Il mourut à Gray, le 10 février 1814, à l'âge de soixante-quatre ans. Outre un grand nombre de portraits remarquables par une touche large et vigoureuse, on cite de lui deux compositions : le *Triomphe de la justice*, l'*Origine de la peinture*, qui ont paru au Salon, et une foule de petits sujets gracieux qu'a reproduits la gravure, tels que le *Larcin d'amour*, l'*Illusion*, le *Coucher*, etc. (*Biog. univ.*, t. XXX, p. 298.)

MUNIER (Etienne), ingénieur et agronome, naquit à Vesoul le 7 décembre 1732. Après avoir terminé ses études, il entra à l'Ecole des ponts et chaussées (163); au bout de trois ans, il fut nommé ingénieur ordinaire à Angoulême, où il resta jusqu'en 1786. Appelé alors à Paris pour servir comme ingénieur en chef, il eut dans ses attributions les villes situées au nord et à l'ouest de la capitale, telles que Versailles, Beauvais, etc. Son séjour dans cette circonscription ne fut pas long, car il retourna à Angoulême en 1790, avec le même titre qu'il avait à Paris. En 1809, il obtint sa retraite. En récompense de ses longs et honorables services, le gouvernement lui accorda, outre l'intégralité de son traitement, le brevet d'inspecteur honoraire de division. C'est à Munier que l'Angoumois doit les travaux exécutés pour rendre la Charente navigable depuis Cognac jusqu'à Civray; le port de l'Hommeau, qui établit les communications

(163) Il n'y eut d'administration régulière des ponts et chaussées qu'en 1740. A cette époque elle fut confiée à l'intendant des finances Trudaine, et ce fut sous lui, avec l'assistance du célèbre ingénieur Perronet, que fut créée, en 1747, l'Ecole des ponts et chaussées. Des mains des intendants des finances cette institution passa, en 1790, dans les attributions du ministère de l'intérieur. En 1815, la direction des mines fut jointe à celle des ponts et chaussées, et plus tard, en 1839, les deux services furent placés sous l'autorité du ministre des travaux publics, qui continue de les régir.

entre Angoulême et Rochefort; la construction de presque toutes les routes ; enfin l'agrandissement et l'embellissement de la ville d'Angoulême. Il s'était aussi occupé de questions d'agriculture. La Société du département de la Seine, dont il était correspondant, ayant proposé, en 1812, dix-neuf questions concernant les améliorations introduites depuis cinquante ans dans les diverses branches de l'économie rurale, Munier, alors âgé de quatre-vingts ans, retoucha un ouvrage qu'il avait publié sur cette matière en 1779, et obtint le prix, qui consistait en une médaille d'or. Il mourut à Angoulême le 17 septembre 1820. On a de lui, outre le Mémoire couronné par la Société d'agriculture de la Seine : I. *Essai d'une méthode générale propre à étendre les connaissances des voyageurs*, ou *Recueil d'observations relatives à l'histoire, à la répartition des impôts, au commerce, aux sciences, aux arts et à la culture des terres, le tout appuyé sur des faits exacts et enrichi d'expériences utiles*, Paris, 1779, 2 vol. in-8°. — II. *Nouvelle Géographie à l'usage des deux sexes, contenant un précis historique de l'origine des divers peuples de la terre, de leur manière de se gouverner, avec des observations sur la population, les produits du sol, l'industrie et le commerce, sur l'extraction d'une grande quantité d'objets employés dans les arts et les manufactures, sur les mines et leur exploitation, ainsi que sur les canaux qui existent*, Paris, 1804, 2 vol. in-8°. — III. *Notice sur les brûleries du département de la Charente*, 1816, in-8°. — IV. *Notice sur la culture et l'usage des pommes de terre*, 1816, in-8°. — Munier a de plus coopéré au Mémoire de Rozier qui a pour titre : *De la fermentation des vins, et de la meilleure manière de faire l'eau-de-vie*, Lyon, 1770 ; Lyon et Paris, 1777, in-8°. (*Biog. univ.*, t. LXXV, p. 20.)

NAUDENOT (l'abbé Jean-Baptiste), mathématicien, naquit vers 1730 en Franche-Comté. Après avoir terminé ses études, il fut admis chez les Jésuites, et professa la philosophie dans différents colléges. A la suppression de la Société (1762), il se fit agréger à l'ordre de Malte, et se retira au village de Cintrey, bailliage de Vesoul, où il employa ses loisirs à cultiver les mathématiques. Il crut avoir trouvé *le vrai principe* du calcul intégral et différentiel, et adressa en 1773, à l'Académie de Besançon, un Mémoire contenant l'exposé de son système. Un de ses amis annonça cette découverte par une lettre insérée dans le *Journal des Savants* (mois de décembre, p. 812), en invitant l'auteur à publier son travail. Cette annonce fut à peine remarquée. L'abbé Naudenot fut associé, en 1780, à l'Académie de Besançon, et il promettait de justifier le choix de cette compagnie par quelques ouvrages, lorsqu'il mourut presque subitement à Cintrey, le 17 janvier 1781. On conserve dans les registres de l'Académie le Mémoire dont on a parlé. (*Biog. univ.*, t. LXXV, p. 311.)

NAYME (Jean-Baptiste-Yves), médecin, né à Brussey près Marnay en 1771, fut un des hommes distingués de notre province, par le talent, le caractère et l'érudition. Elève de Corvisart et de Halley, il prit ses grades à la Faculté de Paris, et nul doute qu'il ne se fût acquis une brillante réputation comme praticien s'il fût entré dans ses projets de se livrer sérieusement à la carrière qu'il paraissait avoir embrassée. Mais, en même temps qu'il étudiait la médecine, il étudiait aussi la langue grecque sous le célèbre Gail, qui le distingua parmi ses élèves et lui voua dès lors une estime particulière. Dans une note de sa traduction de la harangue de *Périclès* impr. en 1803, Gail citait déjà Nayme comme un helléniste dont l'opinion était d'un grand poids dans toutes les questions grammaticales. Attaché comme médecin à M. le duc de Choiseul-Gouffier, l'auteur du *Voyage pittoresque en Grèce*, le docteur Nayme visita l'Orient et profita de ses loisirs pour perfectionner ses connaissances philologiques. Il entreprit alors une traduction française d'Arétée de Cappadoce, dont les premières feuilles seulement furent imprimées. Nayme, qui n'avait jamais cessé de chérir son lieu natal, y revenait presque toutes les années, passant son temps entre l'étude de la botanique, devenue pour lui une véritable passion, et la lecture des chefs-d'œuvre de la Grèce et de Rome, dont il savait par cœur les principaux. Après la révolution de 1830, il se fixa définitivement à Brussey, pour y vivre et mourir au milieu des siens. Investi peu après de la confiance de ses concitoyens, il fut nommé maire de la commune, et en remplit dignement les fonctions jusqu'à sa mort, arrivée le 30 juin 1843. C'est dans cette magistrature modeste que s'écoulèrent paisiblement les dernières années d'une vie donnée tout entière à l'étude, dont personne ne comprit mieux les avantages et le charme. Chéri de tous pour sa bonté naturelle et la bienfaisance qu'il exerçait sans ostentation, il a laissé une mémoire vénérée d'une population qui avait su apprécier toute la générosité de son cœur. Dans sa dernière maladie, dont il prévoyait l'inévitable issue, il écrivit de sa main l'épitaphe suivante, en recommandant qu'on la plaçât sur sa tombe, dans le cimetière de la commune :

Ici repose le corps de J.-B.-Yves Nayme,
Maire de Brussey, mort le ..... 1843.

Ainsi, de tous les titres honorifiques ou littéraires dont il aurait pu faire suivre son nom (Nayme était membre de plusieurs sociétés savantes nationales et étrangères), il ne conservait que celui qui pouvait rappeler à ses concitoyens qu'il avait consacré les dernières années de sa vie à leur être utile, en remplissant avec zèle et désintéressement les fonctions si pénibles de l'administration municipale.

NEUFVILLE (Jacques DE) fut un des gentilshommes qui servaient sous Charles-le-Téméraire à la bataille de Nancy. Ayant fait vœu, après la défaite et la mort de son maître, de quitter le monde et de finir ses jours dans la solitude, il choisit « une plaice a la teste et entree d'une belle forest entre Cherié « (Chariez) et Faverney, laquelle il cuyda tres convenable pour « son dessein, tant pour estre ung lieu champestre esloigné de « villaiges, maisons et grands chemins, comme pour ce qu'il y « avoit une belle fontaine d'eau vive et claire, dont le lieu « estoit appelé par ceux du pays Nostre-Daime de la fontaine « S. Antoine, pour ce qu'icelle fontaine sortoit du pied d'ung « grand chesne au fond duquel estoient les imaiges de Nostre- « Daime et de S. Antoine y colligées d'ung temps immemorial. « Oultre la bonté naturelle de cette fontaine, le vulgaire et « simple peuple qui s'y rendoit avec une sorte de veneration,

« lui attribuoit une vertu surnaturelle de guarir les fiebvres et
« aulcunes aultres maladies (164). » Telle fut l'origine du couvent
de Provenchère. Un petit ermitage et une chapelle furent bâtis
dans ce lieu par le chevalier de Neufville, qui y vécut solitaire-
ment durant plusieurs années. Devenu vieux et infirme, il se
retira en 1485 au couvent de Chariez, où il mourut en 1487,
après avoir fait donation de son ermitage de Provenchère au monastère qui l'avait recueilli et soigné dans ses derniers moments.
C'est ainsi que cet ermitage passa aux Cordeliers de Chariez,
qui y firent construire immédiatement un cloître logeable pour
quatre religieux, accompagné d'une église, et qu'ils possé-
dèrent jusqu'à la Révolution. Vendu comme domaine national,
cet ancien couvent a été transformé en une maison d'exploitation
rurale ; cependant on y reconnaît encore la cuisine et le réfec-
toire, ainsi que l'église et la sacristie.

NOBLOT (Jean-Georges), né à Héricourt le 6 août 1782, fit
son éducation à l'Ecole centrale de Paris, s'appliqua à l'étude
des sciences exactes, et acquit une remarquable habileté dans
les arts du dessin. De retour dans sa ville natale en 1805, il
entreprit sur une petite échelle la fabrication de l'acier, qu'il
abandonna bientôt. Il s'associa en 1808 à J.-F. Méquillet (165),
son beau-frère, et fonda un établissement pour la préparation
et le tissage du coton. Plus tard, Méquillet-Noblot et compagnie construisirent une filature dans un hameau dépendant
de la commune de Couthenans, à Chevret, où Noblot fixa sa
demeure, et dont on avait coutume d'ajouter le nom au sien.
Il fit pendant longtemps partie du conseil d'arrondissement de
Lure, et il fut élu en 1833 membre du conseil général de la
Haute-Saône pour le canton d'Héricourt. Ses collègues con-

(164) Notes manuscrites de Duvernoy, auteur des *Ephémérides du comté de
Montbéliard*.

(165) MÉQUILLET (Jacques-Frédéric), né à Héricourt le 18 mars 1782, et
mort premier adjoint de cette ville le 20 novembre 1855. Il était reconnu
comme le chef et la plus honorable expression de l'industrie locale, et il fut
toute sa vie environné de l'estime, de l'affection et de la considération univer-
selles ; on rencontrerait en effet difficilement un homme meilleur, plus serviable
et plus simple dans ses goûts.

servent le souvenir de ses habitudes laborieuses , de son aptitude à traiter et à élucider les questions qui touchent au commerce, à l'industrie, aux constructions et aux voies de communication. En 1848, usé par ses travaux, par une activité incomparable durant plus de cinquante années, affaibli par la maladie, il ne se représenta pas au choix des électeurs, et ne fit plus que languir jusqu'à sa mort, arrivée, à Chevret, le 24 juin 1854.

NOBYS (Jean-François), né à Vauvillers vers 1700, a publié *Oraison funèbre de haut et puissant seigneur messire Charles-Emmanuel de Bauffremont*, décédé le 27 juin 1733. Ce discours, prononcé le 19 août suivant, a été imprimé dans le format in-8°.

NOIROT (Le baron Jean-Baptiste), général de brigade, commandeur de la Légion-d'Honneur, chevalier de Saint-Louis, né à Port-sur-Saône le 16 décembre 1768. — Il était garde-du-corps surnuméraire du comte d'Artois lorsque la Révolution éclata. Continuant de suivre la carrière militaire, il fit toutes les campagnes de la République et de l'Empire, en Italie, en Allemagne, en Espagne, et parvint de grade en grade à celui de général de brigade, qui lui fut conféré après la bataille d'Austerlitz , dans laquelle il s'était particulièrement distingué. Ses brillants services en Espagne, où il fut employé de 1808 à 1812, lui valurent en outre le titre de baron, avec dotation en Westphalie. En 1814, sous le gouvernement de la Restauration, le général Noirot fut un moment inspecteur général de gendarmerie ; mais il ne tarda pas à être mis *à la disposition du ministre de la guerre*. C'est la formule dont on usait alors envers les officiers dont on suspectait le dévouement, et qu'on voulait mettre, sinon à la retraite avant l'âge voulu, du moins en non-activité. Ainsi fut traité, comme tant d'autres bons serviteurs du pays, le général Noirot, qui n'avait que quarante-sept ans quand il cessa de faire partie de l'armée active. Il se retira à Chassey-les-Scey, où il mourut le 18 septembre 1826.

GISELAY (Jean D'), poète français, était d'une des bonnes,

anciennes et loyales familles du comté de Bourgogne. Il accompagna Charles-le-Téméraire au siége de Nancy; et, après la mort de ce prince, il revint dans la province, qui ne tarda pas d'être envahie par les Français. Il se signala, en 1481, à la défense du château d'Oiselay, attaqué par Charles d'Amboise. Ayant été fait prisonnier, il fut conduit en Champagne, « ou il « feit (en soulas de sa prison), dit Gollut, quelques poëmes et « traductions des histoires passees. » Il obtint enfin sa liberté, et épousa, par dispense apostolique, sa proche parente Jeanne d'Oiselay, afin que cette bonne maison et la seigneurie fussent conservées. (V. *Mém. de la rép. séquan.*, p. 930, éd. de 1592.) La dame qu'épousa Jean d'Oiselay était vraisemblablement sa belle-sœur, « dame, dit notre vieil historien, de cœur viril, et « douee de grandeur de corps et forces d'amazone. » Elle avait donné des preuves d'un courage héroïque au siége d'Oiselay : son mari étant blessé de plusieurs coups, hors de combat, elle vint elle-même à la brèche, arracha une hallebarde des mains d'un soldat qu'elle tua, et se défendit jusqu'à ce qu'enfin, accablée par le nombre, elle fut obligée de se rendre prisonnière avec la faible garnison du château. (*Biog. univ.*, t. XXXI, p. 535.)

ORSAY (Le comte Albert Grimod d'), né à Paris le 19 mai 1775, émigra fort jeune, entra au service d'Autriche en 1790, et fut placé comme sous-lieutenant au régiment de Hohenlohe, puis dans celui des hussards de Schwartzenberg; il prit part aux campagnes de Flandre, de Champagne, se distingua particulièrement à Maubeuge, et quitta le service d'Autriche en 1799, après le traité de Campo-Formio. Il avait mérité par plusieurs actions d'éclat la croix de Marie-Thérèse et le grade de capitaine de cavalerie. Rentré en France, il fut mis au Temple comme émigré, et, sur le point d'être fusillé, il dut aux pressantes sollicitations de ses amis de n'être condamné qu'à l'exil. Obligé de s'expatrier une seconde fois, le comte d'Orsay resta une année à Vienne, et obtint enfin, sous le Consulat, l'autorisation de rentrer en France. Lorsque le premier consul devint empereur, Albert d'Orsay fut réemployé comme chef de bataillon dans le 112ᵉ de ligne. Il fit en cette qualité les campagnes d'Italie, sous le prince Eugène, et fut nommé chevalier de la Légion-d'Honneur après le passage de la Piave, où il avait été blessé. Il continua la campagne jusqu'au siége de Raab en Hongrie, et fut fait adjudant-commandant de la quatrième division du quatrième corps. Au mois de novembre 1811, il passa en Espagne comme colonel du 122ᵉ de ligne, servit en Portugal sous les ordres du duc de Raguse, emporta à la tête de son régiment un petit mamelon situé en face du village des Arapiles, et s'y maintint malgré le feu croisé des Anglais et des Portugais. A la bataille de Vittoria, il protégea la retraite de l'armée en empêchant le général Hill de passer la Padoga. Blessé à l'affaire de Pampelune (13 octobre 1813), il fut élevé au grade de général de brigade. Le roi le décora de la croix de Saint-Louis le 19 juillet 1814 et le fit officier de la Légion-d'Honneur. Au 20 mars, il commandait une brigade de l'armée royale au camp de Villejuif. La défection qui se mit dans les troupes ayant paralysé tous ses préparatifs de défense, il quitta la France et passa en Angleterre. Au retour du roi en 1815, le comte d'Orsay fut compris dans l'organisation de la garde royale, et chargé du commandement d'une des brigades d'infanterie. (*Biog. des Hommes vivants*, 1818, t. IV, p. 571.) Le 3 juin 1820, il fut créé commandeur de la Légion-d'Honneur, et, le 1ᵉʳ mai 1821, commandeur de l'ordre de Saint-Louis. Il était général de division lorsqu'il fut placé dans le cadre de réserve en vertu de l'ordonnance du 15 novembre 1830. Il vint habiter le village de Rupt, dont il avait racheté (166) le château et la terre quelques années auparavant, et mourut dans cette retraite le 26 décembre 1843, à l'âge de soixante-huit ans.

OUDEAU (Joseph), l'un des premiers prédicateurs qui aient

(166) Nous disons *racheté*. La terre de Rupt était en effet, au XVIIᵉ siècle, une des possessions seigneuriales de la famille Grimod d'Orsay. Elle comprenait en outre Chantes, Ovanche, Vy-le-Ferroux, Soing, Saint-Albin, Vauconcourt, etc. Au mois d'août 1770, elle fut érigée en comté en faveur de Pierre-Gaspard-Marie Grimod, seigneur d'Orsay, Autrey, etc. (*Alm. de la Franche-Comté pour l'année* 1785, p. 385; — *Essai hist.* par J.-B. Dornier aîné, t. II, p. 18.)

cherché à corriger l'éloquence chrétienne des défauts dont l'avaient infectée le mauvais goût et l'imitation exagérée des orateurs profanes, était né à Gray en 1607. Sa reconnaissance pour les Jésuites, ses premiers maîtres, le détermina, en 1626, à entrer dans leur société; mais il ne voulut point s'y attacher par des vœux irrévocables. Après avoir professé pendant sept ans les humanités et la rhétorique, il se livra tout entier à la prédication, avec un succès que ne justifient qu'en partie les sermons qui nous restent de lui. Il brilla tour-à-tour dans les principales chaires de Paris et de Lyon, et se retira, sur la fin de sa vie, à Besançon, où il mourut le 25 octobre 1668. On a de J. Oudeau : I. *Panégyriques des fondateurs des ordres religieux*, Paris, 1664, in-8°. — II. *L'Illustre criminel, ou les Inventions merveilleuses de la colère de Dieu dans la punition du pécheur, représenté par le roi Balthazar*, Lyon, 1665, in-8°. C'est un recueil de sermons pour l'Avent; l'auteur nous apprend qu'il y a travaillé pendant dix ans. — III. *Panégyriques pour toutes les fêtes de la sainte Vierge*, Lyon, 1665, in-8°. — IV. *Le Prédicateur évangélique*, Lyon, 1667, in-8°. Ce volume contient des discours pour tous les jours du carême. — V. *Le Banquet d'Elie, ou les Merveilles de la table de Jésus*, Lyon, 1668, in-8°. Ce dernier recueil comprend des sermons pour l'octave de la fête du Saint-Sacrement. (*Biog. univ.*, t. XXXII, p. 254.)

PAGUEL (François), né à Gray vers 1560, était à Paris en 1580, année où la peste désolait cette ville. Les écoles publiques étaient fermées, et les élèves s'étaient retirés chez leurs parents. Paguel, alors étudiant en philosophie au collége de Bourgogne, regrettait qu'aucun écrivain ne s'occupât de quelque ouvrage propre à relever les esprits entièrement abattus. Ce fut dans cette pensée qu'il entreprit un commentaire sur le livre de Platon intitulé : *Axiochus, ou Du mépris de la mort*, Paris, 1582, in-4°; très-rare. Le choix de ce sujet prouve de la fermeté dans le caractère, et la manière dont il est traité dénote du talent. Aucun biographe n'a parlé de Paguel, qui était ami d'Edouard du Monin. (*Mém. de la Soc. d'agr., sc. et arts de la Haute-Saône*, t. II, p. 140.)

PAYEN (dom Basile), bénédictin, né vers 1680, à Cendre-court (Franche-Comté), embrassa la vie monastique en 1697, à Luxeuil. Né avec un jugement solide, un esprit distingué, une mémoire heureuse, et un grand penchant pour l'étude, il apprit de lui-même le grec et l'hébreu, pour se mettre en état de faire honneur à son ordre par une science peu commune et la multiplicité de ses connaissances. Aussi, quand il fut envoyé à l'abbaye de Murbach (Alsace) pour y professer la théologie, occupa-t-il sa chaire avec distinction. De retour dans sa province natale, il continua, avec non moins de succès, d'enseigner la rhétorique, la philosophie, la langue grecque, etc. « J'eus l'honneur, dit dom Thiébault, de recevoir ses leçons. « Il eût été difficile de trouver dans la province un professeur « aussi clair, aussi méthodique, et plus capable de former « de bons écoliers. » Quelque aptitude que dom Payen eût pour le professorat, et malgré son désir de conserver sa position, on l'en retira pour le charger de la direction du monastère de Morey. Toutefois il obtint d'aller finir ses jours dans le cloître où il avait prononcé ses vœux. Il mourut à Luxeuil le 23 août 1756, laissant manuscrits un certain nombre d'ouvrages qui ont été dispersés pendant la Révolution, avec la bibliothèque de cette célèbre abbaye. D. Payen avait rédigé, pour l'usage de ses jeunes confrères, des *Cours* de théologie, de philosophie et de droit canon, ainsi que des *Grammaires* et des *Dictionnaires* propres à leur faciliter l'étude du latin, du grec et de l'hébreu, trois langues qu'il possédait également bien. Outre ces différents ouvrages, quelques *Traités* de controverse, et divers écrits relatifs aux disputes du jansénisme (167), on cite de lui :

I. *Bibliothèque séquanoise*, in-4°. Elle est précédée d'une dissertation sur l'étendue et les limites de la Séquanie, qui comprenait une partie de la Suisse et du Bugey, et toute la haute

---

(167) La bibliothèque de Vesoul possède un manuscrit original qui réunit deux ouvrages de D. Payen : I. *Synopsis critico-theologica Bibliothecæ maximæ veterum Patrum ad sextum sæculum;* II. *Continua traditio omnium sæculorum circa infallibilitatem Ecclesiæ romanæ in quæstionibus ad fidem et mores pertinentibus,* in-4° de 314 pages. On trouve au même dépôt une copie de la *Bibl. séquanoise,* in-fol. de 351 pages.

Bourgogne, et de Recherches sur l'origine des lettres et des arts dans cette province. Les auteurs sont rangés dans l'ordre chronologique. La bibliothèque de Besançon possède deux copies de l'ouvrage de D. Payen ; l'une in-4°, de la main de l'auteur, qui en avait fait hommage à l'Académie ; l'autre en 2 vol. in-folio, avec des corrections et des additions du savant P. Laire. (V. LAIRE.) — II. *Mémoires pour servir à l'histoire des hommes illustres du comté de Bourgogne*, in-4° ; recueil curieux, dont on ne connaît qu'une copie. — III. *Histoire de l'abbaye de Luxeuil et du prieuré de Fontaine*, in-fol. — IV. *Traité du blason*, in-4°. — V. *Abrégé de la science des médailles*, in-4°. (*Biog. univ.*, t. XXXIII, p. 234 ; ms. de D. Thiébault déposé à la bibl. de Vesoul, t. III, p. 236.)

PEIGNOT (Etienne-Gabriel), l'un des plus féconds écrivains et des plus laborieux bibliographes de notre siècle, naquit le 15 mai 1767 à Arc-en-Barrois, où son père exerçait les fonctions de bailli. Il venait de se faire recevoir avocat à Besançon quand, en 1791, il entra dans la garde constitutionnelle de Louis XVI. Ce corps ayant été dissous dès l'année suivante, G. Peignot put se livrer à son penchant pour l'étude, et, nommé en 1794 bibliothécaire du département de la Haute-Saône, il s'occupa principalement de recherches bibliographiques. C'est dans cet emploi selon ses goûts qu'il composa les ouvrages qui fondèrent sa réputation. Il fut ensuite principal de l'école secondaire de Vesoul (du 20 juin 1803 au 17 septembre 1813), inspecteur de l'imprimerie et de la librairie à Dijon, proviseur du lycée de cette ville, inspecteur d'académie, etc. Dans ces différentes positions, il publia encore un grand nombre de volumes, se rapportant la plupart aux sciences bibliographiques, sans compter plus de quarante dissertations, mémoires, notices ou rapports ayant trait à la bibliologie, à la philologie et à l'histoire littéraire. Il a laissé en outre en manuscrits la matière de plus de soixante volumes. A partir de l'année 1800, époque à laquelle il commença à se faire connaître comme auteur, jusqu'à sa mort, arrivée le 14 août 1849, il composa cent ouvrages principaux, c'est-à-dire plus de deux volumes par an !..... Certes il était bien en droit de placer en tête d'une de ses dernières notices l'épigraphe que nous y lisons : *Pluribus horis rei litterariæ vixi quàm meæ*. Jamais homme, en effet, ne fut plus insoucieux de ses intérêts particuliers. Il se contentait de son modeste avoir, pourvu cependant qu'il lui permît d'enrichir sa bibliothèque, chaque année, de quelques livres nouveaux ou curieux. Rien ne lui coûtait pour se procurer, même à des prix fort élevés, des éditions princeps, des ouvrages annotés par l'auteur ou par un contemporain, des chartes, des manuscrits anciens. Il avait ainsi réuni une précieuse collection de six mille volumes peu communs ou devenus rares. C'est au milieu de cette masse de renseignements littéraires qu'il vécut cinquante ans, lisant et écrivant du matin au soir, et l'on pourrait dire du soir au matin. On voyait dans son cabinet, chaque soir, plusieurs de ses amis intimes, membres comme lui de l'Académie de Dijon, N. Amanton, C.-X. Girault, le chevalier de Berbis, etc. La conversation, presque toujours littéraire, savante, et partant fort instructive, ne se terminait pas avant onze heures ; et pourtant le lendemain, dès les cinq heures, G. Peignot se retrouvait à son travail d'habitude, s'adonnant exclusivement à ses études de prédilection. Le bénédictin le plus laborieux n'en aurait pas fait plus. Il trouvait néanmoins du temps encore pour remplir régulièrement ses fonctions, pour accomplir ses devoirs d'académicien ou ses devoirs de société, pour écrire souvent à ses amis du dehors. Sa seule correspondance avec N.-D. Baulmont a fourni la matière de 260 pages in-8°. Si l'on pouvait réunir les lettres qu'il adressait en même temps à d'autres *familiares*, on y trouverait la même érudition, le même abandon, la même finesse, le même enjouement. Les ouvrages qu'il a fait imprimer lui ont acquis une grande réputation parmi les bibliographes, surtout en Allemagne, où plusieurs de ses livres sont aussi recherchés qu'en France. Nous citerons notamment : *Dictionnaire raisonné de Bibliologie*, Paris, 1802, 2 vol. in-8°. (L'auteur fit paraître, en 1804, un supplément à son dictionnaire, in-8° de x-374, et le dédia à son ami l'astronome Beauchamp, l'un des plus illustres Vésuliens.) — *Dictionnaire des Livres condamnés au feu*, Paris, 1806, 2 vol.

in-8°. — *Répertoire de Bibliographics spéciales*, Paris, 1810, 1 vol.
in-8°. — *Manuel du Bibliophile*, Dijon, 1823, 2 vol. in-8°. —
Recherches historiques et littéraires sur les Danses des morts,
suivies de recherches sur l'origine et l'histoire des *cartes à
jouer*, Paris, 1826, 1 vol. in-8°. — *Choix de Testaments anciens
et modernes, remarquables par leur importance, leur singularité
ou leur bizarrerie*, avec des détails historiques et des notes,
2 vol. in-8°, 1829. Les éditions des autres ouvrages de G. Peignot
sont moins épuisées, mais les exemplaires en deviennent de
plus en plus difficiles à trouver. Le catalogue en a été imprimé
en 1830, à Paris, Crapelet; dans ce catalogue est donnée la liste
des ouvrages imprimés, des opuscules insérés dans des recueils,
des ouvrages manuscrits, avec la table des ouvrages classés
méthodiquement, viij-52 p. in-8°.

PELLETIER (Claude), docteur en théologie, né à Ecromagny,
mort à Faucogney en 1748, âgé de soixante-quinze ans, fut un
célèbre controversiste. Il composa, sur la fameuse bulle *Unigenitus*, un grand nombre d'ouvrages oubliés maintenant ainsi
que le sujet qui les avait fait naître. Sa fécondité et son zèle
furent récompensés par un canonicat à la métropole de Reims,
et ensuite par le prieuré de Saint-Gildas d'Auray en Bretagne.
(*Mém. de la Soc. d'agr., sc. et arts de la Haute-Saône*, t. II,
p. 142.)

PENEVOILLET (Jean), originaire de Fresne-Saint-Mamès,
né dans le xvi° siècle, fut nommé abbé de la Grâce-Dieu le
13 février 1605. Possédant admirablement le talent de la calli-
graphie et de la miniature, il composa et écrivit un livre de
prières qu'il orna de magnifiques dessins pour l'archiduchesse
Isabelle, infante d'Espagne. On fut redevable à son adresse d'un
grand nombre de petits ouvrages de dévotion dont quelques-
uns sont parvenus jusqu'à nous, entr'autres un in-32 sur par-
chemin, qui est conservé à la bibliothèque de Besançon. Cette
occupation ne le détourna point de ses devoirs religieux, ni de
la surveillance des intérêts de son monastère; aussi longtemps
que dura son administration, il soutint vigilamment des procès

contre les voisins qui empiétaient sur les terres de l'abbaye, et contre les personnes qui n'en respectaient pas les droits seigneuriaux. En 1636 eut lieu l'invasion de la Franche-Comté par les Français, aidés de troupes venues de diverses contrées de l'Allemagne. On nommait vulgairement *Suédois* ces soldats étrangers. Pendant ces guerres, l'abbaye de la Grâce-Dieu fut dévastée comme la plupart des monastères du pays. Après la douloureuse tourmente de cette époque, l'abbé Penevoillet rentra dans son abbaye, et y mourut le 9 juillet 1654, après une prélature de cinquante ans (168).

PERCY (Le baron Pierre-François), chirurgien en chef des armées, professeur à la Faculté de médecine de Paris, membre de l'Institut et d'un grand nombre de Sociétés savantes, commandeur de la Légion-d'Honneur, etc., naquit à Montagney le 28 octobre 1754. Ses premières études étaient à peine achevées, qu'il se sentit irrésistiblement entraîné vers la science anatomique et la chirurgie. Ses débuts dans la carrière furent brillants et annoncèrent l'illustration qu'il devait y acquérir. Chirurgien-major en 1782, chirurgien en chef à l'armée de la Moselle et à celle du Rhin, inspecteur général du service de santé militaire sous le gouvernement consulaire, chirurgien en chef des armées de l'Empire, il montra les connaissances les plus étendues, les vues les plus utiles, le zèle le plus infatigable ; et quand, après la bataille de Waterloo, il se retira du service, la chirurgie militaire française le regretta comme l'homme qui avait le plus puissamment contribué à lui procurer la juste réputation dont elle jouit, non-seulement dans les hôpitaux, dans les ambulances, dans les camps et sur les champs de bataille, mais encore par ses écrits (169). Il a publié : I. *Mémoire*

---

(168) Voy. *Histoire de l'Abbaye de la Grâce-Dieu,* par l'abbé Richard, Besançon, 1857, in-8° de xij—316 pages, pp. 99 et suiv.

(169) Le baron Percy n'était pas seulement un savant et habile praticien ; il était de plus un très-honnête homme. Nous en trouvons la preuve dans une lettre qu'il écrivait en l'an VIII au colonel Marulaz, qui lui avait recommandé un officier de santé pour le grade de chirurgien-major. N'espérant guère pouvoir faire avancer immédiatement le protégé du colonel, P.-F. Percy écrivait à celui-ci : « Je gémis de voir les meilleurs emplois devenir la proie

(couronné par l'Académie de chirurgie de Paris) *sur les ciseaux à incision*, 1785, in-4°; — II. *Manuel du chirurgien d'armée*, 1792, in-12, fig.; — III. *L'Art d'appliquer le feu en chirurgie*, 1794, in-8°, réimprimé en 1810; — IV. *Réponses aux questions proposées par la Commission de santé*, an III (1795), in-12; — V. *Eloges d'Anuce Foës et de Sabatier*, prononcés à la Faculté de médecine de Paris, 1812, in-8°. Percy a fourni aux journaux de médecine nombre d'observations et de mémoires excellents, et des articles fort curieux au *Magasin encyclopédique* et au *Dictionnaire des Sciences médicales*. L'agriculture et l'économie rurale l'occupèrent aussi dans des vues de philanthropie et de bienfaisance. Il eut l'honneur d'être mentionné dans le testament de l'empereur Napoléon Ier, qui, par son codicille du 16 avril 1821, lui légua une somme de 50,000 fr. Cet homme célèbre mourut à Paris le 18 février 1825. (V. la notice qui lui a été consacrée dans la *Biog. univ.*, par M. Renauldin, t. LXXVI, p. 432, et surtout l'*Histoire de la vie et des ouvrages de P.-F. Percy*, par C. Laurent, membre de l'Académie de médecine, Versailles, 1827, vol. in-8° de 548 pages. — On voit à la bibl. municipale de Dôle un buste en plâtre du célèbre chirurgien franc-comtois, un portrait lithographié par Bailly, 1823, in-folio, et un autre portrait, in-8°, gravé d'après De Laplace par Lestudier-Lacour. Cette dernière gravure se trouve en tête de l'ouvrage de C. Laurent cité plus haut.

PERRAULT (Pierre-Joseph), évêque de Tricomie, né près de Gray, prononça en 1778, dans l'église cathédrale de Reims, l'oraison funèbre de l'archevêque La Roche-Aymon. Ce discours fut imprimé la même année, Reims, in-4°, et les rédacteurs du *Journal encyclopédique* l'annoncèrent avec beaucoup d'éloges. « M. Perrault, disent-ils, p. 285 du t. VI, connaît bien l'Ecri- « ture sainte, et l'applique encore mieux; son éloquence est

---

« des intrigants, des ignorants et des fripons. Certains mauvais sujets de « Paris en font un trafic honteux et criminel. J'accumule contre ces infâmes « prévaricateurs des preuves, des faits, et la déposition de X. ne sera pas « oubliée quand il s'agira de démasquer ces vils mercenaires. » Cette lettre existe dans la collection d'autographes que possède M. le docteur Sallot, médecin à Vesoul. Elle est datée de Windheim (Bas-Rhin), 18 prairial an VIII.

« sage. » Il est fâcheux que les circonstances n'aient pas permis à l'abbé Perrault de suivre une carrière dans laquelle il était entré avec tant de distinction. Suffragant de l'archevêque de Reims, il n'habitait cette ville que lorsque ses fonctions l'y appelaient ; sa résidence ordinaire était Epernay, où il s'était fait chérir pour sa douceur et sa charité. Forcé de quitter la France en 1792, il alla chercher un asile en Suisse, et mourut à Constance vers 1800.

PETIT (Alexis-Thérèse), né le 2 octobre 1791 à Vesoul, fit ses premières études à l'école centrale de Besançon, et suivit simultanément les cours de langues anciennes, et surtout ceux de mathématiques, dans lesquels il montra une supériorité remarquable. A dix ans, il avait toutes les connaissances exigées pour être admis à l'Ecole polytechnique ; mais, en attendant l'âge d'y être reçu, M. Hachette, qui avait été à portée d'apprécier les dispositions extraordinaires de cet enfant, le fit entrer, à Paris, dans une école particulière, dirigée par d'habiles professeurs, où il eut la facilité de donner plus d'étendue et de solidité à ses études mathématiques et littéraires. Dès que Petit eut atteint sa seizième année, il se présenta aux examens de l'Ecole polytechnique, et, comme on s'y attendait, il fut admis le premier de toute la promotion. Il en sortit avec plus de distinction encore : car le premier rang d'élève fut assigné à celui qui le suivait de plus près dans l'ordre de mérite, et Petit fut mis tout à fait hors ligne. On s'empressa de l'attacher à l'enseignement de l'Ecole ; et, dès l'année suivante, il y fut nommé répétiteur, et en même temps professeur au lycée devenu depuis le collége Bourbon. En 1811, Petit fut reçu docteur ès-sciences, et il étonna ses examinateurs par son élocution brillante et par l'extrême facilité avec laquelle il répondit à leurs questions. Peu après il fut nommé professeur-adjoint de physique à l'Ecole polytechnique, et devint professeur titulaire en 1815, lors de la réorganisation de cet établissement. Quelques mois auparavant, il avait épousé une fille de M. Carrier, ingénieur des ponts et chaussées ; mais il ne goûta que peu de temps le bonheur d'une union aussi bien assortie : il perdit sa femme au mois d'avril 1817. Ce coup si imprévu l'accabla, et bientôt il fut attaqué d'une maladie de poitrine qui l'enleva le 21 juin 1820, à l'âge de vingt-neuf ans. Malgré la brièveté de sa vie et les devoirs que lui imposaient ses fonctions dans l'enseignement, Petit prit part à des travaux qui laisseront dans les sciences des traces durables. Dès 1813, il inséra dans le tome IX du Journal de l'Ecole polytechnique une *Théorie mathématique de l'action capillaire*. L'année suivante il publia avec F. Arago, son beau-frère, un *Mémoire sur les variations que le pouvoir réfringent d'une même substance éprouve dans les divers états d'agrégation qu'on peut lui donner par l'effet gradué de la chaleur*. (Ann. de physique.) Il fit paraître en 1818, dans le même journal, un Mémoire *sur l'emploi du principe des forces vives dans le calcul des machines ;* c'était le premier essai d'un grand travail que l'affaiblissement de sa santé ne lui permit pas de terminer. Il présenta la même année, à l'Académie des sciences, les recherches qu'il avait faites avec Dulong sur la théorie de la chaleur. Ce Mémoire, qui fut couronné par l'Académie, a été inséré dans le XIe cahier du Journal de l'Ecole polytechnique, et dans les Ann. de physique. Enfin Petit a eu part au nouveau travail de Dulong sur la pesanteur spécifique des corps, présenté en 1819 à l'Institut. Les services que ce jeune physicien a rendus aux sciences ont été appréciés avec toute l'étendue qu'exige leur importance par M. Biot, dans la notice historique sur Petit lue à la Société philomathique le 15 février 1821, Paris, in-4° de 7 pages, insérée dans le t. XVI des Ann. de physique, et dans le t. Ier de l'Annuaire nécrologique, par M. Mahul. (*Biog. univ.*, t. XXXIII, p. 499.) — La mort prématurée d'Alexis Petit laissa des regrets universels ; ses élèves lui firent élever, au cimetière de l'Est, un monument sur lequel se lit cette simple inscription : « A. Petit ; les élèves de l'Ecole polytechnique. »

PETIT (Mathieu), né à Queutrey (Haute-Saône) le 20 juin 1798, de parents justement considérés, reçut une éducation soignée, et fut admis à l'Ecole polytechnique en 1818, puis en 1820 à l'école de Metz, de laquelle il sortit en 1822, le second

de la promotion du génie. « C'était un élève soumis, laborieux
« et plein de zèle. Dès ses débuts dans la carrière, il donna à
« ses chefs une haute idée de son intelligence, de sa valeur, de
« son goût pour son noble métier (170). » Successivement
attaché, de 1823 à 1834, au service des places d'Arras, Besançon, Belfort, Neuf-Brisack et Lyon, partout il fut remarqué
comme un officier très-distingué. « Chargé, pendant qu'il était
« à Besançon, de travaux d'un haut intérêt, Petit rédigea les
« projets du fort Chaudanne, et introduisit de précieuses amé-
« liorations dans le système de défense de la citadelle..... Lors
« de la terrible insurrection qui ensanglanta la ville de Lyon
« en 1831, le général Rohaut de Fleury eut la direction supé-
« rieure des attaques. Dans ces fatales journées, son aide-de-
« camp (le capitaine Petit) se signala par mille traits d'une haute
« intelligence militaire et d'une bravoure à toute épreuve. Ce
« fut lui qui, à la tête de la colonne envoyée contre le faubourg
« de Vaise par les hauteurs, tourna et enleva les barricades de
« ce défilé dangereux, et facilita ainsi, par un mouvement
« combiné, l'attaque directe par la grande rue de Vaise; ce fut
« lui qui, le lendemain encore, parvint, par son énergie et son
« élan communicatif, à faire tomber toutes les barricades de la
« Grande-Côte, en se rendant maître pendant la nuit d'un
« groupe de maisons sur le flanc de l'insurrection (171) »
Envoyé en Afrique en 1837, le capitaine Petit prit part au mémorable siége de Constantine, donna, pendant toute la durée
des opérations, des preuves brillantes de sang-froid et d'intrépidité, et fut promu, à son retour en France, au grade de chef
de bataillon. Après avoir été nommé, peu après, lieutenant-
colonel, il fut employé en qualité de directeur du génie dans
plusieurs places de l'intérieur, notamment à Belfort et à Nantes,
jusqu'au moment où le même poste lui fut confié à Constantine,
avec le grade de colonel. C'était en juillet 1849. Alors se préparait l'expédition contre l'oasis fortifiée de Zaatcha. Désigné

(170) *Notice biographique sur le colonel du génie Petit, blessé mortellement
devant Zaatcha,* par Armand Marquiset, Besançon, 1850, br. gr. in-8° de
24 pages.
(171) *Ibid.*, p. 7.

pour en faire partie, le colonel Petit arriva devant la place le 8 octobre, et se mit à en faire immédiatement une reconnaissance approfondie. Le lendemain matin 9, il visitait les travaux de siége effectués pendant la nuit quand il eut l'épaule fracassée par un coup de fusil tiré d'une des fenêtres de la forteresse. La blessure était fort grave, et notre compatriote dut subir la désarticulation du bras. Cette terrible opération sembla d'abord avoir réussi au-delà de toute espérance ; mais elle fut suivie, à quelques jours d'intervalle, de deux violentes hémorragies dont la dernière détermina la mort du blessé, qui expira le 2 novembre à Biskara, où il avait été transporté. Ses restes furent ramenés en France par les soins de sa famille, et inhumés à Besançon (cimetière des Chaprais) le 17 janvier 1850. M. Crestin d'Oussières, colonel du génie, et M. Convers, maire de Besançon, prononcèrent des discours sur la tombe du brave colonel qui venait de payer de sa vie son dévouement à la France. — « Homme d'esprit et de cœur, ami tendre et dé-
« voué, Mathieu Petit était aussi aimable par son instruction
« variée, quoique profonde, que par son caractère piquant et
« heureux. Dans presque toutes les questions, sérieuses ou
« légères, sa pensée se montrait toujours pleine de sens et de
« raison, et colorée par une imagination vive, impressionnable,
« qui lui faisait porter et jeter de l'intérêt sur tout ce qui atti-
« rait son attention. Comme militaire et comme ingénieur,
« notre compatriote s'est fait remarquer constamment par un
« zèle qui ne se refroidissait jamais, par cette rare alliance
« d'une grande valeur avec une présence d'esprit et un calme
« extraordinaires au milieu des dangers, par des talents, enfin,
« qui l'auraient classé bientôt au premier rang des ingénieurs
« français, et auxquels il n'a manqué pour se développer dans
« tout leur éclat qu'un champ plus vaste et plus brillant (172). »
— Après la reddition de la place devant laquelle notre hono-
rable compatriote avait été blessé mortellement, M. le général Charon, alors gouverneur-général de l'Algérie, publia un ordre du jour dans lequel on lit : « Dans une liste de promotions

(172) *Ibid*, p. 16.

» destinée à consacrer la part qu'ont prise les différents corps
« qui ont concouru à cette glorieuse expédition de Zaatcha,
« plusieurs noms eussent figuré au premier rang si la mort
« ne les eût effacés. Parmi ces noms, le gouverneur-général
« croit devoir en citer un, celui du chef de l'arme du génie,
« M. le colonel Petit. Atteint d'une affreuse blessure, cet officier
« supérieur n'a pas voulu cesser son service, et, tant que ses
« forces le lui ont permis, il s'est fait rendre compte de l'état
« des travaux, pour continuer à les diriger de ses conseils
« éclairés. Sa mort a été tout ce qu'avait été sa carrière mili-
« taire, déjà longue, un modèle digne d'être présenté à ses
« frères d'armes. » Un peu plus tard, le président de la République rendait un décret portant que le village de Millesimo, en
Algérie, prendrait le nom de PETIT, en souvenir du colonel
de ce nom. — Le *Mémorial de l'officier du génie* contient, dans
son numéro 12, un *Mémoire* de Mathieu Petit *sur les voûtes en
berceau*, ouvrage qui obtint une médaille d'or, en 1833, au
concours pour les prix d'encouragement offerts aux officiers du
génie en vertu d'une décision du ministre de la guerre du
24 août 1822.

PETITGUILLAUME (Pierre), né à Equevilley le 29 septembre
1734, d'une famille de cultivateurs, s'engagea dès l'âge de
quatorze ans dans le régiment de Lorraine (infanterie). Après
avoir servi neuf ans dans ce corps, il passa dans la cavalerie, et
fit plusieurs campagnes pendant la guerre de Sept-Ans, à l'issue
de laquelle (1764) il était maréchal-des-logis dans le régiment
de Royal-Pologne. Devenu successivement adjudant (1776),
porte-étendard (1779), lieutenant en second et chevalier de
Saint-Louis (1787), il n'avait eu, au bout de quarante ans de
services, que le lent avancement qu'obtenait alors un officier
de fortune. Mais il s'éleva rapidement, durant les premières
guerres de la Révolution, jusqu'au grade de lieutenant-général.
Il était employé à l'armée des Alpes lorsque le soulèvement de
Lyon l'amena devant cette ville à la tête d'une division. Désirant épargner aux Lyonnais les horreurs d'un siége, il tenta,
de concert avec son général en chef (Kellermann), tous les

moyens de conciliation, mais en vain, et force leur fut d'agir avec la dernière rigueur contre la cité coupable de vouloir se soustraire au sanglant régime des Jacobins. Lyon une fois occupé par les troupes conventionnelles, il alla reprendre son poste à l'armée des Alpes, dont il eut même le commandement supérieur pendant une grave maladie que fit le général Dû- gommier. Cette armée manquait alors de vivres, d'habillements et de chaussures : le général en chef intérimaire s'en procura de ses propres deniers, et consacra à cette œuvre de patriotisme et d'humanité une somme considérable qu'il ne recouvra ja- mais : la seule indemnité qu'il obtint consista dans une mention honorable que lui décerna le comité de salut public. — De l'armée des Alpes le général Petitguillaume passa au comman- dement de la division de Montpellier, puis à l'inspection de l'hôtel des Invalides. Mis à la retraite, sur sa demande, en 1802, il revint dans son village natal, où il ne rapporta pour toute fortune que sa pension, tant il avait eu de désintéresse- ment dans sa carrière militaire. Il y mourut le 9 mai 1804.

PETITOT (Jean-Claude), né dans le comté de Bourgogne sur la fin du xvie siècle, embrassa la vie religieuse à l'abbaye St.- Vincent de Besançon, où il fit profession le 23 décembre 1619. Il a publié un traité sous ce titre : *La divine Providence reconnue*, Dole, 1656, vol. in-4°. L'ouvrage est divisé en huit sections, et chaque section en plusieurs chapitres. L'auteur mourut, fort âgé, à l'abbaye de Faverney, le 29 juin 1690 (173).

PETIT-VIENNOT (Jean), jésuite, né à Gray en 1568, mort à Cambrai en 1631, a traduit en français l'ouvrage intitulé *Appen- dix apologeticus ex doctoribus Thomâ et Bonaventurâ contra calumniatores religiosorum ;* c'est une compilation des maximes en faveur des ordres religieux répandues dans les ouvrages de S. Thomas et de S. Bonaventure. On ignore si cette traduction a été imprimée. Il est auteur de l'*Index seu loci communes in opus Petri Ribadeneiræ de vitis Sanctorum*, Cologne, 1635, in-

---

(173) *Bibl. gén. et alph. des auteurs de tous les ordres et congr. dans lesquels on pratique la règle de S. Benoît*, ms. de la bibl. de Vesoul, t. III, p. 253.

fol. On lui attribue l'*Index in breviarium romanum*; mais il n'en fut que l'éditeur : cet ouvrage est du P. Voël. (Voy. ce nom.)

PÉTREY (Louis), sieur de Champvans, né à Vesoul en 1580, conseiller au parlement de Dole, se distingua dans la guerre de 1636 contre les Français. Ceux-ci, commandés par le prince de Condé, étaient venus attaquer Dole, et menaçaient de s'emparer bientôt de toute la province. Pétrey fut chargé de s'opposer à leur entrée du côté de Gray. Il réussit dans cette occasion au-delà de toute espérance ; non-seulement il empêcha les Français d'avancer vers cette ville, mais il prit sur eux plusieurs châteaux fortifiés, et brûla la forge de Drambon, qui fournissait des bombes à l'armée campée devant Dole. La lettre que Pétrey écrivit à son fils sur les événements de cette guerre est un monument précieux de la franchise de nos ancêtres et de leur attachement à leur prince. C'est un in-4° de 111 pages, qu'on trouve réuni à l'ouvrage de Boyvin intitulé : *Le Siège de Dole*, édition de 1637. Mais la lettre est beaucoup plus rare que ce dernier ouvrage, n'ayant pas été réimprimée en même temps. Le conseiller Pétrey mourut à Dole le 23 mai 1638. (V. *Biog. univ.*, t. XXXIII, p. 530.) — Cette famille s'éteignit par le décès de Charles-Emmanuel Pétrey, lieutenant-général au bailliage de Vesoul, qui mourut sans postérité le 4 juin 1713.

PIERRE DE TARANTAISE (174) (Saint), naquit, portent les légendes, l'an 1100, au village de Saint-Maurice, diocèse de Vienne (Dauphiné). Il était religieux bernardin lorsqu'il fut choisi, en 1140, pour occuper le siége archiépiscopal de Moustier-en-Tarantaise (Savoie). Non content d'accomplir de bonnes œuvres dans la circonscription confiée à ses soins de pasteur, il alla évangéliser avec succès en Alsace, en Lorraine,

(174) Et non TARENTAISE, comme l'écrivent communément les dictionnaires historiques et géographiques, en se copiant les uns les autres. L'ancienne province de Savoie qui a donné son nom, au XIIᵉ siècle, à un de ses archevêques, s'appelle encore aujourd'hui la *Tarantaise,* en italien *Tarantasia.*

en Bourgogne, et en diverses contrées de l'Italie. À cette époque éclatèrent des dissentiments entre la France, l'Angleterre et le pape Alexandre III. L'archevêque de la Tarantaise, envoyé près de Henri II, roi d'Angleterre, pour aplanir les difficultés du moment, tomba malade en regagnant son diocèse, et mourut le 14 septembre 1174, à Bellevaux, maison de l'ordre de Cîteaux, dans le diocèse de Besançon. « Le pape Célestin III, « dit la *Biog. univ.*, t. XXXIV, p. 337, le mit au nombre des « saints en 1191. L'Eglise célèbre sa mémoire le 8 mai. Sa *Vie*, « écrite par Geofroi d'Hautecombe, fidèle compagnon de ses « travaux, se trouve dans l'*Histoire de Cîteaux*, par D. Lenain, « t. II, p. 83 et suivantes (175). »

(175) Le corps du saint archevêque fut divisé en deux parties : son église archiépiscopale reçut la tête et le buste, et l'abbaye de Bellevaux conserva la partie inférieure, qui fut enfermée dans un magnifique tombeau placé derrière le maître-autel. Lors de la suppression des corporations religieuses, le tombeau fut vendu à la municipalité de Cirey, qui le fit pieusement transporter à l'église de cette paroisse. Sur le bruit que cette relique attirait un grand nombre de visites dévotieuses, le district la fit transporter à Vesoul, où elle fut enfermée dans une armoire, pêle-mêle avec des registres et d'autres papiers provenant des couvents supprimés. Sur ces entrefaites, l'abbé Pétremand, curé de Voray, s'était retiré dans sa famille à Vesoul, et pour se soustraire aux dangers que lui faisait courir son caractère ecclésiastique, il avait sollicité et obtenu un emploi dans les bureaux du district. Un jour qu'il était seul dans la pièce où reposait la relique, il en sépara une cuisse, et l'envoya par un homme de confiance à Mme Bulliard veuve Pescheur, de Cirey. Précieusement conservé par Mme Bulliard, ce dépôt put être replacé, lorsque cessa l'orage révolutionnaire, dans le tombeau qui avait été transporté à Cirey et qu'on y voit encore aujourd'hui. — Ce qui restait du corps du saint prélat dans l'armoire du district en fut retiré vers le même temps et donné à l'église de Vesoul. Le 20 juin 1812, l'abbé Flavigny, curé de la ville, en détacha, par ordre de Mgr l'archevêque Le Coz, un morceau considérable, qui fut porté à Cirey par l'abbé Pathiot, et renfermé dans le même tombeau, avec certificat d'authenticité, par l'abbé Mougnard, alors curé de Cirey. — Quelques anciens religieux ayant racheté la maison de Bellevaux après 1815, ils réclamèrent et obtinrent, en 1819, une partie de la dépouille mortelle de leur bienheureux protecteur, et la placèrent dans une chapelle nouvellement construite à l'entrée du monastère. Leur relique consiste dans la partie de la jambe comprise entre l'articulation du genoux et la cheville. Leur établissement ayant été supprimé en 1830, les religieux emportèrent cette relique en Suisse, d'où ils l'ont rapportée au Val-Sainte-Marie, canton d'Amancey (Doubs), en 1841. — Nous avons allongé cette note historique dans le but d'indiquer, d'après un document digne de confiance, les lieux de dépôt où se trouvent maintenant les

POIREY (François), jésuite, né à Vesoul en 1584, embrassa la règle de S. Ignace à l'âge de dix-sept ans, et fut destiné par ses supérieurs à l'enseignement. Après avoir professé les humanités, la rhétorique, la philosophie, la théologie et l'Ecriture sainte, il fut mis à la tête de la maison professe de Nancy, et nommé recteur du collége de Lyon, puis de celui de Dole, où il mourut le 25 novembre 1637. C'était un homme pieux et instruit. On a de lui : *Ignis holocausti, sive affectus ex divinis litteris quibus animus sacerdotis ad piè celebrandum disponitur*, Pont-à-Mousson, 1629, in-16 ; réimp. à Cologne, à Lyon, etc. — II. *Le moyen de se disposer à la mort*, in-16. — III. *Le bon Pasteur*, in-12. — IV. *La triple couronne de la vierge Marie*, Paris, 1630, in-4º ; réimp. en 1633, même format ; 1643, in-fol. La mère Jacquel, Bouette de Blemur, religieuse du Saint-Sacrement, en retoucha le style, qui avait vieilli, et le publia sous ce titre : *Les Grandeurs de la mère de Dieu*. Cet ouvrage continue d'être recherché par une classe nombreuse de lecteurs. Deux éditions publiées à Paris, 1849, 2 vol. in-8º, et 1858, 3 vol. in-12, sont déjà épuisées. — V. *La Science des Saints*, Paris, 1638, in-4º. Le P. Poirey avait laissé en manuscrit un *Recueil de méditations* que ses confrères publièrent à Tournon, 1644, in-4º. (*Biog. univ.*, t. XXXV, p. 147.)

PONCELIN (Jean-François), avocat au parlement, né à Gy en 17.., est auteur d'un *Discours sur les arts* couronné par l'ancienne Académie royale de Besançon. (*Mém. de la Soc. d'agr., sc. et arts de la Haute-Saône*, t. II, p. 144.)

PONCET (André), général de division, né à Pesmes le 30 juillet 1755, entra, à peine âgé de seize ans, dans le régiment

reliques de S. Pierre de Tarantaise : la tête et le buste en Savoie; et à Cirey, canton de Rioz, toute la partie inférieure du corps, sauf ce qui en a été détaché au profit de l'église de Vesoul et des nouveaux moines de Bellevaux. Ceux-ci, en faisant rendre compte, dans l'*Impartial de Besançon* du 4 avril 1841, de la translation à leur nouveau couvent du Val-Sainte-Marie *des reliques de saint Pierre de Tarantaise*, auraient pu faire croire qu'ils en avaient la totalité, tandis que c'est l'église de Cirey qui en possède la majeure partie. *Cuique suum.*

d'Auvergne, servit comme sous-officier dans la guerre d'Amérique, et se signala dans différentes affaires. Nommé adjudant au retour de son régiment en France, sous-lieutenant le 15 avril 1788, il fut promu au grade de capitaine le 2 mai 1792. Dès lors les talents militaires de notre compatriote se développèrent rapidement, et son courage l'ayant fait mettre plusieurs fois à l'ordre du jour de l'armée, il devint général de brigade le 19 mars 1794. Sa belle conduite à la bataille de Fleurus (26 juin 1794), où il fut atteint d'un éclat d'obus, lui valut, au mois d'octobre suivant, le grade de général de division. Employé dans l'armée de Sambre-et-Meuse, il se trouva au siége de Maëstricht (octobre 1794). La division Poncet se fit remarquer de nouveau au combat du plateau de Monbach, au passage de la Lahn, au combat de Voppert, et dans tous les engagements qu'elle eut plus tard avec l'ennemi, jusqu'à la retraite de l'armée sur le Rhin. Dans cette retraite, A. Poncet déploya encore une grande capacité, et nos capitaines les plus expérimentés louèrent à l'envi la précision de ses ordres et de ses manœuvres. La nécessité où se trouvait le gouvernement de réduire un état-major trop nombreux vint mettre un terme à sa carrière active, et dès-lors il ne fut plus employé que dans les places fortes des frontières ou de l'intérieur. Mis à la retraite dans le mois d'août 1811, il revint habiter Pesmes, et accepta les fonctions de maire. Il occupait cette magistrature modeste lorsqu'en 1814 l'étranger envahit nos provinces. Dans ces jours de crise, le général rendit de nombreux services à son pays natal en le protégeant contre les réquisitions ruineuses et sans cesse renaissantes des troupes alliées; mais ce fut aux dépens de sa liberté personnelle. Arrêté à la suite d'une vive altercation qu'il eut avec le général autrichien Wimpfen, il fut conduit sous escorte, d'étape en étape, jusqu'au fond de la Hongrie, où il resta détenu cinq mois dans la forteresse de Monkasth (176). De retour dans sa patrie vers la fin de sep-

---

(176) L'altercation menaça d'avoir des suites bien autrement déplorables. Ecoutons à ce sujet un témoignage contemporain : « Un jour, au mois « d'avril 1814, grande fut la surprise du général Poncet de voir entrer chez « lui un aide-de-camp du général autrichien Wimpfen, qui venait de la part

tembre 1814, il se fixa à Montmirey, où il s'occupa uniquement de soins agricoles, jusqu'à sa mort, arrivée le 23 juillet 1838. (Extrait de la *Notice historique sur le lieutenant-général André Poncet* publiée en 1839, 16 p. in-8°, par Armand Marquiset; notice qui est ornée d'un beau portrait du général, imprimé à la lith. Guasco-Jobard, à Dijon.)

POPULUS (Pierre), né à Ormoy, bailliage de Vesoul, le 20 septembre 1750, entra, en 1774, dans le régiment Royal-infanterie, et servit ensuite dans le régiment de Brie. Il était caporal après huit années passées sous le drapeau, lorsqu'il reçut son congé en 1782. Dix ans après, il reprit du service dans le 12e bataillon des volontaires de la Haute-Saône, et fit, jusqu'en 1803, toutes les campagnes des armées du Rhin, de l'Ouest et d'Italie. Sa valeur militaire se signala particulièrement dans la Vendée. Devant Laval, il eut un cheval tué sous lui et fut blessé. Au bout de quelques jours, il essayait de pénétrer dans Beaupréau à la tête d'un petit nombre de soldats, et sans reculer devant la mitraille que lançaient les défenseurs de la

« de son chef le prier de se rendre à son quartier-général de Sampans, où il
« avait d'importantes communications à lui faire. Le général Poncet monte
« sans défiance dans la voiture qui avait amené l'aide-de-camp; on part. A
« peine arrivé au quartier-général, le maire de Pesmes est introduit près de
« Wimpfen. Le général autrichien, dont le thème était sans doute préparé,
« l'apostropha de la manière la plus violente : « Il vous sied bien, *Monsieur,*
« de conspirer contre nous! Ne savons-nous pas que vous êtes parvenu à
« cacher quinze mille fusils, et qu'une partie des paysans de votre canton doit
« se lever au premier signal? Vous me répondrez sur votre tête du moindre
« événement. » A cette accusation ridicule, le général Poncet sourit de pitié,
« haussa les épaules, et, pour toute réponse, dit au général autrichien :
« Monsieur, vous êtes un poltron. » Wimpfen furieux veut frapper Poncet;
« mais celui-ci pare le coup, saisit son adversaire d'une main vigoureuse, et
« le lance au milieu de l'appartement. Arrêté presqu'aussitôt par la garde du
« général ennemi, Poncet est jeté dans un cachot. Une commission militaire
« s'assemble soudain pour le juger; il est condamné à mort. A cette nouvelle
« affreuse, sa femme part pour Dijon, implore la justice du général en chef,
« et obtient qu'il soit sursis à l'exécution. Mais des soldats garottent Poncet
« comme un malfaiteur; on le place sur un misérable chariot, puis on l'en-
« voie jusqu'au fond de la Hongrie. Pendant cinq mois de captivité, il ne
« put faire parvenir une seule lettre à sa famille, alors en proie aux plus
« cruelles angoisses. » (*Impartial de Besançon,* avril 1839.)

ville. Tu veux donc mourir, lui dit son général. — Général, répondit-il, si je meurs, je mourrai pour la République..... Et il entra dans la ville, mais non sans avoir reçu une nouvelle blessure ; une balle l'avait atteint à l'épaule droite. Admis à la retraite en 1807, avec la pension du grade de colonel, il revint habiter son village natal, où il mourut le 7 février 1838. Le colonel Populus avait été nommé chevalier de la Légion-d'Honneur en 1804.

PRATBERNON (Claude-François-Nicolas), médecin, né à Jussey le 24 décembre 1790 et décédé le 5 mars 1842, prend place à divers titres parmi les hommes distingués qu'a produits notre département. Après avoir étudié la médecine à Paris pendant les années 1807 et 1808, et remporté un prix à l'école pratique, il fut attaché comme officier de santé à l'un de nos corps d'armée, et, le 15 août 1809, fait prisonnier de guerre à Flessingue, où il remplissait les fonctions de médecin en chef de l'hôpital. Rentré en France le 2 septembre de la même année, il fit les campagnes d'Espagne en 1810 et 1811, et tomba au pouvoir des Anglais à la prise de Ciudad-Rodrigo (19 janvier 1812). Cette fois sa captivité dura plus de deux ans ; il ne recouvra la liberté qu'au 1er juin 1814, et s'occupa dès lors de prendre ses derniers grades à la Faculté de Paris. Reçu docteur le 26 octobre 1814, il revint à Jussey, où, pendant six ans, il exerça la médecine avec distinction, reçut deux médailles d'argent pour les succès qu'il avait obtenus dans la pratique de son art, et fut nommé membre du conseil municipal et du comité cantonal d'instruction primaire. En 1820, il s'établit à Vesoul, où il jouit bientôt d'une grande vogue, et fut nommé, dans l'espace de quelques années, membre résidant de la Société départementale d'agriculture, commerce, sciences et arts, médecin-adjoint de l'hôpital, membre du conseil municipal, du jury médical, du bureau de bienfaisance, et du conseil de charité. A ces distinctions s'en joignaient d'autres venues du dehors. Au concours ouvert en 1821 par l'Académie royale de médecine sur cette question : « Déterminer si d'après l'état actuel de nos connaissances on peut établir une classification des médicaments fondée sur leurs propriétés médicinales, » il avait obtenu une médaille d'émulation en argent, et le 26 août 1825, il recevait le titre de membre-adjoint correspondant de cette Académie. En 1823, la Société royale de médecine de Bordeaux l'admettait au nombre de ses membres, et plus tard, en 1837, il reçut de la même Société la médaille d'or qui avait été mise au concours pour le meilleur mémoire sur la suette miliaire. Cependant, au milieu des occupations journalières que lui donnait une vaste clientèle, le docteur Pratbernon se livrait encore à d'autres études scientifiques et à des travaux purement littéraires. En 1826, il publiait *Pélage*, poème en prose, dont il avait formé le plan pendant son séjour en Espagne ; et la Société d'agriculture de la Haute-Saône, qui plusieurs fois l'appela au fauteuil de la vice-présidence et de la présidence, le comptait parmi ses membres les plus zélés. Les nombreux Mémoires dont il a enrichi le Recueil agronomique de cette Société en fournissent la preuve ; citons entre autres : *Hygiène rurale ou Conseils aux habitants de la campagne sur leur santé*, 1830 ; — *Topographie statistique et agricole de la Haute-Saône*, 1831 ; — *De la vaine pâture et des pâturages communaux*, 1840. Nous pouvons ajouter encore l'article de linguistique qu'il a fait paraître dans les Mémoires de la Commission d'archéologie du département, et son *Essai sur les fièvres et les empoisonnements miasmatiques*, qui a été publié en 1841 dans le compte-rendu des séances du Congrès scientifique de Besançon. Auteur d'un Mémoire sur la question suivante : « Des conséquences économiques et morales qu'a eues jusqu'à présent en France et que semble devoir produire dans l'avenir la loi sur le partage égal des biens entre les enfants, » le savant docteur venait d'obtenir une médaille d'encouragement et le titre de membre correspondant de cette compagnie, quand une mort presque subite le frappa prématurément.

PRINET (Claude-François), avocat, mort à Luxeuil en 1784, a fait imprimer dans le *Journal de Franche-Comté* des observations sur une médaille trouvée par M. de Moyrans au Pont-des-

Arches près de Saint-Claude, et l'explication d'une inscription découverte à Luxeuil. Il avait des connaissances très-variées ; il aimait les livres et les médailles, et en avait formé des collections précieuses. (*Mém. de la Soc. d'agr., sc. et arts de la Haute-Saône*, t. II, p. 144.)

PROST, plus connu sous le nom de **P.** *Tiburce*, naquit à Jussey en 1736, de parents qui avaient peu de fortune, et qui, néanmoins, ne négligèrent rien pour lui donner une éducation soignée. Il se destina de bonne heure à la vie religieuse, parce qu'il espérait y trouver les moyens de se livrer plus facilement à son goût pour l'étude. Entré dans l'ordre des Capucins à Faucogney, il fut envoyé par ses supérieurs à Besançon, où il ne tarda pas à se faire une réputation par la science qu'il avait acquise dans les différentes branches de l'histoire naturelle, principalement en minéralogie. « Elu par
« ses confrères assistant du général des Capucins à Rome, notre
« savant compatriote, qui voyait s'ouvrir devant lui une nou-
« velle carrière, consacra toute son existence, ainsi que les
« avantages qu'il retirait de sa vaste érudition, à agrandir le
« cercle de ses connaissances scientifiques et littéraires... On
« raconte que lorsqu'il était obligé de se rendre à Rome pour
« les affaires de son ordre, il faisait toujours la route à pied,
« en compagnie d'un frère capucin, et d'un âne qui portait le
« bagage des deux religieux, avec quelques provisions de
« bouche ; ils allaient ainsi de presbytère en presbytère, de
« couvent en couvent, jusqu'à la ville éternelle, sans faire la
« moindre dépense. Pendant ce long et pénible voyage, qui lui
« facilitait ses études favorites, le P. Tiburce trouvait toujours
« le temps de prendre des notes intéressantes et de recueillir
« quelques morceaux précieux pour ses diverses collections. »
(*Quelques renseignements sur le P. Tiburce*, par Armand MAR-QUISET, *J. de la Haute-Saône* du 25 oct. 1851.) Le P. Tiburce, qui habitait Corre au moment de la Révolution, « ne pouvait
« pas partager aveuglément les opinions politiques qui prédo-
« minaient alors. Homme tolérant et instruit, il approuvait
« bien les changements utiles ; mais il ne pouvait souffrir ni

« les excès coupables, ni ces hommes haineux et avides qui ne
« voyaient dans une révolution si glorieuse par ses principes
« que l'occasion de se mettre à la place de ceux mêmes qui
« avaient excité leurs mauvais sentiments. » (*Ibid.*) A la veille
des malheurs dont il prévoyait que la France allait être le
théâtre, il retourna à Rome, et y mourut vers la fin de l'année
1790, âgé seulement de cinquante-six ans. Cet homme de
haute valeur a laissé de nombreux manuscrits sur l'histoire
naturelle de la Franche-Comté, dont il avait fait une étude
spéciale. « Mais ces manuscrits, après avoir passé d'héritier en
« héritier, ont fini par tomber, en 1848, entre les mains d'un
« bouquiniste ou plutôt d'un marchand de bric-à-brac qui
« demeurait à Langres, et qui les avait achetés pour quelques
« pièces de monnaie. Notre savant bibliothécaire de Besançon,
« M. Weiss, au zèle et au dévouement duquel le splendide
« établissement qu'il dirige doit ses richesses les plus pré-
« cieuses, fit à cette époque des démarches actives pour ra-
« cheter les manuscrits du P. Tiburce ; mais leur détenteur fut
« intraitable : il en demanda un prix tellement exorbitant que
« M. Weiss fut obligé, à son grand chagrin, de les abandonner.
« Dès lors que sont devenus ces manuscrits ? C'est ce qu'il
« nous a été impossible de découvrir. » (*Ibid.*) Ce savant religieux avait obtenu un prix à l'Académie de Besançon pour un
Mémoire sur la Minéralogie du bailliage de Vesoul. Il fut un des
collaborateurs de l'abbé Rozier pour la rédaction de son *Cours
complet d'agriculture*. On conserve de lui un portrait et un
buste. Le portrait est entre les mains de M. Garnier, ancien
notaire à Auxonne, l'un des héritiers du P. Tiburce. C'est une
peinture de Wyrsch, artiste allemand de beaucoup de talent,
qui l'a faite en 1784. Au bas de cette peinture on lit :

> Pater Tiburtius Prost, à Jusseo, ætatis 50,
> Conventûs bisuntini Capucinorum musæum erexit.

Le buste, trouvé par M. Cornibert, greffier de la justice de
paix de Jussey, dans le grenier d'une maison où il faisait un
inventaire mobilier, a été donné par lui à A. Marquiset,
dont la famille a dû le conserver. C'est un plâtre de Boiston

fils, sculpteur franc-comtois qui s'est acquis une certaine renommée.

QUEUNOT (Mathieu) naquit à Gray le 27 mars 1766, d'une famille considérée pour ses vertus héréditaires. Après avoir suivi avec succès les classes du collége de sa ville natale, il s'engagea dès l'âge de dix-sept ans dans un régiment de cavalerie, et y servit jusqu'au 26 août 1790, époque où, pour contracter un mariage convenable, il sollicita et obtint son congé absolu. Mais bientôt les périls de la France, bouleversée au dedans, menacée au dehors, le rappelèrent sous les drapeaux. Le 1er octobre 1791, il reçut un brevet de lieutenant dans les hussards des Ardennes, et fit avec distinction les campagnes de 1792 et 1793 à l'armée du Nord, puis à celle du Rhin; il fut plusieurs fois blessé, et mérita par sa bravoure les grades de capitaine et de chef d'escadron, ainsi que les éloges et l'estime toute particulière des généraux Lecourbe, Gudin et Moreau. Queunot ne se signalait pas seulement par un courage à toute épreuve et une grande vigueur d'exécution; il portait aussi dans les emplois d'administration militaire qui lui étaient confiés une régularité, une ponctualité, un esprit d'ordre qui n'échappaient point à l'œil clairvoyant de ses chefs. Quand se forma la troisième coalition contre la France (1805), il devint major au 1er régiment de dragons, et prit part à la célèbre campagne qui ouvrit aux Français les portes de Vienne et de Berlin, et qui lui valut, outre le grade de colonel, le titre de baron de l'Empire avec une dotation de 4,000 fr. de rente dans le royaume de Westphalie. En 1808, le régiment du baron Queunot (c'était alors le 9e dragons) fit partie des 80,000 hommes qui, du fond de l'Allemagne et des bords de la Vistule, furent transportés en Espagne, où ce corps ne tarda pas à se faire surnommer l'*Infernal*. Revenu en France dans l'été de 1811, et nommé général au mois d'août de la même année, il commandait, pendant la campagne de Russie, une brigade de cuirassiers. A la sanglante bataille de la Moskowa (7 septembre 1812), il fut si grièvement blessé à la cuisse par un boulet, qu'il dut quitter le service et demander sa retraite. Ramené, en France, il se fixa à Sedan, où il s'était marié. Il y mourut en 1843.

RABBE (Jean-François), né à Pesmes le 16 janvier 1757, était fermier avant d'entrer au service militaire. Il passa successivement par tous les grades, et fut nommé chef de bataillon dans la 9ᵉ demi-brigade légère, avec laquelle il se distingua à la bataille de Marengo. En garnison à Paris lors de l'arrestation du duc d'Enghien, il fut appelé à faire partie du conseil de guerre qui jugea le prince (177). Il était devenu colonel du 1ᵉʳ régiment de la garde municipale de Paris et officier de la Légion-d'Honneur, lorsqu'il trempa dans la conspiration formée par les généraux Malet, Guidal et Lahorie, dans le but de renverser le gouvernement impérial. Traduit, avec les chefs de la conjuration et dix de leurs affidés, devant une commission militaire spéciale, il fut condamné comme eux à la peine de mort, le 29 octobre 1812. Les pressantes sollicitations de sa famille lui valurent d'abord un sursis à l'exécution, et ensuite la commutation de sa peine en une détention perpétuelle, qui prit fin à l'abdication de Fontainebleau, en 1814. Nous n'avons pu savoir où ni quand il est mort.

REBILLOT (Paul), adjudant-général, officier de la Légion-d'honneur, chevalier de Saint-Louis, naquit à Faverney en 1768. Un Bénédictin, son parent, prit soin de sa première éducation. Quand vint le moment de choisir une carrière, le jeune homme ne savait trop quelle voie prendre : les Bénédictins l'attiraient à eux, et peut-être y serait-il allé, lorsqu'une circonstance fortuite décida tout autrement de son avenir. Sa famille reçut un jour la visite d'un élégant officier du régiment de cavalerie Royal-Champagne; sa tournure et son uniforme séduisirent le jeune Rebillot, qui dès lors ne songea

_____

(177) Les sept autres membres de ce conseil furent le général Hullin, commandant les grenadiers à pied de la garde, *président*; Guiton, colonel du 1ᵉʳ régiment de cuirassiers; Bazancourt, colonel du 4ᵉ d'infanterie légère; Ravier et Barbois, colonels des 18ᵉ et 96ᵉ d'infanterie de ligne; d'Autancourt, major de la gendarmerie d'élite, *rapporteur*; Molin, capitaine au 18ᵃ de ligne, *secrétaire*.

plus qu'à porter une épée. On essaya, mais en vain, d'obtenir pour lui une commission de cornette. Las d'attendre, il quitte la maison paternelle et s'engage, le 11 avril 1787, dans Royal-Champagne, où se trouvait alors un soldat destiné à être plus tard duc d'Auerstaed et prince d'Eckmühl. Maréchal-des-logis presque aussitôt, il en portait les galons quand la Révolution éclata. L'insubordination s'étant mise dans l'armée, même à l'égard des grades inférieurs, Paul Rebillot prit son congé ; mais il rentra au service le 16 octobre 1792, comme sous-lieutenant au 9ᵉ hussards, où il devint lieutenant un mois après. Il fit avec les volontaires accourus à la frontière ces premières campagnes qui sauvèrent la France, à l'armée du Nord sous Dumouriez, puis sous Pichegru. Capitaine le 20 mars 1793, il suivit son régiment, envoyé sur les côtes de Cherbourg, puis à l'armée du Rhin, où il trouva l'occasion de se distinguer. En 1800, la caisse et les magasins du 9ᵉ hussards sont attaqués, à Stocka, par des paysans ; le capitaine Rebillot réunit en hâte quelques éclopés, tient tête aux pillards, les disperse, et mérite d'être mis à l'ordre de l'armée. En 1803 il est nommé chef d'escadron au 8ᵉ hussards, qu'il va rejoindre au camp de Boulogne. Avec la Grande-Armée, il fait la campagne d'Austerlitz, est blessé d'un coup de feu à la cuisse, et reçoit la croix de la Légion-d'Honneur. Il suit son régiment à Iéna, à Eylau, où la mitraille abat son cheval et le blesse au pied, et passe au 15ᵉ chasseurs comme lieutenant-colonel (7 avril 1807). Le 14 juin, à la tête de ce régiment, qu'il commande par intérim, il charge, près de Kœnigsberg, un parti russe, prend 5 pièces de canon, 200 chevaux et 300 hommes. Cette action de vigueur lui fait obtenir la croix d'officier. Renvoyé en France à la paix de Tilsitt, le maréchal duc de Valmy, commandant l'armée de réserve à Mayence, le prend comme aide-de-camp. Nommé chevalier avec dotation de 5,000 fr. de rente par lettres-patentes du 15 juillet 1810, colonel le 15 août de la même année, P. Rebillot put jouir pendant quelques mois d'un repos que ne connaissaient guère les serviteurs de l'Empire. Bientôt commencent les préparatifs de la campagne de Russie, et Mayence devient le lieu de passage des hommes, des convois et des immenses approvisionnements assemblés pour cette gigantesque entreprise. Nommé, en avril 1813, adjudant-général, chef de l'état-major du maréchal Kellermann, P. Rebillot dut consacrer au travail ses nuits comme ses jours. Après le désastre de Leipsick, il eut à pourvoir à d'autres services : les hôpitaux de Mayence étant encombrés de malades et de blessés décimés chaque jour par le typhus, il demeura attentif aux soins que réclamait la situation, jusqu'au moment où le drapeau tri-colore dut repasser le Rhin. Il assistait ensuite aux combats de Montmirail et de Montereau. Peu de temps après il était créé chevalier de Saint-Louis, mais mis en disponibilité, et alors il regagnait son habitation de Faverney. S'il fut momen-tanément employé pendant les Cent-Jours à l'armée du Centre, la seconde abdication le ramena dans sa retraite, et cette fois définitivement. Il avait alors quarante-sept ans. Ne demandant plus rien à l'avenir, tout entier à l'étude, à sa famille et à ses amis, il s'avança dans les années sans rien perdre de son ardeur et de sa santé. En 1827, il fut nommé maire de Faverney, fonctions dans lesquelles il mit tout le zèle que de plus grands emplois lui avaient rendu habituel. Il exerçait encore ces fonc-tions en 1834, lorsqu'il mourut subitement le 19 janvier, à l'âge de soixante-six ans.

REBILLOT (Charles), préfet de police, général de brigade, commandeur de la Légion-d'Honneur, fils du précédent, naquit le 31 mars 1795 à Vitry-le-Français, où son père se trouvait alors en garnison. Sa mère, jeune femme de dix-neuf ans, mourut en le mettant au monde. Après avoir commencé ses études au lycée de Reims, il s'engagea, dès l'âge de seize ans, dans le 16e régiment de chasseurs à cheval, qui fit partie de la Grande-Armée en 1812, mais qui resta en Prusse pendant la marche des Français vers Moscou. Sous-lieutenant au 4e cui-rassiers en 1813, il se trouva aux batailles de Dresde, de Leipsick et de Hanau. Au mois de janvier 1814, son esca-dron était à Epinal, où quelques troupes essayèrent d'arrêter la marche des alliés. Dans un engagement avec la cavalerie russe, il reçut un coup de lance au cou, et en plein visage un coup de sabre qui le priva d'un œil. La croix d'honneur et le grade de lieutenant furent la récompense de sa belle conduite dans cette affaire. — Quoique mal guéri de ses blessures, le lieutenant Rebillot combattit vaillamment pendant les Cent-Jours, à Charleroy, à Ligny. A Waterloo, il était de la division Milhaud, qui battit la cavalerie de lord Ponsomby, et eut un cheval tué sous lui. — Mis en demi-solde comme la plupart des officiers de l'armée qui venait d'être envoyée derrière la Loire, il revint chez son père, à Faverney, où, pendant trois ans, il utilisa ses loisirs à lire, à étudier, à augmenter ses connaissances littéraires. Quand le gouvernement de la Restauration le rappela à l'activité (1818), il fut placé dans le 2ᵉ cuirassiers, d'où il passa peu de temps après dans la gendarmerie. Il était colonel de cette arme à Paris lorsque se manifestèrent les symptômes de la révolution de 1848. Mandé aux Tuileries, il y passa les deux jours pendant lesquels la monarchie perdit à délibérer le temps d'agir et de se défendre, et y demeura jusqu'à l'installation du gouvernement provisoire. Dans les troubles qui suivirent, il se montra tout dévoué à la cause de l'ordre, et l'un des premiers actes du prince président de la République fut de lui confier la Préfecture de police. La tâche était difficile au milieu de l'agitation populaire et des menaces du parti toujours prêt à remettre en question le repos que la France commençait à recouvrer. Quand la Préfecture de police cessa d'être militante, le colonel Rebillot en sortit avec les épaulettes de général, et fut employé comme inspecteur de gendarmerie. Atteint par le choléra dans une tournée qu'il faisait en Corse, il mourut le 28 octobre 1855. Son corps fut ramené à Vesoul, qu'il aimait, où il était aimé, et où chacun donna des regrets à sa perte prématurée. Savant archéologue, bibliophile érudit, il avait réuni une riche collection d'objets d'art précieux, de gravures estimées, et de livres rares. Cette belle collection appartient aujourd'hui à son fils, M. Alfred Rebillot, capitaine d'artillerie. Le général Rebillot connaissait l'histoire monumentale du Paris de Louis XIII et de Louis XIV aussi bien que la pouvait savoir le grand prévôt de ces temps-là ; des thermes de Julien à l'hôtel de Carnavalet, de la place Royale au Louvre de

Charles IX, pas un hôtel, pas un monument où il ne pût replacer les personnages et les âges disparus. Aussi était-il, à Paris, en rapport avec tous les écrivains ou artistes distingués. A Vesoul, nous l'avons vu conteur spirituel et prodigue d'anecdotes toujours intéressantes. Ce n'est pas par les seuls dons de l'intelligence qu'il brillait : il y avait aussi chez lui un grand fonds de bonté, qualité encore plus appréciable. Il était membre du conseil général de la Haute-Saône pour le canton d'Amance.

RENARD (Simon), homme d'Etat, naquit à Vesoul au commencement du xvie siècle. Ayant terminé ses études à l'Université de Dole, il prit ses degrés en droit, et fut pourvu, bientôt après, de la charge de lieutenant-général au bailliage d'Amont (178). Son mérite et sa capacité le firent connaître du chancelier Perrenot de Granvelle, et de son fils l'évêque d'Arras, devenu célèbre sous le nom de cardinal de Granvelle. Par leur protection, il obtint une place de maître des requêtes au conseil de Flandre, et parvint rapidement aux premiers emplois. Nommé d'abord ambassadeur en France, il fut ensuite envoyé à Londres pour conclure le mariage de l'infant don Philippe (depuis roi Philippe II) avec Marie, reine d'Angleterre. Renard montra beaucoup d'habileté dans cette négociation, et triompha de tous les obstacles qui s'opposaient à une alliance vivement désirée par l'évêque d'Arras, et que la France ne voyait pas sans inquiétude. Depuis il fut employé dans plusieurs affaires importantes, et eut part au traité de Vaucelles (1556), dont les conditions furent trouvées ruineuses pour l'Espagne. Renard, dans cette circonstance, s'était écarté des ordres de sa cour, et le roi Philippe II lui en témoigna son mécontentement. Persuadé que Granvelle l'avait desservi, Renard s'unit aux ennemis de ce ministre, et vint à bout de soulever contre lui la noblesse

(178) Le bailliage d'Amont se composait de la moitié septentrionale de la Franche-Comté, à partir d'une ligne allant de l'est à l'ouest, et passant dans le voisinage de Maiche, Pierrefontaine et Besançon. Il comprenait, outre le département actuel de la Haute-Saône, une partie des arrondissements de Baume et de Montbéliard. (*Notes hist.* de M. Longchamps, p. 241.)

de Flandre. Il se permit, à l'égard de son bienfaiteur, les rail-leries les plus indécentes (179), et finit par pousser les mécon-tents à le dénoncer au roi comme l'auteur des troubles des Pays-Bas. Granvelle feignit longtemps d'ignorer les menées de Renard ; enfin, ne pouvant plus se les dissimuler, il se contenta de lui écrire pour se plaindre de son ingratitude : « Ne vous « souvenez-vous plus, lui mandait-il, que c'est moi qui vous « ai toujours soutenu, défendu et protégé partout ?..... Est-ce, « ainsi que vous reconnaissez mes bontés, et que vous ré-« compensez mon amitié ?..... Pensez à vous-même, et je serai « toujours prêt à vous servir (180). » Loin de profiter de ces sages conseils et de reconnaître ses torts, Renard se flatta qu'aidé par le prince d'Orange et par le comte d'Egmond, il viendrait à bout de faire renvoyer le cardinal, et peut-être de lui succéder dans l'administration des Pays-Bas. Granvelle perdit enfin patience, et crut devoir punir un ingrat. Un des domestiques de Renard, convaincu d'avoir vendu les secrets de l'Etat, avait été condamné à mort par le parlement de Dole. Dans ses interrogatoires, il avait laissé échapper quelques mots qui pouvaient compromettre son maître, mais qu'on avait né-gligé d'éclaircir. Le cardinal fit rechercher les pièces, et parla au conseil des charges qui existaient contre Renard. Celui-ci demanda des commissaires pour le juger, et déclara qu'il ne rentrerait point au conseil avant qu'on ne lui eût rendu justice. L'emportement qu'il mit dans ses plaintes déplut à la cour, et il reçut l'ordre d'aller servir dans le comté de Bourgogne. Renard refusa d'obéir, prétextant que sa santé ne lui permettait pas de

(179) Au baptême du fils du comte de Mansfield, on fit une mascarade dans laquelle un homme habillé en cardinal était chassé par un diable avec des queues de *renard*. Granvelle, dit l'abbé Boisot, ne fit qu'en rire ; mais le roi n'y entendit point raillerie. (*Biog. univ.*)

(180) Cette lettre, qui prouve et la modération du cardinal et son attache-ment sincère pour Renard, est imprimée dans les *Mémoires pour servir à l'histoire de Granvelle,* par Levesque, I, 327. L'abbé Boisot en a publié une autre, dans laquelle le cardinal offre de l'argent à Renard : « Vous me le « pourrez rendre, lui dit-il, après, avec votre commodité, ou je le recouvrerai « avec le temps, sur vos gages d'Espagne ; car je désire que vous soyiez « accommodé, et vous pousser tout outre le plus que je pourrai. » (*Ibid.*)

supporter les fatigues d'un si long voyage ; mais voyant que les seigneurs flamands n'osaient pas le soutenir ouvertement, il prit le parti d'aller en Espagne, où il espérait trouver des amis plus capables de servir sa haine contre Granvelle. Avant son départ, il avait eu l'imprudence d'adresser au roi une requête par laquelle il lui reprochait de laisser ses services sans récompense, et qu'il terminait en donnant la démission de sa charge de conseiller d'Etat, demandant pour toute grâce d'être payé de ses appointements arriérés. Le roi, choqué de cette requête, le reçut très-froidement, et, après une courte audience, le congédia. Renard languit plusieurs années à Madrid, dans la misère, et y mourut, dit l'abbé Boisot (*Projet de la vie du cardinal de Granvelle*, p. 100), de chagrin ou *autrement* (181), le 8 août 1575. L'écrivain qu'on vient de citer fait ainsi le portrait de ce négociateur : « C'était un homme fort habile, ardent, « beau parleur, mais railleur et turbulent. » Les *Ambassades* de Renard, 3 vol. in-fol., font partie de la collection des *Mémoires du card. de Granvelle* conservés dans la bibliothèque de Besançon. (*Biog. univ.*, t. XXXVII, p. 323.) — Simon Renard s'était marié à Jeanne Lullier, de laquelle il eut sept enfants. Nicolas Renard, dernier rejeton de cette race, mourut à Vesoul en 1698. (*Mém. pour servir à l'hist. de la ville de Vesoul*, Yverdun, 1779.)

RENAUDOT (Claude), né à Vesoul vers 1730, se fit recevoir avocat à l'Université de Paris, mais il fréquenta peu le barreau, et s'occupa plutôt d'histoire et de littérature, témoin les ouvrages qu'on connaît de lui : I. *Arbre chronologique de l'histoire universelle*, Paris, 1765, in-fol. « Cet ouvrage, que l'auteur fut « admis à présenter au duc de Berry (Louis XVI), lui valut « l'estime de ce prince, qui lui accorda sur sa cassette une

---

(181) L'abbé Boisot veut sans doute faire entendre que Renard était soupçonné d'avoir terminé lui-même ses jours. Le bruit en courut dans sa province ; mais il ne s'est pas confirmé. On n'a pas manqué d'accuser le cardinal de Granvelle d'avoir fait assassiner Renard ; mais, au contraire, il donna des larmes à sa mort, et s'empressa d'offrir ses services à sa veuve et à ses enfants. (*Ibid.*)

« pension de 1,200 livres. » (*Biog. univ.*, t. XXXVII, p. 338.) — II. *Révolutions des empires, royaumes, républiques, et autres états considérables du monde*, 1769, 2 vol. in-8°. C'est l'ouvrage qui a le plus contribué à le mettre en réputation. — III. *Annales historiques et périodiques*, 754 p. in-12, qui comprennent ce qui s'est passé du 1er septembre 1768 au 1er septembre 1769, Paris, 1771. — IV. *Abrégé de l'histoire généalogique de France*, Paris, 1779, in-12. On conjecture que Renaudot mourut à Paris, dans un âge peu avancé, vers 1780.

RENOIR (Jacques) (182), géologue, né à Gray en 1790, professa pendant vingt-cinq ans la physique et les mathématiques au collége de Belfort avec un grand succès. Des infirmités précoces l'ayant obligé de renoncer à l'enseignement, il revint dans sa ville natale, où il mourut le 6 février 1855. La même année parurent ses *Eléments de géognosie*, Besançon, Chalandre, in-8°. Cet ouvrage estimable n'est pas aussi connu qu'il mériterait de l'être. Un des élèves de Renoir, M. H. Bardy, a payé un juste tribut de reconnaissance à son maître bien-aimé dans la *Revue d'Alsace*, novembre 1856.

RICHARDOT (François), né en 1507, à Morey, bailliage de Vesoul, d'une famille noble (183), embrassa la vie monastique chez les Augustins de Champlitte, et fut envoyé par ses supérieurs à Paris, pour y suivre les cours de philosophie et de théologie. La rapidité de ses progrès étonna ses maîtres. Aussi fut-il appelé à professer la théologie à Tournai, à Paris, et au collége récemment fondé par les Granvelle à Besançon. Il s'opposa de tout son pouvoir à l'introduction de la ré-

---

(182) Renoir avait adopté le prénom de *Charles,* sous lequel il est connu; mais ce nom n'est point inscrit dans son acte de baptême.

(183) Il était fils de Berthod Richardot, qualifié noble dans le contrat de mariage de Guillaume Petit de Ray avec Prudente Richardot. Un de ses neveux, François Richardot, écuyer, seigneur de Mollans, était trésorier pour le roi, à Vesoul, en 1574. (*Alm. de la Franche-Comté* pour l'année 1785, p. 319.) Cette famille comptait parmi ses alliés des hommes distingués, entr'autres Simon Renard, célèbre par ses disgrâces autant que par son habileté dans les négociations; Etienne Clerc, conseiller au parlement de Dole, etc.

forme dans la province. En récompense de son zèle, il fut nommé chanoine au chapitre de Besançon, choisi pour administrer le diocèse, et, en 1554, nommé évêque de Nicopolis.

« Le jeune archevêque Claude de La Baume, dont les mœurs
« ne répondaient pas à la sainteté de son caractère, chercha'
« bientôt à se débarrasser d'un censeur importun. Il prétendit
« que c'était à lui de nommer l'administrateur du diocèse, et
« il désigna l'évêque d'Alexie. Le chapitre soutint l'élection de
« Richardot, et cette contestation fut portée devant le conseil
« de Malines. Richardot, qui se proposait de rester étranger à
« ces débats scandaleux, se vit forcé de répondre aux reproches
« inconsidérés de l'archevêque, et publia l'apologie de sa con-
« duite depuis son arrivée à Besançon. Le cardinal de Gran-
« velle mit fin à cette lutte, en appelant près de lui Richardot.
« Dans le diocèse d'Arras, comme dans celui de Besançon, il
« remplit ses devoirs avec un zèle qui ne se démentit jamais.
« Chargé de la théologale du chapitre de Sainte-Gudule, à
« Bruxelles, il eut l'occasion de se faire connaître de la gou-
« vernante des Pays-Bas (Marie, reine douairière de Hongrie);
« et cette princesse le choisit pour prononcer l'*Oraison funèbre*
« de Charles-Quint, en présence de Philippe II et de sa cour.
« En 1561, il succéda sur le siége épiscopal d'Arras au cardinal
« de Granvelle, nommé archevêque de Malines. Aussitôt il
« sollicita l'érection d'une université dans la ville de Douai, et
« en fit l'inauguration par un Discours dans lequel il montra
« les avantages que la religion retire de la culture des sciences
« et des lettres. Quoiqu'il n'eût rien négligé pour procurer à
« cet établissement naissant des maîtres distingués, il voulut
« se charger d'y faire des leçons sur les passages les plus diffi-
« ciles des saintes Ecritures; et jamais il ne cessa de prendre
« le plus vif intérêt aux succès de cette école, assistant, autant
« qu'il le pouvait, aux actes publics, encourageant les élèves
« et les professeurs, qu'il traitait tous comme ses amis. En
« 1563, Richardot fut nommé député par le roi d'Espagne au
« concile de Trente, et il y prononça, la même année, un
« *Discours* très-remarquable sur les études ecclésiastiques.
« L'influence que Richardot avait acquise sur les décisions du

« concile éveilla l'envie : on l'accusa d'avoir sacrifié les droits
« de son prince à des vues d'intérêt. Il ne s'abaissa point à se
« justifier d'une accusation grave, mais qui n'avait nul fonde-
« ment, et la calomnie finit par le respecter. Durant les fré-
« quentes visites que l'évêque d'Arras faisait dans son diocèse,
« il ne laissait passer aucune occasion de donner des instruc-
« tions au peuple pour le mettre en garde contre les progrès
« de l'erreur. Un jour qu'il prêchait dans Armentières, un fu-
« rieux osa lui tirer un coup de fusil. A peine fut-il ému de cet
« attentat ; et, après avoir calmé son auditoire, il continua son
« discours avec autant de force et de chaleur qu'il l'avait
« commencé. Persuadé que les rigueurs du duc d'Albe ne ser-
« vaient qu'à perpétuer les troubles dans les Pays-Bas, il osa
« lui faire des représentations sur la nécessité de couvrir le
« passé d'une amnistie générale. Le gouverneur parut touché
« de la démarche de l'évêque d'Arras, et lui promit de suivre
« ses conseils. Cependant les révoltés puisèrent dans leur
« désespoir même de nouvelles forces et une nouvelle audace.
« Ils remportèrent différents avantages sur les troupes espa-
« gnoles, et prirent Malines en 1572. Richardot, qui se trouvait
« alors dans cette ville, fut au nombre des prisonniers. Il re-
« fusa de payer la rançon que les vainqueurs lui fixèrent, et ne
« recouvra la liberté que lorsque les Espagnols rentrèrent dans
« Malines. Son retour dans sa ville épiscopale fut célébré par
« des fêtes qui témoignèrent assez l'attachement que lui por-
« taient les habitants. L'affaiblissement de sa santé faisait
« déjà craindre la perte de ce pieux pasteur. » (*Biog. univ.*,
t. XXXVII, p. 574.) Il mourut à Arras le 26 août 1574. On
a de lui : I. *Oraisons funèbres* de Charles-Quint, de Marie
de Hongrie, de Marie, reine d'Angleterre, Anvers, 1558, in-fol.;
de la reine d'Espagne, de Mme Elisabeth de France, et de l'infant
don Carlos, Anvers, 1557, in-8°. — II. Deux *Discours*, français
et latin, prononcés à l'ouverture de l'Université de Douai, dont
il fut le principal fondateur, Cambrai, 1562, in-4°. — III. *Discours* prononcés au concile de Trente et au synode de Cambrai,
1563, 1564, 1565. — IV. Des *Sermons*, Louvain, 1567, 1570,
1573, in-8°. — V. Des *Ordonnances synodales*, Douai, 1570,

in-4°. Tous ces ouvrages, devenus très-rares, sont recherchés des curieux. On a une *Vie* de Richardot par dom Berthod. (Voy. ce nom.) Son portrait a été gravé dans différents formats.

RICHARDOT (Jean GRUSSET (184), plus connu sous le nom de), habile négociateur, était neveu de l'évêque d'Arras ; il naquit à Champlitte, vers 1540. Après avoir fait ses études à Besançon, sous les yeux de son oncle, qui ne négligea rien pour cultiver ses heureuses dispositions, il se rendit en Italie, et fréquenta les cours de l'Académie de Padoue, où le cardinal de Granvelle le soutint plusieurs années. On voit par une lettre de Paul Manuce à Fr. Richardot, qu'il donnait dès lors les espérances les plus brillantes. Après avoir terminé ses cours et reçu le laurier doctoral, il revint dans sa famille, et continua de s'appliquer avec ardeur à la jurisprudence et à l'histoire. En 1565, il fut présenté pour la place de premier président du parlement de Dole ; mais ses concurrents réussirent à l'éliminer, sous prétexte de sa trop grande jeunesse. Le crédit dont jouissait son oncle et la protection de Granvelle le firent employer en Flandre, et il parvint bientôt à la dignité de président du conseil privé des Pays-Bas. Malgré les devoirs de sa place, il continua de cultiver les lettres, et se lia d'une étroite amitié avec les savants, entre autres avec Juste-Lipse, qui consentit à se charger de surveiller l'éducation de ses enfants. Richardot fut employé dans différentes négociations importantes : il signa, en 1598, le traité de Vervins (185), et mérita, par sa conduite dans cette affaire, l'estime du président Jeannin et la bienveillance de Henri IV. Il se rendit ensuite à Londres pour préparer le traité d'alliance entre le roi Jacques et l'Es-

---

(184) Voir GRUSSET (François), p. 167.

(185) Philippe II, roi d'Espagne, entretenait la guerre civile en France, dans l'espoir de s'emparer du trône, et déjà il avait fait occuper plusieurs places de la Picardie, quand il fut contraint de signer le fameux traité de Vervins, par lequel l'Espagne rendit les villes dont elle s'était emparée. Les principaux négociateurs furent, dans ces circonstances, pour Henri IV Pierre Jeannin, premier président du parlement de Paris, et pour Philippe II le président Richardot.

pagne; il eut beaucoup de part à la trève de douze ans (186),
qui rendit le calme aux Pays-Bas, et mourut, le 3 septembre
1609, à Bruxelles, où il fut inhumé dans l'église Sainte-
Gudule, sous une tombe décorée d'une épitaphe honorable. Son
portrait, peint par Van Dyck, que l'on voit au Musée, est un
chef-d'œuvre admiré de tous les connaisseurs. — Jean RI-
CHARDOT, son fils aîné, évêque d'Arras, puis archevêque de
Cambrai, membre du conseil privé des Pays-Bas, fut honoré de
la confiance de son souverain, et mourut le 28 février 1614,
dans un âge peu avancé. C'est à lui que Boguet (V. ce nom) a
dédié son *Commentaire* sur la Coutume du comté de Bourgogne,
par une épître qui contient un magnifique éloge du président
Richardot. (*Biog. univ.*, t. XXXVII, p. 576.)

ROBERT (Hermès-François-Joseph), prêtre, né en 1742 à
Champlitte, commença ses études au collége de cette ville,
dirigé par les PP. Augustins, et les acheva au séminaire de
Langres, où il se distingua par la vivacité de son esprit et par
les dispositions qu'il annonçait pour les lettres. Ayant embrassé
l'état ecclésiastique, il fut chargé successivement de l'administration de différentes paroisses. Il était curé de Saint-Andoche
à l'époque de la Révolution, qu'il avait appelée de tous ses vœux,
et dont il soutint les principes avec un enthousiasme sincère,
mais peu réfléchi. Il prit la défense de la constitution civile du
clergé dans différentes brochures écrites avec une verve incontestable; mais quelques-unes, qu'on lui attribua dans
le temps et dont il n'est peut-être pas l'auteur, sont défigurées
par le style grossier que le trop fameux P. Duchêne essayait de
mettre à la mode. Comme elles flattaient les passions du moment, elles eurent une grande vogue dans la province, et
acquirent à l'auteur une certaine popularité. Appelé à Besançon,

---

(186) Cette trève, conclue en 1609, entre l'Espagne et la Hollande, reconnut
l'indépendance de ce dernier Etat. Ainsi le président Richardot, qui avait
assisté à l'humiliation de Philippe II lors du traité de Vervins, fut, onze ans
plus tard, partie contractante dans une convention qui amoindrissait encore
l'ascendant de l'Espagne comme puissance territoriale et comme puissance
catholique.

il fut, en 1792, nommé supérieur du nouveau séminaire, qui avait beaucoup de peine à s'établir et ne compta jamais qu'un petit nombre d'élèves, la plupart des aspirants au sacerdoce ayant suivi leurs anciens maîtres en Suisse, et les autres, atteints par la réquisition, ayant été envoyés aux armées. Les circonstances devenant de plus en plus difficiles, le séminaire fut supprimé à la fin de 1793. L'abbé Robert cessa dès lors de remplir aucune fonction. Retiré dans sa famille, à Champlitte, il eut le bonheur de s'y faire oublier complètement. Le retour de l'ordre ne put pas le décider à quitter sa chère solitude. Dans ses loisirs, il composait de petites pièces de vers qu'il communiquait à quelques amis peu nombreux, et qu'il enfermait ensuite dans son portefeuille, dont elles ne sont plus sorties. Doué d'une forte constitution et conservant une inaltérable gaîté, il parvint à la vieillesse sans en ressentir les infirmités, et mourut à Champlitte le 13 août 1830, à l'âge de quatre-vingt-deux ans. On connaît de l'abbé Robert : I. *Pierrot et Claudine, dialogue populaire*, 1790, in-8°. C'est une apologie des premières réformes de l'Assemblée constituante. — II. *Grosjean remontre son curé*, Besançon, 1791, in-8°, avec un *supplément* de 20 pp. Ces deux opuscules sont anonymes, mais il s'en est déclaré l'auteur dans le suivant. — III. *Dialogue entre un mari et sa femme sur la nouvelle Constitution, ou la conversion d'un aristocrate*, Besançon, 1792, in-8°. Le but de cet écrit est moins de défendre la Constitution que de rassurer les habitants de la campagne, effrayés du nombre toujours croissant des nouveaux impôts.

ROBERT (Claude-Etienne), né à Saulx près de Vesoul le 31 janvier 1770, venait d'entrer dans la congrégation des Lazaristes lorsque la Révolution, en supprimant les ordres monastiques, l'obligea de choisir une autre carrière. Après avoir étudié la médecine à Besançon, il y fut attaché au service de l'hôpital militaire. L'un des médecins désignés pour faire partie de l'expédition d'Egypte, il fut attaché à l'hôpital de Malte, où il resta tout le temps que dura le blocus de l'île par les Anglais. De retour en France, il se fit recevoir docteur à la Faculté de Paris. Employé dans les guerres d'Allemagne, il fut fait prisonnier à la bataille de Dresde (27 août 1813). Il était alors médecin en chef du corps d'armée que commandait le maréchal Saint-Cyr. N'ayant pas obtenu du gouvernement de la Restauration un poste à sa convenance, il demanda sa retraite à quarante-cinq ans, et revint habiter sa commune natale, où il vécut étranger aux affaires publiques jusqu'en 1831, époque à laquelle il accepta les fonctions de maire. Il les exerça avec zèle et dévouement jusqu'à sa mort, arrivée en 1847. On a de lui : I. *Dissertation sur l'abus des médicaments dans le traitement des maladies,* Paris, 1804, in-4°; — II. *Mémoire sur la topographie physique et médicale de Malte,* suivi de l'histoire des maladies qui ont régné dans cette ville parmi les troupes françaises, sur la fin de l'an VI et pendant les années VII et VIII, Paris, 1802, in-8° de 84 pages. L'auteur, membre correspondant de la Société impériale de médecine de Paris, envoya à ce corps savant, ainsi qu'au Conseil supérieur de santé, plusieurs autres Mémoires. Il a laissé en outre quelques manuscrits sur des questions relatives à son art. Il était membre de la Légion-d'Honneur.

ROCHET (Charles-François-Xavier) naquit à Héricourt le 10 mai 1801. Fils d'un riche maître de forges, il paraissait destiné à recevoir une éducation brillante : les malheurs qui accablèrent sa famille ne lui permirent pas de continuer ses études, à peine commencées. Doué d'un caractère supérieur à la mauvaise fortune, il apprend l'état de tanneur, et se rend à Strasbourg pour se mettre au courant de la maroquinerie. Pendant son apprentissage, il découvre un procédé au moyen duquel il perfectionne quelques-unes des couleurs employées dans l'établissement où il travaille. Afin d'utiliser sa découverte, il part pour l'Italie et s'y livre à des travaux de chimie qui lui méritent une médaille en vermeil de l'Académie de Florence ; puis il se rend à Tunis, où il vend le secret de son procédé pour 12,000 fr. Impliqué dans une émeute, il est obligé de prendre la fuite. Il arrive au Caire en 1829, et le pacha d'Egypte, au-

quel on parle de lui avec éloge, le nomme directeur d'une
fabrique d'indigo à Mansourah, dont il accroît et perfectionne
les produits. Au bout de dix ans, cédant à sa passion pour les
voyages, il se démet de sa place, et part en 1839 pour l'Abyssinie. Après un séjour de huit mois, malgré les instances du
roi de Choa, qui voulait le retenir, il repassa en France, rapportant de nombreux présents destinés au roi Louis-Philippe.
Arrivé à Paris en 1840, Rochet rédige la relation de son voyage
dans le Choa, et cet ouvrage, qui paraît en 1841, lui vaut la
croix de la Légion-d'Honneur (187). Toujours guidé par son
esprit aventureux, et soutenu du reste par les félicitations du
roi des Français et les encouragements de l'Académie des
sciences, Rochet part de nouveau, le 1er janvier 1842, pour le
Choa, emportant de magnifiques cadeaux pour le chef de cette
contrée, passe cette fois trois ans en Abyssinie, et, en 1845,
il revient en France, où il publie quelques mois après la
relation de son second voyage (188). Ses lointaines et utiles
excursions avaient attiré sur lui l'attention du gouvernement
français, qui le récompensa de son courage et de son mérite
en le nommant officier de la Légion-d'Honneur et consul à
Djedda. Rochet soutenait dignement en Arabie l'honneur et les
intérêts de son pays; mais, épuisé par ses voyages pleins de
périls, il mourut à son poste le 19 mars 1854. Il était membre
honoraire de l'Académie des sciences, belles-lettres et arts de
Besançon (189).

ROMÉ DE LISLE (Jean-Baptiste-Louis), physicien et minéralogiste distingué, naquit à Gray le 26 août 1736, de parents
peu favorisés de la fortune. Après avoir achevé ses humanités
à Paris, il obtint la place de secrétaire d'une compagnie du

(187) *Voyage sur la côte orientale de la mer Rouge, dans le pays des Adels et
le royaume de Choa*, 1 vol. avec figures et carte, Paris, Arthus Bertrand,
lib.-éditeur, 1841.
(188) *Voyage sur les deux rives de la mer Rouge, dans le pays des Adels et le
royaume de Choa*, 1 vol. avec figures et carte, Paris, Arthus Bertrand,
lib.-éditeur, 1846.
(189) Nous devons cette notice à l'obligeance de M. le docteur Bouvier,
médecin à Héricourt.

génie qui partait pour les Indes. Fait prisonnier par les Anglais à la prise de Pondichéry (1761), et conduit successivement à Tranquebar, à Saint-Thomé et en Chine, il ne revint en France qu'en 1764. Un esprit observateur lui avait fait acquérir, dans ses voyages, quelques notions d'histoire naturelle, et il consacra ses loisirs à cette science, surtout à la minéralogie, alors à peine cultivée. Ses relations avec les naturalistes français et étrangers, et les travaux auxquels il avait pris part, lui avaient donné déjà de la célébrité; les ouvrages qu'il publia achevèrent de lui assurer une place honorable dans le monde savant, notamment son *Traité de cristallographie*, 1783, 4 vol. in-8°, et sa *Métrologie*, tables pour servir à l'intelligence des poids et mesures des anciens, et principalement à déterminer la valeur des monnaies grecques et romaines, Paris, 1789, in-4°. Romé de Lisle avait publié auparavant : I. *L'action du feu central bannie de la surface du globe, et le soleil rétabli dans ses droits*, Paris, 1779, in-8°. C'est une critique sage et modérée de la Théorie de la terre par Buffon, qui rendit lui-même justice à l'auteur. — II. *Lettre sur les polypes d'eau douce*, Paris, 1766, in-12. — III. *Catalogue raisonné d'une collection de minéraux, cristallisations, madrépores, coquilles, et autres curiosités de la nature*, 1769, in-8°. — IV. *Observation sur les rapports qoi paraissent exister entre la mine dite cristaux d'étain et les cristaux de fer octaèdres*, Erfurt, 1782, in-4°. — Romé de Lisle mourut à Paris le 7 mars 1790, d'une hydropisie. Il était membre des Académies de Berlin, de Stockholm, de la Société des Curieux de la nature, de la Société des sciences utiles de Mayence, etc. (V. *Biog. univ.*, t. XXXVIII, p. 521.) Sa statue en pied décore la principale place de Gray.

ROSSELET (François), médecin alchimiste, né à Vesoul dans le XVI° siècle, a fait imprimer un traité devenu fort rare, intitulé : *La Chrysospagirie*, ou *de l'usage et vertu de l'or*, Lyon, 1582, in-8°. Cet ouvrage est cité par Lacroix-du-Maine et Duverdier. Lenglet-Dufresnoy en fait aussi mention dans sa *Bibliothèque des philosophes alchimistes*. (*Mém. de la Soc. d'agr., sc. et arts de la Haute-Saône*, t. II, p. 151.)

ROTALIER (Charles-Joseph-Edouard DE), né le 31 mars 1804 à Villers-Poz, section de la commune de Colombier près de Vesoul, fit ses premières études au collége de cette ville, alla les continuer au lycée de Besançon, et révéla de bonne heure une intelligence supérieure. Aussi fut-il admis à l'Ecole polytechnique, en 1825, dans un rang honorable. Au classement de sortie, il avait la quatorzième place, qui lui permettait d'entrer dans les carrières civiles : il embrassa de préférence l'état militaire, demeurant ainsi fidèle aux traditions de sa famille, où la profession des armes était héréditaire. Ayant choisi le corps de l'artillerie, il fut incorporé dans le 10e régiment en sortant de l'école de Metz (1829). Mais il ne porta pas longtemps l'uniforme : il venait d'être envoyé, sur sa demande, en Algérie, « lorsque de graves intérêts de famille l'obligèrent à donner sa « démission (190). » C'était dans les premiers jours de 1833. Dès lors la littérature et l'histoire l'occupèrent tout entier, et deux ouvrages dont il avait pris le sujet et conçu le plan sur la terre d'Afrique dévoilèrent en lui un judicieux écrivain : ce sont la *Captive de Barberousse*, 1 vol. in-8°, qu'il publia en 1839, sous le pseudonyme de Charles de Bermont (191), et l'*Histoire d'Alger et de la piraterie duns la Méditerranée*, 2 vol. in-8°, qu'il fit paraître en 1841. Cette dernière production ouvrit à Charles de Rotalier, en 1842, les portes de l'Académie de Besançon, dont il devint un des membres les plus laborieux et les plus distingués (192), témoin les morceaux dont il a enrichi le Recueil de cette compagnie, notamment son *Discours de réception*, ses *Considérations sur les châteaux féodaux de Franche-Comté*, deux *Rapports* sur le concours d'histoire, et ses comptes-rendus de l'*Histoire des Maures d'Espagne* par M. de Circourt, et de l'*Histoire de Jeanne d'Arc* par M. l'abbé

---

(190) Eloge de Ch. de Rotalier par M. l'abbé Besson, p. 5.

(191) La famille franc-comtoise de Rotalier a contracté des alliances avec la famille alsacienne de Bermont : de là, probablement, le nom supposé pris par l'auteur de la *Captive de Barberousse*.

(192) La Société d'agriculture, sciences et arts de la Haute-Saône s'était empressée d'admettre également au nombre de ses membres Ch. de Rotalier, qui faisait aussi partie de la Société d'agriculture du Doubs.

Barthélemy. Son dernier ouvrage fut celui qui a pour titre :
*De la France, de ses rapports avec l'Europe, et du rôle qu'elle est
appelée à jouer dans le monde*, Paris, 1846, in-8°. La lecture de
ces différents écrits fait vivement regretter qu'une mort prématurée soit venue enlever aux sciences historiques un de leurs
meilleurs interprètes contemporains. Charles de Rotalier mourut le 21 juillet 1849, âgé seulement de quarante-cinq ans.
» Ceux qui l'ont vu de près savent combien on profitait dans ce
« commerce intime. Jamais son âme ne connut d'autre passion
« que celle du bien ; jamais un mot, un mouvement, une
« ombre ne révéla en lui le ressentiment ou le souvenir d'une
« injure. Il brillait dans le monde par la variété de ses con-
« naissances, par l'intérêt de sa conversation, par la politesse
« exquise de ses manières. Les formes aimables du temps
« passé s'alliaient dans ses causeries aux pensées graves et aux
« préoccupations inquiètes des temps modernes. On s'instrui-
« sait en l'écoutant, comme il écoutait lui-même pour s'instruire
« à son tour. La bienveillance était le fonds de son caractère.
« Jeune encore, il savait que la jeunesse a besoin d'encoura-
« gements, et qu'il vaut mieux les prodiguer par excès de
« bonté que de les mesurer par excès de défiance..... Au goût
« des lettres, M. de Rotalier joignait le goût de l'agriculture.
« L'un et l'autre étaient chez lui pratiques, sérieux et éclairés.
« Elevé au sein des populations rurales, il avait compris de
« bonne heure que le premier intérêt des nations est l'intérêt
« agricole, qu'il assure la force et la gloire des états, et que le
« commerce ne saurait avoir une véritable activité si l'agricul-
« ture languit. Il portait dans ses expériences une sagesse
« également éloignée des routines stériles et des innovations
« hasardeuses. Ce qui le distinguait surtout, c'était le désir
« d'améliorer par d'utiles conseils la condition du laboureur.
« Il aimait les champs, et il voulait les faire aimer, parce que
« la vie y est simple et grande, la conscience pure, la mort
« tranquille (193). » — En 1849, à l'approche des élections
pour l'Assemblée législative, Ch. de Rotalier se mit sur les

(193) Eloge de Ch. de Rotalier par M. l'abbé Besson, pp. 11 et 17.

rangs, et publia une circulaire empreinte des plus sages principes : « Devant les efforts incessants de ceux qui ne rêvent « que renversement et destruction, disait-il, toutes les forces « conservatrices doivent s'entendre pour agir en commun, et « préserver les fondements sacrés du vieil édifice. » Cet appel fut entendu par 24,203 électeurs, qui lui donnèrent leurs suffrages (194); mais il lui en manqua 2,000 pour être élu. Nous nous plaisions néanmoins à le considérer comme un des futurs députés du département quand arriva la triste nouvelle de son décès. Son buste en marbre que l'on voit à la bibliothèque de Besançon est le produit d'une souscription ouverte par les amis de Ch. de Rotalier; il est dû au ciseau de J. Petit, jeune statuaire franc-comtois.

ROUSSEL (Claude-François), en religion dom Benoît, naquit à Noroy-le-Bourg le 17 août 1758, et entra fort jeune chez les Bénédictins de Luxeuil. Sa supériorité dans les sciences le fit envoyer, comme professeur de mathématiques, au pensionnat militaire de Metz, destiné à l'instruction des officiers d'artillerie. Après avoir passé cinq ans dans cet établissement, il fut appelé en la même qualité au collége de Saint-Ferjeux près de Besançon. A la suppression des ordres religieux, il revint à Noroy, et fut dans la nécessité, pour échapper aux dangers qui menaçaient les prêtres, d'accepter l'emploi de garde champêtre. On lui confia aussi le soin de conduire des chevaux à l'armée du Rhin. Dans des temps meilleurs il fut élu juge de paix du canton, et se concilia les sympathies et la reconnaissance de tous les justiciables. En 1803, il fut nommé professeur d'humanités à l'école secondaire de Vesoul, et, en 1815, professeur de rhétorique et principal du collége qui avait remplacé l'école secondaire. S'étant retiré, en 1820, dans sa commune natale, il y vécut de son modeste avoir, s'occupant de la direction d'une école qu'il avait créée et où les élèves étaient préparés aux études universitaires. Il

(194) L'année précédente, aux élections pour l'Assemblée constituante, Ch. de Rotalier avait déjà obtenu 18,135 suffrages.

mourut à Noroy le 21 avril 1833, à l'âge de soixante-quinze ans. On a de lui : *Leçons élémentaires sur la manière de traduire les auteurs latins*, Paris, 1809, in-12 de viij-112 pages. L'auteur s'était proposé de publier aussi les *Eléments de l'art de traduire le français en latin;* mais ce second ouvrage n'a point paru, et l'on ne sait pas ce qu'est devenu le manuscrit.

ROUSSELET (Georges-Etienne), jésuite, né à Vesoul en 1582, mort à Vienne (Dauphiné) en 1634, fut recteur du collége de sa ville natale, prêcha avec succès dans différentes provinces, et fit imprimer *Les Lys sacrés*, Lyon, 1631, in-4°. C'est un parallèle des vertus de S. Louis et des autres rois de France. (*Mém. de la Soc. d'agr., sc. et arts de la Haute-Saône*, t. II, p. 151.)

ROUSSELET (Claude-François), né à Pesmes en 1725, était religieux de l'ordre des Augustins réformés, sous le nom de *P. Pacifique.* Il eut de la réputation comme prédicateur. Ayant été envoyé à Bourg, où son ordre desservait la célèbre église de Brou (195), il en composa l'histoire dans un ouvrage curieux et plein de recherches, qui parut à Paris en 1768, sous ce titre : *Histoire et description de l'église royale de Brou*, et qui fut réimprimé à Lyon en 1788, in-12. D'autres éditions en ont été faites depuis, avec des additions. Il était membre de la Société d'émulation de l'Ain, où il a lu différents morceaux, entr'autres un *Discours sur les devoirs de l'honnête homme.*

(195) « L'église de Brou, l'un des plus beaux édifices gothiques qui « existent en France, a été construite sur les plans d'André Colomban, « architecte de Dijon. Elle renferme les mausolées en marbre de Marguerite « de Bourbon, de Philibert-le-Beau, duc de Savoie, son fils, et de Marguerite « d'Autriche, épouse de ce prince. Ces tombeaux et les statues dont ils sont « décorés ont été exécutés, en grande partie, par Conrad Meyl, habile sculpteur « suisse, chargé de la direction des travaux. D'après les calculs du P. Rous-« selet, la dépense totale de l'église de Brou s'est élevée à plus de 220,000 écus « d'or, formant environ vingt-deux millions de notre monnaie. Elle aurait « éprouvé le sort de tant d'autres édifices tombés sous le marteau des van-« dales modernes, sans le zèle de quelques membres de la commission des arts, « qui la firent déclarer monument national. » (*Biog. univ.*, t. XXXIX, p. 162.)

Revenu en Franche-Comté lors de la suppression des ordres religieux, le P. Pacifique mourut à Besançon le 20 août 1807, regretté de tous ceux qui l'avaient connu.

SAINT-MAURIS (Charles-Emmanuel-Polycarpe marquis DE), chevalier de Saint-Georges, de Saint-Louis, de l'ordre de Saint-Jean de Russie, etc., naquit, le 27 mai 1754, d'une ancienne et illustre famille de Franche-Comté. Colonel d'un régiment de dragons, il émigra en 1790, avec ses frères et ses fils, et servit, jusqu'au licenciement de juillet 1801, d'abord à l'avant-garde de la brigade de MONSIEUR, ensuite à l'armée de Condé, où il perdit son fils Gabriel-Achille. Rentré en France en 1802, il s'occupa de rassembler les débris de son ancienne fortune, et acheta le château de Colombier près de Vesoul, où il vécut éloigné de toute participation aux affaires du moment. Au mois de février 1814, apprenant l'arrivée du comte d'Artois sur nos frontières, MM. de Saint-Mauris s'empressèrent de faire porter au prince l'offre de leurs services, et ils l'entourèrent à son arrivée à Vesoul et pendant son séjour en cette ville (du 21 février au 14 mars). Quelques mois plus tard, le marquis de Saint-Mauris fut nommé inspecteur-commandant général des gardes nationales du département de la Haute-Saône, et reçut, au commencement de l'année 1815, un brevet de maréchal-de-camp qui lui donnait rang dans l'armée à partir du 3 mai 1797. Appelé, par une ordonnance de Charles X du 5 novembre 1827, à la Chambre des pairs, il n'y siégea que pendant une ou deux sessions, les événements de 1830 ayant annulé sa nomination. Il mourut au château de Colombier le 1er mars 1839, à l'âge de quatre-vingt-six ans. « Descendant « d'une famille bien connue dans notre province par son « antique illustration, M. de Saint-Mauris joignait à l'éclat du « nom les qualités personnelles les plus recommandables. « L'exquise aménité de ses mœurs, la distinction de ses ma- « nières, le tour heureux de son esprit, charmaient toutes les « personnes que des circonstances même fortuites appelaient à « des relations avec lui. Eloigné de la scène politique en 1830, « M. de Saint-Mauris s'est exclusivement livré, dans les der-

« nières années de sa vie, à ses affections domestiques, à des
« actes nombreux de bienfaisance, et aux loisirs de la vie
« privée. » (*Journal de la Haute-Saône* du 21 mars 1839.) —
Dès sa jeunesse, le marquis de Saint-Mauris s'était proposé de
dresser la généalogie de sa famille et de ses alliances ; dans ce
but, il avait fouillé un grand nombre d'archives, et dépouillé
plus de sept cents titrés, prenant des notes, faisant des extraits,
interrogeant la tradition. Quand il eut achevé de mettre en
ordre tous les matériaux qu'il avait rassemblés, il publia son
travail de quarante années sous ce titre : *Généalogie historique
de la Maison de Saint-Mauris du comté de Bourgogne, depuis
le courant du* XIᵉ *siècle*, accompagnée de Notices sur la plupart
des degrés, ainsi que sur l'origine et les illustrations des maisons avec lesquelles elle a contracté des alliances directes, au
nombre de 125, vol. pet. in-fol. de xl-270 pages. Cet ouvrage,
imprimé à Vesoul, Cl.-F. Bobillier, avec figures et blasons,
parut en 1830. L'auteur y ajouta, en 1832, 12 p. contenant des
notes sur les anciens châteaux-forts de Saint-Mauris-en-
Montagne, de Mathay, de Sancey, de Bermont, de Montjoye, de
Vennes, d'Osselle, de Vuillafans, de Rougemont, de Durnes,
d'Aigremont, de Cléron, de la Roche-Saint-Hippolyte, d'Orsans,
de Leugney, de Cusance, de Colombier-Chatelot, de Grammont,
de Saint-Hippolyte et de Blandans. L'ouvrage n'est complet
qu'avec ce supplément. L'auteur a fait hommage à la bibliothèque de Besançon d'un exemplaire augmenté d'une partie
manuscrite. Le marquis de Saint-Mauris fit encore paraître,
en 1834, son *Aperçu succinct sur l'ordre des chevaliers de
Saint-Georges du comté de Bourgogne*, suivi des statuts et
réglements de l'association, et de la liste des chevaliers reçus,
au nombre de 1,004, depuis 1390 jusqu'à 1833, vol. in-8°
de 250 pages, Vesoul, imp. de G.-F. Bobillier. L'*Aperçu
succinct* et la *Généalogie historique* n'ont été tirés qu'à un
petit nombre d'exemplaires, l'auteur ne les destinant qu'aux
membres ou aux alliés de sa famille, et aux bibliothèques publiques de sa province. Ils sont aujourd'hui rares et recherchés.
(V. à la page 244 la notice MOLANS (Philibert de), et les trois
notes qui y sont jointes.)

SALIVES (DE), famille de Vesoul longtemps riche et considérable, qui fournit, au commencement du XVIᵉ siècle, deux
conseillers au parlement de Dole, Adrien et Antoine de Salives.
Les deux frères faisaient partie en même temps de cette
haute cour provinciale, ce qui donna lieu à des plaintes qui
amenèrent l'un d'eux à donner sa démission; « sur quoy,
« dit un manuscrit du temps, c'est le plus vieux qui en
« prit le party, alléguant que l'asge de son frere estant moins
« avancé, il deuoit vivre plus, et en consequence le credit de
« la famille durer dauantage. Ce sage et prudent frere se
« retira a Vesoul, et comme il estoit d'une habilittee con-
« sommee, il escrivoit et consultoit charitablement pour les
« pauvres personnes. » Il paraît qu'après la mort des deux
frères, leur famille quitta la robe pour l'épée : on ne voit plus
ce nom parmi ceux des magistrats composant le parlement de
la province ; mais on le retrouve dans d'autres positions élevées : un Salives fut au nombre des délégués qui représentaient la noblesse aux Etats de Franche-Comté de 1625 et de
1629. La postérité d'Adrien et d'Antoine de Salives dura longtemps. Celle du premier finit dans la maison de Vaudrey, « en
« laquelle une fille des Salives porta la baronie de St.-Remy,
« les seigneuries de Villersvaudey, Betoncourt, et d'autres,
« mesme une grande et superbe maison a Vesoul. » La postérité masculine d'Antoine de Salives, « possedant maisons et
« grands fonds a Vesoul, et les terres de Cerre et Genevrey
« dans le baılliage, » a subsisté jusqu'à la fin du siècle dernier :
en 1770, Emmanuel-Philippe de Salives, chevalier d'honneur à la Chambre des comptes de Dole, fut admis dans la
noble confrérie de Saint-Georges, de laquelle avaient déjà
fait partie : Adrien de Salives, seigneur de Cerre, reçu en
1660; Claude-Joseph, seigneur de Genevrey, capitaine de dragons, reçu en 1670; Charles-Octave, capitaine d'infanterie,
reçu en 1722; Eugène, seigneur de Cerre, reçu en 1728;
Claude-François, seigneur de Genevrey, reçu en 1749 (196). La

(196) *Aperçu sur l'Ordre des Chevaliers de Saint-Georges*, par le marquis
C.-E.-P. de Saint-Mauris, Vesoul, 1834, in-8°.

famille de Salives, qui habitait Vesoul au XVIe siècle, a continué
d'y résider jusqu'au XVIIIe, ainsi que le prouvent les registres
de baptême conservés aux archives de la ville.

SALLIN (Jean-Charles-Henri DE), né le 25 avril 1735 à Gray,
fils de Pierre-Ignace de Sallin, médecin renommé, se destina
de bonne heure à la même profession, et acheva ses études à
Paris. Estimé de ses maîtres et chéri de ses condisciples, après
avoir pris ses grades il s'établit à Paris, où il ne tarda pas à se
faire une réputation comme praticien. Nommé docteur-régent
à la Faculté de médecine, il y fut chargé du cours de botanique.
Peu de temps après il fut honoré du titre de médecin-consultant
du roi (Louis XVI) et des princesses de Conti, dont il sut justifier la confiance. A cette illustre clientèle, il joignit bientôt
la place importante de médecin en chef du Châtelet. Enfin,
en 1784, il eut l'honneur d'être nommé doyen de la Faculté.
Là s'arrêtèrent les succès de Sallin. La révolution qui éclata
peu de temps après le priva de toutes ses places, et mit sa vie
en danger. Il quitta Paris pour se soustraire aux suites de
l'affreuse loi des suspects, et vint chercher un asile chez sa
sœur, Mme Billardet, qui l'entoura des soins les plus tendres;
mais sa santé, détruite par les spectacles horribles dont il avait
été le témoin, ne put se rétablir, et il mourut dans les bras de
sa sœur chérie, le 27 septembre 1796, âgé de soixante-un ans.
Le buste en bronze de Sallin est conservé à l'Ecole de médecine
de Paris. A l'occasion de son décanat, il fut frappé un jeton
en argent portant d'un côté son effigie avec la légende J. CAR.
HEN. SALLIN GRAYACUS, FAC. MED. P. DEC., et au revers son
blason et la date 1784-85. On a de Sallin quelques opuscules,
entr'autres : *De ratione studendi hypocraticâ Oratio*. Il a laissé
un traité sur la rage auquel il n'a pu mettre la dernière main.
On a trouvé dans ses manuscrits quelques cahiers de botanique
et des notes sur diverses maladies. Le savant abbé Noël, dont il
était l'ami, a caractérisé Sallin dans un distique qu'on nous
permettra de citer :

> En tibi Sallinus medicâ novus arte Galenus;
> Immotâ Pylades alter amicitiâ.

Ce distique a été traduit assez heureusement dans le quatrain suivant :

Dans Sallin nous voyons un nouveau Galien ;
Sa constante amitié fait revivre Pylade.
Soit qu'on fût son ami, soit qu'on fût son malade,
Du choix qu'on avait fait chacun se trouvait bien.

(PICHENOT.)

SCEY (Jean DE), baron de Buthier, d'une des plus anciennes familles de la province (197), qui a fourni plusieurs officiers généraux, fut choisi, pendant la guerre que l'Espagne soutenait contre la France à l'avénement de Louis XIV, pour commander le contingent de cavalerie fourni par la Franche-Comté à l'armée de Catalogne. Il se distingua, en 1645, aux combats d'Ager et de Fraga, et contribua l'année suivante au gain de la bataille de Lérida. Pour le récompenser de sa conduite dans cette dernière action, le roi d'Espagne le nomma marquis de Manglane et lui accorda une pension de mille écus. Un peu plus tard, il retarda la prise de Girone par un secours qu'il parvint à jeter dans la place investie, ce dont il fut loué par le roi lui-même : « Baron de Buthier, « lui écrivait Philippe IV, don Juan mon fils m'a donné avis « du service que vous m'avez rendu le jour du secours de » Girone, en combattant dans les postes qu'occupoit l'ennemi, « et de la satisfaction qu'on a de votre valeur. On n'en devoit « pas moins espérer. J'ai voulu vous rendre grâces pour ce « sujet, etc. » Epuisé de fatigues, il se retira dans un couvent de cordeliers dépendant de sa terre de Manglane, et y mourut en 1654, ayant disposé de la plus grande partie de ses biens en fondations et legs pieux. — Jean était frère de Jean-Baptiste comte de Scey, colonel du régiment d'Amont, gouverneur des armes au comté de Bourgogne, et gouverneur d'Aiguayre (Catalogne), qui donna aussi des preuves de valeur en 1643 et 1645,

(197) Elle a tiré son nom du village à château de Scey-en-Varais, bailliage d'Ornans. Dunod, dans son *Nobiliaire du Comté de Bourgogne,* en fait remonter la généalogie à Othon de Scey, qui vivait au Xe siècle, et fait remarquer que peu de Maisons peuvent se flatter « d'un pareil avantage. » Elle s'est partagée, d'après le même auteur, en trois branches : Scey-Buthier, Scey-Chevroz et Scey-Fertans.

aux batailles de Rocroy et de Lloret, et en 1648 à l'armée de
Catalogne, où il était mestre-de-camp d'un terce (régiment)
d'infanterie bourguignonne. (*Hist. abr. du Comté de Bourgogne*
par D. Grappin, p. 285.)

SEGUIN (Charles-Antoine), jurisconsulte, né le 20 mars 1708,
à Vaivre près de Vesoul, obtint dans ses études des succès qui
décidèrent sa vocation pour le barreau. Pourvu, en 1748, d'une
chaire de droit à l'Université de Besançon, il la remplit d'une
manière brillante. Il joignait à une vaste érudition une élocution pure et élégante, et l'art de mettre les matières les plus
abstraites à la portée de ses élèves. Nommé membre de
l'Académie de Besançon lors de sa création, en 1752, il y
lut plusieurs Mémoires intéressants. Il mourut dans sa terre
de Jallerange, prés de Dole, le 19 septembre 1790. Le
professeur Courvoisier se rendit l'interprète de la douleur
publique en payant un juste tribut à la mémoire de son confrère
dans le discours de rentrée à l'Université. Seguin laissait
en manuscrit un commentaire sur les Institutes de Justinien,
qui a été publié par M. Proudhon, l'un de ses élèves, devenu
doyen de la faculté de droit de Dijon, sous ce titre : *In
D. Justiniani Institutiones commentarii*, Besançon, 1805, in-8°.
Ce volume est orné du portrait de l'auteur ; il en a été tiré
quelques exemplaires sur vélin. En outre, on a de Seguin :
I. *Discours* sur les avantages qu'on peut tirer de l'étude de
l'histoire, 1752. — II. *Dissertation* sur le nombre des rois
bourguignons qui ont précédé Gondebaud, 1752. Il y soutient,
contre l'opinion de dom Plancher (*Histoire de Bourgogne*), que
Gondicaire, sous lequel les Bourguignons passèrent le Rhin en
413, pour s'établir dans les Gaules, était le quatrième roi de
cette nation, et que c'est à tort que plusieurs auteurs ont confondu ce prince avec Gondioc, son successeur. — III. *Dissertation* sur le véritable auteur des lois des Bourguignons,
1753. L'auteur prouve que l'ancien code de cette nation ne
peut avoir eu pour auteur que Gondebaud. — IV. *Discours*
sur l'émulation, 1767. — V. *Mémoire* sur des antiquités
découvertes à Jallerange, 1768, antiquités qui consistent

dans les ruines d'un château, des pavés en mosaïque et une voie romaine. Tous ces ouvrages, conservés dans les registres de l'Académie de Besançon, sont imprimés par extraits dans les procès-verbaux. L'*Eloge* de Seguin a été lu dans une de ses séances par M. Genisset, professeur d'éloquence, Besançon, 1809, in-8°. (*Biog. univ.*, t. XLI, p. 473.)

SEGUIN (Charles-Antoine-Philippe), fils du précédent, né en 1741 à Besançon, embrassa l'état ecclésiastique, et fut pourvu d'un canonicat à l'église métropolitaine en 1776. Ses talents et son zèle pour les intérêts de son chapitre lui méritèrent la confiance et l'estime de ses confrères, qui le députèrent, en 1788, à l'assemblée des notables. Il se prononça en faveur des réformes qui devaient le priver d'une partie de sa fortune, et prêta le serment à la constitution civile du clergé. Nommé président de l'administration centrale du département du Doubs, il fut ensuite élu évêque métropolitain de l'Est. Député à la Convention, il y vota constamment avec le parti modéré, et dans le funeste procès du roi, il se prononça pour l'appel au peuple, puis pour la détention pendant la guerre et le bannissement à la paix. A la fin de la session, il entra au conseil des Cinq-Cents. Il s'était démis de ses fonctions épiscopales lors du rétablissement du culte. (Voy. DEMANDRE.) A l'expiration de son mandat de député, il se retira à Vaivre, où il partagea son temps entre l'étude et les devoirs du saint ministère, qu'il remplit exactement jusqu'à sa mort, arrivée le 23 janvier 1812. Il a laissé la réputation d'un homme instruit, bienveillant et charitable. Les pauvres de Vaivre conservent encore son souvenir. Sa tombe se voit dans l'ancien cimetière de la commune, entre celles de son frère Claude-Pierre Seguin, conseiller au parlement de Besançon, et du colonel Ledoux, qui avait épousé leur cousine. Ses manuscrits ont passé dans les mains de son petit-neveu, M. Paul Seguin de Jallerange. Dans le nombre, il en est de curieux pour l'histoire contemporaine.

SIBILLE (Claude), né à Breurey-les-Faverney, le 11 octobre 1769, s'engagea, dès l'âge de dix-sept ans, dans le 3ᵉ régiment d'artillerie à pied, avec lequel il fit les campagnes de 1792 et 1793 en Allemagne et sur le Rhin. Il se trouva l'année suivante au combat de Kayserslautern (23 mai 1794), et à la célèbre bataille de Fleurus (26 juin), où le général Jourdan, commandant en chef de l'armée de la Moselle, mit en déroute les coalisés sous les ordres du prince de Cobourg. Il fit encore, avec le grade de capitaine, les campagnes de Franconie, d'Helvétie et de Pologne. Nommé chef de bataillon pour services distingués, il se fit remarquer de nouveau lors de l'invasion de la Poméranie suédoise, notamment à la prise de Stralsund (1807). Sibille commandait l'artillerie de la division Dupas à la bataille de Wagram (6 juillet 1809), et se trouvait au combat de Znaïm (11 même mois). Dans la campagne de Russie, il déploya sa valeur habituelle ; mais, au passage de la Bérésina (27 novembre), il fut fait prisonnier avec le reste de la division Partouneaux. De retour en France, il fut employé, en 1815, comme sous-directeur à Cherbourg, puis à Neufbrisack, et obtint, dans ce dernier poste, le grade de lieutenant-colonel, qu'il conserva activement jusqu'au mois d'avril 1818 ; époque à laquelle il se retira dans sa famille, qui habitait alors Luxeuil. Le lieutenant-colonel Sibille avait fait sans interruption toutes les grandes guerres de la République et de l'Empire ; il avait été nommé chevalier de la Légion-d'Honneur le 29 mai 1806, officier du même ordre le 20 décembre 1810, avec une dotation de 2,000 fr., et chevalier de Saint-Louis le 12 novembre 1817. Nommé maire de Luxeuil en février 1819, il s'occupa avec zèle et sollicitude des améliorations que réclamaient une plus facile circulation dans les rues, un plus vaste champ de foire, et une distribution plus commode des eaux des fontaines. C'est encore sous son administration que furent embellis les abords du bâtiment des bains, et que furent créés les jardins qui entourent aujourd'hui ce bel édifice (198). « Ce qu'on

(198) Armand Marquiset, dans sa Notice sur Claude Sibille, résume ainsi les services civils de ce digne compatriote : « Sous sa direction active et pater- « nelle, la ville de Luxeuil, on peut le dire, changea de face. Il n'y avait que « trois mesquines fontaines : le nouveau maire en fit établir un plus grand

« n'oubliera pas surtout de l'administration toute bienveillante
« du colonel Sibille, c'est qu'en 1830, peu de mois avant la
« révolution de Juillet, un des hauts fonctionnaires du départ-
« ment vint trouver le maire, et lui lut une liste de personnes
« de Luxeuil signalées comme contraires au gouvernement, et
« pour laquelle liste il demandait la signature approbative de
« ce magistrat. Celui-ci, furieux, bondit sur son fauteuil, prit
« le haut fonctionnaire par les épaules, le mit à la porte de son
« domicile, en lui disant que, s'il n'était pas le neveu d'un
« général de ses amis, ce serait par la fenêtre qu'il sor-
« tirait (199). » Le colonel Sibille exerça les fonctions municipales, toujours utilement, toujours honorablement, jusqu'à sa
mort, arrivée le 27 mars 1831. — SIBILLE (Eugène-François),
fils du précédent, reçu à l'Ecole polytechnique le 1er octobre
1827, à la suite d'examens brillants, partit, comme chef d'escadrons au 13e régiment d'artillerie, pour la Crimée (1854).
Pendant la campagne, il fut nommé officier de la Légion-
d'Honneur. Blessé, au siége de Sébastopol, par un biscaïen qui
l'avait atteint à la jambe, il mourut à Constantinople, le
17 octobre 1855, pendant la traversée du bâtiment qui le
ramenait en France. Le corps de l'artillerie a regretté en lui
un officier estimé et aimé du soldat comme de ses supérieurs.

« nombre, et plus tard il conçut le vaste plan de celles qu'on a dès lors
« exécutées. A cette époque, l'entrée de la ville était obstruée par des portes
« féodales à créneaux et machicoulis qui gênaient la circulation et occasion-
« naient de fréquents accidents, surtout les jours de foire et de marché : le
« colonel Sibille les fit abattre, et créa ensuite, pour le champ de foire du
« bétail, qui était aux abords de ces portes, le bel emplacement qui existe
« aujourd'hui. C'est le colonel Sibille qui a fait replacer la grille d'entrée
« des bains, qui gisait depuis 1793 sous le péristyle; c'est lui qui a fait rem-
« placer la haie mal soignée servant de fermeture à la cour des bains, du
« côté de la route, par un mur à hauteur d'appui surmonté d'une grille élé-
« gante; c'est lui, enfin, qui a créé, sur des terrains marécageux, ces jolis
« jardins, pleins d'ombre et de fleurs, qui entourent les bains comme une
« fraîche oasis, et dont les plans, dessinés par lui-même, avec l'aide de son
« camarade le colonel d'artillerie Fabert, ont été exécutés sous son admi-
« nistration. Tous les arbres et arbustes qui décorent aujourd'hui ces gais
« bosquets ont été donnés à la ville par l'illustre maréchal Moncey, qui avait
« pour le colonel Sibille une franche et vieille affection. »
(199) Notice de A. Marquiset, p. 10.

SIBLOT (Claude-François-Bruno), conventionnel, né à Lure le 6 octobre 1752, se fit recevoir docteur en médecine et s'acquit dans l'exercice de son art l'estime de ses compatriotes. Après la division de la France en départements, il fut un des membres de l'administration départementale qui fut substituée au régime de l'intendance et des subdélégations (200). Elu député de l'arrondissement de Lure à l'Assemblée législative, les électeurs le renvoyèrent à la Convention. Dans le procès de l'infortuné Louis XVI, il vota la mort sans appel et sans sursis. C'est là le seul reproche, mais il est grand, qui s'attache à la mémoire de Siblot. Envoyé en mission dans divers départements avec son collègue Michaud (du Doubs), pour y surveiller l'exécution des mesures rigoureuses du comité de salut public,

(200) En décrétant, le 22 décembre 1789, la division du royaume en départements, et la subdivision des départements en districts, l'Assemblée nationale préposa à l'administration des assemblées nommées par les électeurs. L'administration de département était composée de trente-six membres, et celle de district de douze membres. Chacune se divisait en deux sections : conseil de département ou de district, et directoire de département ou de district. Les directoires étaient chargés de pourvoir à l'expédition des affaires, sauf à rendre compte de leur gestion aux conseils. Ainsi les directoires avaient en quelque sorte les attributions des préfets et sous-préfets. Près de chaque administration de département, il y avait un procureur-général-syndic, et près de chaque administration de district un procureur-syndic. Ces fonctionnaires avaient séance aux assemblées générales, sans voix délibérative; mais il ne pouvait être fait un rapport sans qu'ils en eussent eu communication, ni être pris une délibération sans qu'ils eussent été entendus. — L'administration du département de la Haute-Saône se réunit pour la première fois le 9 juin 1790, sous la présidence de son doyen d'âge, Emmanuel-Alexandre-Jean-François TRICORNOT DU TREMBLOY, qui fut maintenu au fauteuil à la majorité de trente-une voix. Le premier directoire fut composé des citoyens Pierre-François BRESSAND, Charles-François BAILLY, Jean-Claude NORMAND, Claude-Joseph BARDENET et Jean-Baptiste GROSJEAN. Le procureur-général-syndic fut Claude-Bonaventure VIGNERON, qui devint député à la Convention, au conseil des Cinq-Cents et au Corps législatif. — L'organisation administrative que nous venons de résumer fut modifiée par la Constitution de l'an III, sous l'empire de laquelle les administrations de département furent réduites à cinq membres. On n'avait pas tardé à reconnaître que trente-six rouages compliquaient trop la machine administrative. Cinq ans après, cette Constitution fut remplacée elle-même par celle de l'an VIII, qui créa les préfectures et les sous-préfectures.

il montra dans l'accomplissement de ses devoirs une modération et un désintéressement qui lui firent honneur. A la fin de la session il revint dans sa ville natale, et reprit l'exercice de sa profession avec le même zèle que s'il ne l'eût pas quitté momentanément. Il mourut le 21 octobre 1801, âgé seulement de quarante-neuf ans, et l'on peut conjecturer que cette mort prématurée fut le résultat des agitations au milieu desquelles il avait vécu.

SILVESTRE-DUPERRON (Louis-François) naquit à Luxeuil le 9 mars 1750. Après avoir fait de fortes études à l'Université de Dijon, il osa, jeune encore (1770), adresser à l'Académie des sciences deux *Mémoires de physique et de mécanique* qui lui valurent des éloges et une médaille d'or. Encouragé par ce succès, il adressa à l'Académie de Besançon d'autres Mémoires qui furent remarqués. En 1785, Silvestre, pour suivre une mode d'alors, prit du service en Autriche, en qualité de lieutenant du génie, et profita de son séjour en Allemagne pour apprendre la langue et étudier les mœurs du pays. Apprécié par les savants allemands, il fut nommé chevalier honoraire du Lion de Limbourg, dans la classe académique de cet ordre. En 1786, il revenait à Dijon, et, déjà licencié ès lois, il se faisait recevoir avocat en 1787. L'année suivante, en considération de son mérite et de sa probité, Louis-Henri-Joseph de Bourbon, prince de Condé, le nomma bailli de Fougerolles. La Révolution étant venue rompre sa carrière, il reprit l'épée pour défendre son pays, et servit de nouveau dans l'arme du génie. Il fit, avec le grade de capitaine, les campagnes de 1792 à 1798, et se distingua à la bataille de Salenches le 10 août de cette année. Il était lieutenant-colonel quand il prit sa retraite. C'était avant 1813. Il fut créé chevalier de Saint-Louis le 10 juillet 1816. — Homme de savoir; il avait été reçu, à Paris, le 19 mars 1808, membre de l'Athénée de la langue française, et, le 15 mars 1812, membre titulaire de l'Académie de Besançon. Lors de sa réception, Mgr l'archevêque Le Coz lui adressa ce compliment flatteur :
« Vous correspondiez avec l'Académie dans son plus bel âge.
« Elle était au moment de vous admettre dans son sein lors-

« qu'elle fut, comme toutes les sociétés savantes de l'Empire,
« abîmée sous les laves dévorantes de la barbarie. En vous
« adoptant aujourd'hui, nous ne faisons qu'acquitter le vœu,
« je dirai même la dette de nos prédécesseurs. J'ajoute,
« Monsieur, que l'Académie régénérée vous doit de savants
« Mémoires et plusieurs renseignements intéressants sur divers
« pays que vous avez parcourus. Venez donc en recueillir les
« fruits, tandis que nous nous applaudirons de voir parmi nous
« le militaire instruit, l'historien fidèle, le littérateur exercé,
« l'homme du monde dont la modestie relève encore les ta-
« lents. » — Outre les écrits que nous avons déjà cités, les
Mémoires de l'Académie de Besançon mentionnent de Silvestre-
Duperron : *Notes sur la Hongrie* (on en réclamait la publication); — *Discours sur le progrès des sciences* (on en trouve une
analyse et des fragments dans le cahier des séances publiques
des 14 août et 5 décembre 1812, pp. 87 et suiv.). — On connaît encore de Silvestre un *Eloge de l'abbé Millot, de l'Académie
française, précepteur du duc d'Enghien,* dont le manuscrit autographe est à la bibl. de Dole. Il a fait imprimer seulement
Euristhée, ou le démon de Pythagore, Paris (Besançon), 1822,
in-12. M. Quérard (*France littéraire,* t. II, p. 690) dit que cet
ouvrage a été réimprimé l'année suivante, sous ce titre : *Les
Aventures d'Euristhée, fils de Pittachus,* ouvrage d'éducation,
Paris, Samson, 1823, in-12, fig. C'est une ingénieuse allégorie,
où les descriptions, les narrations, les tableaux du bonheur et
les leçons de la sagesse attachent tour à tour le lecteur. Il est
divisé en vingt chapitres. — Silvestre-Duperron mourut
en 1830, à Villers-Farlay, près de Poligny (Jura), âgé de
quatre-vingts ans. Son portrait, peint par M. Besson, conservateur du musée de Dole, décore la bibliothèque de cette
ville (201).

SIMARD (François), controversiste, né à Vesoul vers 1490,
reçut, en achevant ses études, le grade de docteur en théologie

_____

(201) Nous sommes redevable de cette notice à l'obligeance de M. Pallu, le
savant conservateur de la bibliothèque de Dole.

de la Faculté de Paris, qui jouissait alors d'une grande célébrité. En 1521, il enseignait la logique au Collége de Bourgogne (202), fondé par la comtesse Jeanne (devenue reine de
France par son mariage avec Philippe-le-Long), dans le but de
faciliter leurs études aux jeunes Francs-Comtois peu favorisés
de la fortune. Simard, rappelé dans sa province, où l'hérésie
naissante tentait de pénétrer, la combattit avec un zèle qui fut
couronné de succès. Ses services furent récompensés par la
cure de Mondon, et, en 1528, par un canonicat au chapitre
métropolitain. Enfin il fut, en 1539, nommé suffragant d'Antoine
de Vergy, et sacré sous le titre d'évêque de Nicopolis. Son
mérite n'était point au-dessous de cette dignité; il administra
ce vaste diocèse avec autant de douceur que de fermeté, et
mourut le 20 septembre 1554, laissant la réputation d'un controversiste habile et d'un éloquent prédicateur. Il fut inhumé
dans l'église Saint-Jean, au pied de la chaire qu'il avait illustrée.
Il était représenté en relief sur sa tombe, avec une épitaphe
qui, malheureusement, n'a point été conservée. (V. Dunod,
Hist. de l'Eglise de Besançon, I, 284.)

SIMARD (Pierre), né à Montbozon ou à Vesoul (203) vers
l'an 1620, fut un inquisiteur très-sévère; il remplit les prisons
de Besançon de personnes accusées de magie. On trouve dans
les registres de la mairie de cette ville une lettre qu'il écrivait
aux magistrats pour leur demander un local plus spacieux où
il pût renfermer les nombreuses victimes de son zèle trop
aveugle. Si l'on s'en rapporte au témoignage du P. Quétif
(*Bibl. fratr. prædicatorum*, t. II, p. 540), cet inquisiteur si
violent avait les dehors agréables et des mœurs pures : *Vir fuit
elegantis formæ, staturâ procerus, moribus optimus, religionis
æmulator*. Comme écrivain, le P. Simard s'est fait connaître
par deux ouvrages : I. le *Trésor du rosaire*, in-12, réimprimé

---

(202) *Histoire du Collége de Bourgogne* par M. Castan (inédite.)

(203) Suivant les PP. Echard et Quétif (*Bibl. fratr. prædic.*), Simard,
qualifié *patriâ Bisuntinus*, serait né à Besançon; mais peut-être faut-il entendre
seulement par ces mots qu'il était né dans le diocèse de Besançon. En effet,
Lampinet le dit de Vesoul, et d'autres biographes de Montbozon.

plusieurs fois à Besançon et à Dole; — II. *Avis favorables et salutaires aux prêtres et pasteurs*, Besançon, 1677, in-8°. C'est une apologie du sacerdoce. Suivant Lampinet (*Bibl. séq.*), il a laissé manuscrits : un *Abrégé des conciles*, des *Observations sur le droit canonique*, et un *Traité des Sorciers*. Il mourut prieur des Dominicains de Poligny, vers 1680. (V. *Histoire de la Sorcellerie au comté de Bourgogne*, par M. Aristide Déy, Vesoul, 1861, in-8°, pp. 44, 45, 46; V. aussi *Biog. univ.*, t. XLII, p. 363.)

SIMONIN (Etienne), né vers la fin du xvi° siècle à Gray, se fit recevoir docteur en théologie et en droit canon, et embrassa l'état ecclésiastique. Il sut gagner, pendant un voyage qu'il fit en Italie, la faveur du pape Urbain VIII, qui, pour le récompenser d'un poème latin composé à sa louange (*Sylvæ urbanianæ, seu gesta Urbani VIII pontif. opt. et max.*), lui donna un canonicat au chapitre de Dole et d'autres bénéfices, notamment le prieuré de Moutherot. Elu premier professeur en théologie à l'Université de Dole, il remplit cette chaire pendant vingt ans, et mourut en 1668. Le poème *Sylvæ urbanianæ* est divisé en cinq livres, dans lesquels l'auteur célèbre les vertus d'Urbain VIII, les embellissements qu'il a faits au Vatican et à la ville de Rome, et son zèle pour la religion. On connaît encore de lui un opuscule ascétique intitulé : l'*Etendart de bon secours*, ou *l'assistance donnée chaque mois aux ames du Purgatoire*, Dole, 1655, in-12 de 234 pages.

SIROT (Etienne-Joseph), né en 1779 à Cirey, bailliage de Vesoul, s'est fait un nom comme manufacturier. Propriétaire d'une vaste faïencerie, il perfectionna notablement une fabrication nouvelle alors, celle du cailloutage; et son établissement, où travaillaient un grand nombre d'ouvriers dont il s'était fait l'ami et qu'il traitait comme un père, jouit pendant de longues années d'une réputation justifiée par l'élégance et la solidité des produits qu'il livrait au commerce. Sa distinction comme fabricant, son honorable et généreuse conduite à l'époque de l'occupation étrangère, puis durant l'année de disette qui suivit, lui firent décerner la croix de la Légion-d'Honneur par Louis XVIII. Il fut longtemps membre du conseil général de la Haute-Saône, suppléant du juge de paix, membre de la commission supérieure de l'instruction primaire, et maire de Rioz. Il fit constamment preuve de connaissances solides, d'un jugement sûr, et d'une infatigable activité. Atteint, en 1844, d'une maladie cruelle, il fut contraint de se démettre d'une partie des fonctions qu'il tenait du suffrage des électeurs ou de la confiance du Gouvernement; mais il conserva son titre de maire, auquel ajoutait un prix tout particulier pour lui l'attachement dévoué qu'il portait à ses concitoyens. C'est à son administration sage et éclairée que Rioz est redevable de la plupart des établissements publics qui donnent aujourd'hui de l'importance à ce chef-lieu de canton. Il y mourut le 12 mai 1846, à l'âge de soixante-sept ans.

SIXTE DE VESOUL (Jean Paris, connu sous le nom de Père), orientaliste, était né le 19 août 1736, à Montagney-les-Montbozon, de parents simples cultivateurs. A dix-huit ans, il embrassa la règle de S. François, et fut envoyé par ses supérieurs à Paris, pour y continuer ses études. Ses progrès dans les langues orientales furent très-rapides. Il devint bientôt membre de la Société des capucins hébraïsants, et prit une part active à ses travaux. C'est à lui qu'on est redevable particulièrement de la traduction de l'*Ecclésiaste*, Paris, 1771, in-12. Si l'on en croit l'un de ses confrères, le P. Dunand, il aurait mis au jour une traduction littérale de l'*Histoire de la première Croisade*, écrite en arménien par Mathieu, moine d'Edesse; mais il est probable qu'elle est restée en manuscrit. Après la mort du P. Louis de Poix, il demeura chargé de la correspondance avec les savants que nécessitait la continuation des travaux de la société. En 1770, il signa le prospectus d'un *Dictionnaire arménien, latin, français et italien,* qu'elle se proposait de faire paraître incessamment, mais dont les événements empêchèrent la publication. Le P. Sixte ne survécut que peu de temps à la suppression de son ordre. Il était de l'Académie des Arcadiens de Rome (204). (*Biog. univ.*, t. XLII, p. 449.)

SOMMIER (Jean-Claude), né à Vauvillérs ou à Montdoré (205) le 22 juillet 1661, fit ses études à l'Université de Dole, et embrassa l'état ecclésiastique. Successivement curé de la Bresse, de Gironcourt et de Champs, dans les Vosges, il s'acquit une grande réputation comme prédicateur, et mérita la confiance du duc de Lorraine Léopold Ier, qui le nomma son résident à Rome. Pendant son séjour dans cette capitale, l'abbé Sommier reçut du pape Clément XI un accueil très-distingué et le titre de protonotaire apostolique. Dans un autre voyage qu'il fit à Rome pour les intérêts de son souverain, Benoît XIII le nomma archevêque de Césarée, et voulut le décorer lui-même des insignes de sa dignité. Le duc de Lorraine récompensa les services de Sommier par la place de conseiller d'Etat. Outre l'abbaye de Sainte-Croix, il obtint la grande prévôté de Saint-Dié, avec l'autorisation d'exercer les fonctions épiscopales dans le territoire de cette ville, qui fut distraite momentanément de l'évêché de Toul. Le zèle peut-être trop ardent de Sommier pour maintenir les prérogatives de son Eglise lui suscita plusieurs contestations embarrassantes, et qui n'étaient point terminées quand il mourut le 5 octobre 1737. Ce prélat était petit, contrefait, d'une physionomie peu prévenante; mais il raillait le premier de sa laideur, et ses qualités faisaient oublier promptement sa figure. A la demande de Clément XI, il avait composé l'*Histoire dogmatique de la religion;* sa reconnaissance pour les bontés de Benoît XIII l'engagea à écrire l'*Histoire dogmatique du Saint - Siége.* Indépendamment de ces deux ouvrages, qui forment, le premier six volumes in-4°, le second sept volumes in-12, on a de ce prélat : III. *Histoire de l'église de*

(204) L'Académie des Arcades ou des Arcadiens, société littéraire fondée à Rome en 1690, tire son nom de l'engagement pris par ses membres de vivre en vrais bergers d'Arcadie, c'est-à-dire avec simplicité et avec des mœurs hospitalières.

(205) A Vauvillers selon la *Biographie universelle*, à Montdoré selon D. Grappin (*Hist. abr. du Comté de Bourgogne*).

Saint-Diez, avec pièces justificatives, 1726, in-12. — IV. *Orgia
Alicapellana* (Fêtes d'Alichapelle), 1702, in-8° de 28 pages.
« C'est un petit poème en trois chants, avec la traduction
« en vers français en regard, qui contient la description
« d'une fête que l'auteur avait donnée à quelques-uns de ses
« amis. » — (Voir t. XLIII de la *Biog. univ.*, p. 81, et l'*Alm. de
la Franche-Comté* pour l'année 1785, p. 446.) Sommier a laissé
en outre plusieurs oraisons funèbres, des sermons, et quelques
pièces de vers,

SONNET, famille noble de Vesoul qui, dès 1513, avait acquis
de la maison de Neufchâtel l'importante seigneurie d'Auxon, et
qui la possédait encore en 1789. Cette date est indiquée dans les
anciens *Almanachs* de la Franche-Comté, et l'on trouve dans les
registres de baptême conservés à l'hôtel de ville de Vesoul, que,
le 28 mars 1575, vint au monde Etienne Sonnet, *filius nobilis
viri Francisci Sonnet, domini temporalis de Auxon.* Cette famille
a produit des hommes de mérite (Voy. Gilbert COUSIN, *Brevis
Burgundiæ superioris seu comitatûs Descriptio*), entr'autres :
SONNET (Claude), qui, après avoir été lieutenant-général au
bailliage de Vesoul, entra comme conseiller au parlement de
Dole, où n'étaient admis que des magistrats d'une science
reconnue. Il était parent de Simon Renard. — SONNET (Claude-
François), neveu du précéddent, jouissait de la réputation
d'un des plus habiles hommes de son temps. (Lampinet, *Bibl.
séq.* mss.). Il cultivait avec un égal succès les sciences et la
littérature. Ayant embrassé l'état ecclésiastique, il obtint la
chaire de théologal au chapitre de Besançon, et mourut en
cette ville vers 1630, dans un âge avancé. (*Biog. univ.*,
t. XLIII, p. 90.) — SONNET (François-Charles), né à Vesoul,
fit ses études à Dole et à Paris ; et, après avoir reçu le
doctorat en droit, revint dans sa ville natale, où il partagea ses
loisirs entre les exercices du barreau et la culture des lettres.
On a de lui : I. *Primum consilium analyticum tres complectens
quæstiones,* Paris, 1576, in-4°; — II. *Conseils* sur les donations
réciproques des pupilles et mineurs, etc., Besançon, 1602,
in-4°. (*Biog. univ.*, t. XLIII, p. 90.) — Deux autres descendants

de cette famille, Jean et Thomas SONNET, frères, étaient également recommandables par la bonté de leur cœur et l'étendue
de leur savoir : *Miro et animi et eruditionis candore.*

TERRIER. C'est le nom d'une famille de robe qui était
établie à Vesoul dès le XIVe siècle, et qui a fourni des hommes
distingués à la magistrature comme au barreau : Jean TERRIER,
lieutenant-général au bailliage d'Ornans, devint conseiller au
parlement de Dole; et y siégea du 31 mai 1618 au 18 mai
1635 ; son fils, Jacques TERRIER, et Claude TERRIER, son
petit-fils, furent investis de la même charge. Dans son *Traité
des Prescriptions* (avertissement, pag. vij), le savant Dunod parle
de Jacques Terrier en ces termes : « Jacques Terrier, de Vesoul,
« fut pourvu d'une charge de conseiller au parlement de
« Franche-Comté le 7 mai 1638. Il mourut en 1658, étant
« doyen de la compagnie. C'était un magistrat rigide et labo-
« rieux, uniquement appliqué à sa profession. Il a laissé des
« Notes sur le droit et sur la coutume, et un Recueil d'arrêts,
« le tout manuscrit ; son fils et son petit-fils, conseillers au
« parlement comme lui, ont ajouté quelques arrêts de leur
« temps à ses remarques. »

TERRIER DE CLÉRON (Claude-Joseph), parent des précédents, magistrat distingué par ses lumières et son indépendance, naquit à Besançon le 11 juillet 1697. Après avoir achevé
ses études, il prit ses degrés en droit, et fréquenta le barreau.
En 1729, il acheta la charge de président de la cour des
comptes de Dole, et obtint une dispense d'âge pour en
prendre possession. Dans cette magistrature, il signala son zèle
pour la répression des abus qui paralysaient l'agriculture et le
commerce en Franche-Comté. L'établissement d'un second
vingtième lui fournit, en 1756, l'occasion d'adresser au roi
des remontrances sur la nécessité d'adopter une répartition
plus équitable de l'impôt, et d'affranchir le commerce des en-
traves qu'il rencontrait aux frontières de chaque province. Sa
courageuse opposition au plan du ministère le fit exiler à
Limoges en 1757. A peine rétabli dans ses fonctions, il écrivit

en faveur des membres du parlement que des lettres de cachet tenaient encore dans l'exil ; et, en 1759, il rédigea de nouvelles observations pour demander leur rappel. « Rien de plus élo-
« quent, écrivait Piron à l'abbé d'Olivet, de plus fort, de plus
« sage, de plus intéressant et de plus pathétique que les der-
« nières remontrances de la Chambre des comptes de Dole. Il
« ne tombe pas dans l'esprit qu'elles puissent manquer de
« produire leur effet. Le craindre me semblerait crime de
« lèse-majesté, et blasphémer providence et justice. Ce mor-
« ceau fait toute sorte d'honneur à votre province ; orateurs et
« bons sujets, tout s'y manifeste ; la Franche-Comté mérite à
« jamais l'estime du public et de son souverain. » Les amis de
Terrier firent graver son portrait, avec une inscription un peu emphatique, qui se termine par ce vers :

Son cœur et ses talents embrassent l'univers.

Dans les loisirs que lui laissaient ses fonctions, il avait fait une étude particulière de la botanique. Croyant avoir découvert les propriétés médicinales de plusieurs plantes jusqu'alors négli-gées, il fit le voyage de Paris pour soumettre ses observations au jugement de la Faculté. Il profita de cette circonstance pour faire imprimer un ouvrage intitulé : *Histoire allégorique de ce qui s'est passé de plus remarquable à Besançon depuis 1756,* in-8° de 117 pages. Ce volume, devenu très-rare, contient plu-sieurs pièces en vers et en prose, contre M. de Boynes et le duc de Randan, l'un intendant, l'autre gouverneur de la pro-vince, et contre les membres du parlement qui s'étaient faits les complaisants du gouverneur. Cette imprudence fut punie par une lettre de cachet. En sortant de la Bastille, le 29 mars 1761, Terrier reçut l'ordre de se rendre à Dole, avec défense de sortir de cette ville. Cependant il obtint, peu de temps après, la permission de se retirer dans sa terre de Cléron. Ayant eu le malheur de perdre son fils unique, il mourut de chagrin au mois de septembre 1765. Outre les remontrances déjà citées, on a de Terrier : I. *Vie de Louis Mandrin,* Paris, 1755, in-12. Cet ouvrage a été souvent réimprimé format in-18. — II. *Discours sur la dignité et les devoirs de la magistrature, et sur la nécessité*

21

et l'emploi du tribut, 1757, in-8° de 24 pages. — III. *Observations sur la vérification des lois bursales*, 1757, in-8° de 62 pages. — IV. *Mémoire au sujet de la découverte de plusieurs remèdes*, 1759, in-8° de 34 pages. — V. *Les propriétés du bois de fresne* (206), 1759, in-8°. (*Biog. univ.*, t. XLV, p. 191.)

TERRIER (Antoine-Marie-Réné), marquis de Monciel, né à Dole en 1757, embrassa la cause de la Révolution avec une extrême chaleur. Maire de sa ville natale en 1791, il fut l'un des commissaires chargés d'arrêter la division de la Franche-Comté en trois départements, puis président de l'administration centrale du Jura; mais il ne tarda pas de reconnaître que les démagogues et les anarchistes compromettaient la monarchie, et voyant qu'il ne pouvait pas les contenir ni les réprimer, il donna sa démission. Se trouvant à Paris peu de temps après, il fut remarqué, quoiqu'il ne prît aucune part aux événements du jour, à cause de ses opinions royalistes, et rangé parmi les défenseurs du trône. Ayant été signalé à Louis XVI comme un administrateur habile et dévoué, le roi le nomma ministre de l'intérieur en remplacement de Roland (18 juin 1792). Les circonstances étaient très-difficiles : le jeune ministre accepta néanmoins le poste périlleux qui lui était confié, et y montra beaucoup de courage; plusieurs fois on l'entendit, dans le sein de l'Assemblée législative, dire de dures vérités aux désorganisateurs. Cependant s'accroissait de plus en plus l'influence du jacobinisme, qui venait de faire la journée du 20 juin. Il fut forcé de quitter le ministère quelques jours avant le 10 août; mais, résolu de mourir en défendant le roi s'il ne parvenait pas à le sauver, il était à son poste aux Tuileries dans cette fatale journée. Traqué par les proscripteurs, il parvint à gagner l'Angleterre, d'où il se rendit en Allemagne pour mettre son dévouement à la disposition de MONSIEUR (depuis Louis XVIII), qui l'admit dans son conseil privé. Les succès des armées françaises ayant contraint ce prince à chercher un asile

(206) La *Bibliothèque botanique* de Haller indique cet ouvrage sous ce titre : *Propriétés du bois de France*, par *Ferrier*, v. II, 457. Cette double faute d'impression devait être signalée.

en Russie, Monciel vint en Suisse attendre la suite des événements, et habiter un peu plus tard sa terre de Vaudrey près d'Arbois. En 1814, il s'empressa d'aller offrir ses services au comte d'Artois, qui venait d'arriver à Nancy. « Dès ce moment « il ne quitta plus MONSIEUR jusqu'à son arrivée dans la capi- « tale, où ce prince le logea auprès de lui, dans le château des « Tuileries, le considérant comme son ministre et son meilleur « conseiller. » (*Biog. univ.*, t. LXXXI, p. 422.) Après l'avénement de Louis XVIII, qui entendait mettre en pratique un système de gouvernement libéral, tandis que le comte d'Artois ne s'entourait que d'hommes plus royalistes que le roi, Terrier dut se retirer. Il revint dans sa propriété de Vaudrey; mais, redoutant les suites de la révolution de 1830, il crut devoir se réfugier en Suisse, où il mourut dans le mois de septembre 1831.

THEVENOT DE SAULES (Claude-François) naquit à Coiffy-la-Ville en Champagne, le 23 janvier 1723. Après avoir fait de bonnes études, il se livra à la jurisprudence, et suivit avec distinction la carrière du barreau. Il n'était pas encore parvenu à sa quarantième année lorsqu'il fut chargé d'une cause majeure : ce fut la défense des Jésuites, pour lesquels il plaida avec distinction au parlement. Son plaidoyer fut justement applaudi, bien que la défaveur accueillît alors ceux qui se chargeaient de parler pour un ordre que les papes, les rois et les jansénistes attaquaient sans relâche. Quand le chancelier Maupeou substitua aux parlements des conseils supérieurs plus dociles, Thevenot crut devoir accepter la place d'avocat-général à Orléans. Ce fut le terme de sa fortune : le barreau lui fut fermé en 1774, lors de la réhabilitation du parlement de Paris, qui avait été exilé à Troyes. Retiré loin des scènes bruyantes, il consacra, dans la retraite, ses veilles studieuses à la composition de plusieurs ouvrages. Le seul qui ait été livré à l'impression est le *Traité sur les substitutions fidéi-commissaires*, avec des commentaires sur l'ordonnance de 1747, in-fol. et in-4°, 1 vol. Thevenot de Saules mourut à Vesoul le 23 juillet 1797, occupé à mettre la dernière main à un savant ouvrage dans lequel il comparait nos lois nouvelles avec le droit romain (207). (*Biog. univ.*, t. XLV, p. 385.)

THIERRY (Jean), né vers la fin du XVIᵉ siècle à Pin-l'Emagny, était au berceau quand la petite vérole le priva de la vue. On n'a pu recueillir aucun détail sur sa première éducation, ni sur les moyens qu'il employa pour acquérir de l'instruction; mais on peut conjecturer qu'il joignait à une mémoire prodigieuse la faculté de combiner facilement les idées les plus abstraites. Il prit l'habit ecclésiastique, se fit recevoir docteur en théologie et en droit, et se consacra d'abord à la carrière de la chaire. Ph. Chifflet nous apprend que, le 15 août 1630, le docteur Thierry prononça dans l'église de Bellefontaine une prédication digne de son bel esprit. (*Hist. du Prieuré de Bellef.*, p. 34.) Peu de temps après, il ouvrit à Besançon une école qui fut très-fréquentée, et de laquelle sortirent plusieurs élèves qui lui firent beaucoup d'honneur, entr'autres J.-B. Boisot (208), depuis abbé de Saint-Vincent. Jules Chifflet, qui le compare à Didyme d'Alexandrie pour la profondeur et la variété des connaissances, dit que Thierry avait le projet de publier un *Traité des couleurs,* pour démentir le proverbe : « Il en raisonne comme un aveugle de peinture. » Thierry mourut vers 1660. On a de lui : *Definitiones philoso-phicæ*, Pin, Jean Vernier (209), 1634, in-24; réimprimées plusieurs fois à Lyon, à Paris, etc. (*Biog. univ.*, t. XLV, p. 414.)

THION (Claude), né à Pesmes en 1765, était soldat, pendant la guerre d'Amérique, dans le régiment de Touraine, quand il

(207) Cet ouvrage, revu et augmenté par Lesparat, ancien avocat, puis par Dussans, docteur en droit de la Faculté de Paris, a été publié sous ce titre : *Dictionnaire du Digeste*, ou *Substance des Pandectes justiniennes*, Paris, 1809, 2 vol. in-4º.

(208) Savant ecclésiastique, connu par ses liaisons avec les premiers écri-vains de son temps, par son goût pour les livres, et par son projet d'écrire la vie du cardinal de Granvelle sur ses mémoires originaux, qu'il avait mis en ordre après les avoir sauvés des mains d'un épicier. L'*Histoire* de ce grand homme d'État a été écrite depuis par Courchetet d'Esnans (Paris, 1761, in-12), à qui on reproche trop de partialité en faveur de son héros.

(209) Voy. p. 232 l'article MÉNESTRIER (Perrenin), curé de Courcuire.

fut chargé, le 20 janvier 1782, lors du siége de Brümstown-Hill, de prendre des bombes dans un dépôt de projectiles pour les porter à la batterie française qui tirait sur la place. Dans le trajet, un boulet ennemi lui coupe le bras droit, qui ne tenait plus qu'à un nerf. Après avoir mis à terre la bombe dont il est porteur, Claude Thion achève lui-même l'amputation de son bras, reprend la bombe, et va la déposer à la batterie avant de se faire panser. Ce trait d'énergique sang-froid valut à Thion une place à l'hôtel des invalides, des gratifications, une pension, enfin une médaille que lui décerna la société de la Candeur. (Voy. *Alm. de la Franche-Comté* pour l'année 1785, p. 345.)

THIOUT (Antoine), né à Jonvelle vers 1694, se voua à l'étude de l'horlogerie, et, étant allé s'établir à Paris pour y pratiquer son art, fut distingué par ceux qui, sous la régence du duc d'Orléans, essayaient d'implanter dans la capitale cette branche d'industrie. Thiout fit aussi parler de lui dans les recueils scientifiques de l'époque. Plus tard, en 1744, il faisait paraître son *Traité de l'Horlogerie mécanique et pratique*, 2 vol. in-4°, ornés de quatre-vingt-onze planches. C'est un ouvrage qui n'a pas cessé d'être estimé, et dans lequel l'auteur a rassemblé, dit Lepaute, « tout ce qui s'était fait avant lui, avec un soin et un travail « *dont on voit peu d'exemples.* » Antoine Thiout mourut à Paris le 10 juin 1767.

THOMASSIN (Adrien), né à Vesoul, était lieutenant-général au bailliage d'Amont quand, le 26 février 1593, il fut fait conseiller au parlement. Il était fils ou petit-fils de Jean Thomassin, déjà conseiller lors de la confirmation que Charles-Quint donna au parlement de Dole en 1530. Adrien Thomassin devint président de cette cour en 1605 (210). Pendant les

(210) Cette dignité allait presque de pair avec celle de gouverneur de la province; elle était même beaucoup plus influente. Indépendamment du service de la justice, la cour de Dole centralisait les autres grandes attributions du pouvoir exécutif. Elle était constituée, à beaucoup d'égards, à l'état de gouvernement. Le prince la consultait sur tous les changements à introduire

vingt-cinq ans qu'il exerça ces fonctions, il reçut des missions importantes : après avoir été ambassadeur auprès des cantons suisses, il fut délégué du souverain aux Etats de Franche-Comté en 1606, 1614, 1617, 1621, 1629. Par sa femme, née de Chaffoy, il était allié à plusieurs familles nobles de notre province, aux de Marcilly, de Coublans, de Chauvirey, de Blonay, etc.; il était seigneur de Crissey près de Dole et de Mercey près de Gray. Il mourut à Dole le 9 mars 1631, et fut enterré dans la grande église de cette ville. Il eut deux fils qui moururent sans postérité. L'un d'eux, Benigne Thomassin, doyen du chapitre de Dole, conseiller d'Eglise au parlement, décéda en juillet 1653, ne laissant qu'un parent de son nom, Thomassin de Montboillon, qui mourut lui-même sans enfants,

---

daus l'administration du pays; il ne faisait rien sans recourir à ses lumières. Il en était ainsi depuis la réorganisation de cette cour par Philippe-le-Bon, en 1422. Aussi le président s'environnait-il d'un appareil qui rappelait celui des premières magistratures de Rome. Il marchait précédé d'huissiers, comme les consuls l'étaient de licteurs (Petremand, *Ordonnances de Franche-Comté*). Ses insignes avaient également un caractère romain. « Je ne pourroie pas, dit Gollut, raisonnablement laisser dire que la court hat un président habillé (quand il se monstre en habits de son magistrat) non pas de simples accoustrements d'escarlatte comme les conseillers, mais avec le paludament (libre d'une main et restraint de l'autre), et avec le mortier en teste, comblé d'or ou d'unions et marguerites, ou de perles orientales, ainsi que les chanceliers de France portoient anciennement. L'habit du président est tel comme les comtes portoient autrefois. » C'est à travers ces grands souvenirs que se présente l'image d'Adrien Thomassin, président du parlement de Dole, de 1605 à 1631, et père de Jean Thomassin baron de Montboillon. (*Glanures*, par M. Longchamps.)

A la fin du XVe siècle et au commencement du XVIe, trois frères Thomassin habitaient, dit-on, la ville de Vesoul. L'aîné aurait fait construire la maison que possède aujourd'hui M. Bellenet, rue du Collége; le puîné, la maison qui a pris le nom de Châtelet; le cadet, la maison qui appartient à M. Thirria, inspecteur général des mines, rue De Mailly. Ce qui viendrait à l'appui de cette tradition, c'est que des écussons aux armes des Thomassin (*d'azur à la croix écotée d'or*) se voient encore dans la cour de la maison Thirria et à la façade de la maison Bellenet. — La maison appelée le Châtelet a donné sa dénomination à la rue sur laquelle elle élève son pignon à redans; on y trouve une de ces cheminées de cuisine que se plaisaient à décorer les sculpteurs et les architectes de la Renaissance. Sur son vaste manteau on lit cette épigraphe : QUÆ SUNT SVRSVM SAPITE. (*Revue épigraphique dans la Haute-Saône* par M. Longchamps, président de la commission archéologique de la Haute-Saône, p. 96.)

en 1677. Ainsi s'éteignit la famille Thomassin, établie à Vesoul dès le commencement du xvᵉ siècle. — Sa généalogie se trouve dans le *Nobiliaire* de Dunod, ainsi que dans le *Mémoire pour servir à l'Histoire de Vesoul*, Yverdun, 1779. — Dom Grappin, dans son *Hist. abr. du comté de Bourgogne*, semble indiquer que le célèbre Thomassin (Louis), prêtre de l'Oratoire, était de la même famille. Ses ouvrages lui acquirent une si haute réputation que le pape Innocent XI voulut l'attirer à Rome et le faire cardinal; mais le roi répondit qu'un savant tel que Louis Thomassin était nécessaire dans son royaume. Le P. Thomassin mourut en 1695, à l'âge de soixante-dix-sept ans. (V. *Biog. univ.*, t. XLV, p. 473.)

THOMASSIN (François-Daniel), fils de Louis Thomassin, avocat, naquit à Gesier, bailliage de Vesoul, le 15 septembre 1780. Il sortit de l'Ecole polytechnique avec un numéro qui lui conférait le droit d'opter entre plusieurs carrières spéciales; mais il choisit l'arme du génie militaire, vers laquelle le poussait un goût dominant pour les sciences mathématiques. Il était lieutenant au commencement de 1805, capitaine en 1806, et membre de la Légion-d'Honneur l'année suivante. Il fit partie de l'armée de réserve du Rhin, puis de la Grande-Armée en Allemagne, en Prusse, en Pologne; il servit ensuite en Espagne (de 1805 à 1809), dans le royaume de Naples et en Illyrie (de 1810 à 1812). Il se trouvait aux batailles d'Iéna et d'Eylau; aux combats de Prustzlow, d'Hoff et de Golymin; au siége de Lubeck, à celui de Stralsund, et à la prise de Saragosse, où il fut grièvement blessé. Lorsque le général comte Andréossy fut nommé ambassadeur de France à Constantinople (1812), le capitaine Thomassin fut un des officiers désignés pour l'accompagner, et c'est pendant un séjour de trois années sur la terre d'Orient qu'il dressa, de concert avec MM. Vincent et de Moreton-Chabrillant, la *Carte topographique du Bosphore de Thrace et des environs de Constantinople*, « travail conscien- « cieux, marqué au coin de la correction et du talent, dans « lequel la sévère précision des détails, indispensable au

« point de vue stratégique, n'exclut pas les agréments du
« dessin (211). » L'année 1815 l'appela à l'armée du Nord
avec le grade de chef de bataillon, et là encore il eut l'occasion d'allier « le mérite qui brille avec la modestie qui se
« cache (212). » Au commencement de 1820, le commandant
Thomassin fut membre de la commission de défense de Paris,
au sein de laquelle il siégea pendant dix-sept mois. Trois
ans après, il fut fait officier de la Légion-d'Honneur, et
lieutenant-colonel en décembre 1833. « Mais avec les grades
« et les distinctions militaires étaient nées aussi les fatigues,
« les infirmités de l'âge, et à leur suite le désir et le besoin de
« prendre quelque repos. Aussi, lorsque, vers la fin de 1840,
« M. Thomassin fut proposé pour le grade de colonel, crut-il
« devoir décliner ce nouveau titre, bien dédommagé qu'il fut
« toutefois, après quarante-deux ans de services effectifs et dix
« campagnes, par la lettre ministérielle qui lui annonçait son
« admission à la retraite : « Je ne terminerai pas cette lettre,
« lui écrivait le ministre, sans vous exprimer la satisfaction
« de Sa Majesté pour les bons et honorables services que vous
« avez rendus pendant votre longue carrière militaire. » Retiré
« dès lors dans son paisible patrimoine de Gesier, M. Tho-
« massin s'abandonna tout entier aux douceurs de la vie
« champêtre. Entouré des soins affectueux d'une épouse
« chérie, et tout occupé de l'éducation de ses enfants, du
« plaisir d'être utile, on le vit constamment, étranger aux agi-
« tations politiques, borner le cercle de ses relations sociales
« à un petit nombre d'amis dont il savait charmer les loisirs
« par l'attrait de sa conversation spirituelle et instructive, con-
« versation toujours embellie par quelque souvenir de ses
« nombreux voyages, et où se reflétait sans effort, aussi bien
« que dans ses manières et ses habitudes, ce ton de politesse et
« de dignité parlementaire qui rappelait chez le vétéran de
« Gesier le diplomate d'autrefois (213). » Ce vénérable repré-

---

(211) Paroles prononcées sur la tombe de F.-D. Thomassin par M. A. Vail-
landet, médecin, (*J. de la Haute-Saône* du 30 août 1856.)

(212) *Ibid.*

(213) *Ibid.*

sentant de nos gloires militaires mourut à Gesier, le 8 juin 1856, à l'âge de soixante-seize ans.

TISSERAND (Jean-Maximilien), connu sous le nom de *P. Pascal*, naquit à Amage, canton de Faucogney, le 6 février 1764. Il était religieux de l'ordre de Saint-François, au diocèse de Besançon, quand la Révolution le força de s'expatrier. Ayant rencontré, pendant l'émigration, la famille de Fénélon, il devint le précepteur du dernier rejeton de ce nom illustre. Revenu en France dès que le calme commença d'y renaître, il se fixa dans le canton de Belleville (Rhône), en qualité d'aumônier du château de l'Ecluse, commune de Saint-Jean-d'Ardières, et rendit de nombreux services aux paroisses des environs qui étaient encore privées de curés. Il passa cinquante-cinq ans au château de l'Ecluse, voyant les générations s'y succéder, et édifiant tout le monde par l'austérité de sa vie et l'aménité de son caractère. Il mourut dans cette résidence au mois de mai 1856. Sa distinction et sa profonde érudition l'avaient rendu le conseil et le guide éclairé de ses confrères.

TOULONGEON (Le marquis Alexandre DE), né en 1746, d'une des plus anciennes familles de Franche-Comté (214), était maréchal-de-camp en 1781, lieutenant-général en 1789, et il fut, en cette qualité, nommé commandant de la division militaire dont le siége était à Besançon. Elu député de la noblesse du bailliage d'Amont aux Etats-généraux, il vota avec la minorité. Après avoir signé toutes les protestations de cette minorité contre les opérations de l'Assemblée nationale, il sortit de France avant la fin de la session, rejoignit l'armée des princes,

(214) Cette illustre famille a pris son nom du château de Toulongeon, bailliage d'Orgelet, qu'elle possédait dès le XIIIᵉ siècle. Elle a donné de hauts dignitaires à la cour des rois de France et à celle des ducs de Bourgogne, plusieurs officiers généraux, trois chevaliers de la Toison-d'Or, etc. Comme les autres grandes Maisons féodales, elle s'est divisée en plusieurs branches : Senecey, Traves, Vellexon, Mornay, Chevigna. La terre de Champlitte arriva à la branche de Chevigna en 1700, par le mariage de Jean-Baptiste de Toulongeon avec Marie-Françoise-Justine comtesse de Renel et de Champlitte. (Dunod, *Nob. du Comté de Bourgogne*, p. 230.)

fit avec elle la campagne de 1792, et se retira à Fribourg, d'où
il écrivit à Louis XVI et à ses frères des lettres qui tombèrent
dans les mains des révolutionnaires, et le firent décréter d'accusation par la Convention, sur le rapport de Rewbell. Le marquis
de Toulongeon entra ensuite au service d'Autriche. Il mourut à
Vienne dans les premières années de ce siècle. Il avait épousé
une demoiselle d'Aubigné, dernier rejeton de la famille de ce
nom, qui mourut en 1805, dans une retraite où elle vivait
près de Fontainebleau, après avoir subi une longue détention
pendant la Révolution. (*Biog. univ.*, t. XLVI, p. 327.)

TOULONGEON (François-Emmanuel vicomte DE), frère
du précédent, né au château de Champlitte, en 1748, fut
destiné, étant cadet de famille, à l'état ecclésiastique, et
envoyé au séminaire de Saint-Sulpice, à Paris; mais, emporté par d'autres goûts, il choisit la profession des armes,
et obtint une compagnie de cavalerie. « Il consacra ses
« loisirs à la culture des lettres et des arts, qu'il avait aimés
« dès l'enfance; et, quoique bien jeune encore, il rechercha
« la société des personnes qui pouvaient l'aider de leur
« expérience et de leurs conseils. Ayant embrassé avec
« toute l'ardeur de la jeunesse les principes du parti philo-
« sophique qui dirigeait alors l'opinion, il fit, en 1776, une
« visite à Voltaire, dont il reçut un accueil plein de bien-
« veillance, et qui lui témoigna le regret de ne pouvoir l'arrêter
« quelque temps dans sa solitude de Ferney. » (*Biog. univ.*,
t. XLVI, p. 328.) Le vicomte de Toulongeon était colonel
du régiment des chasseurs de Franche-Comté quand il
quitta le service, sans doute pour se livrer plus librement à
son penchant pour la littérature. Mais arrivèrent bientôt les
événements politiques qui devaient le lancer dans la vie publique. Après avoir pris part aux délibérations des états pro-
vinciaux assemblés à Quingey en 1788, et fait connaître ses
principes dans une brochure qui lui valut une grande popularité (*Principes naturels et constitutifs des assemblées nationales*),
il fut nommé, dans le bailliage d'Aval, député aux Etats-
généraux, en même temps que le bailliage d'Amont y

envoyait le marquis de Toulongeon. Dans cette assemblée, les deux frères adoptèrent des lignes de conduite différentes : on a vu plus haut celle que suivit le marquis de Toulongeon ; le vicomte vota, au contraire, avec la majorité, après avoir été un des membres de la noblesse qui s'étaient réunis des premiers au tiers-état. La session finie, il rentra dans la vie privée, et se retira à Sozay dans le Nivernais, où il possédait une terre.

« Partageant son temps entre la pratique de l'agriculture et « l'étude, il n'eut pas le sort de la plupart de ses imprudents « collègues, immolés sur les ruines qu'ils avaient si impru- « demment accumulées. Plus heureux, il échappa aux écha- « fauds, et même aux prisons de la Terreur. Nommé, en 1802 « et en 1809, député du département de la Nièvre au Corps « législatif, il n'accepta qu'à regret cette faveur du nouveau « maître de la France : l'expérience avait désabusé Toulongeon « des rêves de la politique, et il se proposait de consacrer le « reste de sa vie à des travaux littéraires. Connu par quelques « Mémoires, il avait remplacé Deleyre, en 1797, à l'Institut, « dans la classe des sciences morales. Il en fréquenta dès lors « assidûment les séances, et y lut une foule de morceaux sur « les objets ordinaires de ses méditations. Il venait de terminer « la traduction des Commentaires de César quand il mourut à « Paris, presque subitement, le 23 décembre 1812, à l'âge de « soixante-quatre ans. » (*Biog. univ.*, t. XLVI, p. 329.) Le vicomte de Toulongeon fut un des plus féconds écrivains modernes. Outre la brochure citée plus haut, et plus de vingt mémoires ou notices qu'il a communiqués à l'Institut, ou fait imprimer séparément, ou laissés en manuscrit, on a de lui : I. *Eloge de Guibert* (auteur d'ouvrages importants sur la tactique militaire), Paris, 1790, in-8°. — II. *Manuel révolutionnaire,* ibid., 1796, in-18. C'est un traité de morale. — III. L'*Esprit public*, espèce de journal dont il ne parut que cinq numéros format in-8°, 1797. Seconde édition, 1802, in-8°. — IV. *Histoire de France depuis la révolution de 1789,* Paris, 1801-1810, 4 vol. in-4°, ou 8 vol. in-8°, avec cartes et plans. — V. *Manuel du muséum français*, Paris, 1802-1808, 10 livraisons in-8°. C'est une description analytique des richesses artistiques

réunies alors dans le Musée de Paris; les tableaux sont indiqués au trait par une gravure à l'eau forte, et classés, par
œuvre des grands maîtres, selon l'école à laquelle ils appartiennent. — VI. *Eloge historique de Camus* (conventionnel),
Paris, Baudouin, 1806, in-8° de 44 p. — VII. *Recherches
historiques et philosophiques sur l'amour et le plaisir*, poème en
trois chants, Paris, 1807, in-8°. — VIII. Les *Commentaires de
César*, traduits en français, Paris, 1813, 2 vol. in-12. Cette
version, dit M. Weiss dans la *Biog. univ.*, joint le mérite de
l'élégance à celui de la fidélité. — B.-J. Dacier a écrit l'*Eloge*
du vicomte de Toulongeon (t. V des *Nouveaux Mémoires* de
l'Académie des inscriptions), et D. Grappin a publié une *Notice
historique* sur sa vie et ses ouvrages, dans le recueil de l'Académie de Besançon, année 1813. — Son portrait fait partie
de la *Galerie* des députés à l'Assemblée constituante in-4°
et in-8°.

TRÉMOLIÈRES (Pierre-François), magistrat et littérateur,
était le petit-fils d'un peintre qui tient un rang distingué parmi
les artistes français. Né à Paris en 1775, il n'avait que dix ans
lorsqu'il eut le malheur de perdre son père, greffier en chef
de la connétablie et maréchaussée de France. Un de ses parents
maternels se chargea de son éducation, et le fit venir à Ormoy,
où il lui fit donner les premières leçons de grammaire et de
littérature. Envoyé à Besançon, il y continuait ses études avec
succès lorsqu'il fut atteint par la réquisition. La délicatesse de
sa santé l'ayant fait juger impropre au service actif, il entra dans
les bureaux de l'adjudant-général Malet, que sa conspiration
contre Napoléon devait plus tard rendre fameux. Il devint
ensuite secrétaire du général Ferrand (*V.* ce nom, p. 134), et
fut enfin employé à la préfecture. Il partageait dès lors son
temps entre ses devoirs et la culture des lettres. Il fréquentait
aussi les cours de droit que le célèbre Proudhon avait ouverts à
l'École centrale, et s'y faisait remarquer par toutes les qualités
d'un bon élève. En 1806, il fit un voyage à Paris pour y prendre
le grade de licencié en droit, et, à son retour, il commença à
plaider. Ses talents, sa douceur, son honnêteté, lui concilièrent

bientôt l'estime publique. A la réorganisation de la magistrature, il fut nommé juge au tribunal de Besançon, dont, quelques années après, il devint le président. Il remplit ces fonctions avec une exactitude scrupuleuse et une impartialité qui ne s'est jamais démentie. Les lettres, qu'il avait aimées dès sa première jeunesse, étaient son seul délassement. Elu membre de l'Académie de Besançon, il enrichit les recueils de cette compagnie de plusieurs pièces de vers très-remarquables, et qui auraient suffi pour lui faire une réputation s'il eût eu moins de modestie. Il vécut entouré de l'estime et de l'affection publiques, et mourut le 15 juillet 1847, à soixante-douze ans, laissant une mémoire chère à tous ceux qui l'avaient connu. Il était chevalier de la Légion-d'Honneur. Parmi ses ouvrages, on se contentera de citer : *Essai sur le jury*, in-12 ; — *Observations* sur la révision de nos Codes et sur les moyens de la préparer (1816), broch. in-8° ; — *l'Art poétique réformé*, 1834, in-12 : c'est une satyre des réformateurs ; — *les Gens mariés*, 1843, in-8°, poême.

TRIBOUILLET (Claude-François), né à Châtenois-les-Dole le 23 octobre 1748, embrassa l'état ecclésiastique, et, se destinant au professorat, il s'appliqua particulièremet aux études littéraires. Après avoir occupé des chaires dans plusieurs colléges, il devint professeur de belles-lettres à l'Ecole centrale de la Haute-Saône, emploi qui se donnait alors au concours. Il le conserva plus tard à l'Ecole secondaire et au collège de Vesoul, jusqu'à sa mort, arrivée le 27 janvier 1814. Il possédait bien la littérature ancienne et moderne, et il analysait ou commentait les auteurs avec beaucoup de finesse et de goût. Il n'a rien fait imprimer comme professeur ; il avait rédigé un *Cours de Rhétorique*, dont il livrait les cahiers à ceux de ses élèves qui en voulaient prendre copie. Plusieurs de ceux-ci l'ont ainsi conservé en manuscrit. C'est un travail qui, dans le temps, passait pour très-bien fait. L'abbé Tribouillet avait aussi de la réputation comme orateur. Plusieurs de ses discours de circonstance ont été publiés ; mais nous n'avons pu nous les procurer. Il avait prêté serment à la constitution civile du clergé.

Au moment de son décès, il n'était pas encore question de rétractations ; elles ne furent demandées ou imposées que quelques mois plus tard : il ne fut donc pas mis en demeure de faire la sienne ou de la refuser.

VALBERT ou WALBERT (Saint), né en Brie, vers la fin du VI⁰ siècle, d'une famille distinguée, abandonna le monde pour venir se ranger sous la règle de l'abbaye de Luxeuil. Voulant même « s'enfoncer dans une solitude plus profonde, il « se retira dans les bois qui environnent la ville, et choisit « pour demeure une grotte creusée dans le rocher, et n'offrant « pour tout agrément que le voisinage d'une source d'eau « vive (215). » Le pieux anachorète habita plusieurs années ce sombre ermitage, et le quitta seulement lorsque, après la mort d'Eustaise, deuxième abbé de Luxeuil (Voy. EUSTAISE, p. 130), il fut élu son successeur. Sous l'habile direction du nouvel abbé, la renommée du monastère de Luxeuil ne fit que s'étendre, ainsi que l'influence qu'il exerçait déjà dans les Gaules. Dans l'intérieur de l'abbaye, la règle de S. Colomban fut modifiée par celle de S. Benoît ; la discipline y fut mieux observée ; les études y devinrent plus fortes, plus variées. C'est aussi du temps de Valbert, et probablement à sa sollicitation, que le pape Jean IV constitua les religieux indépendants de l'autorité diocésaine, et, à plus forte raison, des autorités séculières. Le célèbre abbé avait accompli sa quarantième année de gouvernement quand il mourut le 6 mai 665. Son nom est inscrit au 2 mai dans plusieurs martyrologes. Six paroisses du département de la Haute-Saône (Ternuay, Genevrey, Frahier, Neurey-en-Val, Raincourt, Provenchère) l'invoquent encore aujourd'hui comme patron. En 1570, une chapelle en l'honneur du saint abbé fut consacrée dans le lieu même qu'il avait choisi, neuf siècles auparavant, pour en faire son ermitage (216). Au XII⁰ siècle s'éleva, sous son

---

(215) *Vie des Saints de Franche-Comté*, t. II, p. 329.

(216) Saint-Valbert est encore un des buts de promenade que choisissent les baigneurs qui fréquentent les eaux de Luxeuil, attirés par la beauté du lieu et les paysages variés que leur offre le trajet. « L'ermitage, dit le docteur

invocation, le prieuré de Saint-Valbert-les-Héricourt, qui dépendait de l'abbaye de Luxeuil (217). La *Vie* de S. Valbert a été écrite par Herméric Adson, moine bénédictin qui vivait au xe siècle (218). Il a paru récemment une nouvelle *Vie* de S. Valbert par M. J.-B. Clerc, professeur au séminaire de Luxeuil, in-8° de 250 pages. La 4e édition porte la date de 1861. Elle est enrichie de belles lithographies.

« Molin (*Notice sur Luxeuil*), est à un quart d'heure du village; on y arrive « par un chemin percé à travers la forêt. En approchant, le site devient de « plus en plus romantique; une vallée profonde et étroite, des monts escarpés, « des rochers noircis par les siècles, des ruisseaux qui s'élancent à grand bruit « au fond du ravin, terminent le tableau que l'œil domine. La perspective est « bornée de tous côtés hors un seul point à l'ouest, où, dans un horizon « immense, on découvre, par un temps propice, les tours de la ville de « Langres..... Un pavillon remplace maintenant la cabane du pauvre anacho-« rète. A côté se trouve un oratoire surmonté d'une campanille d'un effet « très-pittoresque, et, dans un jardin, de jolis cabinets de verdure où l'on aime « à se reposer après avoir parcouru les environs..... » L'oratoire de Saint-Valbert, restauré en 1846, appartient au séminaire de Luxeuil.

(217) Ce prieuré ayant été sécularisé lors de l'introduction de la Réforme dans la seigneurie d'Héricourt, c'est-à-dire en 1565, ses biens et ses revenus furent laissés en jouissance au cardinal de Granvelle, alors abbé de Luxeuil. A sa mort, en 1586, ils furent revendiqués par les comtes de Montbéliard. Un arrêt du parlement de Besançon du 9 février 1702 les adjugea définitive-ment aux religieux de Luxeuil. Les bâtiments du prieuré étaient placés à l'extrémité méridionale du hameau actuel de Saint-Valbert, et à une courte distance de la ville d'Héricourt. Ils n'existent plus depuis la fin du xvie siècle ou le commencement du siècle suivant. On n'en trouve plus aujourd'hui que quelques vestiges.

(218) Herméric Adson, né dans les environs de Saint-Claude (Franche-Comté), était d'une famille noble et riche, qui l'envoya aux écoles de l'abbaye de Luxeuil afin de le former aux belles-lettres. Ses études finies, il resta dans ce monastère, y prononça ses vœux, renonçant aux biens qui pouvaient lui donner une belle position dans le siècle, et ne tarda pas à être appelé à de hautes fonctions ecclésiastiques. Il fut abbé de Montiérender (Champagne) et de St.-Benigne de Dijon. Après avoir suivi en Italie la cour d'Othon III, roi de Germanie, il voulut aller visiter les saints lieux; mais il mourut sur mer l'an 992, et fut inhumé dans l'île de Stampilia (archipel grec). Homme instruit, il était en relations avec les plus savants religieux de son temps, notamment avec Adalberon, célèbre archevêque de Reims, et avec le fameux Gerbert, qui occupa le trône pontifical sous le nom de Sylvestre II. Outre la *Vie de S. Valbert*, Adson écrivit d'autres légendes qui se trouvent dans différentes collections formées d'ouvrages de ce genre. (Voy. *Acta Sanctorum* de Bol-landus et de Mabillon, et *Scriptor. ecclesiasticor. historia litteraria* de G. Cave.

VANDENESSE (Jean DE), né, vers la fin du xv⁰ siècle, à Gray, d'une famille noble, mérita, par son zèle et par ses talents, la confiance de l'empereur Charles-Quint. Nommé, en 1514, contrôleur ou surintendant de la maison de ce prince, il remplit cette charge pendant trente-sept ans, à la satisfaction de son maître. Charles-Quint, ayant résolu d'abdiquer, recommanda Vandenesse à Philippe II, qui le maintint dans ses fonctions. Il se démit de cet emploi en 1560, et se retira dans le comté de Bourgogne, où il mourut dans un âge avancé. Il a laissé en manuscrit le *Journal des voyages de l'empereur Charles-Quint et du roi Philippe II son fils*, de 1514 à 1560, in-fol. La bibliothèque de Tournay possède le manuscrit original de cet ouvrage, précédé d'une dédicace de l'auteur au cardinal de Granvelle ; mais il en existe des copies à Paris, à Besançon et en Flandre. (*Biog. univ.*, t. XLVII, p. 425.) Cet ouvrage est désigné pour être imprimé dans le *Recueil* des documents relatifs à l'*Histoire des Pays-Bas*.

VANDENESSE (Guillaume DE), frère de Jean, partageait avec lui la faveur de Charles-Quint. Chanoine de Besançon en 1517, il fut attaché, comme aumônier, à ce prince, et récompensé de ses services, en 1530, par l'évêché de Coria dans l'Estramadure. Il mourut à Gray en 1536, et fut inhumé dans l'église paroissiale avec épitaphe.

VAUCHOT (Joseph-Hippolyte-Augustin), connu sous le nom de *P. Prudent*, naquit en 1743 à Faucogney, où son père était notaire, et embrassa la vie monastique en choisissant la règle des capucins. Après avoir reçu les ordres sacrés, il s'adonna aux études historiques, qui lui valurent deux prix de l'Académie de Besançon en 1776 et en 1777 : le premier, pour son *Eloge* de Nicolas Perrenot, chancelier de l'empereur Charles-Quint; le second, pour sa *Notice* sur les monuments romains dont il existe des vestiges en Franche-Comté (219). Un Mémoire du P. Prudent sur les causes et les

(219) Ce Mémoire fort curieux a été imprimé dans le tome II des *Documents inédits pour servir à l'Histoire de la province*.

caractères d'une maladie qui affligeait plusieurs vignobles de la province obtint encore, en 1778, le prix mis au concours par la même Académie ; mais il souleva une querelle littéraire dans laquelle l'abbé Baverel (Voy. ce nom dans la *Biog. univ.*, t. LVII, p. 329) poursuivit de ses railleries aussi bien l'Académie que le P. Prudent. Celui-ci « se renferma dès lors dans « les devoirs de son état, qu'il remplissait avec beaucoup de « zèle. A la suppression des ordres religieux, il se retira dans « sa famille, et mourut à Fontaine près de Luxeuil, le 28 août « 1792. » (*Biog. univ.*, t. XXXVI, p. 161.) Outre plusieurs *Dissertations* qui se trouvent dans le recueil de l'Académie de Besançon, le P. Prudent a laissé un *Cours de grammaire latine*, des *Traités de théologie*, des *Sermons*, etc., qui sont conservés manuscrits dans sa famille. Il a publié en 1782, format in-12, une *Vie de sainte Claire*.

VAUCHOT (Claude-Ignace), frère du précédent, naquit à Faucogney l'an 1750. Doué d'un caractère entreprenant, il se sentit de bonne heure une vocation décidée pour le commerce, et, contre le gré de sa mère, se rendit à la Martinique, dès que ses premières études furent achevées. Il s'y livrait avec succès au négoce quand la France prit parti dans la guerre d'Amérique. Entré dans nos troupes coloniales, il signala sa valeur dans plusieurs expéditions, notamment à la prise des îles anglaises de Saint-Dominique (1778) et de Saint-Christophe (1782), et continua de servir jusqu'à la paix (1783). — Rendu à ses spéculations commerciales, il devint rapidement un des riches négociants de la Martinique. Toutefois la révolte des noirs (1790) le força de reprendre les armes, et cette guerre intestine, dans laquelle il commandait sous les ordres de Coquille-Dugommier, lui fournit maintes occasions de se distinguer : il reçut sept coups de feu et combattit vaillamment dans quatorze affaires. Aussi Dugommier et son lieutenant Vauchot furent-ils regardés comme les sauveurs de la colonie. Mais les noirs se vengèrent de ce dernier en incendiant ses bâtiments, en dévastant ses plantations, en enlevant ses bestiaux. — Revenu en France en 1791, Vauchot fut mis l'année suivante à la tête d'un bataillon de gardes nationales, et retrouva au siége de Toulon son ami Dugommier, alors général en chef de l'armée des Pyrénées-Orientales. Nommé le 20 janvier 1794 adjudant-général chef de brigade, il servit dans cette position jusqu'à sa mise à la réforme au mois d'août 1795. — Le général Vauchot mourut le 29 avril 1817 à Faucogney, qu'il avait administré, de 1800 à 1808, dans les fonctions de maire, avec autant de zèle que d'intégrité.

VAUCHOT (Claude-Joseph), parent des précédents, naquit à Faucogney le 2 décembre 1785. Dès l'âge le plus tendre, il se fit remarquer par sa piété, et fut confié de bonne heure aux soins de l'abbé Devillers, curé de la Chenalotte, puis de Vaufrey et des Bréseux (Doubs). Ses premières études terminées, il suivit les cours de philosophie et de théologie. Au séminaire de Besançon, il laissa présager, par sa ferveur dans la prière et son exactitude dans l'accomplissement de ses devoirs, qu'il deviendrait un prêtre exemplaire. Après avoir reçu les ordres, il fut envoyé vicaire à Servance, paroisse alors administrée par l'abbé Théret. Appelé à la cure d'Ornans, l'abbé Théret emmena avec lui son vicaire, dont il avait su apprécier les heureuses dispositions. Ayant terminé son vicariat à Ornans, C.-J. Vauchot fut successivement nommé aux cures de Nods, de Myon et de Ruffey; dans ces différentes paroisses, il déploya un zèle ardent pour la décoration des églises et pour les pratiques de dévotion. Retiré à Besançon sur la fin de 1843, il se dévoua, sur la recommandation de Mgr le cardinal Mathieu, à l'œuvre de la chapelle du Haut-de-Ronchamp, et à l'extension des congrégations religieuses, en faveur desquelles il composa plusieurs petits livres de piété où se révèlent sa foi vive, et un ardent désir de faire du bien aux âmes, de glorifier Dieu, et d'honorer sa sainte Mère. L'abbé Vauchot termina une vie si pieusement remplie le 8 mai 1857, à l'hôpital de Vesoul, où il fut surpris par la maladie qui devait l'emporter. Ses dépouilles mortelles furent déposées au cimetière de la ville; mais, pour accomplir un des vœux de ce digne prêtre,

M. le curé de Ronchamp les fit exhumer et transporter dans le sanctuaire édifié sur la montagne du Haut par les soins du vénérable défunt. Elles ont été placées dans le lieu qu'il avait désigné lui-même pour sa sépulture. Parmi les nombreux ouvrages de piété qu'il a publiés, on remarque : I. *Le Trésor des âmes pieuses*, in-18; — II. la *Vie de saint Antide*, petit in-18; — III. *Le Pélerinage de N.-D. du Haut.* Ce dernier opuscule a été retouché et réimprimé par les soins de M. l'abbé Verdot, chanoine honoraire, curé de Vesoul.

VAUDREY (Maison DE). Cette famille tirait son nom d'une terre à château située dans l'arrondissement de Dole. Dunod en fait remonter la généalogie à Charles de Vaudrey, favori de Hugues Ier, duc de Bourgogne au xie siècle. A partir de cette époque éloignée, on voit les Vaudrey remplir des charges éminentes à la cour et dans les armées du duché, faire partie des ordres de chevalerie les plus élevés, et occuper des places dans les chapitres nobles de Remiremont, Lyon, Saint-Claude, Baume, Migette, Château-Chalon, etc. A la mort de Jacques de Vaudrey, qui vivait au xve siècle, ses fils Jean, Guillaume et Philibert firent les branches de Courlaou, de Mutigney et de Saint-Phal, desquelles sortirent les nouvelles branches de l'Aigle, de Vallerois-Saint-Remy, de Mont-sous-Vaudrey et de Beveuge. (Voy. *Nobiliaire du comté de Bourgogne*, p. 221.) Toutes sont éteintes maintenant, après avoir été représentées dans la confrérie franc-comtoise de Saint-Georges par dix-sept chevaliers reçus successivement de 1414 à 1679. (Voy. *Aperçu sur l'ordre de Saint-Georges* par le marquis de Saint-Mauris.) — A la branche de Mutigney appartenait Herman de Vaudrey, qui soutint un siége héroïque dans le château de Vesoul, en 1479. (Voy. *Notice sur Vesoul*, par J.-A. Marc.) Deux années auparavant, un oncle d'Herman, le chevalier Guillaume, de la branche de Courlaou, s'était signalé déjà en défendant la ville contre les troupes de Louis XI. C'est à Guillaume de Vaudrey qu'est attribué le brillant fait d'armes de la nuit du 17 mars 1477. (Voy. *Hist. de la Franche-Comté* par E. Rougebief, p. 385.) — Dunod fait particulièrement mention de Jean–Charles de Vaudrey (branche de Vallerois), qui, étant chanoine à l'église métropolitaine de Besançon et pourvu d'autres bénéfices, les abandonna pour se vouer au service du roi, et se signala en Flandre, en Irlande et dans le Piémont. « Capitaine de grenadiers dans le régiment « de Tournon, il entra lui dixieme dans Coni, où il fut abattu « sous trente-trois blessures, et fait prisonnier. Le roy, en « récompense de sa valeur, lui donna, au mois de janvier 1692, « le régiment vacant par la mort du marquis de Brac. Etant « allé remercier Sa Majesté de cette grâce, sa belle taille et sa « bonne mine le distinguèrent à la cour. Le roy lui dit s'il « croyoit prendre Coni tout seul, et lui ordonna de lever sa « perruque pour faire voir aux courtisans plusieurs blessures « qu'il avait reçuës à la tête. Il fut tué à la bataille de Cassano, « en 1705, étant lieutenant–général des armées du roy et « inspecteur de son infanterie. » D. Grappin (*Hist. abr. du comté de Bourgogne*, p. 289) mentionne ainsi un Vaudrey qui fut chambellan du duc Charles-le-Téméraire : « Claude de « Vaudrey, seigneur de l'Aigle et de Chilly, fut un des plus « vaillans chevaliers de son tems. *Sa valeur et ses prouesses*, « dit Pierre de Saint–Julien, *seront en éternel souvenir chez les* « *Bourguignons*. Un auteur de la vie de Bayard a rendu le té- « moignage que Claude de Vaudrey étoit *le plus appert et duit* « *chevalier de guerre qu'il y eût au monde*. Le chevalier Bayard « n'avoit que dix-huit ans lorsqu'il fit à Lyon ses premieres « armes avec lui. Claude de Vaudrey le ménagea en considé- « ration de sa jeunesse, et le fit sortir avec honneur du combat. « Pour amuser le roi Charles VIII, il soutint dans cette occasion « une joute *contre tous venans*, *à pied et à cheval*, *à course de* « *lances et coups de haches*. » — En 1722 fut publiée, sous le titre *La comtesse de Vergy*, une nouvelle historique et galante dont le sujet était pris, disait-on, dans les aventures singulières de Charles de Vaudrey, le favori du duc Hugues Ier. Ce roman fut attribué à Nicolas-Joseph comte de Vaudrey, seigneur de Saint-Remy, père de la marquise de Rosen. Mais celui-ci a constam-ment désavoué l'ouvrage, et les bibliographes ont fini par le comprendre dans la liste des écrits dus à la plume un peu libre d'Adrien de la Vieuville, comte de Vignacourt. (Voy. *Biog. univ.*, t. XLVIII, p. 470.) D'après D. Grappin, le comte Nicolas-Joseph de Vaudrey aurait laissé « des ouvrages légers et pleins d'agré- « ment, dont les uns ont vu le jour, et les autres sont perdus. » Les bibliographies ne citent même pas ceux de ces ouvrages qui auraient été imprimés. — La maison de Vaudrey avait pour adage : COUP DE LANCE DE VAUDREY, et pour devise : J'AI VALU, VAULT et VAUDREY. Cette devise est gravée sur la prin- cipale porte d'entrée de l'ancien château de Vallerois-le-Bois, qui fut l'un des manoirs de cette illustre famille. Dans le même édifice se lit cette autre inscription : ACTA NON VERBA VAUDREY, 1580.

VERNE (Léger-Marie-Philippe TRANCHANT comte DE LA), naquit au château de Borey en 1769, d'une famille ancienne qui a fourni un grand nombre d'officiers distingués. Il était capi- taine dans un régiment de dragons quand il crut devoir émi- grer et rejoindre l'armée qui s'organisait à Coblentz. Après le licenciement de cette armée, il habita successivement Fri- bourg en Suisse, Saint-Pétersbourg, Vienne, et ne rentra en France qu'en 1800. La Révolution l'avait entièrement dépouillé de sa fortune; divers emplois qu'il obtint dans l'administration militaire le mirent dans une modeste aisance jusqu'à sa mort, arrivée le 26 avril 1815, alors qu'il remplissait au Dépôt de la guerre la place de traducteur pour la langue allemande. S'étant appliqué à des études sérieuses dès sa jeunesse et dans toutes les positions où le sort l'avait placé, il a fait imprimer ou laissé ma- nuscrits un certain nombre d'ouvrages de philosophie, d'histoire et de tactique. On en trouve la liste dans la *Biog. univ.*, t. XLVIII, p. 235, à l'article assez étendu que M. Weiss a consacré à la mémoire de cet estimable écrivain franc-comtois. Voici les principaux : I. *Théorie de la pure religion morale, considérée dans ses rapports avec le pur christianisme*, trad. de l'allemand de Kant; insérée dans le *Conservateur* de François de Neuf- château, II, 92-226, sous le nom supposé de *Phil. Huldiger*. — II. *Esprit du système de guerre moderne*, autre traduction de l'alle- mand, Paris, 1803, in-8° de 256 p., avec 5 pl. — III. *Voyage d'un observateur de la nature et de l'homme* dans les montagnes du canton de Fribourg et dans diverses parties du pays de Vaud, en 1793, Paris, 1804, in-8° de 287 pages. — IV. *Lettre à Ch. Villers*, relativement à son Essai sur l'esprit et l'influence de la réformation de Luther, Paris, 1804, in-8°. — V. *L'Art militaire chez les nations les plus célèbres de l'antiquité et des temps modernes, analysé et comparé*, Paris, 1805, in-8° de 494 pages. — VI. *Traité de la grande tactique prussienne*, trad. de l'allemand, Paris, 1808, in-8° de 332 p., avec 32 pl. — VII. *Annibal fugitif*, Paris, 1808, 2 vol. in-12, roman. — VIII. *Histoire du feld-maréchal Souwarow*, Paris, 1809, in-8°. En 1813, T. de la Verne publia l'*Esquisse d'une nouvelle encyclopédie*, et, en 1815, le prospectus d'une *Histoire générale de l'art militaire en Europe, depuis l'introduction des armes à feu*. Ces prospectus n'ont point été suivis des ouvrages qu'ils annonçaient.

VERGUET (Claude-François), constituant, né en 1744 à Montarlot-les-Champlitte, était fils d'un médecin et reçut une éducation soignée. Ayant terminé ses études, il embrassa la règle de S. Bernard, et prononça ses vœux à l'abbaye du Morimond. La capacité qu'il montra dans diverses circonstances lui mérita l'estime de ses confrères, et, de grade en grade, il parvint à la dignité de vicaire général de l'ordre de Cîteaux. Pourvu du prieuré du Rellecq, en Bretagne, il acquit une grande considération dans cette province, et fut, en 1789, député aux Etats-généraux par le clergé du diocèse de Saint-Pol-de-Léon. Il se fit peu remarquer dans cette assemblée, dont il adopta les principes généreux. Cependant il y prit la défense du ministre Montmorin, accusé d'avoir délivré un passeport à la reine et favorisé l'évasion de la famille royale. Après la session, il accepta la place de vicaire de l'évêque constitutionnel de Langres, et cette place ayant été supprimée, il dirigea dans ces temps difficiles plusieurs paroisses privées de pasteurs. Forcé de renoncer à l'exercice des fonctions ecclésiastiques, il revint habiter Langres, et fut nommé l'un des administrateurs du district, dont, quelques semaines après, il devint président.

Sa modération ne tarda pas à le rendre suspect aux puissants du jour. Destitué (mars 1793) comme favorisant les ennemis du nouvel ordre de choses, et menacé de la réclusion, il quitta Langres secrètement, et vint chercher un asile à Champlitte, où il avait le bonheur de compter des amis. Il employa sa retraite forcée à mettre en ordre et à cataloguer les livres provenant des couvents supprimés. Après le 9 thermidor, il fut élu membre de l'administration centrale du département de la Haute-Saône. A la création du nouvel ordre administratif que fonda la Constitution de l'an VIII, il fut nommé sous-préfet de l'arrondissement de Lure, mais révoqué l'année suivante. Il passa le reste de sa vie à Montarlot, et y mourut le 9 mars 1814, dans un état voisin de l'indigence.

VIENNOT (Jean-Claude), né le 28 mars 1759 à Port-sur-Saône, inspira dans son enfance un vif intérêt à M. Bureaux de Pusy (*V.* ce nom, p. 66), qui voulut lui enseigner lui-même les éléments de la lecture et de l'écriture, et le plaça ensuite dans l'école tenue par les ermites de Scye, où il reçut les premières leçons de la grammaire latine. Ayant achevé ses études au collège de Vesoul, il se rendit à Paris pour y suivre les cours de la Faculté de médecine. Il retrouva là son premier protecteur, M. de Pusy, sous le patronage duquel il eut l'occasion de voir M. de Lafayette, qui se disposait à partir pour l'Amérique, et quelques-uns des hommes qui, depuis, se sont fait un nom dans nos armées ou dans nos assemblées délibérantes. A son retour à Vesoul, Viennot ouvrit une pharmacie qui devint bientôt le point de réunion des personnes que préoccupaient les affaires publiques et l'approche de la Révolution. Lorsqu'elle éclata, Viennot en embrassa les principes, mais avec modération, et se faisant un plaisir de rendre service aux personnes dont il ne partageait pas les opinions. Cette conduite ne pouvait manquer de le rendre suspect; aussi fut-il arrêté après le 31 mai (220); mais, comme on avait besoin de ses services, sa

(220) Le 31 mai 1793, vingt-neuf députés girondins furent mis en état d'arrestation, à l'instigation du parti démagogique, et le 31 octobre, malgré les démonstrations des départements en leur faveur, vingt députés (Brissot,

détention fut de courte durée. Ce fut chez Viennot qu'à son grand étonnement descendit Robespierre jeune, chargé par son frère d'adoucir la rigueur des mesures révolutionnaires, et qui rendit la liberté à tous les suspects du département de la Haute-Saône (février 1794) (221). Viennot fut nommé professeur de physique et de chimie à l'Ecole centrale de Vesoul, et fit, dit-on, imprimer quelques-unes de ses leçons; mais, malgré toutes nos recherches, nous n'avons pas pu en retrouver un seul exemplaire. Il eut à cette époque l'occasion de voir le général Pichegru, retiré à l'abbaye de Bellevaux, où il accueillait avec une franchise toute militaire ses anciens compagnons d'armes, et les personnes qui venaient le visiter de toutes les parties de la province, où il comptait encore de nombreux amis. L'influence de Pichegru dut faciliter l'élection de Viennot comme député de la Haute-Saône au conseil des Cinq-Cents; mais son élection fut annulée par suite du coup d'Etat du 18 fructidor (222). Il revint donc reprendre ses cours, qu'il continua jusqu'à la suppression des écoles centrales. Après le 18 brumaire, il écrivit à Pichegru pour l'engager à solliciter du premier consul l'autorisation de rentrer en France. Dans sa réponse (223), le général lui dit qu'il a demandé d'être jugé par une commission militaire, et qu'il attend qu'on lui indique la ville où il doit se rendre pour subir son jugement. En 1804, Viennot fut nommé directeur des Droits-Réunis à Montbrison, et mourut dans cette ville le 28 juin 1805, à peine âgé de quarante-cinq ans. — Sa fille, Mme Simon-Viennot, est auteur d'un

Gensonné, Vergniaud, Ducos, Sillery, etc.) montèrent sur l'échafaud. Les autres Girondins, activement poursuivis par les envoyés de la Convention, ne purent échapper longtemps à la mort.

(221) Viennot avait été recommandé à Robespierre : son nom se trouve dans la liste des patriotes propres par leurs talents à remplir des fonctions publiques. (Voy. le *Rapport* de Courtois, p. 139.)

(222) Le 18 fructidor an V (4 septembre 1797), deux membres du Directoire, Barthélemy et Carnot, accusés d'être favorables à la royauté, furent condamnés à la déportation, ainsi que onze membres du conseil des Anciens et quarante-deux membres du conseil des Cinq-Cents.

(223) La *réponse* de Pichegru est imprimée dans le tome V des *Mélanges* publiés par la Société des Bibliophiles, et dans les *Mémoires* de l'Académie de Besançon.

ouvrage intitulé : *Marie-Antoinette devant le* XIXᵉ *siècle*, Paris, 1838, 2 vol. in-8°.

VIGNERON (Claude-Bonaventure), né à Genevreuille le 29 novembre 1750, mort à Vesoul le 10 mai 1832, se voua de bonne heure à l'étude des lois, et dès l'âge de vingt-trois ans il compta parmi les avocats distingués du barreau de Vesoul. Lorsque vint la Révolution, il en adopta la cause en ami zélé d'une sage liberté, et dut à la confiance qu'inspiraient ses principes et ses lumières une place à l'Administration centrale du département de la Haute-Saône, près de laquelle il fut procureur-général-syndic en 1790, 1791 et 1792. Les électeurs lui donnèrent, en septembre 1792, un nouveau témoignage d'estime en le nommant député à la Convention nationale. Sa conduite dans cette mémorable assemblée fut constamment celle d'un homme de bien également éloigné de tous les partis extrêmes. Dans le procès de Louis XVI, il vota pour la détention et le bannissement à la paix. De la Convention il passa au conseil des Anciens, dont il fut secrétaire en l'an VI, et, après le 18 brumaire, il fit partie du Corps législatif, où il siégea sans interruption jusqu'en 1814, et dont il fut deux fois vice-président (en 1806 et en 1811). Au retour de Napoléon de l'île d'Elbe, C.-B. Vigneron fut encore membre de la Chambre des représentants. La justice et la modération caractérisèrent toujours ses actes et ses opinions durant sa longue carrière législative de dix-huit ans. Rendu à la vie privée par la seconde Restauration, il reprit ses travaux de jurisconsulte, et s'y livra jusqu'à ses dernières années, avec la supériorité de talent, la délicatesse et le dévouement qui avaient marqué ses premiers pas dans cette honorable profession (224).

VILLEFRANÇON (Paul-Ambroise FRÈRE comte de), pair de France, conseiller d'Etat, archevêque de Besançon. Ce prélat,

(224) Par un pieux hommage à la mémoire de son vertueux père, Mᵐᵉ veuve Guenot née Vigneron laisse inoccupés, depuis trente ans, le cabinet où il travaillait dans leur maison de Vesoul, ainsi que la pièce qui était sa chambre à coucher dans leur habitation de Genevreuille.

né à Villefrancon, canton de Gy, en 1754, fut nommé en 1817 à l'évêché de Chalon-sur-Saône, puis sacré le 12 août 1821 en qualité d'archevêque d'Adana (*in partibus*), avec le titre de coadjuteur au siége archiépiscopal de Besançon. Le 2 mai 1823, au décès de Mgr Cortois de Pressigny, il parvint à ce siége, qu'il occupa jusqu'au 27 mars 1828, jour de son décès. « Mgr de Villefrancon succomba sous le coup d'une apoplexie foudroyante. Le jour même de sa mort, après avoir récité avec un ecclésiastique un long office, il se promena encore sur la terrasse des jardins de l'archevêché. Au moment où il rentrait dans ses appartements, il tomba tout-à-coup, respirant encore, mais privé de sentiment. La mort s'ensuivit aussitôt, et les secours les plus prompts furent inutiles. » (*Journal de la Haute-Saône* du 2 avril 1828.) Il a eu pour successeur Mgr le duc de Rohan-Chabot.

VILLIERS (Dom Placide DE), historien, naquit vers 1640, à Vesoul, de parents pieux, et qui le formèrent de bonne heure à la pratique des vertus chrétiennes. Ayant embrassé la règle de S. Benoît, le 6 août 1657, à l'abbaye de Luxeuil, il se rendit habile dans la philosophie, la théologie et l'histoire. Il joignit aux travaux d'érudition la culture des arts mécaniques, et construisit pour différentes églises de son ordre des orgues dont on a vanté la perfection. Les talents que dom Placide annonçait pour la chaire achevèrent de lui mériter l'estime de ses supérieurs. Nommé sous-prieur à Morteau, et ensuite au collége de Saint-Jérôme, à Dole, il s'acquitta de ses fonctions de manière à faire prévoir qu'il serait élevé aux premiers emplois; mais il fut atteint subitement d'une épilepsie contre laquelle échouèrent tous les secours de l'art. Les attaques étant devenues plus graves et plus fréquentes, il revint à Luxeuil, et, remettant à la Providence le soin de sa guérison, il composa dans les intervalles que lui laissait son mal divers opuscules ascétiques, tous empreints d'une touchante mélancolie, qui prenait sa source dans son état habituel de souffrance. Ce sont des *Prières pour une âme malade*, et le *Psautier des affligés*, formé de passages tirés des psaumes et des écrits des saints

pères. On le trouva suffoqué dans sa chambre le 11 août 1689.
Outre les opuscules dont on vient de parler, il a laissé en
manuscrit une histoire de l'abbaye de Luxeuil d'après les
documents authentiques qu'il avait consultés dans ses archives.
Elle est intitulée : *Eductum è tenebris Luxovium, seu Chronicon
luxoviense ex vetustis monumentis tanquàm è pulvere erutum*,
anno 1684, in-fol. D. Grappin a profité des recherches de
D. Villiers pour la rédaction de son *Histoire de Luxeuil*, restée
inédite ; et il n'a pas manqué de rendre justice aux talents et
au zèle de son prédécesseur. (*Biog. univ.*, t. XLIX, p. 93, et
ms. déposé à la bibl. de Vesoul.

VION (Charles-François-Xavier), né à Pesmes vers 1710,
figure dans la *Bibliothèque* manuscrite *des auteurs comtois* du
P. Dunand, comme ayant publié : *Musique théorique et pratique,
réduite à ses principes naturels*, ou *nouvelle méthode pour
apprendre facilement et en peu de temps l'art de la musique*,
Paris, 1742 et 1744.

VOEL (Jean), jésuite, né à Vaux-le-Moncelot en 1541, professa les humanités dans plusieurs colléges de son ordre, notamment à Dole et à Lyon. En 1591, il fut envoyé par ses
supérieurs à Tournon, joignit la chaire de langue grecque à
celle de rhétorique, et mourut le 10 mars 1610, à l'âge de
soixante-neuf ans, avec la réputation d'un habile professeur et
d'un parfait religieux. (*Biog. univ.*, t. XLIX, p. 391.) Il a publié
ou laissé inédits des commentaires sur quelques parties des
œuvres de Cicéron dont parle avec éloge l'abbé d'Olivet, notamment une analyse des *Oraisons*. Voici les paroles de l'abbé
d'Olivet : *Pauca quædam, sed exquisita sanè et limata, in Cice-
ronem edidit, seculo decimo sexto exeunte. Plura etiam reliquit
inedita quorum è numero laudantur, præsertim Orationum vel
analysis, vel synopsis.* On a encore du P. Voël : I. *Artificium
generale texendæ seu componendæ orationis*, Lyon, 1588, in-16.
Cet ouvrage a été réimprimé à Dole, 1589, in-8°; à Cologne,
1597, in-16; à Brescia, 1623, in-8°. — II. *De ratione conscri-
bendi epistolas utilissimæ præceptiones*, Dole, 1586, in-12;

Tournon, 1601 ; Lyon, 1619. — III. *De Horologiis sciothericis*, Tournon, 1608, in-4°. C'est un précis du traité de Clavius sur l'art de faire les cadrans solaires. — IV. *Index in Breviarium romanum ad conciones formandas aptissimus*, Tournon, 1609, in-16 ; Mayence, 1614, in-12. (*V.* PETIT-VIENNOT, p. 272.)

VŒLFEL (David), né à Champey, canton d'Héricourt, le 4 août 1798, était maréchal-des-logis de carabiniers quand éclata, en 1822, la conspiration anti-bourbonnienne dite de l'Ouest, à la tête de laquelle s'était placé le général Berton, un des militaires qui avaient le plus valeureusement servi dans les guerres de la République et de l'Empire, mais un de ceux que la Restauration avait le plus molestés. Après avoir recruté des partisans dans plusieurs corps de l'armée, le général Berton chercha à s'en faire dans les carabiniers de MONSIEUR, alors en garnison à Saumur. Le sous-officier Vœlfel feignit d'écouter les insinuations qui lui étaient faites par les conjurés. En peu de jours il fut initié à tous leurs projets, et gagna tellement leur confiance qu'il fut mis en relations directes avec le *généralissime*. L'entrevue eut lieu dans une ferme, à trois quarts de lieue de Saumur. Vœlfel offrit à Berton le bras et l'épée de quatre autr s sous-officiers de son régiment, desquels il répondait comme de lui-même. Le général s'empressa d'accepter une coopération qu'il considérait comme importante, et le jour ainsi que le lieu d'une nouvelle entrevue furent convenus. Le 17 juin 1822, Vœlfel présentait quatre de ses camarades au général, qui avait alors auprès de lui deux amis. Au bout d'un quart d'heure, la conversation changea de ton : Vœlfel et ses compagnons montrent leurs pistolets, les appuient sur la poitrine de Berton et de ses amis, en leur signifiant d'une voix menaçante que le moindre mouvement de résistance sera le signal de leur mort. Immédiatement lié et garotté, le général fut conduit, sous l'escorte d'un piquet de cavalerie, au château de Saumur. Le 5 octobre suivant, il mourait sur l'échafaud, ainsi que plusieurs adhérents impliqués dans son procès. Quant à l'agent-provocateur Vœlfel, on le récompensa en le faisant officier ; mais il ne put rester au corps, conspué qu'il était dans le régiment. Il passa dans la gendarmerie, où il ne fut pas mieux vu. On prit le parti de l'attacher à la Maison du duc de Bordeaux, en qualité d'homme de police. Plus tard, il fut nommé régisseur du domaine de Chambord, et il conserva cet emploi jusqu'à sa mort, arrivée en janvier 1858.

VOILARD (Vincent), né à Rioz en 1721, chanoine à Avallon, est auteur de *Discours* contre l'incrédulité, Paris, 1779, in-12. (*Mém. de la Soc. d'agr., sc. et arts de la Haute-Saône*, t. II, p. 161.)

SUPPLÉMENT.

ACCARIER (Jean-Baptiste-Joseph), né à Besançon le 3 mars 1773 (225), était maître de forges dans la Haute-Saône quand il fut nommé, peu de jours avant la révolution de Juillet, député de l'arrondissement de Gray. Alors essayaient encore de lutter contre le parti libéral les tendances légitimistes qui avaient succombé dans les élections de 1827. Accarier, candidat de l'opposition, l'emporta de haute lutte au collége de Gray, où il obtint 148 suffrages sur 240 votants. Réélu l'année suivante (1831), il prit part à la discussion des projets de loi concernant l'organisation municipale et les élections pour la Chambre des députés. Quant à l'organisation municipale, il demanda que les sections de commune qui ont des propriétés distinctes fussent représentées au conseil de la commune par un nombre de conseillers en rapport avec leur population propre, de manière que ces sections eussent toujours leurs intérêts suffisamment défendus. Sa proposition ne fut pas accueillie. Il fut plus heureux quand vint la discussion de la loi électorale, qui n'attribuait à la Haute-Saône que trois députés. Il démontra que ce département, par sa population comme par le chiffre de ses contributions, devait en avoir quatre. La loi votée divisa en effet la Haute-Saône en

(225) La famille Accarier est originaire de Gray. Lorsque J.-B.-J. Accarier vint au monde à Besançon, son père y exerçait momentanément une charge dans les finances.

quatre arrondissements électoraux : Vesoul, Jussey, Lure, Gray. Son état de santé ne lui permit pas de se rendre à la session de 1832, et le força même de donner sa démission en juin 1833. Il mourut à Arc-les-Gray, le 7 août 1837, âgé de soixante-quatre ans. C'était un esprit gracieux et railleur, mais toujours prudent. La bienfaisance était chez lui une habitude ; c'est ce que n'ont pas oublié les nombreux ouvriers qu'il occupait dans ses exploitations métallurgiques, non plus que les habitants du Bélieu (Doubs), où, en 1817, il avait fait construire une verrerie (226), et où il passait chaque année une partie de la belle saison. Au centre de ce village on voit une belle croix de fer que la commune doit à la libéralité de M. et de Mme Accarier.

ANGELOME, diacre et religieux bénédictin de l'abbaye de Luxeuil au commencement du IXe siècle, se distingua dans ces temps d'ignorance par sa vaste érudition. La lecture des livres saints eut pour lui des attraits auxquels il se livra tout entier ; pour en concevoir mieux le sens, il apprit le grec et fit une étude particulière des saints pères. Ses talents le firent connaître de l'empereur Lothaire, qui tenta vainement de l'attirer à sa cour. Il avait écrit, en latin, un certain nombre d'ouvrages qui se sont perdus. Tritheim lui attribue notamment un *Traité des divins offices* qui n'est pas venu jusqu'à nous, non plus qu'un *Commentaire sur les quatre Evangiles*. On conservait, dans la bibliothèque de Luxeuil, ses *Commentaires* sur la *Genèse*, sur le *Cantique des Cantiques*, et sur les *Livres des Rois*. Le *Commentaire* sur la *Genèse* fut imprimé à Augsbourg, en 1530, dans le premier volume des *Anecdotes* de dom Bernard Pez. Le *Commentaire* sur le *Cantique des Cantiques* a été imprimé à Cologne en 1531, in-8° ; celui sur les *Livres des Rois* à Rome, Paul Manuce, 1565, in-fol. Ces deux ouvrages, qui portent l'empreinte de l'esprit bizarre et grossier du IXe siècle, avaient été imprimés ensemble à Cologne, 1550, in-4°. Angelome mourut à Luxeuil en 854. Il fut

(226) Cette verrerie a été démolie en 1845.

inhumé dans l'église de St.-Pierre, nef collatérale de gauche, et sur sa sépulture fut élevée une tombe supportée par quatre colonnes, hommage qui n'était décerné à cette époque, dans les maisons religieuses, qu'aux grands mérites ou aux grandes vertus. (*Biog. univ.*, t. II, p. 164; *Bibl. gén. de l'ordre de S. Benoît* (ms.), par dom Thiébault, t. I, p. 163.)

BARBEY (Jacques-Joseph), né à Corre en 1734, embrassa l'état ecclésiastique, et fut pourvu en 1768 de la cure d'Auxon-les-Vesoul, qu'il administra pendant plus de vingt ans en pasteur vigilant et dévoué aux intérêts de ses paroissiens. A cette époque, un procès s'éleva entre la paroisse d'Auxon et le seigneur du village, Irénée de Sonnet, au sujet d'un chemin de défruitement que celui-ci devait sur son pré des Quartiers, mais qu'il avait arbitrairement supprimé, sans le remplacer par rien d'équivalent. Le curé Barbey prit fait et cause pour les habitants contre le seigneur, et rédigea à cette occasion un mémoire de plus de cinquante pages in-4°. On y voit qu'il avait fait une sérieuse étude du litige alors pendant; il en discuta tous les points comme aurait pu faire un jurisconsulte, s'appuyant tantôt sur les lois romaines, tantôt sur la Coutume et les arrêts du parlement. Nous ne savons quelle fut l'issue du procès; il dut, dans tous les cas, faire honneur à celui qui l'avait si chaudement soutenu par sa plume. Ayant refusé le serment à la constitution civile du clergé, l'abbé Barbey se retira en Suisse, d'où il revint avec empressement dans sa patrie aussitôt que les chemins lui en furent rouverts. A la réorganisation du diocèse, nommé curé de Pusy, il y mourut le 15 mars 1806, pleuré de ses paroissiens. Il est auteur de *Cantiques sur la morale et les mystères*, Epinal, 1790, et Besançon, 1846, in-12. On lui attribue *Hymnes et Proses des principales fêtes de l'année, mises en rimes pour être chantées dans les églises*, Besançon, 1805, in-18. Ces deux ouvrages sont anonymes.

BAUDOT (Nicolas), mort, en 1861, maire de Percey-le-Grand, était né en 1789 à Prangey (Haute-Marne), où son père avait acquis la charge de notaire. Il fit ses études au collége de Langres, et se rendit en 1808 à Paris, où il suivit les cours de la Faculté de droit. En les terminant, il trouva un protecteur dans le préfet de la Seine, M. Frochot, resté l'ami de son père, député suppléant à l'Assemblée constituante. Admis dans ses bureaux, il s'y distingua par son intelligence des affaires et une grande facilité de rédaction. Il était, en 1839, chef du personnel et du secrétariat général. L'année suivante, il fut nommé chef de légion de la garde nationale, à la formation de laquelle il avait activement concouru, et peu de temps après il fut fait chevalier de la Légion-d'Honneur, en récompense de ses longs services. Mis à la retraite après la révolution de 1848, il revint habiter Percey-le-Grand. Ses talents et son expérience le désignaient maire de cette commune, qu'il administra pendant dix ans à la satisfaction générale, et où sa mémoire se conservera longtemps entourée de respect. Outre de nouveaux chemins et de belles fontaines, Percey lui doit différentes améliorations qui contribuent à l'agrément ou à l'avantage des habitants.

BEUGNY (François-Mathias) était né en 1734 à Fontenoy-la-Ville, décanat de Faverney. En terminant ses études, il embrassa la règle de S. Ignace, et fut destiné à l'enseignement. Il professait, en 1762, la rhétorique au collége de Besançon avec un grand succès. On peut conjecturer qu'à la suppression de la société il se chargea de quelque éducation particulière. Ce ne fut qu'en 1775 qu'il accepta la cure de Melin, bailliage de Vesoul. Le refus du serment l'obligea de quitter cette paroisse, où il s'était fait chérir par l'exercice de toutes les vertus chrétiennes. Arrivé en Suisse, il y tomba malade, et mourut à Constance en 1792. Le P. Beugny est l'éditeur d'un recueil intitulé : *Lusus poetici*, Besançon, 1762, in-12, où il a rassemblé les meilleures compositions de ses élèves. Ce volume, devenu rare, est très-recherché des curieux.

BIGEOT (Claude-Etienne), publiciste, né vers 1618 à Faucogney, était fils de François Bigeot, mort avocat général au parlement de Dole, laissant la réputation d'un bon orateur et d'un savant jurisconsulte. Il marcha sur les traces de son père, et fut, avant 1646, pourvu de la charge de lieutenant général au bailliage de Pontarlier. Il s'en démit à l'époque de la réunion définitive de la province à la France, et se retira dans les Pays-Bas, où l'on croit qu'il mourut en 1675 (227). On a de lui plusieurs ouvrages relatifs à l'histoire de la province; les plus connus sont : *Le Bourguignon intéressé*, Cologne (vers 1668), in-12. Ce volume et le suivant se joignent à la collection des Elzévirs. — *Le Bon Bourguignon*, en réponse au livre injurieux à l'auguste Maison d'Autriche intitulé : *Bellum sequanicum secundum Wergulstadt* (228), 1672, in-12. — *La innocencia y fidelidad del Franco-Condado di Borgogna a los piedes de Sua Majestad*, Madrid, 1676, in-8°.

BILLARDET (Léon-Marie-Joseph), peintre, né à Gray le 17 mai 1818, était petit-neveu du docteur Sallin (*V.* ce nom, p. 306). Il annonça de bonne heure de très-heureuses dispositions pour l'art dans lequel il devait se distinguer, et fut envoyé à Paris, où il fréquenta les ateliers de Paul Delaroche et d'Ary Scheffer. Il profita si bien des leçons de ces deux grands maîtres qu'à l'âge de dix-sept ans il envoya à l'Exposition un tableau qui lui valut une médaille d'or de 3e classe au jugement du jury, et la médaille d'honneur à l'Exposition de Bruxelles. Ce tableau, acquis par le Ministère des beaux-arts et envoyé au musée de Besançon, représente le peintre Bellini donnant des leçons de dessin à ses deux plus jeunes enfants. Trois ans après (1848), Billardet obtint un nouveau succès : son tableau de *Pierre-le-Vénérable*, abbé de Cluny, réunit, à l'Exposition de Bruxelles, les suffrages des connaisseurs, et fut acquis pour le musée de Rotterdam. En 1858, il envoya à l'Exposition du Havre son *Petit Savoyard mourant*, dont s'est enrichi le

---

(227) Tous nos historiens s'accordent sur cette date; mais l'impression d'un ouvrage de Bigeot à Madrid, une année après celle que l'on assigne à sa mort, laisse sur ce point des doutes qui ne seront vraisemblablement jamais éclaircis.

(228) L'auteur de ce pamphlet est Jean Morelet, de Dijon, sur lequel on peut consulter la *Galerie Bourguignonne* de M. Ch. Muteau, II, 315.

musée de cette ville. L'église de la Résie-Saint-Martin possède de cet artiste une *Vierge*, l'une de ses productions les plus estimées. Parmi les autres ouvrages de Billardet, on distingue : *Héloïse et Abailard*, la *Résignation chrétienne*, des *Enfants surpris par l'orage*, la *Bohémienne*, la *Femme corsaire*, les *Exilés*, les *Fiancés*. Tous ces tableaux ont paru dans différentes Expositions, à Dijon, à Saint-Étienne, etc. Son goût l'entraînait vers le grand, et les sujets les plus vastes ne l'effrayaient pas, comme on peut en juger par les esquisses restées dans son atelier ; mais il excellait surtout dans le portrait. On en connaît de lui quelques-uns qui sont autant de morceaux remarquables. On ne citera que celui de M. le baron Martin, dont il a fait don à la ville de Gray, que M. Martin a administrée dans des temps difficiles avec autant de prudence que de courage. Les diverses qualités de ce portrait, qui est le principal ornement de la grande salle de la mairie, ont été appréciées par M. de Noiron, dans une lettre insérée dans la *Presse grayloise* du 19 octobre 1861. C'est une des dernières productions du pinceau de Billardet, enlevé à sa famille et à ses amis le 24 novembre 1862, à quarante-trois ans, dans toute la force de son talent.

BONNIER (Hippolyte), né à Poligny, fit profession à l'abbaye Saint-Vincent de Besançon le 5 juillet 1664. Il avait un goût particulier pour la physique et les mathématiques. Suivant Chevalier (*Histoire de Poligny*, II, 288), l'Académie des sciences voulut l'attirer à Paris ; mais, ami de la retraite, il déclina cet honneur. Il a laissé un *Traité d'optique* qui était fort estimé, et un *Recueil de visions et apparitions*. Ces deux ouvrages faisaient partie des manuscrits de l'abbaye de Faverney, où D. Bonnier mourut le 8 mars 1730.

BOUDOT (Joseph), né en 1762 à Talmay (Côte-d'Or), acquit une charge de notaire dans le village d'Apremont, près de Gray, et la remplit pendant plusieurs années avec la réputation d'un homme intelligent et actif. Les circonstances l'ayant obligé de s'en défaire en 1793, il alla s'établir à Dijon, et fut quelque

temps après nommé conservateur des archives du département.
Il mourut en 1838. Il a publié plusieurs opuscules ; nous ne
citerons que son *Essai sur Apremont*, que l'on dit plein de
recherches curieuses, mais devenu si rare qu'il nous a été
impossible d'en découvrir un seul exemplaire.

BOULOT (Théophile COURLET DE), amateur distingué des
arts, était né en 1768 à Besançon, d'une famille parlementaire.
Son père, qui le destinait à lui succéder dans sa charge de
conseiller, lui donna des maîtres qui devaient l'initier dans la
science du droit ; mais ses dispositions naturelles l'éloignaient
de cette étude, dans laquelle il fit peu de progrès. Son goût
pour le dessin se révéla dès son enfance. A dix ans il prit des
leçons de violon du ménétrier de Boulot, qu'il eut bientôt
surpassé. Adroit dans tous les exercices du corps, il s'acquit
en peu de temps la réputation d'un habile écuyer. Cependant,
pour obéir à son père, il se fit recevoir avocat en 1783 ; mais
il fréquenta peu le barreau, et continua de rechercher la société
des jeunes officiers de la garnison. En 1792, son père, effrayé
de la marche que prenait la Révolution, l'obligea de passer en
Suisse, où son talent comme peintre en miniature le fit accueillir
dans les principales familles de Berne et de Lausanne. S'étant
lié avec des seigneurs anglais, il visita dans leur compagnie
l'Italie et la Sicile, ne négligeant aucune occasion d'ajouter à
son instruction. Après le 9 thermidor, il crut pouvoir rentrer
en France ; mais les décrets contre les émigrés ne tardèrent pas
à l'obliger de retourner en Suisse, où il eut le bonheur de
retrouver ses anciens amis et d'en faire de nouveaux. Pendant
son séjour à Zurich, il se concilia l'affection du célèbre Lavater,
qui, sachant qu'il avait le projet de visiter l'Allemagne, lui
remit à son départ une lettre de recommandation pour l'Electeur de Bavière. Accueilli par ce prince de la manière la plus
gracieuse, il fut admis aux fêtes de la cour, et eut l'honneur de
faire les portraits des princesses et des plus grandes dames de
Munich. Il fut, en 1799, désigné pour accompagner le prince
de Birckenfeld dans son ambassade en Russie, et profita de
cette occasion pour dessiner plusieurs vues de Pétersbourg et

de Moscou. Les portes de la France lui ayant été rouvertes, il se hâta de revenir à Besançon, où il reçut de ses concitoyens des preuves d'estime et d'affection dans différentes circonstances. Quoique élu membre du conseil municipal de cette ville, il fut en même temps nommé maire de Boulot, qu'il administra pendant plusieurs années à la satisfaction générale. Il habitait cette commune une grande partie de l'année, et il se faisait un plaisir d'y recevoir les artistes qui venaient le visiter. En même temps qu'il embellissait sa maison et ses jardins de Boulot, il décorait de différents tableaux les églises de Besançon. Il mourut le 21 février 1846, à l'âge de soixante-dix-huit ans, laissant la réputation d'un homme affable, bienveillant et généreux. Il était membre de l'Académie de Besançon. On conserve dans sa famille un beau portrait de M. de Boulot, peint par M. Lancrenon, directeur de l'école de dessin et du musée de cette ville, correspondant de l'Institut (Acad. des beaux-arts).

BOYER (François-Victor-Romain), né le 10 octobre 1754 à Saint-Loup-sur-Sémouse, y était greffier du bailliage seigneurial avant la Révolution. Employé à Vesoul, quelques années plus tard, dans les bureaux de l'administration départementale de la Haute-Saône, il fut élu, sous le régime de la Constitution de l'an III, député au conseil des Cinq-Cents. Pendant les travaux de cette législature, il ne parla qu'une fois : ce fut pour demander l'exportation de certaines marchandises. En lisant son rapport sur ce sujet, on voit qu'alors les systèmes de protection et de libre échange se trouvaient déjà en présence l'un de l'autre. A l'expiration de son mandat, il fut nommé inspecteur des douanes, et exerça ces fonctions à Morteau, puis à Saint-Hippolyte (Doubs). Après sa mise à la retraite, il fut quelque temps juge de paix du canton de Saint-Hippolyte, où il s'était acquis une certaine popularité. Il habitait une propriété qu'il avait à Maussans (Haute-Saône), quand il y mourut le 2 mai 1826.

BRAHAUT (Nicolas-Germain), né à Champlitte le 20 septembre 1786, entra au service comme soldat à l'âge de vingt ans, dans le 55e régiment. Nommé lieutenant en 1808, il fit les campagnes de 1814 et 1815 en qualité de capitaine aide-de-camp des généraux Borrel et Grundler. Admis, en 1818, dans le corps royal de l'état-major, il fut appelé l'année suivante à la direction du personnel au Ministère de la guerre, place dans laquelle il rendit les plus éminents services. Elevé successivement jusqu'au grade de colonel, il fut nommé, le 1er octobre 1836, chef de division. L'affaiblissement de sa santé l'ayant obligé de prendre sa retraite en 1844, il fut alors nommé conservateur des archives historiques au Dépôt de la guerre, et put enfin se livrer entièrement à ses études sur les guerres de la République et du premier Empire. Malgré son état de souffrance, il les continua presque sans relâche jusqu'à sa mort, arrivée le 26 septembre 1861. Le colonel Brahaut était officier de la Légion-d'Honneur. Aussi modeste qu'instruit, il possédait toutes les qualités de l'homme de bien et se faisait chérir de tous ceux qui l'approchaient. Le général Brahaut, son fils, marche sur ses traces. — Indépendamment d'un *Mémoire* sur l'administration militaire depuis les temps les plus reculés, on conserve au Dépôt de la guerre plusieurs ouvrages encore inédits, qui témoignent de ses vastes connaissances et de son infatigable ardeur pour le travail. On citera : l'*Histoire de l'armée et de tous les régiments,* qui formera 5 vol. gr. in-8°, en ce moment sous presse; l'*Histoire de la campagne de 1814,* et un *Abrégé de l'histoire universelle.* — Le *Moniteur de l'Armée,* numéro d'octobre 1861, contient sur le colonel Brahaut une *Notice* dont on s'est servi pour la rédaction de cet article.

CHARLES (Réné), médecin, naquit à Jsusey en Franche-Comté le 18 mars 1685. Peu de temps après avoir reçu le doctorat, il fut nommé médecin des eaux de Bourbonne. Choisi ensuite pour occuper une chaire à l'Université de Besançon, il en devint recteur, et mourut en 1752. Ses écrits, qui sont assez nombreux, ont tous pour objet les eaux minérales, les épidémies et les épizooties : I. *Quæstiones me-*

dicæ circa thermas Borbonienses, Besançon, 1724, in-8° ; l'auteur a refondu cette thèse dans sa *Dissertation sur les eaux de Bourbonne*, Besançon, 1749, in-12. — II. *Quæstiones medicæ circa acidulas Bussanas*, Besançon, 1738, in-8°. — III. *Observations sur le cours de ventre et la dyssentrie qui règnent dans quelques endroits de la Franche-Comté*, Besançon, 1741, in-4°. — IV. *Observations sur les différentes espèces de fièvres, et principalement sur les fièvres putrides, malignes et épidémiques, et sur les pleurésies qui ont régné en Franche-Comté depuis quelques années*, Besançon, 1743, in-12. — V. *Observations sur la maladie contagieuse qui règne en Franche-Comté parmi les bœufs et les vaches*, Besançon, 1744, in-8°. — VI. *Quæstiones medicæ circa fontes medicatos Plumbariæ*, Besançon, 1746, in-8°.

CIREY (Jean DE), que nos voisins réclament comme un de leurs compatriotes, était d'une famille établie dans le comté de Bourgogne avant le XII° siècle, et qui tenait un rang dans la noblesse du pays. On peut conjecturer qu'elle contribua à la fondation de l'abbaye de Bellevaux (1117), dans le voisinage de sa terre. Il est du moins certain que plusieurs seigneurs de Cirey l'enrichirent de leurs libéralités (229). Jean de Cirey embrassa la règle de S. Bernard dans le diocèse de Besançon, peut-être à l'abbaye de Balerne, dont il fut élu abbé en 1475. Deux ans après il fut mis à la tête de la célèbre abbaye de Cîteaux. Dans ces nouvelles fonctions, il se signala par son amour pour la règle, par son immense charité, qui lui mérita le surnom de *bon abbé*, et par son goût pour les lettres. Ce fut lui qui introduisit l'imprimerie à Dijon, en y appelant Pierre Metlinger, qui exerçait son art à Dole. Il mourut le 27 octobre 1503, et fut inhumé dans le chœur de son abbaye avec une épitaphe qui nous a été conservée dans la *Gallia christiana*. Il a laissé six ouvrages sur le droit canonique, et qui, par conséquent, ont peu d'intérêt aujourd'hui. On en trouve les titres

(229) Voy. le *Nobiliaire du comté de Bourgogne* par Ch. Duvernoy, in-fol. ms., à la bibliothèque de Besançon.

dans la *Galerie bourguignonne* de M. Muteau, I, 217. Le plus connu est le suivant : *Collectanea quorumdam privilegiorum ordinis Ciestercensis*, in-4°, 1491. C'est le premier ouvrage imprimé à Dijon. Il est fort rare et très-recherché des amateurs bourguignons. M. Henri Joliet, bibliophile dijonnais, en possède un exemplaire.

CLERC (Pierre-Michel-Dorothée), procureur-général près la cour de Besançon, naquit à Fallon, bailliage de Vesoul, le 2 septembre 1762. Son père, avocat au parlement, le destinait à suivre la carrière dans laquelle il s'était distingué lui-même. Ses inclinations ne répondirent pas d'abord aux vœux de sa famille ; il s'engagea dans un régiment d'artillerie, qu'il suivit dans plusieurs garnisons, et il fallut beaucoup d'exhortations pour l'amener à l'étude du droit. Une fois livré à cette science, il s'y adonna tout entier, et il ne tarda pas à se mettre en très-bon rang au barreau de Besançon. La profondeur de ses connaissances, l'éloquence de sa parole n'étaient contestées par personne. A l'organisation des écoles centrales (1796), il fut désigné pour la chaire de législation ; mais il ne put se résoudre à quitter le barreau, et par son refus il dota le pays d'une gloire nouvelle. Ce fut J.-B. Proudhon, devenu justement célèbre comme auteur et comme professeur, qui fut nommé à sa place. Clerc continua d'honorer sa profession par le désintéressement et par un entier dévouement aux causes qu'il jugeait légitimes. A la création des cours impériales (1811), il fut appelé, autant par la voix publique que par le choix du gouvernement, aux fonctions de premier avocat-général, et il y apporta le zèle et le talent qu'il avait mis à la défense des intérêts privés. Lorsque vinrent les Cent-Jours de 1815, il fut nommé membre de la Chambre des représentants, ce qui le fit révoquer peu de temps après. Mais cette suspension imméritée ne fut pas de longue durée. Rendu à son siége en 1818, il devint procureur-général en 1829, poste que lui fit enlever la révolution de Juillet. Sa considération s'accrut de cette nouvelle disgrâce ; replacé sur le tableau des avocats, il fut élu bâtonnier de l'ordre, et il conserva cette dignité jusqu'à sa mort, arrivée le 3 mars 1848. — L'un des membres distingués de l'Académie de Besançon, il a fourni aux recueils de cette compagnie des dissertations remarquables, parmi lesquelles nous citerons : I. *Discours sur l'art de la déclamation*, 1812 ; — II. *Réfutation* de l'opinion de J.-J. Rousseau sur l'*influence des sciences et des arts*, 1826 ; — III. *Notice sur Dumoulin*, 1839 ; — IV. plusieurs *Etudes* sur la philosophie de l'illustre Kant, 1840 ; — V. *Mémoire* sur les causes de la décadence de l'autorité paternelle, 1847. — En 1822, fut publié à Besançon, sous le nom de l'architecte Ramelet, un volume intitulé : *Lois relatives aux bâtiments*. C'est un Desgodets approprié aux usages de notre province. Cet ouvrage est accompagné de commentaires dont notre savant jurisconsulte est l'auteur. — Après la mort du maréchal Moncey, l'Académie de Besançon ayant mis au concours l'*Eloge* de cette grande illustration franc-comtoise, ce fut Clerc qui donna aux concurrents les éléments d'une biographie complète du maréchal (230), dont il avait été l'ami. Son activité, ses habitudes matinales, son ardeur pour le travail, se soutinrent jusqu'à ses derniers jours; il n'abandonna ni le droit, ni la philosophie, ni la littérature classique. Chaque année il passait des mois entiers à sa campagne de Bouclans, et dans ses promenades il emportait toujours un auteur ancien : César, Virgile, Cicéron, Tacite, Quintilien, surtout Horace, qui était son poète de prédilection. — Sur sa tombe, M. Clerc de Landresse rappela les principaux traits d'une si belle vie. — M. de Golbéry, un de ses successeurs au parquet de la cour, lui a consacré une *Notice* très-remarquable, Besançon, 1852, 28 p. in-8°.

CLÈRE (Jules), né le 20 juillet 1814 à la Chapelle-les-Granges, canton de Villersexel, fut envoyé à Strasbourg pour y achever ses études. Afin de n'être pas trop à charge à son père, qui n'avait guère que sa retraite de capitaine d'artillerie

---

(230) Le prix fut adjugé à M. Chénier, chef de division au Ministère de la guerre, neveu des deux poètes de ce nom.

pour élever une nombreuse famille, il sut, grâce à son instruction
et à sa raison précoces, se créer des ressources, en faisant, pour
la maison Levrault, des traductions d'ouvrages allemands, et en
composant plusieurs petits livres destinés à faire partie de la
collection du chanoine Schmid, notamment les *Vacances de
Pâques*, 145 p. in-18, les *Vacances d'automne*, 216 p., et les
Vacances de Noël, 132 p. Les *Vacances d'automne* auraient pu
être intitulées : *Traité d'Aviceptologie ;* c'est un dialogue entre
trois on quatre écoliers qui s'enseignent mutuellement les procédés en usage pour prendre les oiseaux. Le jeune écrivain
fournissait en même temps des articles au *Journal de la Jeunesse*
et à l'*Education maternelle ;* il en donnait aussi à la *Revue
germanique*, qui paraissait à Strasbourg et se proposait de
mettre la France en communication intellectuelle avec l'Allemagne, mais qui n'eut qu'une courte existence. Devenu, en
1840, professeur à l'Ecole militaire de la Flèche, Jules Clère
utilisa les loisirs que lui laissaient ses fonctions pour remettre
en ordre la riche bibliothèque de l'établissement, laquelle ne
comprend pas moins de 15,000 volumes, pour en dresser le
catalogue, et pour écrire l'ouvrage qu'il publia en 1853 sous ce
titre : *Histoire de l'Ecole de la Flèche depuis sa fondation par
Henri IV jusqu'à sa réorganisation en Prytanée impérial militaire*, in-12 de xvj - 382 p. — On remarque une grande richesse
d'images dans ceux de ses écrits en prose qui comportaient le
genre descriptif; aussi écrivait-il surtout en vers. Quelques
poésies de lui, pleines de sentiment et de fraîcheur, ont paru
dans les journaux d'éducation et dans les revues littéraires.
Les autres sont restées inédites; elles forment trois cahiers
autographes qui sont dans les mains de sa veuve, ainsi que les
matériaux d'une *Histoire de la Flèche et de ses environs*. L'auteur
n'avait que quarante-cinq ans quand il mourut d'une congestion
cérébrale le 10 décembre 1859. Par sa collaboration avec
M. le baron de Wismes pour le bel ouvrage qui a paru sous ce
titre : *Le Maine et l'Anjou pittoresques*, il était devenu membre
de l'Académie d'Angers.

CLERGET (Pierre-François), né à Besançon en 1746, fit des

études brillantes sous les Jésuites, et le P. Beugny (*V.* ce nom, p. 354), son professeur de rhétorique, en faisait un cas particulier. Il était curé d'Onans, bailliage de Vesoul (231), quand il fut élu député aux Etats-généraux par le clergé du bailliage d'Amont, qui choisit en même temps pour ses autres mandataires l'abbé Lompré, chanoine de l'église collégiale de Champlitte, et l'abbé Rousselot, curé de Thiénans. L'abbé Clerget était du nombre des ecclésiastiques qui appelaient de leurs vœux les réformes ; il était connu par la part qu'il avait prise, avec l'abbé Baverel (*Voir* ce nom dans la *Biog. univ.*, t. LVII, p. 329) à l'ouvrage intitulé : *Coup d'œil philosophique et politique sur la main-morte*, Londres (Besançon), 1785, in-8°. En 1789, il fit paraître un autre écrit sur le même sujet : *Le Cri de la raison, ou Examen approfondi des lois et coutumes qui tiennent dans le servage 1,500,000 sujets de Sa Majesté*, Besançon, in-8°. Après la session, il ne revint point dans la province. Quelques-uns de ses collègues, dont il avait mérité la bienveillance, lui procurèrent un modeste emploi dans les bureaux du Ministère des affaires étrangères. Echappé aux orages de la Révolution, il fut nommé résident de France aux îles Canaries, et il y mourut en 1809, à l'âge de soixante-trois ans.

COCHARD (Claude-Alexis), né le 1ᵉʳ mai 1743 à Vesoul, où son père était garde-marteau en la maîtrise des eaux et forêts, fut reçu avocat en 1764. Après avoir fréquenté quelque temps le barreau de Besançon, il vint exercer sa profession au siége présidial de sa ville natale. Lors des élections pour les Etats-généraux, il fut un des six représentants que le Tiers choisit dans le bailliage d'Amont, et eut une part active dans les travaux de l'Assemblée nationale; il prit souvent la parole pour faire des propositions ou des rapports ; il parla notamment contre l'exportation des grains (1789), sur le projet de loi relatif à la division du royaume en départements (1790), et contre les droits de main-morte (1791). Un rapport important lui fut confié sur la fin de

(231) Onans fait aujourd'hui partie du canton de l'Isle-sur-le-Doubs.

la session, le rapport sur la situation générale des finances. Le 8 avril 1800, Cochard, jurisconsulte distingué, obtint un siége au tribunal de cassation, continua de faire partie de ce tribunal lorsque le sénatus-consulte dn 18 mai 1804 lui donna le nom de cour suprême, et fut un des conseillers qui reçurent une nouvelle institution le 15 février 1815. Si, pendant les Cent-Jours, il signa l'Adresse d'adhésion présentée le 26 mars à l'Empereur par la cour de cassation, il fut également signataire de celle que la même cour mit sous les yeux du roi le 12 juillet suivant. Peu de jours après (août 1815), les électeurs du département de la Haute-Saône le nommaient député à la chambre *introuvable* (232), avec MM. le marquis Réné de

(232) Cette Chambre est une de nos assemblées législatives qui resteront tristement célèbres. Les actes qui signalèrent sa courte existence, ses prétentions féodales, ses tentatives pour ramener les anciens abus, l'esprit de fanatisme et de vengeance qui l'animait, tels sont les titres qui la feront vivre dans l'histoire. Lorsqu'elle fut élue (août 1815), les plus violentes passions agitaient le pays ; le parti dominant était celui de l'émigration ; un million de soldats russes, prussiens, autrichiens couvraient le sol de la France ; on peut dire que les élections de 1815 se firent sous la protection des baïonnettes étrangères. Tant de causes réunies ne pouvaient manquer de produire une chambre qui répondît aux vœux du parti alors au pouvoir. On vit sortir de l'urne une foule de noms nouveaux, d'hommes sans aucune expérience des débats législatifs, et qui n'étaient connus en général que par la violence de leurs opinions ultra-royalistes. Réunie le 9 octobre, elle se mit immédiatement à l'œuvre réactionnaire qu'elle avait mission d'accomplir. On vit sortir de ses délibérations la loi très-sévère relative aux cris et actes séditieux, la loi qui établissait les cours prévôtales, la loi d'amnistie, qui, par ses nombreuses exceptions, ne fut qu'une dérision, etc. Le 25 avril 1816, après l'adoption du budget, la session fut close par le roi. — « Cette Chambre, dit un historien, mérite une grande attention, parce qu'elle conçut le projet de faire une révolution inverse de celle de 1789, et qu'elle fut réduite par la force des choses à n'en tracer que le plan ; elle indiqua les proportions d'un édifice gothique que les mêmes architectes essayèrent de bâtir depuis 1816 jusqu'à la fin de 1829. » La partie la plus fougueuse de la majorité se rangeait sous le drapeau de MM. de Labourdonnaye, de Bonald et de Villèle. Les orateurs les plus distingués de la minorité étaient MM. de Serre, Royer-Collard, de Barante, de Saint-Aulaire, Pasquier, Roy, Siméon, Beugnot et Becquey, qui formaient une phalange redoutable par leur talent, sinon par leur nombre. Le Ministère était, pour ainsi dire, divisé aussi en deux fractions. La fraction modérée comprenait MM. de Richelieu, Decazes, Barbé-Marbois ; celle qui sympathisait un peu avec la majorité se composait de MM. de Vaublanc, Du Bouchage, de Feltre. La force réelle du cabinet était dans les hommes modérés, ce qui sauva

Latour-Dupin, Brusset et le marquis de Grammont. La nouvelle
Chambre, dont il était le doyen d'âge, se réunit le 9 octobre,
et ses premières séances eurent lieu sous sa présidence. Aurait-
il-voté avec la majorité ou avec la minorité de cette assemblée
fameuse ? On ne peut le savoir : la mort vint l'enlever le
18 décembre 1815. Ses obsèques furent célébrées à l'église
Saint-Germain-des-Prés.

COLOMB (Dom Adalbert), natif de Colmar, fit profession
à l'abbaye de Luxeuil le 29 juin 1730, et fut chargé, plus tard,
d'enseigner la philosophie et la théologie dans plusieurs établissements de bénédictins, notamment à Faverney. Dans ce
dernier monastère était conservée, manuscrite, une *Bibliothèque
des auteurs de la Franche-Comté* composée par D. Colomb.

COLOMBOT (Zacharie), fils de Jean Colombot, avocat en
parlement, naquit à Grattery, bailliage de Vesoul, le 17 juillet
1755. Ayant embrassé l'état ecclésiastique chez les Lazaristes,
il montra de très-bonne heure une grande aptitude au professorat, et enseigna avec distinction, dans plusieurs maisons de
son ordre, la théologie et la philosophie. Après la suppression
des congrégations religieuses, il vécut à l'écart, consacrant tout
son temps à l'étude, jusqu'au moment où il fut pourvu de la
chaire de philosophie à la Faculté des lettres de Dijon. Le doyen
de cette Faculté ayant été suspendu en 1814, ses fonctions furent
provisoirement dévolues à l'abbé Colombot, qui était le plus
ancien professeur, et qui les exerça pendant quatre ans sans en
recevoir les émoluments. C'eût été justice d'accorder au doyen
d'ancienneté un diplôme définitif; mais on lui préféra un jeune
professeur de trente ans, ce qui détermina l'abbé Colombot,
très - chatouilleux sur ces choses-là, à demander sa mise à la

la France de la plus épouvantable réaction. On prétend que le roi Louis XVIII,
qui n'aimait pas cette Chambre, lui appliqua l'épithète d'*introuvable*. Mais
Louis XVIII doutait lui-même que ce mot lui fût échappé. La majorité affectait
de le prendre en bonne part; l'Opposition, au contraire, le regardait comme
une raillerie piquante. Quoi qu'il en soit, l'épithète lui est restée comme surnom. On dit la Chambre *introuvable* pour désigner la Chambre de 1815, comme
on dit le ministère *déplorable* pour désigner le ministère Villèle-Peyronnet.

retraite. Quand vint la liquidation de sa pension, elle fut loin de répondre à son attente. Il comptait quarante-huit ans de services dans l'enseignement, et croyait avoir droit, d'après les réglements sur l'éméritat, aux trois quarts de son traitement fixe d'activité, qui était de 3,300 fr. La liquidation ne lui alloua que 750 fr. par an! Le professeur émérite ainsi maltraité se plaignit amèrement dans une brochure intitulée : *Observations sur des arrêtés de la commission d'instruction publique*, Dijon, 1821, imp. de Carion, 56 p. in-8°. C'est une brochure qui mérite d'être lue, à cause des noms propres contemporains qui s'y trouvent, et des tendances peu scrupuleuses qu'elle met à la charge du gouvernement de la Restauration. Retiré à Port-sur-Saône, près de son village natal, l'abbé Colombot y mourut le 28 mars 1826.

CONSTANT (Claude-Etienne), zélé missionnaire, était né en 1736 à Tincey, bailliage de Gray, de parents qui jouissaient dans le pays d'une juste considération. Ayant achevé ses cours de philosophie et de théologie d'une manière brillante, il fut admis, en 1761, dans la communauté des missionnaires de Beaupré. Deux ans après, il commença le cours de ses prédications dans les différents villages du diocèse, et les continua avec le même zèle et le même succès jusqu'en 1790. Le refus du serment le força de s'expatrier. Retiré à Soleure, il se hâta de rentrer en France à l'époque du concordat. A la réorganisation du diocèse, son mérite bien connu le fit nommer curé de la paroisse de Saint-Jean (Besançon), et il apporta dans ces nouvelles fonctions le dévouement qui l'avait caractérisé toute sa vie. Il concourut, avec son ami Bardenet (*V.* ce nom, p. 16), au rétablissement de la mission diocésaine, dont il accepta le titre de supérieur honoraire. Ce saint prêtre mourut à Besançon en 1818, pleuré des pauvres et emportant les regrets de la ville entière, où son nom est resté en vénération. Ses *sermons* sont conservés en manuscrit dans la bibliothèque des missionnaires, à Ecole, près de Besançon.

CORNU (Jean-Alexis), peintre, naquit en 1755 à Etrepigney,

bailliage de Dole. Il étudia les principes de son art dans les académies de France et des Pays-Bas. De retour dans sa province, il s'établit à Besançon, et ne tarda pas de montrer, par différentes compositions, qu'il avait mis à profit les leçons de ses maîtres. Il réussissait surtout dans la miniature et la peinture au pastel. En 1782, il exécuta un tableau en miniature représentant la bénédiction des mariages de sept filles dotées par l'intendant M. de Lacoré, à l'occasion de la naissance du Dauphin. Ce tableau, décrit dans les *Affiches* de la province, commença sa réputation. Il dessina depuis et grava huit médaillons en couleur représentant les principaux édifices de Besançon, la nouvelle Intendance, la salle des spectacles, l'hôpital Saint-Jacques, le Refuge, et différentes vues de la promenade de Chamars. Cette suite est assez rare. Les cabinets des amateurs, tels que le chevalier de Sorans, l'abbé Pelier, etc., s'enrichirent dans le même temps de différents morceaux de cet artiste aussi fécond que laborieux. Il fut appelé à Vesoul pour peindre le tableau qui décore le chœur de la principale église. Ce tableau, représentant S. Georges, patron de la ville, est estimé des connaisseurs. L'accueil qu'il avait reçu à Vesoul l'engagea à s'y fixer. Plus tard il fut nommé professeur de dessin à l'Ecole centrale, et dut à son caractère, non moins qu'à ses talents, l'amitié de tous ses confrères. Cet artiste estimable et trop peu connu est mort à Vesoul le 25 juillet 1807, à l'âge de cinquante-deux ans.

COURTOT (François-Michel), né à Noroy-l'Archevêque le 15 mars 1757, fils de François Courtot, garde-du-corps du roi, se destina à la magistrature judiciaire. Après avoir exercé quelque temps la profession d'avocat, il fut nommé juge au tribunal du district de Vesoul. Il était dans cette position quand les électeurs lui conférèrent le mandat de député de la Haute-Saône à l'Assemblée législative (1791). A l'issue de la session, il devint membre du tribunal criminel de Vesoul, et y siégea jusqu'à la création des cours d'assises. A cette dernière époque (1810), il fut appelé à faire partie de la cour impériale de Besançon. Il mourut dans cette ville le 20 avril

1816, âgé seulement de cinquante-neuf ans. C'était un homme de mérite, témoin les marques de confiance qu'il reçut successivement des électeurs et du Gouvernement.

DAGUENET (Jean-François), né à Vesoul le 4 novembre 1768, continua pendant quelques années, dans sa ville natale, le commerce qu'avait fait son père, celui des étoffes. Ayant cédé son magasin, il se retira dans la maisonnette qu'il possédait sur un des coteaux d'Echenoz-la-Meline près de Vesoul. De ce qui n'était guère qu'une gloriette au milieu d'une vigne, il sut faire un séjour habitable. Quand furent achevés les agencements de la petite villa où il avait résolu de finir ses jours, il en célébra le site et les agréments dans un poëme en trois chants intitulé : *L'Elysée Daguenet*, 120 p. in-8°, Vesoul, 1833, imp. Bobillier. Cet opuscule, considéré comme œuvre littéraire, est loin d'être irréprochable ; « il a été fait, dit l'auteur lui-même, sans autre prétention que celle d'égayer ma retraite champêtre, et d'amuser mes convives par des babioles rimées qui, loin d'être immortelles, sont destinées à mourir au plus tard avec moi. » Mais on y retrouve à chaque page l'humeur joviale qui caractérisait l'auteur. Il y a là des peintures de mœurs et des portraits qui ne manquent pas de ressemblance ; les unes et les autres dénotent un tour d'esprit agréable et fin. F. Daguenet mourut à Crabertin, — nom du canton de vignes où il avait bâti son *Elysée*, — le 2 décembre 1837, à l'âge de soixante-neuf ans.

DAIGNEY (Richard), prêtre, né à Besançon en 1630, fut pourvu de la cure de Provenchère, prévôté de Vesoul, et se consacra tout entier aux devoirs de son ministère. Il est auteur d'un ouvrage intitulé : *La Pierre philosophale de la droite intention, ou l'unique secret de convertir au bien et pour le Ciel toutes les actions*, Besançon, 1690, in-12 de 140 pp.

DARD DE Bosco (Guillaume), habile mécanicien, était né en 1704, à Gy, d'une famille honorable, et dans laquelle la culture des arts et des sciences était héréditaire. Il ajouta

24

d'abord à son nom celui de *Gantherie* ; mais un chanoine de ses parents l'ayant institué son héritier à la condition de relever son nom, il prit alors celui de *Bosco*, sous lequel il est connu. Il s'appliqua d'abord, comme son père et son aïeul, à la pratique de la médecine et à la culture des sciences naturelles ; mais il y renonça plus tard pour se livrer entièrement à la mécanique, et il y fit de rapides progrès. Ses talents lui méritèrent la confiance du célèbre Servandoni, qui lui remit, en 1757, la direction des machines du théâtre des Tuileries. Plus tard il fit exécuter diverses machines au théâtre du collége de la Trinité, à Lyon. Il était, en 1770, chargé de l'exécution des machines du théâtre du roi, à Versailles. Il revint en Franche-Comté pour aider son fils (dont l'article suit) de ses conseils et de son expérience dans les travaux qu'il dirigeait. Il quitta la province vers 1784 pour retourner à Paris, où il mourut quelques années après, dans un âge avancé (233). Il avait publié, sous le pseudonyme du P. Achille de Barbantane, capucin, un *Discours sur les femmes*, Paris ou Avignon, 1754, in-12. Cet opuscule, devenu très-rare, est une apologie du sexe féminin.

DARD DE Bosco (Jean-Etienne), fils du précédent, né à Gy en 1741, acheva ses études classiques à Paris d'une manière brillante, et s'appliqua d'abord à la médecine, puis, sous la surveillance de son père, aux mathématiques, dans lesquelles il fit de grands progrès, surtout dans l'astronomie et la mécanique. Il prit, en 1779, la direction des *Affiches de Franche-Comté*, qui avaient cessé de paraître depuis plusieurs années, et sut donner plus d'intérêt à cette feuille en y insérant divers morceaux de littérature. Ses nombreuses traductions en vers des *Odes* d'Horace montrent qu'il avait fait une étude spéciale des œuvres de ce grand poète. Il ne tarda pas de s'associer, pour la rédaction des *Affiches*, Roussel de Bréville (234), et finit

(233) Tous ces détails sont tirés d'une lettre insérée dans les *Affiches de Franche-Comté*, numéro du 3 mars 1780.

(234) Roussel de Bréville (Guillaume), membre associé de l'Académie de Besançon, était le frère cadet de l'auteur de l'*Essai sur les convenances grammaticales* (Lyon, 1784, in-12 de 374 pages). Il est mort à Frétigney, près

par la lui remettre entièrement pour se livrer aux travaux importants dont il était chargé. C'est sur ses plans et sous sa surveillance que furent exécutées toutes les machines du nouveau théâtre de Besançon. Il traça en 1783, aidé par son père, le beau méridien du jardin de Granvelle. Ce méridien ayant été l'objet de quelques critiques de la part de dom Guillot, bénédictin du couvent de Morey, il justifia son opération dans une lettre imprimée dans les *Affiches,* où avait paru celle de son contradicteur. Tous les travaux qu'il avait entrepris étant terminés, il revint à Gy, où ses talents et ses qualités personnelles lui avaient acquis l'estime et l'affection de ses compatriotes. Ce fut à cette époque qu'il dressa le plan de sa ville natale, que l'on voit encore dans une des salles de la mairie. Il resta étranger à la Révolution, n'ayant jamais voulu accepter aucune fonction publique; mais il servit tant qu'il le put, même aux dépens de sa fortune, tous ceux qui eurent recours à lui dans ces temps malheureux. Il était souvent consulté comme architecte et employé comme géomètre. Il mourut le 23 juin 1816, à l'âge de soixante-quinze ans, pleuré des pauvres et regretté de tous ceux qui l'avaient connu.

DEMAICHE (Jean-Claude), littérateur, né le 6 octobre 1817 à Oiselay, canton de Gy, annonça dès sa plus tendre enfance les plus heureuses dispositions. Après avoir achevé ses études classiques au collége de Besançon, il prit le grade de licencié ès lettres, et résolut de se consacrer à l'enseignement. Il refusa cependant la chaire de rhétorique qui lui fut offerte dans un petit collége, pour se charger d'une éducation particulière. Tout en donnant à son élève les soins les plus assidus, il fit son cours de droit. A cette époque paraissaient les *Girondins* de M. de Lamartine. Des *Réflexions critiques* qu'il publia sur cet ouvrage le firent connaître comme écrivain et lui méritèrent d'honorables amitiés. Appelé en 1849

d'Oiselay, le 23 septembre 1807, à l'âge de soixante-dix-huit ans. Ses manuscrits, dont quelques-uns étaient précieux pour l'histoire de la province, furent abandonnés au maître d'école, qui s'en servit pour les besoins de sa classe; ils sont entièrement perdus.

à la chaire de philosophie du lycée de Bourges, il se disposait à se reudre dans cette ville lorsque M. de Falloux, nommé ministre de l'instruction publique, se l'attacha comme secrétaire. En quittant le ministère, quelques mois après, M. de Falloux le nomma professeur au lycée de Vendôme. Il passa l'année suivante au lycée de Reims, où il professa la philosophie pendant trois ans de manière à se concilier l'estime publique. En 1853, il fut nommé inspecteur de l'Académie de Paris pour le département de la Marne, et s'établit à Châlons, où, comme à Reims, il se fit aimer et estimer de ses supérieurs et de ses subordonnés. Mais des infirmités précoces ne tardèrent pas de paralyser son zèle, et il fut enlevé à sa famille et aux lettres le 22 juin 1860, à l'âge de quarante-trois ans. Au mois d'août suivant, son *Eloge* fut prononcé dans une séance publique de l'Académie de Châlons, par M. Debosq, son secrétaire perpétuel. Demaiche était aussi membre de l'Académie de Reims et de la Société de statistique de Marseille. Il a laissé en manuscrit plusieurs ouvrages, entr'autres un *Précis de philosophie* que sa famille se propose de publier. On regrette qu'il n'ait pas eu le loisir de mettre la dernière main à des *Recherches sur l'âme.* Son principal ouvrage imprimé est le *Règne de la croix, restauration de la société morale*, Paris, 1849, in-12. Une nouvelle édition, augmentée des lettres approbatives de Son Em. le cardinal Gousset, a paru en 1857. On cite encore de lui : *De la portée de l'esprit humain; — Du but principal qu'on doit se proposer dans la culture des beaux-arts*, 1851 ; — *De l'amour d'Horace pour la campagne*, 1856.

DEMANDRE (Dom Simon), bénédictin, de la même famille que l'abbé Demandre, membre de l'Assemblée constituante, et plus tard évêque métropolitain de l'Est (*Voy.* ci-devant, p. 99), était né à Senoncourt en 1759. Il embrassa jeune la vie religieuse à Luxeuil, et, s'étant fait remarquer de ses supérieurs par ses dispositions à l'enseignement, fut envoyé au collège que l'ordre avait fondé à Saint-Ferjeux. Il y professa quelque temps les humanités, et y remplit ensuite les fonctions de sous-principal. L'Académie de Besançon ayant mis au concours la question suivante : *Quel a été l'état des sciences dans le comté de Bourgogne depuis le règne de Rodolphe III (993-1032) jusqu'à la réunion de cette province à la France?* D. Demandre remporta le prix en 1782. Trois ans après il partagea le prix sur cette autre question : *Quel a été l'état ancien du commerce de Besançon?* Il avait pour concurrent son confrère dom Sterque. A la suppression des ordres religieux, il se retira dans sa famille, à Saint-Loup, et, restant étranger aux discussions politiques, partagea son temps entre la prière et l'étude. Il faisait de fréquents séjours à la Chaudeau, où il était accueilli par son petit-neveu, qui lui prodiguait les soins les plus affectueux. Il y mourut presque subitement le 7 octobre 1811, âgé seulement de soixante-deux ans, et fut inhumé dans le cimetière de la commune d'Aillevillers.

DESGRANGES (Léopold-Grégoire), né à Luxeuil en 1759, d'une famille de négociants qui s'adonnait spécialement à la fabrication du papier, était propriétaire, avec son frère Claude-Joseph, des papeteries de Saint-Bresson, Plombières, Arches (235) et Archettes, situées la première en Franche-Comté, les autres en Lorraine. En 1791, il fut nommé député à l'Assemblée législative par les électeurs du département de la Haute-Saône. Pendant la session, il ne se signala guère que par une réponse à Prudhomme (236), qui,

(235) La papeterie d'Arches date du XVIᵉ siècle. Elle possède dans ses archives un acte de vente du 21 juillet 1580. Elle fut la propriété du célèbre Pierre-Augustin Caron de Beaumarchais, qui la vendit aux frères Desgranges, Claude-Joseph et Léopold-Grégoire. Le père de ceux-ci, Pierre-Benoît, était maire royal à Luxeuil en 1788. Son fils aîné, Claude-Joseph, fut membre du conseil général de la Haute-Saône, et mourut à Luxeuil le 14 octobre 1838, à l'âge de quatre-vingt-sept ans. Il fut père des trois frères Desgranges mentionnés page 106.

(236) Né à Lyon, Louis Prudhomme, après s'être fait remarquer par la publication d'un grand nombre d'écrits révolutionnaires, fit paraître un journal sous ce titre : *Les Révolutions de Paris,* dont la collection entière, du 12 juillet 1789 au 24 février 1794, forme 17 vol. in-8°. Il y dénonçait indistinctement tous les partis; il harcelait sans cesse les agents de l'autorité, attaquant toutes les institutions. Effrayé des événemens qu'il avait contribué à pro-.

dans les *Révolutions de Paris,* n° 163, l'avait dénoncé comme
trop peu favorable aux intérêts révolutionnaires d'alors. Il
s'ensuivit un procès en calomnie qui justifia pleinement le
député Desgranges. Rendu à ses affaires privées, il choisit
pour résidence la papeterie d'Arches, où il mourut le 12 décembre 1816, à l'âge de cinquante-sept ans.

DESTRAVAULT, ou plutôt TRAVAULT (Joseph-Xavier), né à
Vesoul vers 1760, se livra à l'étude des lois et se fit recevoir
avocat. Il habita tour à tour Dole et Paris. A Dole, il fréquenta
quelque temps Pierre-Edouard Lemontey, fils d'un serrurier, et
qui devint plus tard membre de l'Académie française; mais ils
ne tardèrent pas à se brouiller, ce qui fut attribué au caractère
peu sociable de Destravault. A Paris, Destravault fut longtemps
employé dans les hôpitaux militaires, puis comme officier
de police judiciaire dans le Berri (*Biographie des Hommes
vivants,* t. II, p. 494). On croit qu'il mourut à Paris en 1827.
Voici, d'après M. Quérard, la liste de ses nombreuses productions : I. *Discours pour la fête de la Toussaint,* Paris,
1815, in-8° de 16 pages. Cet opuscule a eu deux éditions. —
II. *La Résurrection merveilleuse;* aux Pharisiens qui affectent
de s'alarmer sur le sort de la sainte Sion, Strasbourg, 1815,
in-8° de 4 p.; Troyes, 1815, in-8° de 8 p. — III. *Diadème de
nos lois;* direction paternelle et maternelle des mœurs, source
féconde de bien-être individuel et de prospérité publique, Paris,
1816, in-8°. — IV. *Adresse à S. M. et aux Chambres de 1817,*
sur l'organisation de la force de l'Etat, Paris, 1818, in-8° de
12 p. — V. *A nos amis les appuis de la Charte,* Paris, 1819,
in-8° de 2 p. — VI. *Le Sauveur sur la croix,* essai dédié aux
pères de famille, Paris, 1820, broch. in-8°. — VII. *Le coup*

voquer, il vint à résipiscence; en 1797, il publia l'*Histoire générale et
impartiale des Erreurs, des Fautes et des Crimes commis pendant la Révolution,*
6 vol. in-8°. C'est une compilation très-informe, mais où l'on trouve des
documens précieux sur les atrocités de cette époque..... Deux des six
volumes sont consacrés à un dictionnaire où chaque victime se trouve inscrite
à sa lettre alphabétique, avec son nom, prénom, âge, lieu de naissance,
qualité ou profession, domicile, date et motif de la condamnation, jour et
lieu de l'exécution. (*Biog. univ.,* t. LXXVIII, p. 106.)

de massue au duel, Paris, 1819, in-8° de 32 p. — VIII. *Duel entre deux grands personnages*, etc., qui intéresse l'Etat, Paris, 1822, in-8° de 16 p. — IX. — *Précis* des atteintes portées à la liberté, à l'honneur, aux propriétés d'un sexagénaire parfaitement irréprochable, Paris, 1822, in-8° de 8 p. — X. *Paraphrase du Domine salvum fac regem*, ode, Paris, 1822, in-8° de 8 p. — XI. *A la vertu bienveillante*, Paris, 1823, in-8° de 2 p. — XII. *L'Amour*, bonheur des hommes et des anges, poème didactique en dix chants (chant 1er), Paris, 1823, in-8° de 12 p. — XIII. — *La Folie*, essai épique (1er chant), Paris, 1823, in-8° de 8 p. — XIV. *Le zèle pour Dieu :* à ceux qui l'oublient, par une victime sexagénaire et irréprochable, auteur de divers essais moraux, Paris, 1823, in-8° de 8 p. — XV. *Mon Vœu*, Paris, 1824, in-8° de 8 p. — XVI. *Le Cri de Bethléem* pour une indemnité générale, et contre le sacrilége, le duel, les paradoxes encyclopédiques, le philosophisme, avec trois épîtres en vers, Paris, 1825, in-8°. — XVII. *Deux Catastrophes dont on se souviendra* (la mort du pasteur de Saint-Aurence et celle du pasteur du Havre), Paris, 1826, in-8° de 8 p. — XVIII. *Cartes de visites* (en vers), Paris, 1827, in-8° de 8 p. — XIX. *Plan de paix universelle et perpétuelle*, conçu à Francfort-sur-le-Mein, en avril 1813, etc., Paris, 1827, in-8° de 76 p. — M. Quérard mentionne encore une *Epître à l'égoïsme* du même écrivain. En douze ans Destravault avait amassé, comme on le voit, un assez gros bagage littéraire. Il est pourtant mort pauvre et à peu près abandonné par la Restauration, en faveur de laquelle il avait tant écrit de petits opuscules! Il y a des esprits bizarres que rien ne peut soustraire à la fatale influence de leur mauvaise étoile. Telle paraît avoir été la destinée de J.-X. Destravault.

DETROYES (Jean-François), né en 1771 à Jussey, où son père était notaire, fit ses études à Paris, et entra dans le génie militaire. Nommé capitaine en 1794, il se trouva à la reprise de Landrecies sur les alliés, et se distingua dans cette circonstance par son courage et sa fermeté. (*Vict. et Conq.*, t. III, p. 88.) Devenu chef de bataillon et désigné pour faire partie de l'expédition d'Egypte, il se fit remarquer de nouveau, le

15 juillet 1798, au combat de Chebriess. (*Ibid.*, t. IX, p. 46.)
Le 30 mars de l'année suivante, il fut tué au siège de Saint-
Jean-d'Acre, dans les travaux de tranchée que les Français
pratiquaient devant la place. (*Ibid.*, t. X, p. 119.) Quoiqu'âgé
seulement de vingt-huit ans, il était alors chef de l'état-major
du génie et colonel. Ce fut le général de Beurnonville, son ami,
qui eut la douleur d'annoncer à la mère de Detroyes la perte
qu'elle venait de faire. La lettre de condoléances du général
est conservée par un membre de la famille, M. Cornibert,
greffier de la justice de paix de Jussey.

DUBUISSON (Claude-Charles-François), né le 19 novembre
1750 à Vauvillers, où son père exerçait un office de procureur
au bailliage seigneurial, s'était fait recevoir avocat. La Révolution venue, il en adopta les principes, et quand au régime des
subdélégations furent substituées des administrations départe-
mentales composées par le suffrage populaire, il fit partie de
celle qui fut installée à Vesoul le 9 juin 1790. Elu député au
conseil des Anciens en 1795, il en fut nommé secrétaire,
distinction que lui décerna l'estime toute particulière de ses
collègues. Toutefois il ne prit guère la parole dans les discussions de l'assemblée que pour réclamer l'approbation de la
mesure qui assimilait aux émigrés les hommes qui s'étaient
soustraits à la déportation. Il mourut à Vauvillers le 8 mars
1829, presque octogénaire. — Son fils, Claude-Jean-Baptiste
Dubuisson, fut longtemps juge de paix du canton de Vauvillers,
et remplit ces fonctions jusqu'à sa mort, arrivée le 14 décembre 1843.

DUFOUR (Le P. Louis), jésuite, né à Champlitte vers la fin
du XVIe siècle, mort à Dole au mois de novembre 1642, est
auteur d'une *Vie*, en latin, *de S. Léonce*, évêque de Fréjus,
Avignon, 1638, in-8°. Cet ouvrage, devenu rare, contient des
détails curieux sur les antiquités de Fréjus, son amphithéâtre,
son aqueduc, ses bains, etc., et sur les hommes célèbres que
cette ville a produits ; il est intitulé : *Sanctus Leontius, episcopus
et martyr, suis Forojuliensibus restitutus.* Le P. Lelong l'a cité

dans la *Bibliothèque historique de la France ;* mais il en nomme mal l'auteur : Du Four, en quoi il a été suivi par la plupart des bibliographes.

EBAUDY DE ROCHETAILLÉE (Vincent), écuyer, né à Langres en 1744, d'une famille champenoise qui possédait, entre autres fiefs, celui d'Echenoz-le-Sec (Franche-Comté), était devenu en 1772, à l'âge de vingt-huit ans, lieutenant-général au bailliage-présidial de Vesoul. Il occupa cette haute charge de judicature jusqu'en 1787. Rentré dans les loisirs de la vie privée, il n'en sortit qu'en 1806, époque à laquelle il fut nommé député du département de la Haute-Saône au Corps législatif. Au renouvellement qui eut lieu en 1812, les électeurs lui conférèrent le même mandat; mais il ne fit point partie des législatures suivantes. Après avoir exercé à Gray, pendant deux ou trois ans, les fonctions de receveur principal des contributions indirectes, il se retira à Vesoul, où il mourut le 8 février 1832, à l'âge de quatre-vingt-huit ans. C'était un homme d'esprit et de manières fort distinguées. Il avait épousé Adélaïde Camusat de Viancey, veuve d'un conseiller en la chambre des comptes de Paris. Il était chevalier de l'ordre impérial de la Légion-d'Honneur.

ESCLANS (Charles-Marie-Pierre-Félix MASSON, chevalier D'), né en 1763, fut admis en bas âge dans l'ordre de Malte, et dut faire quelques campagnes contre les Barbaresques qui infestaient encore la Méditerranée. Il obtint ensuite une compagnie dans un régiment de dragons. Lors de l'assemblée de la noblesse de Franche-Comté, en 1788, il fut un des vingt-deux gentilshommes qui se prononcèrent pour les réformes que réclamait l'opinion publique. Député de la noblesse du bailliage d'Amont aux Etats-généraux, l'un des premiers il se réunit au Tiers-Etat, et, sur toutes les questions importantes, vota avec la majorité. Il eut le bonheur d'échapper aux mesures révolutionnaires dont tant de constituants furent les victimes. Après le 18 brumaire, il se rallia au nouveau

gouvernement, qui lui paraissait devoir assurer à la France
la tranquillité dont elle avait si grand besoin. Plus tard il
accepta les modestes fonctions de maire de Saint-Loup-les-
Gray, dans l'espoir de faire un peu de bien. Il les remplissait
encore lorsqu'il mourut le 31 août 1812, à l'âge de quarante-
neuf ans. Son portrait a été gravé dans la *Galerie des députés
à l'Assemblée constituante*, dans le double format in-4° et
in-8°.

FIANCÉ (Antoine), né à Fleurey le 1er janvier 1552, perdit
son père de bonne heure, et fut envoyé à Paris par un oncle
maternel pour y étudier les belles-lettres et la philosophie. Il
alla ensuite étudier la médecine à Montpellier, l'exerça pendant
trois ans à Carpentras, puis à Arles, et se fit recevoir docteur
en médecine à Avignon. Cette ville ayant été affligée de la peste
en 1580, Fiancé donna tous ses soins aux pestiférés pendant
neuf mois ; atteint lui-même de la contagion, il mourut victime
de son zèle, le 27 mai 1581, âgé de vingt-neuf ans. Son plus
important ouvrage est *la Platopodologie* ; cette pièce, qui paraît
n'avoir jamais été imprimée, était une satire en vers latins
contre des envieux qui cherchaient à lui nuire. Il l'avait composée pendant son séjour à Carpentras. Du Monin (*Voy.* ce
nom p. 249), son compatriote, lui a adressé quelques épîtres
insérées dans son *Manipulus poeticus*. Jean-Aimé de Chavigny,
de Beaune, a célébré sa mort dans le recueil intitulé : *Larmes
et soupirs sur le trespas de M. Antoine Fiancé*, Paris, 1582,
in-8° de 96 pages, dont l'abbé de Saint-Léger a extrait la notice
qui est insérée dans l'*Année littéraire* de février 1777. (*Biog.
univ.*, XIV, 481.)

FLAMAND (Jean), fils de Claude Flamand (*Voy.* ce nom
p. 138), naquit à Montbéliard au mois d'août 1597. Son père,
dont il embrassa la carrière, fut son guide et son premier
maître. Il travailla sous ses yeux et fit bientôt des progrès
rapides en architecture. Le désir de se perfectionner dans la
pratique du génie militaire le détermina à prendre du service
dans l'armée du prince Maurice de Nassau, l'un des plus

illustres capitaines de son temps. Flamand partit pour les Pays-Bas avant l'ouverture de la campagne de 1623, et obtint, à son arrivée dans le camp hollandais, le brevet d'ingénieur militaire et de *castramétateur*. Deux ans après, il était de retour dans sa patrie, où il s'empressa d'écrire le résultat de ses observations et de ses propres travaux, dans un ouvrage intitulé : *La manière de camper, selon l'ordre et pratique de feu l'illustre prince Maurice de Nassau*. Ce manuscrit, qui porte la date du 21 novembre 1625, forme un petit in-folio de 98 pages, avec plans enluminés. Il fait partie de la bibliothèque publique de la ville de Montbéliard. A la mort de son père, Jean Flamand hérita de son emploi et de son dévouement au pays qui l'avait vu naître. Après avoir déployé toute son habileté dans la réparation des ouvrages destinés à la défense des places de Montbéliard, d'Héricourt et de Blamont, réparations devenues nécessaires par les hostilités dont le voisinage se trouvait le théâtre, il fut appelé, sur la fin de l'année 1631, dans le duché de Wurtemberg, où il construisit des fortifications sur plusieurs points. Il mourut en septembre 1634, victime de la perfidie d'un homme qui l'empoisonna dans un repas auquel il l'avait invité sous le prétexte de mettre le dernier sceau à un raccommodement entre eux. (*Ann. du Doubs* pour l'année 1837, p. 150.)

FOISSOTTE (François), magistrat, né dans le XVIIe siècle à Dampierre-sur-Salon, s'établit à Dole, où il exerça la profession d'avocat. Lors de la guerre de 1636, il se retira en Espagne, et, s'étant fait connaître à la cour, il fut honoré de la charge de résident en Irlande. Il avait rédigé une description de cette île; mais cet ouvrage s'est perdu. De retour dans sa patrie, l'infant D. Juan d'Autriche le chargea de l'administration de son abbaye de Saint-Claude, et lui procura des lettres de noblesse et des patentes de maître des requêtes au parlement de Dole en 1655. Cependant il ne fut installé dans sa charge qu'au bout de deux ans. L'historien du parlement (D. Ferron) ne fait pas connaître la cause de ce retard. Ce magistrat mourut à Dole, le 21 mars 1666.

FONVENT (Charles-Antoine-Louis), né en 1775 à Gy, alla s'établir en Russie, où ses talents ne tardèrent pas de lui mériter d'honorables protections. Il prend, à la tête de ses ouvrages, le titre de professeur de langue française et de littérature. Il mourut à Pétersbourg vers 1820. On connaît de lui : *Précis de l'histoire de Russie* à l'usage de la jeunesse, Pétersbourg, 1814, in-8°; — *Mythologie grecque, latine et slavonne*, suivie d'un traité sur le chamanisme, le lamanisme, et l'ancienne religion des différents peuples soumis à la Russie, Moscou, 1815, in-8° de 176 pages. Ces deux ouvrages sont très-rares en France. Le second contient des détails intéressants sur les anciennes croyances des peuples de l'Asie.

FOUGEROUX (François-Xavier), connu surtout par son inépuisable charité, naquit le 8 octobre 1773, à Bucey-les-Gy, de parents vertueux dont les leçons et les exemples lui inspirèrent l'amour des pauvres et le dévouement à ses devoirs. Il venait d'atteindre sa douzième année lorsqu'il fut appelé à Paris par son frère aîné, qui lui fit faire quelques études, et le plaça ensuite commis chez un banquier. Atteint, en 1793, par la réquisition, il fut incorporé dans un bataillon de volontaires et dirigé sur l'armée du Nord. Il assista au siége de Landrecies et à la célèbre bataille de Fleurus. Mais, d'un tempérament très-faible, il n'aurait pas tardé de succomber aux fatigues d'un état pour lequel il n'était pas fait, si, par un hasard providentiel, un des représentants en mission près de l'armée, ayant connu sa capacité, ne l'eût placé dans les bureaux du payeur général. En 1805, il entra comme surnuméraire dans le cabinet particulier du ministre des finances. Dès lors son avancement fut rapide. Il fut nommé, en 1814, chef de bureau du secrétariat général, et il remplit cette place jusqu'en 1837, époque où, sur sa demande, il fut mis à la retraite. Atteint d'infirmités graves, il ne fit plus que languir, et mourut le 13 novembre 1838, à l'âge de soixante-cinq ans, sans laisser la moindre fortune. L'administration des finances tint à honneur de faire les frais de ses funérailles. Il était membre de toutes les sociétés charitables de Paris. On ne saurait donner ici une idée de toutes les misères qu'il a secourues, de tous les malheureux qu'il a visités et consolés ; il suffira de dire que la presque totalité de ses appointements passait en bonnes œuvres, et que même il lui est souvent arrivé d'emprunter pour soulager des nécessiteux. Les divers mérites de ce véritable homme de bien ont été dignement appréciés par M. Gossin, ancien conseiller à la cour de Paris, dans sa *Vie de Fougeroux*, 1839, in-12 de 58 pages.

FOUROT (Jean-André), médecin, né en 1746 à Champlitte, pratiqua son art dans sa ville natale pendant quelques années, et s'établit ensuite à Besançon, où il se fit recevoir au nombre des citoyens (237) ; mais, étant d'humeur à ne se fixer nulle part, il quitta bientôt sa nouvelle patrie pour aller habiter successivement Paris et Versailles, et finit par revenir à Gray, où il mourut le 17 juin 1813, à l'âge de soixante-six ans. On connaît de lui deux opuscules devenus très-rares : I. *Code patriotique de rivalité et d'émulation nationale, pacifique et guerrière,* considérées, réunies, comme principes de l'honneur, de la gloire, de la grandeur des puissances, des gouvernements respectifs, et du bonheur social, Londres, 1783, in-8°. C'est l'œuvre d'un utopiste ; elle n'offre aucune idée réalisable. — II. *Essai sur les concours en médecine,* qui présente, en forme de précis, des principes applicables dans la science à tous les genres de controverse, Londres et Paris, 1786, in-8°.

FRAICHOT (Dom Casimir), né à Morteau vers 1640, embrassa la règle des Bénédictins, et fit profession à l'abbaye Saint-Vincent de Besançon, le 20 mars 1663. A l'occasion des guerres qui troublaient la Franche-Comté, il passa en Italie, puis en Allemagne, écrivant successivement, en français, en italien (238) et en latin, des ouvrages de philosophie et d'histoire,

(237) Fourot ayant pris en tête de ces deux opuscules le titre de citoyen de Besançon, on a cru qu'il était né dans cette ville, et cette erreur s'est glissée dans son acte de décès.

(238) A la tête de ses ouvrages italiens, il écrit son nom *Freschot ;* ce changement d'orthographe a induit en erreur quelques biographes, qui, du nom Fraichot, ont fait deux écrivains différents.

et se livrant en même temps à la poésie. Le catalogue de ses écrits imprimés en fait compter plus de trente. Les uns furent publiés à Rome, à Venise, à Bologne, à Naples; d'autres à Prague, à Nuremberg, etc. Dans la liste qu'en donne dom Thiébault dans sa *Bibl. gén. des Bénédictins*, nous remarquons : I. *Histoire abrégée de la Hongrie*, Bologne, 1684, in-12; — II. *Mémoires historiques et géographiques sur la Dalmatie*, Bologne, 1687, in-12; — III. *Histoire universelle* depuis 1450 jusqu'en 1718, 3 vol. in-12; — IV. *Histoire de l'Europe* depuis la paix des Pyrénées en 1660 jusqu'en 1712, Nuremberg, 1714; — V. *Etat ancien et moderne des villes de Florence, Mantoue, Modène et Parme;* — VI. *Ducum et Regum coronæ Bohemiæ stilo historico contextæ*, Prague, 1717. Après avoir longtemps voyagé, et peut-être changé souvent de façon de vivre, dom Fraichot vint se reposer à l'abbaye de Luxeuil, où il mourut le 2 octobre 1720, dans un âge avancé. (Il a son art. dans la *Biog. univ.*, t. XV, p. 423.)

FRANCOURT (Claude), prêtre, né à Cendrecourt, était vicaire à Châtillon-sur-Saône, décanat de Faverney, lorsqu'il acheva un poème latin tiré de l'*Ecriture sainte*. Cet ouvrage, dont le manuscrit autographe était conservé dans la bibliothèque de l'abbaye de Luxeuil, est probablement perdu. Dans la souscription, datée de 1589, l'auteur dit qu'il était âgé de cinquante ans; sa naissance remonte donc à l'année 1539, époque où le célèbre Gilbert Cousin, de Nozeroy, cherchait à réveiller le goût des lettres dans notre province, et avait ouvert une école d'où sont sortis plusieurs hommes distingués.

GARNIER (Antoine), philologue et magistrat, né dans le XVIᵉ siècle à Gy, se rendit également habile dans les langues anciennes et dans la science du droit. Il professait, en 1561, la langue grecque au collége de Dole, dont il devint principal en 1576. La même année il fut pourvu de la chaire de belles-lettres à l'Université. En 1579, député à Bruxelles dans l'intérêt de sa compagnie, il sut se concilier l'estime de la gouvernante des Pays-Bas, qui l'employa dans différentes affaires, tant en

Flandre qu'en Suisse, et lui témoigna sa satisfaction de ses services par le don d'une médaille d'or. Il fut pourvu, en 1586, d'une charge de conseiller au parlement, et mourut vice-président de cette compagnie, à Dole, dans un âge avancé. On dit que le cardinal de Granvelle l'avait employé quelque temps comme secrétaire, et qu'il a laissé une *Vie de l'empereur Charles-Quint* conservée dans quelque bibliothèque de la Flandre. Edouard Du Monin (*V.* ce nom p. 249), son compatriote et son ami, lui a adressé une pièce de vers imprimée dans son *Manipulus poeticus*. Il avait épousé la fille de noble Claude Lemaire, coseigneur de Falletans, et sa postérité subsiste encore honorablement.

GRAND (Claude-Ambroise), magistrat, était né en 1741 à Champlitte, dans une famille honorable et qui tenait un rang distingué parmi les notabilités du pays. Après avoir achevé ses études, il se fit recevoir avocat en parlement, et s'établit à Gray, où il sut acquérir promptement l'estime générale. En 1790, nommé commissaire du roi près le tribunal du district, il remplit cette charge jusqu'à sa suppression de manière à se concilier de plus en plus l'affection de ses concitoyens. Il ne put cependant échapper à la proscription qui, dans ces temps malheureux, semblait atteindre de préférence les gens de bien. Inscrit sur la liste des suspects, il fut mis en prison ; mais, ayant recouvré la liberté, il fut placé à la tête du tribunal de Gray, ensuite nommé juge, puis président de chambre au tribunal du département, à Vesoul, dont la suppression lui fit bientôt reprendre la profession d'avocat. Il vint alors demeurer à Besançon, où sa réputation l'avait précédé, et où il ne tarda pas de se faire connaître avantageusement. A la réorganisation de l'ordre judiciaire, il fut appelé à la cour d'appel, et mourut au mois de juillet 1810, laissant la réputation d'un magistrat instruit et laborieux. La culture des lettres était le seul délassement de ses travaux. Il était membre de l'Académie de Besançon. L'avocat-général Courvoisier, depuis garde des sceaux, y prononça son éloge. Les rares morceaux fruits de ses loisirs sont épars dans les recueils de cette compagnie ou dans les *Mémoires* de la Société d'agriculture du département du Doubs, présidée alors par le savant et vertueux Girod-Chantrans.

GRAVIER (Nicolas-Antoine), historien, était né en 1772 à Faucogney. Ayant achevé ses études et satisfait à la réquisition de 1792, qui atteignit tous les jeunes gens, il entra dans l'administration des Domaines, et finit par être nommé receveur de l'enregistrement à Saint-Dié. Dans les loisirs que lui laissait cette place, il examinait les antiquités des Vosges, les mœurs et les coutumes des habitants, et puisait des documents précieux dans les archives des quatre abbayes (239) qui avaient défriché et civilisé le pays. De ces matériaux, lentement amassés, à force de recherches et de patience, il composa l'*Histoire de la ville épiscopale et de l'arrondissement de Saint-Dié*, qui parut à Épinal, 1836, in-8°. Ce volume est accompagné d'une carte géographique, et de deux planches représentant les monnaies des abbés de Saint-Dié et celles des princes de Salm. L'ouvrage abonde en renseignements de toute espèce; mais la lecture en serait plus agréable si l'auteur avait sacrifié des détails étrangers à son but principal, et qui surchargent son récit. Lorsqu'il prit sa retraite, Gravier vint habiter Remiremont, où il trouva dans notre compatriote Marc (*V.* ce nom, p. 212) un collaborateur et un ami. Élu membre correspondant de l'Académie de Besançon, il lui adressa en 1843 un *Mémoire sur la position d'Amagétobrie*, célèbre par la victoire qu'Arioviste, chef des Germains, y remporta sur les Éduens vers l'an 57 avant J.-C. La plupart de nos historiens ont fixé cette ville à Broye-les-Pesmes, mais Gravier croit la retrouver à Amage. Cette opinion fut combattue par Golbéry dans un *rapport* à l'Académie sur le Mémoire qui lui avait été soumis; Gravier lui répondit par un *écrit* de 16 pages in-8°, et la question est restée indécise jusqu'à présent. (*V.* à ce sujet l'article FROISSARD, p. 141.) Ce savant estimable mourut à Remiremont le 28 septembre 1850, à l'âge de quatre-vingt-

---

(239) C'étaient, outre Saint-Dié, Moyenmoutier, Estival et Senones.

deux ans, jouissant de toutes ses facultés et travaillant jusqu'au dernier moment. L'*Annuaire des Vosges* de 1824 contient
un article de Gravier sur les antiquités romaines découvertes
au lieu dit le *Château-des-Sarrasins*.

GUI DE GY, cordelier, fut chargé en 1287, par le comte
Otton IV, d'organiser l'Université qu'il avait résolu d'établir
à Gray (240). Ce projet resta sans exécution ; mais Gui, dont
le choix du prince avait fait connaître le mérite et la
capacité, ne devait plus rentrer dans le cloître. L'archevêque
de Besançon Vital le nomma son suffragant, et lui conféra le
titre d'évêque de la cité de Saint-Jean [*in partibus*] (241). En
1319 il signa la reconnaissance des reliques des SS. Epiphane
et Isidore, qui furent déposées l'année suivante dans une châsse
d'argent, don de notre comtesse Jeanne, reine de France. Par
son testament, daté de 1326, il fonda une chapelle dans l'église
paroissiale de Gy, où il avait été baptisé. On conjecture que ce
prélat mourut vers 1329.

GUIN (Pierre-François), né à Servigney-les-Saulx en 1715,
acheta en 1747 la charge de greffier de l'hôtel de ville de Luxeuil,
et l'exerça jusqu'en 1760, époque où il fut nommé conseiller-
assesseur du Magistrat de la ville, puis échevin. Il remplit ensuite
les fonctions de procureur fiscal au bailliage de Fougerolles.
Pourvu plus tard d'un office de tabellion, il eut la gestion des
importantes affaires du prince de Soubise, qui, par ses alliances,
était devenu possesseur de fiefs en Franche-Comté. Tout en
remplissant ces différents emplois, il s'occupait de recherches
ayant spécialement pour objet l'histoire de Luxeuil et des
environs. Les notes qu'il avait recueillies dans ce but ont été
mises à profit par les hommes qui se sont livrés aux mêmes

(240) Les chartes relatives à la fondation de l'Université et à la nomination
de Gui de Gy à la place de recteur sont imprimées dans l'*Histoire de Gray*
par MM. Gatin et Besson, pp. 423 et 424.

(241) Dunod, dans son *Histoire de l'Eglise de Besançon*, I, 219, lui donne le
titre d'évêque de Saint-Jean-de-Maurienne ; mais il a reconnu son erreur et l'a
rectifiée.

études, notamment par le colonel de Fabert. (*Voy.* ce nom p. 132.) P.-F. Guin mourut à Luxeuil le 25 décembre 1801, à l'âge de quatre-vingt-six ans. Il découvrit en 1764, dans les montagnes des Vosges, près de Faucogney, une mine d'émeri. Après différents essais, il résolut de l'exploiter, et obtint, le 4 mai 1778, un arrêt du conseil qui l'autorisait à établir les usines nécessaires; mais il ne donna pas de suite à ce projet, qui aurait exigé une mise de fonds considérable. En 1784, il publia dans la *Feuille d'affiches* de la province (n° du 18 décembre) une lettre sur le tremblement de terre qui avait eu lieu le 29 novembre précédent. Dans cette lettre, il annonce qu'il est auteur d'un *Dictionnaire universel des volcans, tremblements de terre,* etc., avant et depuis l'ère vulgaire. En la terminant, il prend les titres d'ancien lieutenant de maire de Luxeuil, et de membre de la Société des sciences naturelles de Bienne.

HENRY (Claude-François), né à Vesoul en 1752, reçut une certaine éducation, et s'embarqua, nous ne savons dans quel but, pour l'Amérique, où il séjourna seize ans, habitant le plus souvent Saint-Domingue. Revenu en France vers 1788, il salua avec enthousiasme l'ère nouvelle qui commençait pour le pays, et fut de ceux qui montrèrent le plus d'ardeur pour les réformes; non-seulement il les appuya par son influence personnelle, mais par ses écrits. Il s'attaqua principalement au fanatisme religieux, dans deux brochures intitulées : *Dialogue des trois sœurs* (la Raison, la Vertu et la Philosophie), Vesoul, imp. de Poirson, an III, 44 p. in-8°, et *Flambeau du christianisme, ou origine de la superstition et de ses dogmes,* 46 p. in-8°. Ce dernier écrit, imprimé à Vesoul comme le précédent, ne porte point de date; mais il fut publié, comme l'autre, peu de temps après l'abolition du culte catholique en France, car il porte également l'empreinte de cette époque de triste mémoire. En l'an VIII, Cl.-Fr. Henry était commissaire du Directoire exécutif près des administrations municipales du canton de Colombier. Ce fut la fin de sa personnalité publique. Rentré dans la vie privée, il s'adonna à l'agriculture, cherchant à répandre autour de lui les méthodes nouvelles et les procédés indiqués par la science comme les meilleurs. Outre les brochures que nous avons mentionnées, Henry (de Pusy) a publié : *Observations météorologiques et physiques sur Saint-Domingue*, in-8° de 86 p., où se trouvent des renseignements curieux sur la *Rivière d'or* de Christophe Colomb, sur l'origine des peuples d'Amérique, sur l'agrandissement de l'île de Saint-Domingue et du continent aux dépens de la mer, sur la question de savoir si l'âge d'un peuple doit se mesurer par l'instruction, etc. Cet opuscule dénote un grand esprit d'observation chez l'auteur. Henry mourut à Pusy le 3 août 1823, à l'âge de soixante-onze ans.

HUGON (Xavier-Joseph), né à Vesoul le 19 octobre 1754, commença ses études au collége de cette ville, et les continua à l'Université de Besançon, où il eut pour professeurs le savant Bullet et deux jurisconsultes distingués, Charles-Antoine Seguin et Jean-Baptiste Courvoisier. Reçu avocat en 1774, il se fixa dans sa ville natale, où il venait de se marier à peine âgé de vingt ans. Il se montra partisan des réformes qui s'accomplissaient en France quelques années plus tard, et fut appelé, en 1790, à faire partie du directoire du district de Vesoul, auprès duquel il remplit, à partir du 8 décembre 1792, les fonctions de procureur-syndic. Destitué en 1793 pour cause de fédéralisme, et conduit dans les prisons de Gray comme suspect, il dut sa délivrance à Robespierre jeune, qui, en mission dans la Haute-Saône, fit rendre à la liberté un grand nombre de détenus politiques. Il venait de rentrer au district de Vesoul en qualité de procureur-syndic quand il fut contraint de résigner une seconde fois ses fonctions comme oncle par alliance d'émigrés. Le 27 octobre 1795, il fut élu juge au tribunal du département de la Haute-Saône, dont il présida successivement les deux sections, qui nommaient alors leur président. A la création des tribunaux d'arrondissement, en 1800, il devint président du siége de Vesoul, et il en occupa le fauteuil, sans interruption, jusqu'au 16 décembre 1840, époque à laquelle il demanda sa retraite et fut nommé président honoraire. Pendant les quarante années qu'il exerça cette magistrature élevée, il reçut soit du gouvernement, soit de ses concitoyens, les plus honorables témoignages de confiance : il fut deux fois, en 1805 et en 1812, président du collége électoral de Vesoul; deux fois aussi, pendant les Cent-Jours de 1815 et en 1832, il fut appelé à faire partie du conseil général du département. Il était en outre membre de la Société d'agriculture, qui l'élut président à diverses époques; membre de la commission administrative des hospices, président de la commission de surveillance de l'Ecole normale, etc. Sa vie fut constamment simple, modeste et fort occupée. Comme juge, il se distingua toujours par ses lumières, son inflexible impartialité, et la vigilance sévère qu'il mettait à protéger les intérêts des parties. Dans les fonctions gratuites, personne ne donna plus que lui l'exemple du zèle, de l'activité, du dévouement au bien public. Il avait été créé chevalier de la Légion-d'Honneur le 9 octobre 1814. Il mourut le 7 août 1843, âgé de quatre-vingt-huit ans. Il a laissé d'intéressantes notes manuscrites sur les faits qui se sont passés à Vesoul de son vivant; ces notes sont aujourd'hui dans les mains de son petit-fils M. Alphonse Hugon, juge au tribunal de Vesoul. — HUGON (Pierre-François-Joseph), fils du précédent, naquit le 12 avril 1779, et fut reçu avocat en 1803. Après s'être livré à la plaidoirie devant le tribunal de Vesoul, il y fut attaché comme substitut du parquet, et exerça ces fonctions pendant vingt-deux années, au bout desquelles il devint vice-président du siége. Il mourut le 15 mars 1853, laissant la réputation d'un magistrat intègre et d'un homme de bien.

HUMBLOT (Nicolas), né à Jussey en 1759, se fit recevoir docteur en médecine. Après avoir été attaché au service médical des armées, il revint dans sa ville natale, où il se fit une certaine réputation, surtout comme chirurgien. Toutefois on lui reprochait de s'engouer trop promptement de certaines méthodes curatives nouvelles, et d'être parfois trop systématique dans leur application. Pendant une épidémie de fièvre pernicieuse qui régna à Jussey et dans les environs, il se fit le prôneur des préparations arsénicales, qu'il trouvait préférables aux préparations de quinquina. Une controverse s'établit sur

les résultats qu'il avait obtenus. Il n'était point, du reste,
l'inventeur de ce moyen thérapeutique, dont l'emploi remonte
à plusieurs siècles et a eu ses phases diverses de vogue et de
discrédit. Le docteur Humblot ne se livrait pas seulement aux
études relatives à son art; il s'occupait aussi de médecine
vétérinaire, témoin sa *Notice sur la gale des moutons* qui fut
imprimée en 1824 dans le *Recueil agronomique* de la Société
d'agriculture, sciences et arts de la Haute-Saône, t. I, p. 37. Il
donnait également ses loisirs à des recherches se rapportant à
l'histoire locale. Dans un Mémoire sur les antiquités de Corre,
il s'était attaché à prouver que ce village avait été jadis une
bourgade florissante et une des principales colonies fondées
chez les Séquanes par les Romains. Ce Mémoire n'a pas été
publié; nous n'en connaissons que l'extrait qui en a été donné
à la page 177, t. I, du *Rec. agr.* ci-dessus cité. Se proposant
d'écrire une monographie de Jussey, M. Humblot avait réuni
dans ce but des matériaux importants, et compulsé notamment
les titres et les pièces qui reposent aux archives de la ville; il
avait même rédigé une partie de son travail. Mais ses manuscrits, tombés dans des mains inintelligentes, furent vendus
comme vieux papier après la mort de l'auteur, arrivée le
6 septembre 1825. Le docteur Humblot, homme aimable et
instruit, était devenu membre de la Société d'agric., sc. et arts
de la Haute-Saône lors de sa réorganisation en 1819.

HUVELIN (Eugène), né à Jonvelle le 23 août 1742, de parents
aisés, fit profession à l'abbaye de Sept-Fonts, monastère de
l'ordre de Cîteaux. Il y passa par tous les emplois, les remplissant
d'une manière exemplaire, et fut enfin revêtu de celui de procureur général. A la suppression des ordres religieux, en 1790,
dom Eugène se retira dans sa famille, puis à Soleure (Suisse),
où il fut surnommé « le médecin des prêtres français, » à cause
de ses connaissances en médecine et du zèle avec lequel il les
mettait au service de ses compatriotes. Lorsqu'il put rentrer en
France, il fut nommé curé de Vougécourt, canton de Jussey;
mais ses fonctions pastorales ne lui faisaient pas perdre de vue
son ancienne règle conventuelle, qu'il était bien résolu à faire

revivre. Il choisit à cette fin, en 1817, l'abbaye de Bellevaux, dont il racheta les bâtiments (242), et où il s'établit avec deux frères convers. Peu à peu le nombre des religieux s'augmenta, et la maison en comptait vingt-cinq à la mort de son vénérable directeur, qui trépassa le 29 mars 1828, à l'âge de quatre-vingt-six ans. Deux ans après, la révolution de Juillet dispersa les moines de Bellevaux. Après avoir été obligés de se retirer en Suisse, ils revinrent, en 1834, s'établir au Val-Sainte-Marie (243), dont ils obtinrent l'érection en prieuré. Dix ans après, ils transféraient leur établissement à la Grâce-Dieu, ancienne abbaye de leur ordre, fondée en 1139. Ce

(242) Ces bâtiments furent vendus révolutionnairement à un sieur Thomas, de Vesoul, qui les revendit au général Pichegru. C'est des héritiers du général ou d'un acquéreur subséquent que dom Eugène les acheta en 1817. (*Hist. des trappistes du Val-Sainte-Marie,* Paris, Waille, 1843, in-8°.)

(243) Commune de Malans, canton d'Amancey (Doubs). Parmi les trappistes qui sont morts au prieuré du Val-Sainte-Marie, M. l'abbé Richard (*Histoire de l'abbaye de la Grâce-Dieu)* mentionne dom Maurice, dans le monde Pierre-Antoine DUBRET, né d'une honnête famille de Plancher-Bas, canton de Champagney : « Cellérier, sous-prieur, maître des novices, il partagea long-« temps les fonctions de prieur avec dom Jérôme. Il avait fait avec succès « ses études au séminaire de Besançon. Appelé à une vie plus parfaite que « celle qu'on peut mener au milieu du monde, il entra au convent de Bellevaux « en juin 1830, et suivit, quoique simple novice, les trappistes obligés de se « réfugier en Suisse. Là, ses vertus multipliées le firent élever au sacerdoce ; « il fut l'un des deux religieux ordonnés prêtres dans l'espace de huit jours « par Mgr l'évêque de Sion. On ne tarirait pas si l'on rapportait tous les traits « de sa profonde humilité. Elle éclata d'une manière admirable dans le refus « de la place de supérieur..... Pénitent et mortifié jusqu'à refuser les adou-« cissements permis en cas de maladie, il demanda à finir ses jours comme « autrefois S. Alexis, dans un réduit obscur du monastère. » Il y mourut le 21 janvier 1842. — M. l'abbé Richard mentionne en outre le frère Pierre (Pierre BRIGANDET), né à Chancey (Haute-Saône), qui, en 1819, s'établit à Bellevaux avec dom Huvelin. Né dans l'aisance, il faisait ses études pour entrer dans l'ordre des Capucins lorsque la révolution de 1789 arriva. Pendant l'orage irréligieux, il se conserva catholique fidèle. Contraint d'être soldat en 1812, il fit partie, l'année suivante, de la milice qui alla s'enfermer dans Huningue pour défendre la place. A son retour dans ses foyers, il ne respira que piété et bonnes œuvres, et se fit trappiste. Ses supérieurs le faisaient parler quelquefois dans les conférences, et il s'acquittait de cette tâche avec onction. Toute la communauté l'aimait à cause de sa charité. Il mourut au Val-Sainte-Marie en juin 1846.

monastère a repris son titre d'abbaye, en vertu d'un bref donné par Pie IX, le 1er octobre 1847.

HUVELIN (Etienne-Xavier), né à Renaucourt le 5 janvier 1796, d'une honorable famille du pays, achevait à peine ses premières études au lycée de Besançon quand il fut appelé à faire partie du 4e régiment des gardes d'honneur (244), avec lequel il fit les campagnes de 1813 et 1814, en Saxe et en France. A la Restauration, il entra dans les gardes-du-corps du roi (compagnie de Noailles), et y servit jusqu'à la révolution de Juillet, comme brigadier et maréchal-des-logis. Ce dernier emploi lui donnait le rang de chef d'escadron, et ce fut dans ce grade qu'il fut mis en solde de congé par l'ordonnance du 11 août 1830, qui licencia la garde royale et la maison militaire de Charles X. Revenu dans son département natal, il habita momentanément Vesoul, où il venait de se marier. Un peu plus tard, il alla fixer son domicile à Jussey, où l'appelaient des affections et des intérêts de famille (245). Dès lors il ne cessa de consacrer ses loisirs aux fonctions gratuites qui lui furent

(244) Après nos revers en Russie, l'empereur Napoléon, pour remplir en partie les vides qui s'étaient faits dans la cavalerie française, appela sous les drapeaux 10,000 jeunes gens à choisir parmi ceux qui avaient pu jusqu'alors échapper, à prix d'argent, aux précédentes levées de conscrits. Les quatre régiments nouveaux qu'on créa de cette manière furent appelés régiments des *gardes d'honneur*. Pour être admis dans cette troupe d'élite, les hommes devaient se monter, s'équiper, s'habiller à leurs frais; mais ils avaient droit, après une année de service et de campagne, au brevet de sous-lieutenant. La France, en 1813, s'étendait du Zuyderzée à la mer Adriatique, et l'on vit réunis sous le même étendard des Vénitiens et des Flamands, des Hollandais et des Romains ou Florentins. C'est ainsi que devint garde d'honneur le jeune Mastaï Ferratti, frère cadet du pape Pie IX. A peine formés et un peu exercés, les gardes d'honneur parurent avec éclat sur les champs de bataille, et ils se placèrent à la hauteur des vieilles troupes à Dresde, à Leipsick, à Hanau, à Reims, etc.

(245) Un de ses frères, Huvelin (Jean-Baptiste-Alexandre), docteur en médecine, s'était établi à Jussey depuis 1820. A ce motif se joignaient d'autres raisons non moins déterminantes pour appeler dans la même ville M. et Mme Huvelin : là demeuraient leur mère et belle-mère, Mme veuve Bauzon née Poujois, et leur oncle, N. Poujois, qui fut longtemps maire de Jussey et membre du conseil général de la Haute-Saône.

successivement conférées; conseiller municipal, adjoint du maire, membre du bureau de bienfaisance, délégué cantonal pour l'instruction primaire, secrétaire du comice agricole, il fit preuve partout de vues élevées, d'un jugement ferme et droit, d'une instruction peu commune, et du zèle le plus persévérant. Voici un acte d'abnégation que nous prenons plaisir à mentionner : « Au mois de juillet 1854, il venait « d'obtenir du ministère de la guerre l'usage gratuit des eaux « de Bourbonne. Pour un chef d'escadron en retraite, cette « gratuité n'était point une faveur, mais le résulat d'un droit. « Il allait partir pour Bourbonne lorsque l'épidémie cholérique « éclata à Jussey. Pour bien d'autres que M. Huvelin, c'eût « été l'occasion de précipiter le départ, d'autant mieux que le « choléra ne sévissait point à Bourbonne; pour lui, c'était un « motif de rester à Jussey. Il y reste en effet, et pendant un « mois l'épidémie décime la population. M. Huvelin remplit « avec calme les fonctions municipales, que le titulaire, « occupé d'autres soins, avait abandonnées; il dirige le service » médical dont Jussey était devenu le centre pour vingt-cinq « ou trente communes; il adresse à la préfecture, de deux en « deux jours, des rapports remarquables par leur précision. « Enfin le fléau s'éteint, et M. Huvelin se rend à Bourbonne « pour y prendre les eaux. Cette fois c'était à ses frais (246). » Ce compatriote, distingué par les dons de l'esprit autant que par les qualités du cœur, mourut le 8 février 1860, âgé seulement de soixante-quatre ans. — On a de lui : *Souvenirs intimes et anecdotiques d'un garde-du-corps des rois Louis XVIII et Charles X*, Paris, 1857, 10 vol in-8°. Cet ouvrage a paru sans nom d'auteur, mais précédé d'une *Introduction* par M. Xavier de Montépin, qui donne un portrait physique et moral dans lequel on reconnaît facilement X. Huvelin : « Une taille de « plus de six pieds, — l'âme de David dans le corps de Goliath, « — l'honneur chevaleresque, — la loyauté sans tache, — « la foi politique inviolée, — la foi religieuse ardente et

(246) Paroles de M. de Boret, maire de Jussey, sur la tombe de X. Huvelin (10 février 1860).

« pure, — la bienveillance inépuisable, — le dévouement
« sans bornes, — l'esprit vif et simple, juste et profond, —
« l'exquise politesse d'un temps qui n'est plus. » Tel fut en
effet X. Huvelin. Il préparait une seconde édition de ses
Souvenirs intimes quand la mort nous l'a prématurément enlevé. Cette fois son nom aurait, dit-on, été placé au frontispice de l'ouvrage, et une nouvelle préface aurait remplacé
l'*Introduction* de M. de Montépin.

JANNIN (Claude-Prothade), né en 1746 à Besançon, était
fils d'un habile entrepreneur de bâtiments. Dirigé par son père.
il devint lui-même un excellent constructeur et un architecte
distingué. A Besançon, à Monbéliard, etc., Jannin père et
Jannin fils avaient été chargés de travaux considérables quand
ils furent appelés à diriger à Vesoul des ouvrages non moins
importants. C'est sous leur direction que furent élevés deux
des principaux édifices de cette ville : le palais de justice
actuel (achevé en 1771), et le pavillon de la caserne (fini en
1784). De 1785 à 1788, ils construisirent le beau pont de
Faverney, sur la Lanterne. Jannin fils fit bâtir en outre, sur
ses propres plans, plusieurs maisons particulières, et en laissa
deux à ses enfants. celle qui appartient maintenant à M. l'avoué
Meillier, rue Saint-Georges, et celle où demeure, rue des
Cannes, Mme veuve Millot, fille de l'architecte Jannin. Ces
différentes constructions, d'un style simple, correct, grave,
ont des façades bien percées et sont très-solidement établies.
Nos modernes architectes feraient souvent fort bien de se
contenter de prendre pour modèle ces bâtiments du siècle
dernier; ils y trouveraient deux choses qui deviennent de plus
en plus rares dans les constructions de nos jours : le sentiment de l'eurythmie et le cachet du bon goût. Claude-Prothade
Jannin mourut à Vesoul le 1er mars 1809, à l'âge de soixante-
trois ans.

JANSON (Charles-Henri), prêtre, né à Besançon le 15 novembre 1734, fut d'abord pourvu de la cure de Chambornay-
les-Pin, qu'il administra vingt-trois ans avec beaucoup de zèle,

L'affaiblissement de sa santé le força de résigner son modeste bénéfice, et il se retira à Paris, où il ne tarda pas à être connu avantageusement. L'archevêque (M. de Juigné), informé de ses talents, lui confia la direction des Carmélites de la rue Saint-Honoré, et ne cessa dès lors de lui donner des preuves multipliées de son estime et de sa bienveillance. La Révolution priva l'abbé Janson de ses protecteurs, et bientôt après son nom fut porté sur une liste d'ecclésiastiques condamnés à la déportation pour avoir refusé un serment qui blessait leur conscience. Il parvint cependant à se faire rayer de la liste fatale, pour cause d'infirmités; mais il lui fut enjoint de s'éloigner de Paris sur-le-champ. S'étant réfugié en Suisse, canton de Soleure, il y remplit les devoirs de son ministère pendant cinq ans, et de manière à mériter les suffrages de tous les prêtres français qui partageaient son exil. Cédant enfin au besoin de revoir sa famille, il rentra en France, et se chargea quelque temps après de desservir une paroisse demeurée sans pasteur. Son grand âge et ses infirmités le forcèrent encore d'abandonner son troupeau pour se retirer à Besançon, où il mourut le 24 juin 1817, âgé de quatre-vingt-deux ans. L'abbé Janson était très-laborieux, ainsi qu'on en jugera par la liste de ses ouvrages, tous destinés à faire connaître et aimer la religion, ou à la venger des attaques de ses ennemis. On a de lui : I. L'*Eucharistie selon le dogme et la morale*, Besançon, 1769, 2 vol. in-12. — II. *Instructions familières sur les vérités dogmatiques et morales de la religion*, Besançon, 1781, 5 vol. in-12; abrégées, Paris, 1788, in-12. — III. *Catéchisme des fêtes*, Paris, 1786, in-12. — IV. *La vérité de la religion démontrée par le miracle de la résurrection de Jésus-Christ*, abrégé de l'anglais de Ditton, in-12. — V. *Discours sur l'Eucharistie*, pour l'octave de la Fête-Dieu, 2 vol. in-12. — VI. *Panégyrique de sainte Thérèse*, in-8°. — VII. *Explication succincte des devoirs propres à chaque état de la société naturelle et civile*, Paris, 1787, in-12. L'abbé Janson fit paraître, en 1788, le prospectus d'une nouvelle édition de l'*Histoire du peuple de Dieu* par le P. Berruyer, purgée de tous les défauts qu'on reproche à cet ouvrage, et son travail eut l'approbation de plusieurs hommes de lettres distingués, entr'autres de l'abbé Feller; mais la Révolution en empêcha la publication. L'abbé Janson a laissé en manuscrit : 1° *Instructions sur les principales vertus du chrétien et sur les vices qui leur sont opposés*, in-12 ; — 2° *Instructions familières sur les vérités du salut*, ou *Cathéchisme raisonné à l'usage des fidèles et des pasteurs*, 2 vol. in-8° ; — 3° *Précis des instructions de M. de Villethierry sur les dispositions au mariage et sur les obligations des personnes qui y sont engagées*, in-12 ; — 4° *Tableau de l'Eglise*, in-12 ; — 5° *Abrégé des méditations d'Abelly sur les principales vérités de l'Evangile*, in-12 ; — 6° *Abrégé du traité de l'amour de Dieu de S. François de Sales*, in-12 ; — 7° *Recueil des plus importantes vérités de la foi et de la morale chrétienne*, 5 vol. in-12 ; — 8° *Vie du B. Nicolas de Flue*, in-12 ; — 9° *Court extrait des plus importants enseignements contenus dans l'Embryologie de M. de Cangiamila*, in-12 ; — 10° *Divines écritures de l'ancienne et de la nouvelle Alliance, quant à leurs parties historiques et aux lettres des Apôtres; le tout disposé conformément à l'explication des interprètes les plus suivis et selon la chronologie d'Usserius, avec des notes pour servir à l'éclaircissement des matières*, 6 vol. in-4°. Il a refondu dans cet ouvrage le travail qu'il avait fait antérieurement sur Berruyer, et y a ajouté des notes extraites de D. Calmet, Houbigant, Carrières, etc. (*Biog. univ.*, t. XXI, page 400.) Tous ces manuscrits existaient à Besançon, dans le cabinet de M. Mermet, neveu de l'abbé Janson par alliance ; mais depuis la mort de cet amateur et la vente aux enchères de sa bibliothèque, on ignore ce qu'ils sont devenus.

JULIEN DE RIGNOSOT (Le Père) est ainsi nommé du lieu de sa naissance, village du bailliage de Vesoul. Ayant, à dix-sept ans, embrassé la vie religieuse dans l'ordre des Capucins, il résolut de se livrer à l'œuvre des missions étrangères, et s'appliqua, en conséquence, à l'étude des langues orientales, dans lesquelles il fit de rapides progrès. Il acquit en même temps des connaissances en physique, en astronomie et en histoire naturelle. Ainsi préparé, il fut envoyé par ses supérieurs dans les missions du Levant, en 1749 ; mais malheureu·

sement il tomba malade presqu'en arrivant, et mourut de la peste, à Constantinople, le 23 janvier 1750. La *lettre* dans laquelle il rend compte de son voyage a été imprimée par les soins de ses confrères, Belfort, 1756, in-12. Elle annonce un observateur attentif et consciencieux, et fait regretter que l'auteur ait été si promptement victime de son zèle évangélique.

LABOREY (Pierre-François-Marie), homme de loi, né à Ormoy le 6 octobre 1745, était fils de Pierre Laborey, procureur fiscal au bailliage de Luxeuil. Il avait trois frères. L'aîné, Jacques-Etienne, fut longtemps bailli de Luxeuil et gruyer de Château-Lambert; il mourut à Luxeuil en 1792. Le second, Claude-François, était avant la Révolution prevôt de l'abbaye de Luxeuil; il mourut à Ormoy en 1799. Le troisième, Pierre-Etienne, après avoir été prieur du couvent de Bolbonne, dans le Midi, vint aussi finir ses jours à Ormoy; il y décéda le 23 avril 1798. Pierre-François-Marie, qui s'était montré sympathique aux réformes décrétées par l'assemblée constituante, fut un des sept députés que le département de la Haute-Saône envoya à l'Assemblée législative, réunie le 1er octobre 1791. S'il ne se fit pas remarquer à la tribune pendant cette législature, du moins il apporta le tribut de son bon jugement dans les délibérations des comités. Revenu à Ormoy après la session, il y fixa sa demeure, et mourut dans cette résidence le 12 mars 1820.

LACORDAIRE (Jean-Auguste-Philibert), né le 1er mai 1789 à Bussières-les-Belmont (Champagne), où son père était médecin, sortit de l'Ecole polytechnique pour entrer dans le service des ponts et chaussées. Devenu ingénieur en chef, il fut chargé des importants travaux du canal de Bourgogne, et plus tard de ceux qui devaient améliorer la navigation de la Saône supérieure. C'est à cette dernière position qu'il dut d'être nommé député de l'arrondissement de Gray en 1839. Il siégea parmi les hommes modérés de la Chambre, et vota presque toujours avec la majorité conservatrice. Mais il ne fut pas réélu au renouvellement de l'assemblée qui eut lieu en juillet 1842;

M. Adéodat Dufournel fut nommé à sa place, à la majorité de 213 voix contre 153. C'était un ingénieur habile, mais qui n'économisait pas assez les crédits laissés à sa disposition. Du reste il mettait le même laisser-aller dans l'administration de sa propre fortune. S'étant rendu pour raisons de santé à Paris, il y décéda le 25 juin 1860. Son corps fut ramené à Bussières, où le défunt était venu demeurer depuis sa mise à la retraite. C'est là qu'il a été inhumé. L'ingénieur Lacordaire était membre de l'ordre de la Légion-d'Honneur.

LAPOUTRE (Jean-Baptiste), prêtre, né à Noroy-les-Jussey, mort curé de Corcondray le 13 novembre 1783, est auteur d'un *Traité économique sur les abeilles*, Besançon, Couché, 1763, in-12. Cet ouvrage, qui a pu être utile à l'époque de sa publication, est surpassé maintenant par les progrès qu'a faits l'apiculture.

LECLERC (Joseph-Ferdinand), médecin, né en 1773 à Luxeuil, fut envoyé par son père à Paris pour y terminer ses études sous la direction des habiles professeurs dont il était l'ami ou le correspondant. Atteint par la réquisition, en 1793, il dut à la bienveillance de l'illustre Percy d'être placé à l'hôpital de Worms en qualité de chirurgien sous-aide. Dès que les circonstances le lui permirent, il se hâta de revenir à Paris et d'y reprendre le cours de ses études, si fatalement interrompues. Tout en suivant assidûment les cours de médecine, il se livra à l'étude des sciences naturelles, et acquit bientôt des connaissances étendues en botanique et en minéralogie. Rentré au service militaire en 1806, il obtint la même année le grade de chirurgien-major, et reçut le titre de docteur à la Faculté de Iéna. En 1807, il fut chargé de la direction de l'hôpital de Lubeck. L'année suivante, il fut attaché comme chirurgien principal à la division du maréchal Davoust, et reçut la croix d'honneur à Schœnbrunn ; mais épuisé de fatigues, il fut obligé de prendre sa retraite en 1810. De retour à Luxeuil, il put se livrer dès lors entièrement à la culture des sciences et à son goût pour l'archéologie. Dans des fouilles faites à ses frais et qu'il dirigeait lui-même, il parvint à retrouver et à sauver d'une destruction inévitable plusieurs monuments précieux. C'est à lui qu'on doit, entr'autres, la découverte du beau buste en marbre de Lucius Verus qui, après avoir fait pendant plusieurs années l'ornement de son cabinet, est maintenant au musée des Antiques, à Paris. Nommé, en 1820, inspecteur des eaux de Luxeuil, il se partagea entre les devoirs que lui imposait cette place et la rédaction des notes qu'il avait recueillies sur sa ville natale. Cet ouvrage important touchait à sa fin, ou du moins était fort avancé, lorsque l'auteur fut enlevé aux sciences et à ses nombreux amis, au mois de juillet 1830, âgé seulement de cinquante-trois ans. Il était membre correspondant de l'Académie de médecine de Paris, de l'Académie d'histoire naturelle d'Iéna, et de l'Académie impériale de Vienne. Au nombre de ses amis et de ses correspondants, il comptait, parmi les médecins, Percy, Alibert, Foderé, etc., et, parmi les littérateurs, le baron Taylor, notre spirituel et aimable Nodier, et le vénérable D. Grappin, qui lui écrivait, en 1828, d'achever son *Histoire de Luxeuil*, qu'il désirait de lire avant de mourir. Hélas! c'était le vieillard qui devait avoir le malheur de survivre à son jeune ami. M. Victor Revillout, dont les brillants débuts dans l'enseignement médical promettent un habile professeur de plus à notre province, a publié une *Notice bibliographique sur le médecin Leclerc*, Besançon, in-8° de 9 pp. A la suite de cette Notice, il promettait de publier prochainement son *Histoire de Luxeuil et de quelques communes voisines;* mais elle n'a point encore paru (juin 1863).

LÉCUREL (Claude-Louis-Salomon), magistrat, était né en 1756 à Besançon, d'une famille honorable, et qui avait acquis plusieurs petits fiefs dans le bailliage de Gray (247); il était inscrit depuis peu de temps au tableau des avocats lorsqu'éclata une vive querelle entre l'ordre, jaloux de ses priviléges, et le parlement, qui voulait les restreindre (*V.* ci-après QUIROT). Dans ce conflit, il publia plusieurs brochures oubliées aujourd'hui,

(247) D'Escoraux, Pisseloup, etc.

mais qui furent remarquées dans le temps, et dont nous indiquerons les plus importantes. Ennemi déclaré des abus, il adopta les principes de la Révolution et concourut à la formation de la garde nationale, dont il fut élu capitaine. A la création du nouvel ordre judiciaire, il accepta la place de juge au tribunal de Champlitte. Envoyé par les électeurs de ce district à l'Assemblée législative, il ne parut à la tribune que pour y lire différents rapports, notamment sur les colonies. Il vota constamment avec le parti modéré, et prévit la chute de la monarchie sans pouvoir la retenir sur la pente de l'abîme où elle allait s'engloutir avec toutes les espérances qu'avait fait naître 1789. Après la session, il revint prendre ses modestes fonctions au tribunal de Champlitte. Il dut pour s'y maintenir faire de douloureux sacrifices à l'opinion dominante; mais, suspect de ne pas approuver tous les actes dont il était le témoin, il finit par être arrêté par mesure de sûreté générale, et conduit à Paris, où il attendait non sans de vives inquiétudes le moment de paraître devant le tribunal révolutionnaire, lorsque le 9 thermidor, qui renversa les échafauds, le rendit à la liberté, et après une détention de cinq mois, il revint encore une fois siéger au tribunal de Champlitte, dont il fut élu président. Dans la réaction qui suivit, de persécuté il devint persécuteur, et il poursuivit sans pitié d'honnêtes citoyens (*V.* ci-après POULLENOT), qui n'avaient d'autres torts que d'avoir suivi une autre ligne politique dans ces temps malheureux. Il applaudit au coup d'Etat du 18 brumaire, et, à la réorganisation de la magistrature, il fut nommé conseiller à la cour d'appel de Besançon. A cette époque, il publia plusieurs brochures pour rassurer les acquéreurs de biens nationaux, que d'imprudents écrivains cherchaient à inquiéter. Alors déjà l'affaiblissement de sa santé l'obligeait d'user des plus grands ménagements; envoyé par son médecin aux eaux de Luxeuil, il y mourut le 14 juillet 1803, âgé seulement de quarante-sept ans. Toutes les brochures qu'il a publiées en très-grand nombre sont anonymes. Comme l'intérêt qu'elles pouvaient avoir et qu'elles tiraient des circonstances n'existe plus depuis longtemps, on se contentera de citer les deux plus importantes : I. *Histoire des révolutions et de la discipline du barreau français*, (en Suisse) 1784, in-8°. — II. *Essai sur l'origine du droit public et du pouvoir judiciaire*, 1788, in-8°.

MAUGRAS (Jean-Baptiste), docteur ès-lettres, officier de l'Université, chevalier de la Légion-d'Honneur, naquit à Frasne-sur-Apance (248), le 11 juillet 1762. De nombreux services ont été rendus par ce professeur à l'enseignement de la philosophie, et d'importants travaux ont rempli sa longue et honorable carrière. Ce fut en 1787, après le concours ouvert à l'agrégation par l'ancienne Université de Paris, qu'il débuta dans l'instruction publique. D'abord suppléant au collége Louis-le-Grand, il devint professeur titulaire au collége de Montaigu (Paris). En 1800, il reprit à Sainte-Barbe l'enseignement de la philosophie, qui avait été interrompu pendant les troubles des dernières années. Peu de temps après, il fut appelé à professer l'économie politique à l'Académie de législation. Ses cours eurent un grand retentissement. Il ne se fit pas moins de réputation en occupant au lycée Louis-le-Grand la chaire de philosophie, à laquelle il fut nommé en 1808, et qu'il conserva jusqu'en 1823, époque où il fut appelé à la Faculté des lettres de Paris comme professeur de l'histoire de la philosophie ancienne. Ces dernières fonctions, il les remplit encore pendant cinq ans avec une grande supériorité. « Le « caractère distinctif de cet habile professeur était une netteté « parfaite d'exposition, une lucidité, une chaleur dans les « développements, une indépendance de jugement et une « puissance de dialectique qui ne reculaient devant la célébrité « d'aucun nom ni la vogue d'aucune doctrine. Tous les « systèmes anciens et modernes, toutes les doctrines venues « de l'étranger, passaient au creuset de sa logique inexorable. » (*Biog. port. des Contemporains*, t. V, p. 445.) Le professeur Maugras a publié deux ouvrages estimés : I. *Dissertation sur*

---

(248) Frasne-sur-Apance dépendait, avant 1789, du doyenné ecclésiastique de Faverney : le professeur Maugras appartenait donc par sa naissance à la Franche-Comté.

l'analyse en philosophie, 1806 ; — II. *Cours de philosophie*, 1822, in 8°. Au moment où la mort l'a frappé (17 février 1830), il venait d'écrire la dernière page de son *Cours élémentaire de philosophie morale*, qui a paru en un fort volume in-8°. A la fin de la préface, l'auteur annonçait la publication d'un autre volume sous le titre d'*Exercices de logique et de métaphysique;* les matériaux à peu près complets de cet ouvrage ont été trouvés dans les papiers de l'auteur. « Tous ceux qui ont connu « Maugras ont pu apprécier ses vertus ; ses amis conserveront « longtemps le souvenir de la facilité et de l'agrément de son « commerce, des saillies piquantes et originales de son esprit « vif et enjoué. Il sut allier trois genres de mérite bien rare- « ment réunis : il fut professeur habile, philosophe profond, et « homme aimable. » *(Ibid.)*

MOLAY (Jacques-Bernard DE), dernier grand-maître des Templiers, prit son nom du village de Molay, près de Cintrey, bailliage de Vesoul, et non, comme on l'a prétendu, du village de Molay, bailliage de Dole (249). Vers l'an 1265, il fut admis, encore très-jeune, dans l'Ordre du Temple. A peine arrivé en Palestine, il se distingua contre les infidèles. A la mort de Guillaume de Beaujeu, quoique Molay ne fût pas dans l'Orient, une élection unanime le nomma grand-maître. Il se trouva, en 1299, à la reprise de Jérusalem par les chrétiens. Forcé ensuite de se retirer dans l'île d'Arad, et de là dans l'île de Chypre, il allait rassembler de nouvelles forces, pour venger les revers des armes catholiques, lorsque le pape l'appela en France (1305). Arrivé avec soixante chevaliers et un trésor considérable, il fut

(249) L'un des commissaires chargés de l'interroger lui ayant demandé où il était né, il répondit : Dans le diocèse de Besançon, sans ajouter un seul mot. Son titre de grand-maître de l'Ordre le plus puissant de la chrétienté a fait conjecturer qu'il appartenait à l'une des premières familles du pays, et tous nos historiens s'accordent à le faire descendre de la maison de Longvy ; mais loin de là : Jacques de Molay etait le fils d'un simple gentilhomme vassal du sire de la Rochelle. Celui-ci le tint sur les fonts du baptême, et lui donna dans diverses circonstances des preuves d'affection. Ce fait a été établi d'une manière incontestable par M. Charles Duvernoy dans son *Nobiliaire du comté de Bourgogne,* in-folio acquis des héritiers de ce savant par la Bibliothèque de Besançon.

reçu avec distinction par Philippe-le-Bel, qui le choisit pour parrain d'un des enfants de France. En rappelant le grand-maître, la politique qui préparait la destruction de l'Ordre des Templiers avait donné pour prétexte le projet de le réunir à celui de l'Hôpital. Le plan de cette destruction, concerté par le roi et ses agents, fut caché avec tant d'adresse que, le 13 octobre 1307, tous les Templiers furent arrêtés à la même heure dans toute la France. Dès ce moment, les destinées de leur illustre chef furent liées à celles de l'Ordre entier. On sait que cet Ordre avait été institué par des croisés français, dans l'unique but de protéger et de défendre les pèlerins qui se rendaient aux saints lieux. La noblesse et la bravoure des chevaliers, l'utilité et la gloire de leur institution, la rendirent recommandable dès son origine. Les statuts furent dressés dans un concile, et, pendant deux siècles, les priviléges accordés par les papes, la reconnaissance des rois, des grands et du peuple, l'autorité et le crédit qu'augmentaient chaque jour les exploits et les grandes richesses des Templiers, en firent l'Ordre le plus puissant de la chrétienté. Il dut exciter la jalousie, même des rois, parce que dans le haut rang où il s'était élevé, il était difficile que tous les chefs et tous les chevaliers se maintinssent toujours dans cette sage modération qui aurait pu seule prévenir ou désarmer l'envie et la haine. Malheureusement pour l'Ordre, le roi de France eut plusieurs motifs de le perdre ; et le principal, peut-être, ce fut la pénurie du trésor royal, laquelle le rendit moins difficile sur les moyens de s'approprier une partie des biens de l'Ordre, et de jouir de tous pendant longtemps. A l'instant où furent arrêtés le grand-maître et tous les chevaliers qui étaient avec lui dans le palais du Temple, à Paris, le roi occupa ce palais, et s'empara de leurs richesses. En arrêtant les autres chevaliers dans les diverses parties de la France, on saisit aussi leurs biens. Des inquisiteurs procédèrent aussitôt contre tous, et les interrogèrent en les livrant aux tortures, ou en les menaçant de les y soumettre, ou en joignant aux menaces des moyens de séduction. Partout, ou presque partout, ils arrachèrent au plus grand nombre des chevaliers l'aveu des crimes honteux dont on les accusait, et qui offensaient à la fois

la nature, la religion et les mœurs. On croit généralement que
le grand-maître lui-même céda, comme ceux-ci, à la crainte
des tourments et de la mort, ou à l'espérance qu'il obtiendrait
quelques conditions favorables pour l'Ordre s'il ne résistait pas
aux projets de la politique du roi. Après avoir réussi à justifier
ainsi la rigueur des mesures employées, Philippe-le-Bel mit
en usage les moyens qui pouvaient achever de perdre l'Ordre
et les chevaliers dans l'opinion publique, et réclama dans ce
but le concours de Clément V. Cependant le pape, obligé de
donner une apparence juridique à son intervention, convoqua
un concile œcuménique à Vienne, et nomma une commission
qui se rendit à Paris, afin de prendre, contre l'Ordre en
général, une information nécessaire et même indispensable
pour motiver la décision du concile. La bulle portait que
l'Ordre comparaîtrait devant le concile par le ministère de ses
défenseurs. Jacques de Molay fut amené en présence des commissaires du pape, et on lui lut, en langue vulgaire, les pièces
de la procédure. Quand il entendit des lettres qui lui prêtaient
certains aveux, il manifesta son étonnement et son indignation
contre une telle assertion. Un grand nombre de Templiers
comparurent après leur chef. L'affaire prit alors un caractère
imposant et extraordinaire ; les chevaliers se montrèrent dignes
et de l'Ordre, et d'eux-mêmes, et des grandes familles auxquelles ils appartenaient. La plupart de ceux qui, forcés par
les tourments ou la crainte, avaient fait des aveux devant les
inquisiteurs, les révoquèrent devant les commissaires du pape.
Ils se plaignirent hautement des cruautés qu'on avait exercées
envers eux, et déclarèrent, en termes énergiques, vouloir défendre l'Ordre jusqu'à la mort, de corps et d'âme, devant et
contre tous, contre tout homme vivant, excepté le pape et le
roi, etc. etc. Le grand-maître demandait sans cesse qu'on le
conduisît en présence du pape, qui devait le juger. Cinq cent
quarante-six Templiers, soit de ceux qui avaient fait des aveux,
soit de ceux qui avaient toujours résisté aux moyens des
oppresseurs, se constituèrent défenseurs de l'Ordre. Bientôt
d'autres chevaliers, détenus dans les diverses prisons de la
France, demandèrent à partager cet honorable péril, et ils

furent transférés à cet effet dans les prisons de la capitale.
Alors le nombre des défenseurs fut d'environ neuf cents. Il
était facile de justifier l'Ordre; et comme ils commençaient à le
faire avec un succès qui déconcertait le roi et le pape, on
imagina un expédient aussi cruel que prompt : ce fut de livrer
au jugement des inquisiteurs les chevaliers qui, ayant rétracté
les aveux précédents, soutenaient l'innocence de l'Ordre. Tous
ceux qui persistèrent dans leurs rétractations furent déclarés
hérétiques relaps, livrés à la justice séculière, et condamnés au
feu. Ceux qui n'avaient jamais fait d'aveux et qui ne voulurent
pas en faire furent condamnés à la détention perpétuelle,
comme chevaliers *non réconciliés*. Quant à ceux qui ne rétrac-
tèrent pas les aveux des impiétés et des turpitudes imputées à
l'Ordre, ils furent mis en liberté, reçurent l'absolution, et
furent nommés *Templiers réconciliés*. Pour accuser, interroger,
juger les prétendus relaps, les condamner aux flammes et faire
exécuter le jugement, il suffit du temps qui s'écoula du lundi
11 mai 1308 au lendemain matin. Cinquante-quatre chevaliers
périrent à Paris ce jour-là. Tous les historiens qui ont parlé de
leur supplice attestent la noble intrépidité qu'ils montrèrent
jusqu'à la mort; entonnant les saints cantiques, et bravant les
tourments avec un courage chevaleresque, ils se montrèrent
dignes de l'admiration de leurs contemporains. Les commissaires du pape crurent qu'il n'était plus possible de continuer
la procédure quand la franchise, dont la religion faisait un
devoir pour éclairer le concile qui devait juger l'Ordre, devenait
un prétexte pour conduire les accusés au bûcher : ils se reti-
rèrent. Le 13 octobre 1311, jour anniversaire de celui où,
quatre ans auparavant, les Templiers avaient été arrêtés dans
toute la France, Clément V ouvrit le concile œcuménique de
Vienne. On lisait les procédures faites contre l'Ordre quand
tout à coup neuf chevaliers se présentent comme délégués de
quinze cents à deux mille, et offrent de prendre la défense de
l'Ordre accusé. Le pape les fit mettre aux fers, et l'Ordre ne fut
point défendu par ces dignes mandataires, quoique les membres
du concile fussent d'avis de les entendre. Pour imposer aux
pères du concile, Philippe-le-Bel arriva dans Vienne, accom-

pagné de ses trois fils et d'une suite nombreuse de gens de guerre. Bientôt le pape, sans consulter le concile, publia le décret portant abolition de l'Ordre du Temple. Il paraît qu'après ce décret la persécution contre les chevaliers cessa. Cependant Molay restait en prison, réclamant toujours son jugement, que le pape s'était réservé. Clément V nomma enfin trois commissaires *ad hoc*, en les chargeant de juger en même temps trois autres chefs de l'Ordre. Ces commissaires, ayant appelé les accusés sur un échafaud dressé dans le parvis Notre-Dame, leur lurent une sentence qui les condamnait à la réclusion perpétuelle. Aussitôt Jacques de Molay, rendant hommage à l'innocence de l'Ordre, déclara qu'en parlant ainsi il se dévouait à la mort, mais qu'il aimait mieux renoncer à la vie que de faire des mensonges. L'un des trois chevaliers, Guy, grand prieur de Normandie, parla de même. Le conseil du roi, assemblé à l'instant, les condamna tous deux à la mort, sans réformer la sentence des commissaires du pape, sans appeler aucun tribunal ecclésiastique à se prononcer. Le bûcher fut dressé à la pointe de la petite île de la Seine, à l'endroit même où est la statue d'Henri IV. Les deux chevaliers montèrent sur le bûcher, que l'on alluma lentement, et ils furent brûlés à petit feu (18 mars 1314). Jusqu'au dernier soupir, ils protestèrent de leur innocence et de celle de l'Ordre. (*Biog. univ.*, t. XXIX, p. 276.) — Beaucoup d'ouvrages ont été publiés sur ces événements. Si quelques écrivains ont tenté d'établir la réalité des crimes imputés aux Templiers, d'autres en plus grand nombre se sont constitués les défenseurs de cet Ordre célèbre, et l'opinion publique paraît désormais fixée sur l'injustice des accusations qui servirent de prétexte pour en prononcer l'abolition (250).

MUGUET DE NANTHOU (François-Félix-Hyacinthe), député à l'Assemblée constituante, né à Besançon en 1760, était fils

---

(250) Un des plus estimables membres de l'académie de Besançon, M. Bousson de Mairet, professeur émérite de littérature, aujourd'hui bibliothécaire de la ville d'Arbois, est auteur d'un poëme sur Jacques de Molay, dont M. Rappetti a parlé avec éloge dans le *Moniteur* et dans la Biographie Didot.

d'un des riches négociants de la Franche-Comté. Il fit ses études
à Paris, au collège d'Harcourt, et, après avoir reçu ses premiers grades, fut successivement pourvu de la charge d'avocat
du roi et de celle de lieutenant-général au bailliage de Gray. Il
se distingua, lors des émeutes de 1788, par sa fermeté, et
appuya de tout son pouvoir les mesures adoptées par le parlement. L'estime que lui avait méritée sa conduite le fit élire
député aux Etats-généraux par le grand bailliage d'Amont. Il
se lia bientôt avec les membres de l'Assemblée qui voulaient
l'abolition des priviléges, ainsi que la réforme des abus signalés
dans les cahiers de doléances, et adopta franchement les principes de la Révolution. Nommé membre du comité des recherches, il ne parut guère à la tribune que pour rendre
compte des événements malheureux qui se succédaient sur
tous les points du royaume, et pour provoquer des mesures
contre les auteurs des troubles. D'une santé délicate, qui ne lui
permettait aucune application soutenue, mais doué d'une rare
facilité, Muguet ne parlait presque jamais que d'abondance, ou
sur des notes rédigées au courant de la plume. Il appuya, en
1791, la loi rendue contre l'émigration. A l'époque du départ
du roi, il fut l'un des commissaires chargés de veiller au
maintien de l'ordre dans Paris, et fit mander à la barre
M. de Montmorin, pour donner des explications sur le
passeport dont le roi s'était servi, appuya vivement les raisons
présentées par le ministre pour sa justification, et fit décréter qu'il n'avait pas cessé de mériter la confiance de
l'Assemblée, décret qu'il fit porter sur-le-champ à la connaissance du peuple qui entourait l'hôtel du ministre dans
une attitude menaçante. Muguet demanda que des récom-
penses fussent décernées à tous ceux qui avaient contribué à
l'arrestation du roi, et il fit un rapport, au nom des comités
réunis, sur les militaires soupçonnés d'avoir favorisé son
départ. A la fin de la session, il fut nommé juge d'un des
tribunaux de Paris ; mais il pria les électeurs d'agréer sa
démission, et se retira dans la terre qu'il possédait à Soing
près de Fresne-Saint-Mamès, décidé à ne plus prendre de part
aux affaires publiques. Il y vécut dans la retraite la plus pro-

fonde, s'interdisant toute espèce de correspondance. La levée extraordinaire ordonnée en 1792 ayant éprouvé à Gray des obstacles qui pouvaient attirer des mesures rigoureuses contre cette ville, Muguet n'hésita pas à se faire inscrire le premier, et son exemple entraîna une foule de citoyens; mais les autorités crurent devoir s'opposer à son départ, et il fut nommé commandant de la garde nationale de l'arrondissement. Il donna sa démission au bout de trois mois; et sa santé, qui s'affaiblissait, ne lui permettant pas de faire un service actif, il demanda à être employé dans les administrations de l'armée. L'obscurité à laquelle il s'était condamné ne put le soustraire aux persécutions qui s'attachaient de préférence aux constituants. Deux fois il fut arrêté, en 1793, par l'ordre des commissaires de la Convention, et il ne dut la liberté et la vie qu'à la fermeté de son caractère. Nommé, en 1798, député au conseil des Cinq-Cents, par le département de la Haute-Saône, il refusa cette mission. Il résista également à toutes les offres qui lui furent faites par le premier consul, et n'accepta que la place de maire de Soing. Cette commune lui dut diverses améliorations agricoles. En s'occupant à lui procurer des eaux de source, il fut saisi de la fièvre, et mourut, victime de son zèle, en mai 1808, à l'âge de quarante-sept ans. (*Biog. univ.*, t. XXX, p. 364.) Il aimait les lettres et les cultivait en secret. Sa bibliothèque était plus choisie que nombreuse. Un de ses amis, Arsène Faivre, lui a dédié des stances imprimées dans les *Affiches* de la province, n° du 3 juillet 1786.

NOIROT (Jean-Baptiste), né à Vesoul le 14 novembre 1795, d'une famille de commerçants, fit ses études de droit à Dijon, et fut inscrit, en 1819, au tableau des avocats composant le barreau de sa ville natale. « Dès ses débuts, sa vive intelligence, son aptitude pour les affaires, son zèle pour les intérêts qui lui étaient confiés, lui avaient assigné une place distinguée parmi ses confrères. Aussi, pendant dix-huit ans, leurs suffrages unanimes l'ont-ils récompensé par les honneurs du bâtonnat. Il n'avait pas moins obtenu l'estime des chefs du tribunal et de la cour; dès 1831, il avait été nommé juge-suppléant. Vers le même temps, ses concitoyens s'empressèrent de lui ouvrir les portes du conseil municipal, dont, pendant vingt ans, il fut un des membres les plus laborieux et les plus influents. L'avenir lui réservait un rôle plus important : 1848 arrive; le libéralisme et les talents de M. Noirot avaient depuis longtemps fixé sur lui l'attention; 29,000 voix l'appelèrent à l'Assemblée constituante. Il s'y fit remarquer par la loyauté de son caractère, par ses votes pour toutes les mesures qui tendaient à la conciliation de l'ordre et de la liberté, et par la netteté de ses vues au sein des diverses commissions dont il fit partie. » Nous empruntons ce court et fidèle résumé biographique aux paroles prononcées par M. l'avocat Personneaux sur la tombe de J.-B. Noirot, décédé à Vesoul le 14 avril 1863, à l'âge de soixante-huit ans.

NOURISSON (Jean-Baptiste-Antoine), magistrat, naquit à Lyon le 23 novembre 1768. Après avoir fait de fortes études classiques, il alla suivre à Paris les leçons de la Faculté de droit, et de retour dans sa ville natale il ne tarda pas à y conquérir une place au barreau. Atteint par la réquisition, il fit plusieurs campagnes dans les armées de la République, et là comme partout se fit estimer de ses chefs par son application à remplir ses devoirs (251). Lorsqu'il fut libéré du service militaire, il épousa la fille d'un banquier de Paris, et devint par ce mariage propriétaire du domaine de Corneux, où, partageant son temps entre les soins qu'il devait à sa famille naissante, les occupations champêtres, et la culture des lettres, qu'il n'abandonna jamais, il passa les plus heureux moments de sa vie. Ses connaissances comme jurisconsulte ne pouvaient pas le laisser longtemps dans cette retraite. Nommé commis-

---

(251) Dans une vignette placée à la tête des livres qui composaient sa belle et nombreuse bibliothèque, au-dessous d'un pélican, emblème de son amour pour ses enfants, sont représentés les attributs de ses diverses professions : un casque avec un sabre, le chapeau à plumes des députés au Corps législatif, et la toque du magistrat. On lit au bas ce distique ·

Quam foro ego castris unam coluique senatu,
Sola colant patriam nunc mea vota domi. — 1815.

saire du gouvernement près le tribunal de Gray, après le coup
d'État du 18 brumaire, il fut l'un des trois députés que le
département de la Haute-Saône dut envoyer au nouveau Corps
législatif; puis, à la réorganisation de l'ordre judiciaire, il fut
nommé procureur impérial près le tribunal criminel de Vesoul.
Il montra dans ces fonctions les qualités d'un vrai magistrat,
sachant concilier avec les égards dus à la faiblesse humaine la
fermeté nécessaire au maintien de l'ordre et à la répression
des délits. La réputation dont il jouissait ne pouvait manquer
de l'élever à des honneurs qu'il avait la sagesse de ne pas
désirer, lorsque les évènements vinrent briser sa carrière.
Destitué en 1814, les électeurs de la Haute-Saône l'envoyèrent
l'année suivante à la Chambre des représentants. Cette dernière
preuve de leur estime le toucha vivement et fut une de ses
consolations dans la retraite. Devenu libre, après la courte
législature des Cent-Jours, de se livrer à la culture des lettres, il
acheva de mettre en vers l'*Hymne au soleil* de l'abbé de Reyrac,
travail qu'il avait commencé dès 1809. Occupé d'ailleurs par les
soins qu'exigeait son domaine de Corneux, aimé et estimé de ses
voisins, qui le consultaient dans leurs affaires et profitaient de ses
conseils et de ses exemples en agriculture; heureux dans son
intérieur par la tendresse de sa femme qu'il chérissait et par
l'affection de ses enfants, il voyait d'un œil paisible s'écouler
une vie qu'il se rendait le témoignage d'avoir consacrée au bien
public, lorsque la révolution de 1830 vint le rendre aux fonctions
de la magistrature. Nommé conseiller à la cour royale de
Besançon, il y occupa sur-le-champ le rang que lui méritaient
ses lumières, la droiture de son jugement et la fermeté de son
caractère; mais il n'en jouit que trop peu de temps. Mis à la
retraite par le décret sur la limite d'âge, il continua toutefois
d'habiter Besançon, où il s'était fait des amis de tous ceux
qui avaient été à même de l'apprécier, et il y mourut le
23 juillet 1855, à quatre-vingt-sept ans. Il était membre de
l'ordre de la Réunion (252) et de celui de la Légion-d'Honneur.

(252) L'ordre de la Réunion, créé par un décret impérial du 18 octobre 1811,
principalement pour récompenser les services rendus dans les fonctions civiles

PANET (Joseph), né à Échenoz-la-Meline le 16 juillet 1818, fit de bonnes études au collége de Vesoul, et, destiné d'abord au commerce, il fut placé dans une maison de Lyon. Mais son goût pour les sciences et les études positives l'ayant attiré à Paris, il s'y fit recevoir docteur en médecine. En 1848, il était médecin du bureau de bienfaisance du VIIe arrondissement de la Seine, et chirurgien aide-major d'une légion de la garde nationale. A cette époque, il écrivit dans plusieurs journaux, notamment dans *la Réforme*, des articles sur la distribution des secours aux indigents et l'organisation du service médical dans les campagnes et parmi les ouvriers des villes. Quelques critiques crurent son système entaché de *socialisme*. Obligé de s'expatrier après le 2 décembre 1851, il se réfugia à Genève, puis au Locle, canton de Neuchâtel, où il vécut quelque temps du produit de sa profession. Il fournit alors plusieurs articles à *la Tribune*, journal de Berne, et au *Patriote savoisien*. En butte, chez nos voisins, à des tracasseries pour exercice de la médecine sans un brevet en règle pour la Suisse, il obtint la permission de rentrer en France. Peu de temps après, la grande entreprise chargée du percement de l'isthme de Suez lui donnait un emploi dans son personnel médical, avec résidence à Port-Saïd. C'est dans ces fonctions qu'il fut atteint de la maladie à laquelle il succomba le 24 août 1861, pendant qu'on le transportait mourant de Damiette à Alexandrie. Il avait su se concilier l'affection de ses chefs et l'estime de tous. « La perte que nous avons faite est grande, écrivait l'ingénieur en chef de la division de Port-Saïd..... La franchise, la loyauté, l'énergie de caractère, qualités si nécessaires dans notre vaste entreprise, le docteur Panet les avait toutes. Infatigable dans son service, il prodiguait son dévouement à tout le monde; il y avait place dans son grand cœur pour toutes les souffrances, sa parole ranimait les courages abattus, et, par les soins les plus délicats, il adoucissait les trop vives douleurs..... La colonie entière parlera

et judiciaires, n'a pas survécu au premier Empire. Il fut appelé *ordre de la Réunion*, parce qu'il était destiné de préférence aux habitants des départements nouvellement *réunis* à la France.

longtemps encore de cet homme de bien. » — Outre les publications que nous avons mentionnées, il a donné des articles à *la Tribune* de Paris, à l'*Almanach du travail*, et publié en 1857, Paris, lib. de Chamerot, un vol. in-12 de viij — 306 pages, sous ce titre : *Médecine préventive*, ou *Organisation du service sanitaire*, avec cette épigraphe extraite de Proudhon : « Cela seul est d'institution naturelle et permanente qui a son ordination en soi ; cela seul est vivace, beau, utile, durable, qui est sérié. » C'est le développement des idées théoriques que l'auteur avait émises en 1848 sur le même sujet.

PARISOT (Jean-Claude), théologien, né vers 1650, à Raincourt, embrassa, ses études achevées, l'état ecclésiastique, et se rendit à Paris, où il fut reçu docteur en Sorbonne. Ces premiers succès le décidèrent à se mettre sur les rangs pour une chaire de théologie à l'Université de Besançon. Quoiqu'il eût montré dans cette lutte beaucoup de talent et d'érudition, il ne fut cependant pas retenu parmi les aspirants entre lesquels devait être choisi le titulaire de la chaire vacante ; mais il fut presque aussitôt nommé à la cure de la Grand'Combe, d'où il passa quelques années après à celle de Lure. Il mourut dans cette ville vers 1720, à l'âge d'environ soixante-dix ans. On lui doit : *Catéchisme paroissial*, ou les *Principales vérités de la foi, tirées de l'Ecriture sainte et des pères de l'Eglise*, Lyon, 1710, in-12. — Rare.

PELECIER (Claude-Joseph), commandeur de l'ordre de la Légion-d'Honneur, chevalier de Saint-Louis, né à Rioz, bailliage de Vesoul, le 6 juin 1773, s'enrôla comme volontaire dans le 11e bataillon de la Haute-Saône, et fut nommé sous-lieutenant deux mois après son entrée au service. Employé à l'armée du Rhin, puis à celle de Rhin-et-Moselle, il se fit remarquer notamment à l'affaire de Tripstadt (4 juillet 1794), en emportant de vive force, avec une centaine de tirailleurs, une partie des retranchements prussiens. Dans les campagnes qui suivirent, il obtint, outre les grades de lieutenant et de capitaine, la décoration de la Légion-d'Honneur, avec cette

mention spéciale que porte son brevet : « Son courage a
« constamment égalé ses talents distingués; partout il a fait
« l'honneur de son corps et de l'armée. » Après avoir servi à
la Grande-Armée, en 1805 et 1806, et mérité d'être mentionné
deux fois dans les rapports officiels, il fut promu au grade de
chef de bataillon, et envoyé en Espagne, où il devint colonel
du 86e régiment de ligne. Il n'avait que quarante-deux ans
quand il fut mis en demi-solde après les Cent-Jours. Sa pension de retraite ayant été liquidée en 1822, il fixa sa résidence
à Nevers, où il rendit encore d'importants services dans les
fonctions de membre du conseil municipal et dans celles de
commandant de la garde nationale. Il y mourut le 17 août 1855.
La décision qui l'avait mis à la retraite en 1822 lui avait conféré le titre de maréchal-de-camp honoraire.

PERNEL (Antoine-François), né à Lure le 29 novembre
1733, y exerça longtemps l'office de procureur-notaire royal,
dont il était déjà pourvu en 1764. La Révolution venue, il en
épousa chaudement les intérêts, et fut élu député du Tiers aux
États-généraux. Revenu, après la session, dans sa ville natale,
il y mourut le 6 mars 1795, à l'âge de soixante-un ans. Comme
député, il ne s'était fait remarquer par aucune motion; mais il
avait constamment voté avec la majorité de l'Assemblée nationale, ce qui lui avait valu d'être porté sur la *liste des principaux
agents et moteurs de la Révolution* qui fut trouvée, en ventôse
an III, par le représentant du peuple Alquier (253).

(253) Cette très-longue liste comprenait tous les députés à l'Assemblée
constituante qui s'étaient prononcés plus ou moins ouvertement pour les réformes. Chaque nom était précédé ou d'un G, ou d'un P, ou d'un R, ou d'un
E, suivant que le député révolutionnaire avait mérité, d'après les proscripteurs,
d'être *envoyé aux galères*, ou *pendu*, ou *roué*, ou *écartelé*. Voici, pour les députés
du bailliage d'Amont, les lettres qui accompagnaient leurs noms :

P. Rousselot, curé;	G. Chevalier d'Esclans;
P. Clerget, curé;	G. Roux de Raze, juge;
P. Lompré, chanoine;	E. Gourdan, assesseur;
P. Bureaux de Pusy, offic. du génie;	P. Cochard, avocat;
P. Muguet de Nanthou, juge;	G. Pernel, notaire.
G. Marquis de Toulongeon;	

Le douzième député du bailliage d'Amont, Durget (Pierre-Antoine), n'avait

PETITPERRIN (Pierre-Eugène-Athanase), né à Andelarre le 2 mai 1768, était un des avocats les plus occupés du barreau de Vesoul quand il fut nommé procureur impérial par décret du 25 février 1813. Il conserva ces fonctions de chef du parquet jusqu'à sa mort, et fut membre du Conseil général de la Haute-Saône tant que ce mandat fut conféré par le pouvoir. Candidat du gouvernement en 1824, il fut élu membre de la Chambre des députés à la majorité de 190 voix, contre 68 données à M. le marquis de Grammont, candidat de l'Opposition. Il prit plusieurs fois la parole dans la discussion sur le Code forestier. Ne s'étant pas représenté lors des élections de 1827, ce fut M. de Grammont qui fut nommé, à la majorité de 122 voix, contre 100 données à M. de Villeneuve. — Il mourut le 27 janvier 1832. Sa vie privée et sa conduite comme magistrat lui avaient concilié l'estime générale.

PIGUET (Grégoire), né à Melisey vers 1753, était, avant la Révolution, procureur-notaire au bailliage de Faucogney. Lors des élections pour le conseil des Cinq-Cents (1795), il fut l'un des députés qu'avait à nommer le département de la Haute-Saône. Nous n'avons rien pu apprendre, même en consultant le *Moniteur* du temps, de la part qu'il prit aux travaux de cette législature. S'étant retiré à Luxeuil, il y mourut le 2 février 1826, à l'âge de soixante-treize ans.

PILLARD (Héloïse) (254), née à Gray en 1817, avait reçu de la nature, pour son malheur, avec une intelligence précoce, un penchant très-vif pour la poésie. Dès l'âge de six à sept ans elle composait de petites pièces de vers où l'on pouvait trouver du naturel et de la facilité, mais que sa mère regardait comme autant de chefs-d'œuvre; dès lors elle rêva pour sa fille la

point été inscrit dans la liste de proscription, parce qu'il était du petit nombre des députés du tiers-état qui s'étaient ralliés à la cause royale dès le début de la session.

(254) Elle avait reçu de sa marraine les noms de Barbe-Louise-Joséphine; mais sa mère lui fit changer le nom de Louise contre celui d'Héloïse, beaucoup plus poétique.

gloire et la fortune. Dans cet espoir, elle la conduisit à Paris, où elle se flattait de la voir accueillie par les dispensateurs de la renommée. La triste réalité ne tarda pas à dissiper leurs illusions; Héloïse, inconnue et sans appui, n'eut pas même la satisfaction de voir ses opuscules annoncés dans les journaux. Accablée de chagrin, elle mourut en 1843, victime de l'aveugle tendresse de sa mère. On connaît d'elle : *La Pologne affranchie*, poëme, Besançon, 1832, in-8°, et un volume de *Mélanges*, Paris, 1839, in-12.

POISSENOT (Jean-Baptiste), né à Langres en 1772, fut atteint par la réquisition en 1793, et obligé, quoique myope et faible de complexion, d'aller se ranger sous le drapeau. Bientôt réformé, il se fit admettre dans les bureaux de la préfecture de la Roër, département confié alors au baron Ladoucette. Le nouvel employé se fit remarquer par son intelligence et une grande assiduité au travail. Quand Aix-la-Chapelle fut séparé de la France (en 1814), J.-B. Poissenot obtint, par la bienveillante recommandation de M. Ladoucette, un poste de chef de bureau à la préfecture de la Haute-Saône, où il ne mérita pas moins l'estime générale. Les moments que lui laissaient les devoirs de son emploi, il les donnait à la littérature, écrivant tantôt en prose, tantôt en vers ; grand amateur de livres, il s'était fait une bibliothèque bien composée et dans laquelle il avait réuni un certain nombre de raretés bibliographiques. Il publia en 1819 une *Statistique abrégée du département de la Haute-Saône*, Vesoul, imp. Bobillier, in-8° de 230 p. Cet ouvrage occupe une place utile parmi les publications de même nature qui sont relatives à notre département. L'auteur mourut à Vesoul le 31 juillet 1835, à l'âge de soixante-trois ans.

POULLENOT (Joseph), né le 21 janvier 1749, à Champlitte, sentit de bonne heure le besoin de se créer une position. Dans ce but il se rendit à Paris pour y étudier le commerce de l'épicerie, mérita la confiance de son patron, et fit plusieurs voyages en Angleterre, où il forma des liaisons qui plus tard lui furent très-utiles. En 1782 il épousa l'une des sœurs d'Adrien Boy (*V.* ce nom p. 63), et la même année il s'établit marchand-épicier à Paris. Doué d'une grande activité et secondé par sa femme, dont il eut souvent l'occasion d'éprouver le dévouement, il ne tarda pas à réaliser dans son commerce des bénéfices considérables. Ayant adopté les principes de la Révolution avec enthousiasme, et jouissant dans son quartier d'une grande popularité, il fut élu en 1792 président de la section des Lombards. Il contribua de tout son pouvoir à la prompte organisation du bataillon envoyé par cette section à la défense du territoire, que les Prussiens venaient d'envahir. Le bruit s'étant répandu que ce même bataillon avait fui devant l'ennemi, il n'hésita pas à se rendre à l'armée pour vérifier le fait, et eut la satisfaction d'en revenir avec l'assurance qu'il n'avait pas cessé de mériter l'estime des généraux. Cependant, effrayé de la marche des évènements et prévoyant sa ruine prochaine, il vendit son fonds de commerce et revint (en juin 1793) à Champlitte. Bien accueilli par ses compatriotes, il fut presqu'aussitôt élu membre de l'administration du district et juge suppléant du tribunal. A peine était-il installé dans ces fonctions que le commissaire de la Convention Bernard de Saintes l'envoya juge au tribunal du département du Mont-Terrible, réuni nouvellement à la France. Mais accusé de fédéralisme, il se vit tout à coup arrêté et conduit à Paris, où il fut enfermé dans la maison de Saint-Lazare. Sa femme se hâta de l'y rejoindre et vint à bout par ses démarches de lui faire rendre la liberté. Après le 9 thermidor, nommé par le comité de sûreté générale juge au nouveau tribunal révolutionnaire, il n'accepta qu'avec répugnance cette place, qui lui permettait cependant de rendre des services aux victimes de l'odieux régime de la Terreur. Le décret du 3 nivôse (décembre 1794) mit fin à ses fonctions, et le tribunal de Champlitte, en vertu d'un mesure relative aux fonctionnaires destitués, le condamna à six mois de prison. Ce jugement fut cassé, et peu de temps après il fut nommé commissaire du Directoire. Il se démit de ces fonctions au bout de quelques mois pour raison de santé, mais il n'en continua pas moins d'être utile tant qu'il le put à ses concitoyens. Il mourut à Champlitte le 28 avril 1809, âgé seulement de soixante ans. Il a publié quelques écrits de circonstance, mais qui ne peuvent plus offrir aucun intérêt.

PRÉVOST (Jacques), né à Pesmes au commencement du xvie siècle, excella dans la peinture et la gravure. Ses premières estampes connues sont des figures de termes d'après Polydore Caravage, et un chapiteau des thermes d'Antonin, avec le millésime 1535. L'année suivante, il exécuta le portrait de François Ier, de grande dimension, et qui ne manque pas d'un certain mérite, si l'on considère que la gravure, qui déjà brillait alors en Allemagne et en Italie, en était encore à ses premiers essais dans notre pays. Onze pièces datées de 1537 représentent des fragments appartenant aux antiques édifices de Rome; deux planches de cariatides sont datées de 1538. En 1546, il grava une Vénus; en 1547 une Cybèle, et enfin une Charité romaine, trois figures de sa composition. La plus curieuse, sans contredit, est la Vénus : la déesse est debout, vue de face, parée de sa ceinture; une draperie jetée sur l'une de ses épaules retombe derrière elle jusqu'à terre et cache à demi un serpent; elle élève de ses deux mains une urne dont la panse est ornée d'une guirlande d'amours, et d'où tombe un liquide plein de reptiles, dans un vase placé à droite de la composition, sur un socle portant cette inscription : I. PREVOST IVE. — *Plus veneni quàm mellis habet.* Le millésime de 1546 est gravé sur un dé de pierre, à gauche. (*Mag. pitt.*, année 1857, p. 315.) De 1550 à 1555 il fut employé à décorer le jubé de la cathédrale de Langres; il exécuta pour ce monument détruit pendant la Révolution un grand Christ placé entre deux statues, plus hautes que nature, de la Vierge et de saint Jean l'évangéliste (*Précis de l'histoire de Langres*, par M. Migneret, p. 306). Ainsi Prévost, comme un maître, excellait à la fois dans la sculpture, la peinture et la gravure. — D'après Mariette, c'est aussi Jacques Prévost qui « a peint le trespassement de la Vierge dans l'église de Saint-Mamest, à Langres. » A Pesmes, dans la chapelle des Mairot, est un grand tableau à volets de cet artiste; il représente la déposition du Sauveur au tombeau, avec la date de 1551. Sur les volets sont peints le donateur et sa femme. Ce tableau, très-remarqué des connaisseurs, prouve que Prévost avait étudié en Italie, et suivant une tradition qui s'est conservée à Pesmes, il aurait reçu des leçons de Michel-Ange. M. Robert Dumesnil, dans le *Peintre-Graveur français*, a consacré plusieurs pages à la description de l'œuvre gravé de Jacques Prévost.

QUIROT (Jean-Baptiste), né à Besançon le 3 octobre 1757, mort à Mantoche le 24 août 1820, âgé de soixante-trois ans. Fils d'un jurisconsulte distingué au barreau de Besançon par sa profonde érudition, un jugement sûr et un parfait désintéressement, il était avocat lui-même, après avoir fait de fortes études, lorsqu'une lutte survenue entre l'ordre des avocats, qui invoquait le droit de discipline sur ses membres, et le parlement, qui refusait de le reconnaître, l'arrêta quelque temps dans sa carrière. L'affaire s'étant terminée au profit du pouvoir, il rentra au barreau, et jusqu'en 1789 on le compta parmi les avocats qui paraissaient le plus souvent dans les audiences solennelles. Quand vint la Révolution, Quirot en aperçut à la fois les avantages et les dangers, mais il s'y dévoua de bonne foi, avec courage, et sans considérer si le résultat en serait utile ou nuisible à ses intérêts personnels. Après avoir été membre du directoire du département du Doubs en 1790, et accusateur public près le tribunal criminel en 1791, il fut élu député à la Convention. Arrivé dans cette assemblée avec des préventions favorables aux Girondins, qui venaient de renverser le trône sans s'être souillés par les massacres de septembre, il adopta leurs opinions; puis, spectateur attentif des luttes prolongées avec la Montagne, il fut révolté de la force brutale qu'elle employa au 31 mai, et une lettre dans laquelle il affirmait la violence exercée sur les représentants du pays, lue publiquement à Besançon, le rendit suspect et le condamna au silence jusqu'au 9 thermidor. Rapporteur de la commission qui fut chargée d'examiner la conduite de Joseph Lebon, il conclut au décret d'accusation qui fut adopté à l'unanimité. Cependant, depuis les événements de prairial, les thermidoriens qui étaient au pouvoir et les royalistes contre-révolutionnaires ne mettaient plus de bornes à la réaction ; les assassinats étaient organisés et tous les patriotes poursuivis sous le nom de terroristes. Quirot s'éleva contre ce système de sang, et fut appelé le 14 fructidor au comité de sûreté générale. Parmi les citoyens enfermés comme partisans de la Terreur, les députés Maribau (du Gers) et Le Vasseur (de la Sarthe) se trouvaient depuis le 13 germinal détenus à la citadelle de Besançon. Quirot opéra leur élargissement. Désigné nominativement le 13 vendémiaire à la vengeance des sections de Paris, il demandait grâce après la victoire pour les hommes égarés. Entré au conseil des Cinq-Cents, il y défendit la loi du 3 brumaire, et s'opposa jusqu'au 18 fructidor à l'envahissement du principe royaliste qui pénétrait dans l'assemblée. La vigueur de ses attaques et la fermeté inébranlable de son caractère lui firent des ennemis ; provoqué par le député De La Rue, et depuis par le général Willot, Quirot se rappella ses succès dans la salle d'armes de Besançon et sortit avec honneur de ces deux rencontres. Un des organisateurs du 18 fructidor, il garantit de ses mesures rigoureuses quelques-uns de ses collègues, et le député Grappe ne l'avait pas oublié. C'est à cette époque qu'il présenta et fit imprimer un rapport sur la forfaiture des officiers de l'ordre judiciaire. Réélu en 1798 et 1799 au conseil des Cinq-Cents, il combattit la loi du 22 floréal, qui jugeait arbitrairement toutes les élections. Il fit aussi partie de cette commission des Onze qui provoqua la retraite de trois membres du Directoire. Le pouvoir renouvelé, il présida le conseil pendant le mois de thermidor, distinction qui le fit proscrire par le coup d'Etat du 18 brumaire, qu'il était loin d'approuver, mais auquel il n'opposa pas une résistance active. Cependant il fut arrêté le 20 du même mois et détenu à la Conciergerie ; mais il obtint bientôt sa liberté, et après un court séjour à Paris, sans rien demander au Consulat, Quirot vint se retirer à la campagne, où le suffrage de ses concitoyens lui confia les modestes fonctions de juge de paix, qu'il remplit pendant la durée de l'Empire et sous la Restauration, jusqu'au moment où, par suite des extensions données à la loi (dite d'amnistie) du 12 janvier 1815, il fut contraint de se réfugier à Schaffouse. Rappelé en France, après trois ans d'exil, il rentra dans son domicile le 3 mai 1819, et mourut l'année suivante, laissant une très-médiocre fortune et deux fils riches seulement de son souvenir. Il fut frappé d'apoplexie en écrivant un avis sur une contestation judiciaire, ainsi qu'il était arrivé à son père en 1793, dans une circonstance analogue. Possédant des connaissances étendues en littérature ancienne et moderne, doué surtout d'une singulière aptitude pour l'étude des langues, il avait traduit dans sa jeunesse l'*Iliade* et les *Dialogues* de Lucien. Plus tard, il apprit l'allemand, l'anglais et l'italien ; il annota les écrits de Filangieri, et traduisit de l'allemand l'*Oberon* de Wieland.

RAILLARD DE GRANVELLE (Benoît-Georges), fils de Jean-François Raillard, avocat à Vesoul, naquit le 14 mai 1746, et fit partie, dans sa jeunesse, du corps des mousquetaires. A la suppression de cette troupe d'élite (1775), il entra dans la magistrature, et fut pourvu d'une charge de conseiller au parlement de Douai ; puis il devint président à mortier au parlement de Metz. Il avait épousé à Douai Mlle de Valicourt, nièce de M. de Calonne, ministre de Louis XVI (255) ; c'est sans doute par suite de ce mariage qu'il fut nommé, peu de temps après, maître des requêtes aux conseils du roi et intendant de la Régie des finances. Dans l'émigration, il fut chargé de l'intendance générale de l'armée des princes, au licenciement de laquelle il se retira avec sa famille à Londres. Revenu en France, il fut nommé payeur du Trésor à Vesoul, fonctions qu'il conserva jusqu'à sa mort, arrivée le 2 février 1826. — La Restauration

(255) Mme de Granvelle était née en Picardie, le 5 juillet 1762. Son père, messire Marie-Maximilien de Valicourt de Witremont, était seigneur du Mesnil, de Witremont et de Beaucourt. Par sa mère, Mme Marie-Magdeleine de Calonne, elle était petite-fille de M. de Calonne, premier président du parlement de Flandre, et nièce de M. de Calonne, contrôleur-général des finances. Aimant le monde, où elle portait les qualités que donne une éducation soignée, Mme de Granvelle a fait de sa maison, pendant trente ans, l'un des centres de la société vésulienne, et présidé à ces réunions jusqu'à ses derniers moments (avril 1855).

lui conféra le titre de conseiller d'Etat honoraire , et le nomma
chevalier de l'ordre de la Légion-d'Honneur, dont il reçut la
décoration des mains de *Monsieur*, frère du roi, lors de son passage à Vesoul en octobre 1814. — Devenu maître des requêtes, il
avait acquis la terre de Granvelle, qui, au XVIe siècle, donna
son nom au fameux chancelier Perrenot et au cardinal son fils.
— Une grande variété de connaissances et une prodigieuse mémoire avaient fait de B.-G. Raillard de Granvelle un conteur
agréable, quelquefois mordant; mais son urbanité habituelle
faisait passer sur les saillies qui lui échappaient dans la conversation. Il appartenait à l'une des anciennes familles de Vesoul ;
un de ses ancêtres occupait, en 1696, en qualité de lieutenant
local, l'une des présidences du bailliage-présidial d'Amont.

RAOUL (Pierre-Philibert), né à Amance le 15 janvier 1806,
embrassa l'état ecclésiastique et fut ordonné prêtre le 24 février
1829. Sa constitution délicate ne lui permettant pas d'administrer une grande paroisse, il fut appelé à desservir d'abord
la chapellenie de Flagy (256), puis, en 1846, celle de Coulevon.
En possession, dans cette dernière résidence, d'un jardin bien
exposé et suffisamment étendu pour l'application des procédés
nouveaux en arboriculture fruitière, l'abbé Raoul se livra avec
passion et succès à cette branche si utile, si attrayante, des
occupations rurales. Les observations qu'il avait faites, les
méthodes qu'il avait reconnues être les plus rationnelles, il les a
consignées et recommandées dans un volume in-12 de 226 pages,
qui a pour titre : *Manuel pratique d'arboriculture, renfermant
ce que les meilleurs auteurs et les praticiens ont dit de mieux
sur les défoncements, la plantation, les formes, la taille et la
mise à fruit des arbres fruitiers*, Besançon, Turbergue, 1859,
2e édit., augmentée et enrichie de figures. L'auteur est mort à
Coulevon le 27 février 1861, âgé seulement de cinquante-cinq
ans. Il était membre de la Société d'agriculture, sciences et arts
de Vesoul.

(256) L'église de Flagy, créée chapellenie par ordonnance du 18 juin 1835,
a été érigée en succursale par décret du 18 novembre 1850.

RAY (Otton DE LA ROCHE, sire de), un des gentilshommes franc-comtois qui prirent part à la quatrième croisade (l'an 1202), ne tarda pas de prendre un rang distingué parmi ses nobles compagnons d'armes. « Le maréchal Villehardouin, dit Dunod (*Histoire du comté de Bourgogne*), parle de lui avec éloge. L'on voit dans son *Histoire de la conquête de Constantinople* qu'Otton de la Roche étoit estimé de tous les seigneurs, et qu'il avoit la confiance de Boniface, marquis de Montferrat, roi de Thessalonique. Ce fut lui qui ménagea le mariage de la fille de ce roi avec Baudouin, empereur de Constantinople, et qui acheva la réconciliation de ces deux princes, dont les querelles auroient fait perdre le fruit d'une croisade qui acquit aux Français l'empire de Byzance. » Dunod ajoute : « Albéric dit qu'Otton de la Roche conquit par une espece de miracle, c'est-à-dire contre toute apparence, les fortes villes d'Athènes et de Thèbes, et qu'il en fut LE PREMIER DUC : *Otto de Rupe, quodam miraculo, fit dux Atheniensium atque Thebanorum*. Il assiégea et prit Argos en 1212, et il étoit encore au Levant en 1220. Mais ayant prévu que les grands établissemens qu'il y avoit faits étoient plus brillans que durables, il y appela Guy son neveu, fils de Pons de la Roche, son frere, à qui il remit ses duchés en place de la part qu'il avoit aux biens de Bourgogne. Il mourut peu de temps apres, laissant deux fils : Otton, qui continua la branche des sires de Ray, et Gui celle des seigneurs de la Roche-sur-Lougnon. » Le même historien a consacré quelques pages aux ducs d'Athènes et de Thèbes issus de Gui de la Roche, *neveu* d'Otton de Ray, et a donné d'intéressants détails généalogiques sur l'illustre maison de Ray, qui s'est éteinte dans le cours du XVIIᵉ siècle. — Dans le *Manuel de numismatique moderne* (Encyclopédie Roret), on peut voir la description des monnaies que firent frapper les ducs d'Athènes et de Thèbes. La succession de ces princes y est donnée de la manière suivante : Otton de la Roche (1205 à 1224); Gui de la Roche (1224 à 1264); Jean de la Roche (1264 à 1276); Guillaume de la Roche (1276 à 1285); Guy II de la Roche (1285 à 1308); Gauthier de Brienne (1308 à 1340). Des mains de Guillaume, mort sans enfants mâles, le duché fut transmis aux de Brienne par le mariage de la fille unique de Guillaume avec Hugues comte de Brienne et de Liches; puis il passa des Brienne aux d'Enghien, et de la maison d'Enghien à celle de Cornaro.

ROUSSELOT (Claude-Germain), né à Authoison, bailliage de Vesoul, le 17 juillet 1723, embrassa l'état ecclésiastique. Après avoir été vicaire à Noroy-l'Archevêque, puis à Salins, il fut pourvu de la cure de Thiénans, dont la collation appartenait à l'abbaye de Saint-Vincent (Besançon). Il administrait depuis vingt-sept ans la paroisse confiée à ses soins quand il fut élu député aux Etats-généraux par le clergé du bailliage d'Amont. Ses sympathies pour les réformes que réclamait l'opinion publique lui valurent le mandat dont il fut investi. Les Etats réunis, il se joignit aux députés du Tiers, ainsi que ses collègues Lompré et Clerget. (*Voy.* ces noms pp. 193 et 363.) L'année suivante (1790), il prêta comme eux serment à la constitution civile du clergé, et contribua par ses votes aux grandes mesures que décréta l'Assemblée constituante. A l'expiration de son mandat, il revint à sa cure de Thiénans, et y mourut le 27 septembre 1795, à l'âge de soixante-douze ans. Il était instruit, mais sans être d'un mérite distingué.

ROUX DE RAZE (Claude-François), né le 20 juin 1758, à Besançon, d'une famille seigneuriale (257), était lieutenant-général au bailliage-présidial de Vesoul lorsque vinrent les élections pour les Etats-généraux (1789). Réunis sous sa présidence, les électeurs du Tiers lui donnèrent un des six mandats qu'ils avaient à conférer. Quand il eut à prendre part aux travaux de l'Assemblée constituante, il vota constamment avec les amis des sages réformes que la Révolution était en train d'accomplir. A l'issue de cette mémorable législature, il fut nommé juge au tribunal de Vesoul, alors composé de vingt

(257) Avant la Révolution, la terre de Raze appartenait à la famille Roux, qui y avait la haute justice. Le commandeur de Sales et l'abbé de la Charité y avaient moyenne et basse justice, mais seulement sur quelques maisons et quelques pièces de terre. (*Alm. de la Franche-Comté* pour l'année 1785, p. 379.)

magistrats, et passa de ce siége à la cour d'appel de Besançon, dont il fit partie jusqu'à sa mort, arrivée le 10 août 1834. Par ses lumières autant que par son intégrité, il fut un des membres les plus distingués de ce corps judiciaire élevé.

SEGUIN (Sébastien-Réné), de la même famille que le savant jurisconsulte (*Voy.* ce nom, p. 308), né à Vesoul, le 21 avril 1759, était fils d'un conseiller au bailliage-présidial de cette ville, et par sa mère neveu de Cochard (*Voy.* p. 364). Ses études terminées, il se fit recevoir avocat en parlement, et en 1787 il acquit la charge de lieutenant particulier criminel au même bailliage. C'était un homme instruit et recherché pour son esprit dans la société. Il mourut au château de Jallerange le 15 août 1828, à l'âge de soixante-neuf ans. Il a publié en 1822 : *Précis historique sur la féodalité et l'origine de la noblesse*, et analyse des débats entre les wighs et les torys français, broch. de 78 p. in-8°, Vesoul, imp. Bobillier. La conclusion de cet écrit en indique suffisamment l'esprit : « Si l'on avait la généalogie de chaque famille, aucun homme « ne serait estimé ou dédaigné dans la proportion de sa nais- « sance ; on rencontrerait rarement un mendiant qui ne se « trouvât descendre en ligne très-directe de quelque grand « dignitaire de l'Etat ; comme on trouverait souvent plus d'un « personnage important qui aurait à rougir, ainsi que le dirait « un néologue, de son *ignobilité* originelle. Celui qui considère « à l'optique du sage ces vicissitudes de déchéance et d'exal- « tation voit les générations humaines, alternativement illustres « et abjectes, se confondre, s'effacer et se perdre, de même « que les ondes fugitives d'un fleuve impétueux dans la rapi- « dité de son cours. »

VUILLEY ou WILLEY (Claude-Antoine), né à Conflans-sur-Lanterne, se fit recevoir avocat, et devint bailli de la terre seigneuriale de Saint-Loup. Quand arriva la Révolution, il en adopta les principes modérés, ce qui le désigna au choix des électeurs qui avaient à nommer, en 1795, leurs députés au conseil des Cinq-Cents. A la dissolution de cette assemblée

(1799), il revint à Conflans, et s'occupa principalement de chasse et d'agronomie. Il passa les derniers mois de sa vie à Besançon, où il mourut le 7 février 1807, à l'âge de soixante-un ans. Comme député, il ne fit parler de lui qu'au sujet d'une dénonciation qui l'avait signalé comme émigré non rayé. On arguait de cette situation pour le faire déclarer inhabile à remplir les fonctions de député; mais il fournit des explications qui eurent pour résultat de confirmer son mandat. Deux rapports furent présentés à cette occasion par Pons de Verdun et Théophile Berlier. A sa mort, l'ex-député Vuilley faisait partie du Conseil général de la Haute-Saône et de la Société d'agriculture, sciences et arts de Vesoul.

Addition à la page 138.

FERRON (Anselme), bénédictin, né à Ainvelle le 30 septembre 1751, n'est pas seulement connu par sa *Chronologie des évêques de Besançon,* qui parut en 1779. Il avait adressé en 1776 à l'Académie de Besançon une dissertation sur ce sujet : « Quelle est l'origine de l'autorité concurrente des évêques et des comtes dans les cités des Gaules, et en quel temps les prélats du royaume de Bourgogne ont-ils obtenu le titre et les droits de princes de l'Empire? » Ce mémoire obtint le prix d'érudition. La même distinction fut accordée, en 1784, à l'*Eloge historique du parlement de Besançon* par D. Ferron. Les talents de ce bénédictin distingué l'avaient élevé aux premières dignités de sa congrégation. Il assista comme définiteur, en 1789, au chapitre général qui devait être le dernier; il y remplit les fonctions de secrétaire. Après la suppression des ordres religieux, il vint chercher un asile à Bassigney-les-Conflans, canton de Vauvillers, par la raison que sa mère y était enterrée. Il sut se concilier l'estime de tous les habitants par sa douceur et son obligeance, et mourut, maire de cette commune, le 14 mars 1816.

www.ingramcontent.com/pod-product-compliance
Lightning Source LLC
Chambersburg PA
CBHW071950270326
41928CB00009B/1397